PILZE

PILZE

Till R. Lohmeyer · Ute Künkele

Parragon

Bath · New York · Singapore · Hong Kong · Cologne · Delhi · Melbourne

Inhalt

Hinweis der Autoren und des Verlags
Alle Angaben in diesem Buch wurden vom Autor sorgfältig recherchiert. Eine Haftung für die Richtigkeit sämtlicher Angaben wird jedoch ausgeschlossen. Dies gilt besonders für den Verlag Parragon, da diesem die inhaltliche Überprüfung der Angaben nicht möglich ist.

Bestimmte Pilze können individuell unverträglich sein. Insbesondere vor Rohverzehr oder dem Verzehr älterer Exemplare wird gewarnt. Pilze, bei denen auch nur geringste Zweifel hinsichtlich der genauen Bestimmung bestehen, dürfen nicht gegessen werden.

Queen Street House
4 Queen Street
Bath BA1 1 HE, UK

Producing:
ditter.projektagentur gmbh
Redaktion für ditter.projektagentur:
Irina Ditter-Hilkens
Layout und Satz:
Malzkorn Kommunikation & Gestaltung,
Gerd Türke
Illustrationen:
Julia Adlberger und Kim Caspary
Scan, Bildbearbeitung und Proofs:
Klaussner Medien Service GmbH

ISBN 978-1-4454-1044-9

Printed in Indonesia

VORWORT

Das vorliegende Buch wendet sich an all jene, die sich ein fundiertes Grundwissen über die Pilze aneignen wollen: An Speisepilzsammler, die ihre Artenkenntnis erweitern möchten, aber das Vergiftungsrisiko fürchten; an Naturfreunde, die die Farben- und Formenvielfalt auch der für den menschlichen Genuss ungeeigneten Pilze interessiert; an Ökologen und Naturschützer, die wissen wollen, welche Biotope aus pilzkundlicher Sicht besonderer Pflege und Schonung bedürfen und welche Pilze oder Pilzgruppen besonders bedroht sind – und nicht zuletzt auch an Pädagogen, die den in den Lehrplänen immer etwas zu kurz kommenden Pilzen jenen Stellenwert einräumen wollen, den sie verdienen.

Pilze sind weder Pflanzen noch Tiere – sie bilden nach neueren Erkenntnissen ein eigenständiges Reich. Und das, was man aus Tradition und Gewohnheit jahrzehntelang als Schleimpilze bezeichnete, sind in Wirklichkeit weder Pilze noch Pflanzen, sondern Amöben, riesige Einzeller, einfache Formen tierischen Lebens.

Pilze sind überall, nicht nur im Wald und auf der Heide, wo wir sie vermuten und wo sie in besonderer Vielfalt gedeihen, bunt oder in Tarnfarbe, metergroß oder millimeterklein, angenehm duftend oder wie Aas stinkend. Sie wachsen mitten in der Stadt, im Blumentopf auf dem Balkon, im Park gegenüber, im Garten unter den Stauden und

Hinweise zur Benutzung des Buches

essbar (gilt mit wenigen Ausnahmen nur für ausreichend gekochte oder gebratene Pilze)

bedingt essbar (roh sowie in zu großer Menge oder in Verbindung mit Alkohol giftige Pilze oder Arten, die individuelle Unverträglichkeitsreaktionen hervorrufen können)

ungenießbar (für den menschlichen Genuss ungeeignete, aber streng genommen nicht giftige Arten)

giftig

zu schonen (aus Gründen des Natur- und Artenschutzes, vgl. RL)

RL: „Rote Liste“. Die „Rote Liste der gefährdeten Pilzarten gibt Aufschluss über den Gefährdungsgrad einzelner Arten (Details s. S. 35). Die Angaben beziehen sich auf die „Rote Liste“ Deutschlands. In den Nachbarländern gibt es ebenfalls Rote Listen, teilweise sind dort aber andere Arten gefährdet.

Fachausdrücke werden im Glossar (s. S. 34 f.) erklärt.

In den Pilzbeschreibungen wird auf Geruch und Geschmack nur dann eingegangen, wenn die jeweiligen Eigenschaften zur Identifizierung des Pilzes relevant sind.

Geschmacksproben von Pilzen dürfen keinesfalls heruntergeschluckt werden.

Die Abkürzungen hinter den lateinischen Pilznamen bezeichnen den Erstbeschreiber einer Art und denjenigen, der den ursprünglichen Artnamen in die nach neuesten Kriterien gültige Gattung gestellt hat. So wurde z. B. der Pilz *Polyporus serialis* 1821 von E. Fries erstmals beschrieben und 1966 von M. A. Donk in die Gattung *Antrodia* gestellt. Der heute gültige Name des Pilzes lautet daher *Antrodia serialis* (Fr.) Donk (s. S. 205).

auf dem Kompost. Auf mit Rindenmulch bedeckten Rabatten vor dem neuen Supermarkt sprießen im Frühjahr die Morcheln zu hunderten. Ein mächtiger alter Porling sitzt hoch oben am alten Eichenstamm, hart wie das Holz seines geduldigen Wirts, und scheint sich seit unseren Kindertagen nicht verändert zu haben. Über den Brotaufstrich, der in den hinteren Bezirken des Kühlschranks vergessen wurde, machen sich Schimmelpilze her, und was es bedeutet, wenn einem der Fußpilz zwischen die Zehen kriecht, weiß jeder, der mit diesen zudringlichen humanpathogenen Organismen schon einmal persönlich zu tun hatte. Aber auch segensreiche Antibiotika wie das Penicillin sind pilzlichen Ursprungs.

Pilze sind überall – aber wo gehören welche Pilze hin? Welche Aufgaben haben sie im Naturkreislauf übernommen? Was würde geschehen, wenn sie diese Aufgaben nicht mehr erfüllen könnten, weil der Mensch in seinem Glauben an die Allmacht der Technik und die Manipulierbarkeit der Natur radikal in ihre Lebensgewohnheiten eingriffe? Bernhard Kegel, selbst studierter Biologe, hat in seinem visionären Roman „Wenzels Pilz" den Gedanken weitergesponnen und ein düsteres Szenario entworfen: Eine winzige genetische Manipulation misslingt, und aus friedlichen Symbiosepartnern der Bäume werden wälderfressende Parasiten von Riesenwuchs.

Tatsache ist, dass Pilze, obwohl sie unser Leben in vielfacher Weise beeinflussen, im heutigen Wissenschaftsbetrieb nur eine Nebenrolle spielen. Die klassische Artenkenntnis ist eine Domäne der Amateure geworden, der Hobbymykologen und Freizeitforscher. Zu den bedeutendsten Pilzkennern in Deutschland im vergangenen Jahrhundert zählten neben einigen Gymnasiallehrern ein Berufsmusiker, ein Tiefbauingenieur und ein katholischer Geistlicher. Hunderte von Amateurmykologen trugen zu den von G. J. Krieglsteiner und Mitarbeitern herausgegebenen Werken „Verbreitungsatlas der Großpilze Deutschlands (West)" und „Die Großpilze Baden-Württembergs" bei, die in bis dato ungekannter Detailfülle Aufschluss über die Standortansprüche der Pilze und ihre Gefährdung durch Umweltveränderungen geben.

Till R. Lohmeyer & Dr. Ute Künkele

IM REICH DER PILZE

Wie Pilze sich ernähren – und wen sie ernähren

Die Mykorrhiza, das Geheimnis eines gesunden Waldes

Dass Steinpilz, Pfifferling und Rotkappe der menschlichen Ernährung dienen, ist von der Natur durchaus gewollt: Der Mensch ist, auch wenn er sich manchmal für etwas Besseres hält, biologisch gesehen ein Säugetier von der Kategorie „Alles(fr)esser", er ernährt sich also von tierischen und pflanzlichen Produkten. Es ist daher ganz normal, wenn wir – wie Eichhörnchen, Spitzmaus und Känguru – gelegentlich auch Pilze zu uns nehmen. Kritisch wird es nur dann, wenn wir meinen, die Pilze seien ausschließlich dazu da, unsere Salzkartoffeln und Semmelknödel zu garnieren, denn ihre Hauptaufgabe im Naturkreislauf liegt auf ganz anderen Gebieten.

Da Pilze nicht wie andere Höhere Pflanzen in der Lage sind, Kohlenhydrate durch Photosynthese unter Zuhilfenahme von Blattgrün (Chlorophyll) herzustellen, ernähren sie sich entweder von lebender oder von toter organischer Materie, oder aber sie suchen sich in ihrem jeweiligen Lebensraum Partner – im Wald sind dies meistens Bäume –, von denen sie die benötigte Energie in Form von Kohlenhydraten erhalten. Anders als beim Parasitismus ist dies kein einseitiges Nehmen zu Lasten des anderen, denn auch der Baum profitiert von der Partnerschaft (Symbiose). Der Pilz liefert ihm im Austausch Wasser und mineralische Spurenelemente, die von den Baumwurzeln selbst nicht oder nur unzureichend aufgeschlossen werden können.

Die Beziehung zwischen Bäumen und Pilzen ist so intensiv, dass sich im Laufe der Evolution eine Reihe von hoch spezialisierten Lebensgemeinschaften entwickelt hat, in die auch ein Großteil unserer bekannten Gift- und Speisepilze eingebunden ist.

Ein Beispiel: Unter einer angepflanzten Lärche in einem Park erscheinen jedes Jahr im Spätsommer und Herbst zwei Röhrlinge. Der eine ist wunderschön goldgelb gefärbt und heißt daher Goldröhrling (s. S. 51), der andere ist eher unscheinbar weißgrau und wird Grauer Lärchenröhrling (s. S. 51) genannt. Die beiden Speisepilze sind, wie der Fachmann sagt, „obligate Mykorrhizapilze der Lärche", das heißt, sie können nur mit der Lärche als Partner existieren. Nun haben Sie vielleicht schon einmal einen Goldröhrling in einem Fichtenwald gefunden. Kein Problem – er kann sogar direkt unter einer Fichte wachsen! Aber wenn Sie sich genau umsehen, werden Sie mit Sicherheit in nicht zu großer Entfernung vom Standort des Pilzes eine Lärche entdecken. Der Goldröhrling braucht die Lärche wie der Goldfisch das Wasser – und die Lärche nutzt das Angebot des Goldröhrlings und nimmt über ihre äußersten Feinwurzeln, die vom Myzel des Pilzes umsponnen sind, dessen „Gegengaben" auf. Wie das Beispiel aus dem Park zeigt, kann ein einzelner Baum durchaus mit mehreren Pilzarten eine solche „Mykorrhiza" (= Pilz-Wurzel-Verbindung) bilden.

Nicht alle Mykorrhizapilze sind so spezialisiert wie die beiden genannten Lärchenbegleiter. Die beliebte Marone (s. S. 46) kommt sowohl im Laub- wie im Nadelwald vor, ebenso der Fliegenpilz (s. S. 64), der im süddeutschen Bergland vor allem in Fichtenwäldern und unter Birken wächst, anderswo aber auch unter Kiefern und Laubbäumen vorkommt. Bei den Rotkappen haben sich mit der Spezialisierung auf bestimmte Baumpartner auch die Arten selber auseinander entwickelt: Es gibt Eichen-, Espen-, Birken- und sogar Nadelholz-Rotkappen (s. S. 52 f.). Diese Pilze sind einander zwar ähnlich, haben aber in der Regel schon so ausdifferenzierte Merkmale, dass ein Experte sie auch dann bestimmen kann, wenn er den Begleitbaum nicht gesehen hat.

Der gesamte Waldboden ist mit Mykorrhizen durchsetzt. Wenn es daher in einem neueren Ökologie-Lehrbuch heißt: „Höhere Pflanzen besitzen keine Wurzeln, sondern Mykorrhizen", so ist diese Behauptung nicht übertrieben, denn schätzungsweise verfügen 85 % aller Höheren Pflanzen über Pilzpartner. Im Boden leben und arbeiten die Pilze auch dann, wenn keine oberirdischen Fruchtkörper zu sehen sind. Die perfekt aufeinander abgestimmte Symbiose zwischen Pilzen und Waldbäumen ist die Voraussetzung für einen gesunden Wald, weshalb sich die moderne Forstwirtschaft von der veralteten Vorstellung, Pilze seien im Wesentlichen Schadorganismen, längst verabschiedet hat. Wir wissen inzwischen, dass Wasseraufnahme und Trockenheitsresistenz bei Bäumen mit Mykorrhiza erheblich besser sind als bei Bäumen ohne Pilzpartner. Auch ist die Vitalität von Jungbäumen mit starker Mykorrhizabildung erheblich höher als bei „pilzfreien" Bäumen gleichen Alters. Bei einer Fichtenart konnte gezeigt werden, dass die Mykorrhiza mit dem Erbsenstreuling (s. S. 224) den Zuwachs um 100 % und das Höhenwachstum um 36–69 % steigerte.

Durch sauren Regen und Stickstoffeinträge aus der Landwirtschaft werden die sensiblen Mykorrhizapartnerschaften geschädigt – und mit ihnen leidet die Versorgung der Bäume mit Wasser und Nährstoffen. Schwächelnde Bäume mit geschädigter Mykorrhiza sind entsprechend anfälliger für Insektenbefall und parasitische Pilze als gesunde Bäume mit funktionierenden Mykorrhizen.

Unsere Wälder sind mehr als Ansammlungen von Einzelbäumen zum Zweck der Holzgewinnung. Tiere, Pflanzen und eben auch Pilze leben dort eingefügt in ein kompliziertes Netz aus gegenseitigen Abhängigkeiten, in dem jeder einzelne Organismus bestimmte Aufgaben erfüllt. Pilzschutz ist daher Waldschutz – und umgekehrt.

Die Aufzehrer: Pilze auf Holz und anderen organischen Substanzen

Neben der Partnerschaft mit den Bäumen und anderen Höheren Pflanzen kommt den Pilzen auch als „Gesundheitspolizei" eine zentrale Bedeutung im Naturkreislauf zu. Würden nicht die Pilze geschädigte und tote Bäume, Nadel- und Laubstreu, Reisig und sogar andere Pilze allmählich aufzehren und in Humus als Grundlage für neues Wachstum verwandeln, so würden unsere Wälder rasch unter der Last ihres eigenen „Abfalls" ersticken und der Boden auslaugen. Zu Recht hat man daher die Pilze und die komplizierten chemischen Vorgänge, mit denen sie organische Materie umwandeln, als den erfolgreichsten und größten Recyclingbetrieb bezeichnet, den es je gab. Mithilfe von Enzymen zerlegen diese Pilze, die man aufgrund ihrer Ernährungsweise Saprobionten (wörtlich: „von Faulendem Lebende") nennt, das Holz in seine Einzelbestandteile und sorgen dafür, dass sich daraus, wie in einem Komposthaufen, ein neuer Nährboden für Lebewesen entwickelt. Dabei versteht man unter Braunfäulepilzen Arten, die nur den Zelluloseanteil im Holz aufzehren, während die Weißfäulepilze mit dem Lignin auch den zweiten Hauptbestandteil des Holzes zersetzen können.

Pilze können nicht unterscheiden, welches Holz für den Menschen und seine ökonomischen Bedürfnisse wichtig ist und welches nicht. Ihre Aufgabe ist das „Recycling", und wenn die übrigen Umweltfaktoren stimmen, kommen sie dieser Aufgabe nach. Es darf daher niemanden verwundern, wenn z. B. gefällte Pappelstämme, die nicht abtransportiert werden, von Fäulepilzen wie dem Pappelschüppling (s. S. 145) oder dem Violetten Schichtpilz (s. S. 214) befallen werden. Desgleichen sind Pilzschäden in Häusern – z. B. durch den gefürchteten Hausschwamm *(Serpula lacrymans)* – meistens die Folge unzureichender Lüftung und missglückter Isolierungen. Im Freien verbautes Holz muss aus Sicherheitsgründen regelmäßig auf Pilzbefall kontrolliert werden – die bröselige Würfelfäule, die beispielsweise der Zaunblättling (s. S. 206) an Brücken und Stegen hinterlässt, kann irgendwann zum Einsturz des Bauwerks führen.

Gesunde Wald- und Einzelbäume werden in der Regel nicht von „Schadpilzen" angegriffen. Wenn an einer alten Buche dutzende von großen Zunderschwämmen (s. S. 200) wachsen oder sich in einem Apfelbaum ein Zottiger Schillerporling (s. S. 196) angesiedelt hat, so gibt es mehrere mögliche Gründe dafür: Entweder der Baum nähert sich seiner natürlichen Altersgrenze oder er hat sie bereits erreicht – in diesem Fall leistet der Pilz gewissermaßen „Sterbehilfe". Oder es ist irgendwo am Baum zu einer mechanischen Beschädigung gekommen: Ein Blitz ist durch den Stamm gefahren, der Sturm hat einen großen Ast abgebrochen, ein Alleebaum ist von einem Auto malträtiert worden, Waldarbeiter haben mit schwerem Gerät einen Stamm gestreift.

In all diesen Fällen wurde die schützende Rinde verletzt, und es entstanden Angriffspunkte oder -flächen für Pilzsporen und Schadinsekten. Und da nicht für jeden beschädigten Baum ein Baumchirurg zur Verfügung steht, der die Wunde fachmännisch versorgt, können Käfer und Pilz mit ihrem Werk beginnen. Der Specht, der im aufgeweichten Holz seine Höhlen zimmern kann, profitiert als Nächster vom Wirken der Enzyme. Besonders anfällig sind auch Bäume, die an nicht artgemäßen Standorten gepflanzt wurden – z. B. Fichten in nassen Bachniederungen oder in Mooren.

Bei Holzarbeiten wurde die Rinde dieses Fichtenstamms beschädigt – Wunden dieser Art laden Pilzsporen geradezu ein.

Natürlich besiedelt nicht jede Pilzart jedes Holz, obwohl es einige Arten gibt wie den Rotrandigen Schichtporling (s. S. 200) und die Schmetterlingstramete (s. S. 202), die in ihrer Substratwahl nicht sehr wählerisch sind. Der Birkenporling (s. S. 209) wächst nur an Birken, und vom Leberreischling (s. S. 212) weiß man, dass er außer an seinem Hauptwirt, der Eiche, bei Gelegenheit auch auf der verwandten Edelkastanie vorkommt. Eine der ersten Fragen, die der Pilzberater einem Ratsuchenden stellt, lautet: „An oder unter welchem Baum haben Sie den Pilz gefunden?"

Auch für Speisepilzfreunde sind die holzbewohnenden Pilze interessant. Viele Arten sind wohlschmeckend und bekömmlich, und da sie oft auch in dichten Büscheln wachsen, genügt manchmal schon ein einziger gut bestückter Baumstumpf, um den Kochtopf zu füllen. Vorsicht ist allerdings auch hier am Platze, denn entgegen weitverbreiteter Gerüchte gibt es durchaus auch Giftpilze unter den Holzbewohnern, z. B. den Gifthäubling (s. S. 140) und den Zimtfarbenen Weichporling (s. S. 211).

Natürlich sind nicht alle Saprobionten Holzpilze. Genauso wichtig ist die Rolle der „Streuverzehrer". Viele von ihnen erkennt man daran, dass abgefallene Nadeln, Blätter und Myzelrhizoiden an ihrer Stielbasis einen dicht verfilzten Ballen bilden. Trichterlinge (s. S. 91 ff.) und die unübersehbaren Scharen der Rüblinge (s. S. 104 ff.), Schwindlinge (s. S. 107 ff.) und Helmlinge (s. S. 97 ff.), die im Herbst und Spätherbst den Waldboden überziehen, gehören in diese Kategorie. Jeder Nadelschwindling *(Marasmiellus perforans)* sitzt einer abgefallenen Fichtennadel auf – es ist seine Aufgabe, genau diese einzelne Nadel aufzuzehren und in Humus zu verwandeln! Und Fichtenzapfenrübling (s. S. 111), Fichtenzapfenhelmling (s. S. 99) und Fichtenzapfenbecherling (s. S. 247) sind in gleicher Weise auf abgefallene Zapfen spezialisiert. Im weiteren Sinne dient jede Form abgestorbener organischer Materie – zumindest potenziell – als Pilznahrung. In seinem 2004 erschienenen Werk „Fungi fimicoli Italici" stellt der italienische Arzt Francesco Doveri auf beeindruckenden 1104 Seiten nur jene Pilze vor, die er und seine Mitarbeiter in Italien auf Dung gefunden haben, darunter allein 31 Tintlinge (s. S. 153 ff.). Desgleichen gibt es ausführliche Arbeiten über Pilze, die auf Brandstellen oder auf Treibholz im Meer vorkommen. Schließlich besiedeln Pilze auch ganz und gar ungewöhnliche Substrate: Becherlinge und Morcheln wurden auf alten Matratzen gefunden, so genannte Hornpilze auf im Freien verrottenden Wollhemden, und selbst hunderte von Metern unter Tage entwickelt sich auf Grubenholz in Bergwerken eine speziell an die dort herrschenden Bedingungen angepasste Pilzflora. Wo immer der Mensch neue Biotope schafft, dauert es nicht lange, bis sich die ersten Pilze ansiedeln. So werden zum Beispiel in Plastikfolien verschnürte Siloballen, die auf den gemähten Wiesen aus der Ferne wie große Riesenboviste aussehen, seit einiger Zeit verstärkt vom Spaltblättling (s. S. 216) befallen.

Pilze als Parasiten

Die dritte Ernährungsform der Pilze ist der Parasitismus. Hier schmarotzt der Pilz an einem anderen Organismus und schädigt diesen oder bringt ihn sogar zum Absterben. Die Übergänge zu den Saprobionten sind allerdings fließend: Oft beginnt ein Pilz als „Schwächeparasit" an einem vorgeschädigten Baum und wächst nach dessen Absterben am toten Stamm oder Stumpf weiter. Getreideroste, die Kartoffelfäule und der Maisbeulenbrand – um nur einige zu nennen –, befallen Nutzpflanzen und können großen Schaden anrichten. Manche Pilze sind darauf spezialisiert, auf anderen Pilzen zu parasitieren. Die bekanntesten Beispiele sind der Parasitische Filzröhrling (s. S. 48), der auf Kartoffelbovisten schmarotzt, die Zwitterlinge (s. S. 103) und Schlauchpilze aus der Gattung *Hypomyces* (s. S. 249). Seltener findet man im Gelände auch Insektenparasiten; eine dieser Arten, die Wespen-Kernkeule, wird auf S. 249 vorgestellt.

Pilzwälder – Pilzwiesen: Wo wachsen welche Pilze?

Baum und Boden

Wer die Lebensbedingungen der Pilze schon etwas kennt, wird die Wälder und Wiesen seiner Heimat mit dem „Pilzblick“ betrachten. Er weiß, dass es keinen Sinn hat, Birkenpilze in einem reinen Fichtenwald zu suchen, dass es sich aber durchaus lohnen kann, in der Birkenallee am Sportplatz oder im nächstgelegenen Moorwald nach ihnen Ausschau zu halten. Ratsam ist es auch, sich über die Bodenverhältnisse im eigenen Revier zu informieren. So genannte „Zeigerpflanzen“ helfen dabei: Dominieren Heidekraut und Heidelbeere die Strauchschicht, so ist der Boden sauer und damit ein Milieu vorgegeben, das kalkliebenden Pilzen absolut nicht behagt. Ganz unabhängig von den Begleitbäumen wird ein Schweinsohr (s. S. 182) in einem solchen Umfeld niemals wachsen, der Reifpilz (s. S. 132) dagegen nur dort.

Fichten- und Tannenwälder

Bodensaure Wälder, zu denen auch immer mehr Gebiete gehören, in denen der einst neutrale oder sogar kalkhaltige Oberboden durch sauren Regen künstlich versauert ist, sind im Übrigen recht reich an Speisepilzen. Unter Fichten ist hier die Marone (s. S. 46) im Herbst häufig, oft zusammen mit Bereiften Filzröhrlingen (s. S. 47) und Rotfußröhrlingen (s. S. 46). Auch Steinpilz (s. S. 42) und Flockenstieliger Hexenröhrling (s. S. 43) sowie viele Täublinge und Milchlinge mögen es eher sauer. Hüten muss man sich in diesen Wäldern vor dem Kegelhütigen Knollenblätterpilz (s. S. 62) und dem Spitzgebuckelten Raukopf (s. S. 130), zwei der gefährlichsten Giftpilze Mitteleuropas.

Reine Tannenwälder über Kalk sind in den montanen Regionen der Mittelgebirge und der Alpen weit verbreitet, wenngleich oft auch Buche und Tanne gemeinsam vorkommen. Bei günstiger Witterung im Spätsommer und Herbst kann der Pilzaspekt hier sehr reichhaltig sein. Besonders stete und charakteristische Tannenbegleiter sind Lachsreizker (s. S. 175), Hohlstieltäubling (s. S. 166) und Orangeschneckling (s. S. 83). In der Vorsaison zwischen Mai und Juli kann auch der giftige Kronenbecherling (s. S. 240) in Mengen erscheinen, manchmal in Begleitung des zumindest giftverdächtigen Weißtannen-Risspilzes *(Inocybe queletii).*

Fichtenwald ist nicht gleich Fichtenwald. Unten ein strukturreicher, sich selbst verjüngender Bergfichtenwald im Bayerischen Wald. Rechts eine Monokultur im Flachland, in der noch das Kahlschlagsprinzip herrscht. Solche Wälder sind mykorrhizafeindlich und sehr anfällig für Sturmschäden, Borkenkäferbefall und Schadpilze.

Kiefern- und Lärchenwälder

Sehr artenreich ist der saure Kiefernwald mit den vielen Mykorrhizapilzen der Föhre oder Waldkiefer. Schon früh im Jahr erscheint hier die giftige Frühjahrslorchel (s. S. 237). Der Grünling (s. S. 87), der auf Sandboden in der Mark Brandenburg oder über dem Urgestein des Bayerischen Waldes stellenweise noch häufig ist, kommt auf den kalkhaltigen Moränenböden des Voralpenlands nicht vor. Andere Ritterlinge, zahlreiche Schleierlinge, Täublinge, Milchlinge und einige recht seltene Korkstachelinge sind in diesen lichten, sauren Wäldern zu finden; unter den Röhrlingen fühlen sich Butterpilz (s. S. 49), Sand- und Kuhröhrling (s. S. 50) hier zu Hause. Die Pilzflora der „Streusandbüchsenwälder“ ähnelt in mancherlei Hinsicht jener der Kiefernmoore, obwohl einige Arten – wie die Frühjahrslorchel – ihrem Partnerbaum nicht auf feuchte Torfböden folgen.

Völlig anders sieht es in Kiefernwäldern auf Kalkböden aus. Der Butterpilz wird dort durch den Ringlosen Butterpilz *(Suillus fluryi)* und den Schmerling (s. S. 50) ersetzt; auch der Weinrote Kiefernreizker und der Gedrungene Täubling (s. S. 163), beides recht seltene Arten, gedeihen in solchen Wäldern. Auch andere Kiefern wie die fünfnadelige Strobe und die Zirbe haben jeweils ihren „eigenen“ Röhrling – den Elfenbein- und den Zirbenröhrling *(Suillus placidus* und *S. plorans).*

Wiederum durch andere Mykorrhiza-Arten geprägt ist die Pilzflora der Lärchenwälder. Im Gebirge, dem natürlichen Verbreitungsgebiet der Europäischen Lärche, sind Lärchenmilch-

Flechtenreiche Kiefernwälder auf sauren Böden sind erstaunlich reich an Pilzen. In Skandinavien – die Aufnahme stammt aus Schweden – sind sie weit verbreitet.

ling (s. S. 168), Lärchenritterling, Lärchenschneckling und vier verschiedene Lärchenröhrlinge verbreitet (s. S. 51), von denen Gold- und Grauer Lärchenröhrling, seltener der Hohlfußröhrling, auch in angepflanzten Lärchenbeständen in tieferen Lagen auftreten. Der Anfänger in der Pilzkunde sollte die Lärche gut kennen, da viele ihrer Begleiter Speisepilze sind. Oft genügt ein Einzelbaum in einem Wald oder einem Garten, um entsprechende Mykorrhizapilze auf den Plan zu rufen.

Buchenwälder

Reiche Beute versprechen dem Pilzjäger Buchenwälder – aber auch hier gibt es große Unterschiede. Über Buchenwälder auf sauren Böden schreibt Hermann Jahn in seinem nach wie vor sehr lesenswerten Einführungsbuch „Wir sammeln Pilze" (1964): „Dicke Fallaubpackungen auf ganz ebenen oder leeseitigen, windgeschützten Hängen oder noch mehr leichte Vertiefungen, in denen sich das Laub sammelt, enthalten fast nur im Spätherbst Pilze, ausschließlich Streuverzehrer, zum Beispiel Trichterlinge. Umgekehrt bilden aber kleine Anhöhen, flache luvseitige Abhänge und sehr oft auch westexponierte Waldränder, wo die Herbstwinde das Laub fortblasen, wahre ‚Pilzoasen' von erstaunlicher Reichhaltigkeit. Anzeichen für solche Stellen sind meist die Moose, die dichte Fallaubpackungen nicht vertragen." Beliebte Speisepilze des Buchenwalds sind Buchenwaldpfifferlinge (s. S. 180), Totentrompeten (s. S. 182), Semmelstoppelpilze (s. S. 184) und Frauentäublinge (s. S. 160). In Buchenwäldern auf Kalkböden können in günstigen Jahren seltene Röhrlinge – wie der giftige Satanspilz (s. S. 44), Täublinge, Korallenpilze, Schleierlinge und Hypogäen (Trüffeln und andere unterirdisch wachsende Pilze) erscheinen; sie sind daher wahre Pilgerstätten für fortgeschrittene Artenkenner, während der Anfänger angesichts der Formenfülle bald kapitulieren wird. Neben dem Grünen Knollenblätterpilz (s. S. 62), der unter Buchen ebenso häufig ist wie unter Eichen, kommen mit dem Ziegelroten Risspilz (s. S. 135), dem Riesenrötling (s. S. 118) und dem Tigerritterling (s. S. 85) weitere gefährliche Giftpilze in Kalkbuchenwäldern vor.

Buchenwälder – hier im ungarischen Bükk-Gebirge – beherbergen nicht nur viele Speise- und Giftpilze, sondern auch seltene Arten, die geschont werden sollten.

Eichenwälder

In manchen Gebieten erinnern nur noch die Flur- und Gehöftnamen an dort einstmals vorhandene Eichenbestände. Insbesondere in weiten Teilen Bayerns und Baden-Württembergs sind die in früheren Jahrhunderten dort das Landschaftsbild prägenden Eichen-Hainbuchenwälder längst verschwunden oder nur noch vereinzelt erhalten. Westlich des Rheins sowie im Norden des Ostens sieht es anders aus, dort gibt es noch viele Eichen-, Eichen-Hainbuchen-, im Westen auch Eichen-Edelkastanien-Wälder. Als gefürchtetster Eichenbegleiter gilt der tödlich giftige Grüne Knollenblätterpilz (s. S. 62), obwohl er auch unter Buchen, Birken, Edelkastanien und manchmal sogar unter Nadelbäumen vorkommt. Der häufigste Eichenbegleiter dürfte der Eichenmilchling (s. S. 174) sein, der auch unter einzelnen Eichen wächst und sich um die Bodenbeschaffenheit wenig schert. Der Queraderige Milchling (s. S. 168) ist auf Kalk angewiesen, der Goldflüssige (s. S. 169) zieht saure Böden vor. Ähnliche Vorlieben finden wir bei eichenbegleitenden Täublingen. Unter den Röhrlingen sind Sommersteinpilz (s. S. 42) und Eichenrotkappe (s. S. 53), in wärmeren Lagen auch der Schwarzhütige Steinpilz (s. S. 43) in diesen Wäldern zu finden. Begleitpilze der oft mit Eichen vergesellschafteten Hainbuche sind Hainbuchenröhrling (s. S. 53), Hainbuchenmilchling und Hainbuchentäubling.

Birken- und Espenwälder

Die Birke und die Zitterpappel oder Espe haben es in Mitteleuropa nicht leicht: Einerseits liefern sie kein besonders wertvolles Holz und gelten bei vielen Waldbesitzern eher als Störenfriede in der Fichten-Monokultur – und andererseits sind sie auch bei Naturschützern nicht wohlgelitten, weil sie wertvolle Trockenbiotope, Heide- und Moorflächen „verbuschen" lassen (die dann in aufwändigen Aktionen wieder gerodet werden müssen). Lediglich als Zierpflanzen in Parks und Gärten sowie als Pioniergehölze in rekultivierten Industriebrachen akzeptiert man sie.

In rekultivierten Braunkohlerevieren wie hier im sächsischen Borna spielt die Birke als Pionierbaum eine wichtige Rolle. Die Wälder auf frischen Böden wie diesen sind oft sehr pilzreich.

Für den Pilzfreund ist die Birke ein sehr attraktiver Baum, weil sich in ihrer Nähe viele gute Speisepilze ansiedeln, und manchmal sogar in größeren Mengen. Allen voran sind Raustielröhrlinge wie Rotkappe und Birkenröhrling (s. S. 54) zu nennen, von denen Fachleute inzwischen an die vierzig Arten und Varietäten unterscheiden, darunter auch einige Mykorrhizapilze der Espe und anderer Pappelarten. Auch viele Täublinge wie der Gelbe Graustieltäubling (s. S. 165) und der scharf schmeckende Verblassende Täubling (s. S. 163) wachsen unter Birken. In Skandinavien, wo Birken und Espen über weite Strecken die Landschaft beherrschen, sind Rotkappen und Birkenpilze im Sommer und Herbst allgegenwärtig.

Pilze in offenem Gelände

Auch die Pilzflora der Wiesen und Viehweiden kann sehr reich sein. Die Betonung liegt hier allerdings aus Gründen, die im nächsten Kapitel noch erörtert werden, auf dem „kann". Riesenbovist (s. S. 220) und Wiesenchampignon (s. S. 76), Schopftintling (s. S. 153), Nelkenschwindling (s. S. 108), Lilastieliger Rötelritterling (s. S. 96) und Rotbrauner Riesenträuschling (s. S. 147) gehören zu den vielen Speisepilzen, die man im offenen Grasland, in Gärten, auf Brachland und überwachsenen Dünen, auf Dämmen, Sportplätzen und Almwiesen im Gebirge finden kann. Hüten muss man sich vor allem vor weißen Gifttrichterlingen und kleineren Schirmpilzen, die auch an solchen waldfernen Standorten vorkommen.

Werden die Pilze seltener?

Jeder Pilzsachverständige sieht sich im Rahmen seiner Beratertätigkeit immer wieder mit dieser Frage konfrontiert. Es steht völlig außer Zweifel, dass manche Pilze in den letzten vierzig, fünfzig Jahren drastisch zurückgegangen sind – und zwar viele ungenießbare und giftige Arten genauso wie manche bekannte Speisepilze. Ein Beispiel dafür ist der Brätling (s. S. 175), der in einigen Gebieten Süddeutschlands bis in die Sechzigerjahre des vorigen Jahrhunderts einer der beliebtesten Speisepilze war. Ausgestorben ist er noch nicht, aber man findet ihn vielerorts nur noch sporadisch, meist einzeln oder nur zu wenigen Exemplaren.

Seltener werden auch die Leute, die wissen, wie der Brätling aussieht, riecht und schmeckt. Er ist in gewisser Weise ein Pilz der Großelterngeneration – die Oma schwärmt vom gesalzenen Brätling auf der heißen Ofenplatte; die Eltern, denen der radioaktive Fallout nach der Reaktorkatastrophe von Tschernobyl das Pilzesammeln vergällt hat, erinnern sich vielleicht noch daran, ihn in der Kinderzeit mal gesehen zu haben, würden ihn aber kaum wiedererkennen; und die coolen Enkel mit den Gameboys wissen gar nicht mehr, wovon die Oma redet.

Spaß beiseite: Auch wenn der Brätling nicht unmittelbar vom Aussterben bedroht ist, so steht er doch als „gefährdet" auf der von der Deutschen Gesellschaft für Mykologie und dem Naturschutzbund Deutschland herausgegebenen „Roten Liste der gefährdeten Großpilze in Deutschland". In diesem Werk, an dessen Entstehung führende Experten aus allen Bundesländern beteiligt waren, und zu dem es Pendants in den deutschsprachigen Nachbarländern gibt, werden von insgesamt 4835 bewerteten Pilzarten 1400 als in der einen oder anderen Form „gefährdet" bezeichnet, also immerhin 31,95 %.

Am allerwenigsten tragen die Speisepilzsammler zu diesem Artenschwund bei. Wenn sie nicht den Waldboden aufwühlen oder aufharken und damit das Pilzgeflecht im Boden zerstören (was leider auch manchmal vorkommt), pflücken sie ja nur die „Früchte" des Pilzes, und das schadet dem Pilzgeflecht genauso wenig wie das Pflücken eines Apfels dem Apfelbaum. Vom Artenrückgang betroffen sind zudem viele Arten, die so unscheinbar, zäh, bitter oder ausgemacht giftig sind, dass kein Mensch auf die Idee käme, sie dem Kochtopf anzuvertrauen.

Ein heimliches Artensterben größten Ausmaßes hat sich in den vergangenen Jahrzehnten auf unseren Wiesen und Weiden vollzogen. Die Umwandlung von Magerwiesen in Intensivgrünland, die Drainierung von Feuchtwiesen und die Überdüngung der Böden führten dazu, dass dutzende von Pilzarten flächendeckend verschwunden sind, darunter vor allem Wiesen bewohnende Saftlinge, Rötlinge, Korallen, Erdzungen und kleine Schirmpilze. Da viele dieser Arten letzte Rückzugsgebiete auf ungedüngten Rasenflächen in städtischen Parkanlagen und größeren Privatgärten, auf Friedhöfen, an Fluss- und Bahndämmen und ähnlichen nicht intensiv bewirtschafteten Biotopen gefunden haben, stehen wir heute vor der paradoxen Situation, dass die Grünland-Pilzflora vieler Städte wesentlich artenreicher ist als jene auf dem Land.

Wälder in Gebieten mit landwirtschaftlicher Intensivnutzung sind in viel stärkerem Maße vom Pilzrückgang betroffen als jene in anderen Regionen. Die Waldränder, früher oft moosreiche „Pilzoasen" mit alten Traufbäumen, sind vielerorts zur überdüngten „Brennnesselsteppe" verkommen. Der Wind treibt die Stickstoffimmissionen weit in die Wälder hinein. Andere Faktoren kommen hinzu: Über Jahrzehnte wurden natürliche Laubwälder durch Fichten-Monokulturen ersetzt. Dadurch wurden Fichtenbegleitpilze immer häufiger, die Laubholzarten aber blieben aus. Die Versauerung im Oberboden durch Nadelstreuzersetzung und sauren Regen hat in einem Maße zugenommen, dass kalkliebenden Arten die Lebensgrundlagen entzogen wurden.

Nicht die Zahl der einzelnen Pilzfruchtkörper geht zurück – man denke nur an die tausende von Ockertäublingen (s. S. 162), die fast in jedem Wald zu finden sind –, sondern die der Pilzarten. Die Pilzflora verödet, wird eintöniger, je mehr das Landschaftsbild vereinheitlicht, je mehr wertvolle Flächen überbaut oder in Intensivnutzung überführt werden.

Auch die „Reinigung" der Wälder von toten Baumstämmen trägt zur Artenreduzierung bei. Eine alte, vom Blitz gefällte Buche kann hunderten von Insekten, Kleinsäugern, Vögeln und Pilzen Nahrung bieten. Erfreulicherweise sind viele Waldbesitzer inzwischen bereit, auch mal den einen oder anderen abgestorbenen Baum stehen zu lassen. Wer aufmerksamen Blicks durch den Wald geht, kann dann an einer alten Buche oder Tanne beobachten, dass der Specht seine Bruthöhle unter einem großen, hufförmigen Zunderschwamm (s. S. 200) oder einem Tannen-Feuerschwamm (s. S. 199) gezimmert hat, die das Einflugloch vor Regen schützen.

Dass wir uns durch die Verarmung unserer Pilzflora selber schaden können, zeigt folgende Überlegung: Man stelle sich vor, der Schimmelpilz *Penicillium* wäre in seinem natürlichen Lebensraum ausgerottet worden, ehe man seine heilkräftige, antibiotische Wirkung erkannte! Und eine Beobachtung am Rande: Unsere Apotheken importieren für teures Geld „Heilpilze" aus Ostasien, weil die dortige Medizin seit Jahrtausenden erfolgreich mit ihnen arbeitet. Bei uns kommen vielfach ähnliche Pilze vor und bleiben ungenutzt. Die Inhaltsstoffforschung hinkt seit Jahren dem Artenschwund hinterher, und so werden wir von manchen seltenen Pilzen aus bedrohten Lebensräumen möglicherweise nie erfahren, auf welche Weise sie uns hätten nutzen können.

Das Sammeln und Zubereiten von Pilzen

Beim Sammeln von Pilzen wird die Jagdlust geweckt, ja manchmal bricht regelrechtes Jagdfieber aus. Sogar die Sprache spiegelt dies wider: Man geht „auf Pilzpirsch" (in Bayern auf „Schwammerljagd"). Man spricht von der „Ausbeute" eines Pilzausflugs. Das Suchen von Pilzen ist eine Leidenschaft, die Jung und Alt gleichermaßen in ihren Bann zieht. Ein prächtiger Steinpilz, nach langer vergeblicher Suche in einem Dickicht entdeckt, setzt Glückshormone frei – und die Vorfreude auf ein leckeres Gericht kann mit Pawlow'schen Reflexen verbunden sein.

Fast das ganze Jahr über kann der Pilzfreund entweder im Wald auf dem Erdboden oder an Bäumen, auf Wiesen und Weiden, in Gärten und Parks die verschiedensten Leckerbissen finden.

Im Winter wachsen an Laubholz Winterrübling (s. S. 110) und Austernseitling (s. S. 116), im zeitigen Frühjahr folgt der zwar mühsam zu sammelnde, aber umso wohlschmeckendere Fichtenzapfenrübling (s. S. 111), bevor im April/Mai die Zeit von Stockschwämmchen (s. S. 145), Mairitterling (s. S. 89) und Morchel (s. S. 235) beginnt. Ab Ende Mai, Anfang Juni findet man u. a. auch bereits Sommersteinpilze (s. S. 42), Rotbraune Riesenträuschlinge (s. S. 147) und Flockenstielige Hexenröhrlinge (s. S. 43). Am größten ist die Vielfalt im Herbst. Wenn Mönchsköpfe (s. S. 92), Frostschnecklinge (s. S. 81) und Lilastielige Rötelritterlinge (s. S. 96) erscheinen, neigt sich das Pilzjahr seinem Ende zu.

Damit der Familienausflug in die Pilze nicht bei der Polizei oder sogar in der Intensivstation eines Krankenhaus endet, sind indes einige Vorsichtsmaßnahmen zu beachten.

So gelten in einigen Ländern und Regionen seit einiger Zeit strenge Vorschriften hinsichtlich der Sammelzeiten und Sammelmengen. In Österreich z. B. sind sie je nach Bundesland verschieden. Sie dienen vor allem als Maßnahme gegen die Ausbeutung der Pilzflora durch kommerzielle Sammler. Wer gegen diese Regeln verstößt und erwischt wird, muss mit empfindlichen Strafen rechnen.

Zweifelsfrei als Speisepilze erkannte Arten können im Wald vorgeputzt werden (alte Röhren entfernen, anhaftende Streu- und Erdreste abschaben, schleimig-schmierige Huthaut abziehen) – das spart bei der Zubereitung zu Hause Zeit, reduziert das Gewicht und belässt Sporen und Biomasse im Wald.

Sollten einem zu Hause noch nachträglich Zweifel an der korrekten Bestimmung einer Art kommen, verzichtet man besser auf das Mahl, bevor man seine Familie und sich selbst zu unfreiwilligen Versuchskaninchen macht. Sehr hilfreich ist es, wenn man weiß, wo sich die nächstgelegene Pilzberatungsstelle befindet. Der kleine Umweg ist immer noch billiger als ein Krankenhausaufenthalt. Qualifizierte Beratung gewährleisten die Pilzsachverständigen[DGfM] der Deutschen Gesellschaft für Mykologie, die ihr Wissen in einer Prüfung nachgewiesen haben und zu regelmäßiger Fortbildung verpflichtet sind. Auch in Österreich und in der Schweiz gibt es entsprechende Einrichtungen. Selbst ernannte Pilzkenner ohne Prüfung können zuverlässig sein, müssen es aber nicht.

Pilz- und Naturfreunde halten sich an folgende Regeln:

- Zu Speisezwecken nur solche Pilze ernten, die sicher als essbare Arten erkannt sind.
- Pilze, die noch bestimmt werden müssen, nur in wenigen Exemplaren verschiedener Altersstufen mitnehmen und getrennt von den Speisepilzen transportieren.
- Zu alte, zu junge, frostgeschädigte, angefressene und von Maden befallene Pilze stehen lassen.
- Seltene Pilze und Arten, die auf der Roten Liste stehen, sind tabu (bei den Gefährdungskategorien 3 und R sind regionale Ausnahmen möglich); Sammelverbote in Naturschutzgebieten müssen beachtet werden.
- Giftige bzw. ungenießbare Pilze nicht zerstören – sie haben eine wichtige Aufgabe im Naturhaushalt.
- Pilze vorsichtig aus dem Boden herausdrehen (beim Abschneiden bleiben unter Umständen wichtige Bestimmungsmerkmale wie die Knolle eines Knollenblätterpilzes im Boden zurück).
- Bei jungen, noch geschlossenen Exemplaren empfiehlt sich ein Längsschnitt durch den Pilzfruchtkörper: Lamellen, Röhren oder die kompakte Gleba eines Bauchpilzes werden dabei erkennbar (giftige Knollenblätterpilze und Schleierlinge ähneln im Jugendzustand essbaren Stäublingen und Röhrlingen).
- Pilze in Körben sammeln – in Plastiktüten oder in geschlossenen Gefäßen faulen bzw. schimmeln Pilze sehr schnell.
- Wenn Kinder dabei sind, muss jeder von ihnen gesammelte Pilz von einem verantwortlichen Erwachsenen gesondert kontrolliert werden – Kinder sind mit der Identifizierung giftiger Doppelgänger überfordert.

Pilze in der Küche

Es gibt tausende von Rezepten für schmackhafte Pilzgerichte, und es gibt viele Kochbücher, ja Pilzkochbücher, die das Thema ausführlich behandeln. Ihnen kann und will dieses Buch keine Konkurrenz machen. Die folgenden Tipps und Rezepte sind nicht mehr als den Appetit und die Fantasie anregende Beispiele, die zeigen, wie man die Früchte des Waldes in der Küche behandelt, um in den vollen Genuss ihres Geschmacks und ihres Aromas zu kommen.

1. Vorbereitung:
Die frischen, in einem Korb gesammelten Pilze werden auf dem Tisch ausgebreitet und nach den verschiedenen Arten sortiert. Dies ist die letzte Möglichkeit, zweifelhafte Pilze auszumustern, die im Eifer des Sammelns in den Korb gewandert sind oder von Kindern dazu geschmuggelt wurden. Spätestens jetzt sollte man junge Pilze längs durchschneiden, um unliebsame Überraschungen zu vermeiden (s. Kasten links).

Bei „Steinpilzen", die vielleicht doch nur bittere Gallenröhrlinge sind, hilft eine Geschmacksprobe. Vertrocknete oder matschige „Oldies" gehören auf den Kompost und nicht in den Topf. Soweit es nicht schon im Wald geschehen ist, reinigt man die Pilze am besten mit einem Messer von anhängenden Myzel- und Erdresten und zähen Stielen. Eine weiche Bürste oder ein Pinsel leisten gute Dienste beim Säubern der Huthaut und der Lamellen von Blättern, Nadeln und kleinen Insekten sowie Schnecken. Da Pilze wie ein Schwamm Wasser aufsaugen, sollte man sie, wenn überhaupt, nur kurz unter fließendem Wasser abspülen und anschließend mit Küchenkrepp trocken tupfen.

Eine Ausnahme bilden die vielfach verzweigten Fruchtkörper der Krausen Glucke (s. S. 191). Diese duscht man entweder mit einem scharfen Wasserstrahl ab oder schneidet sie in 1–2 cm dicke Scheiben und blanchiert sie. Dann lassen sie sich leichter reinigen und anschließend entweder panieren (wie Blumenkohl) oder dünsten. Auch die eng gekammerten Morcheln müssen gründlich gewässert werden, um sie von anhaftendem Sand zu reinigen. Bei älteren Röhrlingen empfiehlt es sich, die weiche Röhrenschicht zu entfernen. Von Maden zerfressene Pilzkörper muss man, auch wenn die Mahlzeit dann kleiner ausfällt als erhofft, wegwerfen. Ausschneiden hilft nur bei geringem Befall. Im Essen herumschwimmende weißliche Maden können selbst dem größten Naturfreund den Appetit verderben. Die gesäuberten Pilze werden nun in schmale Scheiben oder grobe Stücke zerteilt. Kleinere Fruchtkörper kann man auch ganz verwenden. Frische Pilze sollte man nicht länger als maximal einen Tag aufbewahren; am besten im Kühlschrank oder im kühlen Keller in einem offenen Gefäß, nie im Plastikbeutel!

2. Zubereitung

Nur sehr wenige Pilzarten können roh gegessen werden: mit etwas Salz bestreut der Brätling (s. S. 175); mit Zitronensaft beträufelt der Leberreischling (s. S. 212); ferner Zitterzahn (s. S. 231) und Roter Gallerttrichter (s. S. 227) gegebenfalls als Salatgarnierung. In geringer Menge sind junge Sommersteinpilze (s. S. 42) verträglich, es empfiehlt sich aber auch hier wie bei den Kulturchampignons ein kurzes Sautieren. Die meisten Pilze sind dagegen roh unbekömmlich oder sogar giftig. Manche Arten schmecken am besten gebraten oder frittiert, andere gedünstet oder geschmort, und wieder andere eignen sich besonders zum Trocknen als Würzpilz oder zum Einlegen als saure oder salzige Beilage.

Generell gilt eine Garzeit von 15–20 Minuten, bei roh giftigen Pilzen wie Hallimasch (s. S. 93) und Flockenstieligem Hexenröhrling (s. S. 43) sollten 20 Minuten nicht unterschritten werden.

Braten und Frittieren:

Pilze wie Steinpilze (s. S. 42) und Champignons (s. S. 74 ff.) eignen sich gut zum Braten. In Scheiben geschnitten in Butter oder Öl herausgebraten und über frischem Salat oder Nudeln angerichtet, sind sie ein vollwertiges Gericht.

Besonders zu empfehlen sind auch:

Reizker (Milchlinge mit roter Milch, s. S. 175), der Brätling (s. S. 175) sowie in dünne Streifen geschnittene Schwefelporlinge (s. S. 208) schmecken scharf gebraten und mit etwas Salz und Pfeffer gewürzt am besten.

Schwefelporlinge erinnern in der Pfanne optisch – und wenn sie gar sind, sogar geschmacklich – an Putenschnitzel.

Die Hüte des Parasol (s. S. 69) sind paniert und in schwimmendem Fett herausgebacken eine kalorienreiche Delikatesse. Besonders knusprig werden sie, wenn man für die Panade anstelle von Semmelbröseln Haferflocken oder gemahlene Haselnüsse verwendet. Die zähen, längsfaserigen Stiele kann man kleingeschnitten trocknen und als Pilzpulver (s. u.) verwenden.

Dünsten und Schmoren:

Zum Dünsten und Schmoren sowie für Mischgerichte eignen sich u. a. die meisten essbaren Röhrlinge (z. B. Maronen, s. S. 46), Pfifferlinge (s. S. 180), viele Täublinge (s. S. 158 ff.), einige größere Trichterlinge wie der Mönchskopf (s. S. 92), Schopftintlinge (s. S. 153), Perlpilze (s. S. 65) und Winterrüblinge (s. S. 110). Klein geschnittene Zwiebel und Pilze in etwas Öl anbraten, die austretende Flüssigkeit reduzieren, mit etwas Fleisch- oder Gemüsebrühe aufgießen und ca. 15–20 Min. schmoren. Mit Pfeffer, Salz und frischen Kräutern wie Petersilie, Kerbel oder Schnittlauch abschmecken. Delikat sind Pilze auch, wenn sie einem Fleischgulasch die letzten 20 Min. der Kochzeit beigefügt werden.

Im Wok gegart behalten die Pilze ihre Farbe und den individuellen Eigengeschmack am besten. Nach dem Anbraten des Fleisches die Pilze wegen der langen Garzeit gleich zugeben. Mit Gemüse der Saison zubereitet schmecken alle festfleischigen Arten wie Täublinge, Pfifferlinge, Steinpilze, Champignons hervorragend. Frische Judasohren (s. S. 227) sind vorzüglich, wenn man die gallertigen Fruchtkörper in feine Streifen schneidet und im Wok in Traubenkernöl kross anbrät, bevor man weitere Gemüsesorten beifügt.

Tipp: Nach einem langen Winter:

Probieren Sie mal Fichtenzapfenrüblinge (s. S. 111) in Butter geschmort, mit Rührei auf Toast! Das lässt die Mühe des Sammelns vergessen und macht Appetit auf die Saison. Pilzgulasch mit Semmelknödeln gehört zu den traditionellen Gerichten, die während der Saison in vielen Restaurants angeboten werden. Die Rahmsoße erschlägt nur leider oft den charakteristischen Eigengeschmack, weshalb wir die oben erwähnte Zubereitungsvarianten bevorzugen.

Suppen:

Manche Pilze, vor allem kleinhütige, dünnfleischige, aber besonders aromatische, eignen sich für Suppen. Bekanntester Suppenpilz ist das Stockschwämmchen (s. S. 145). Auch der Candoll (s. S. 152), der Nelkenschwindling (s. S. 108) und der Graublättrige Schwefelkopf gehören hierher. Natürlich kann man auch mit Champignons, Pfifferlingen und Steinpilzen – um nur einige zu nennen – köstliche gebundene oder klare Suppen zubereiten.

Rezepte

Große Steinpilze, Champignons oder Riesenboviste
Pilze in ca. 0,5–1 cm dicke Scheiben schneiden, in Butter auf einer Seite goldgelb braten, wenden. Ei auf die Pilzscheiben setzen, nach Belieben mit Käse bestreuen, salzen, Ei stocken lassen, mit Petersilie bestreuen und mit Toast servieren.

Gefüllte Herbsttrompeten mit Wels
(für 4 Personen)
Ein besonders dekoratives und köstliches Gericht sind mit hellem Fischfleisch gefüllte Herbsttrompeten (**s. S. 182**).

ca. 28–32 schöne, große Herbsttrompeten
ca. 300 g Welsfilet
Saft von 1 großen Zitrone, 1 Prise Salz, Pfeffer
1 EL fein gehackte frische Kräuter
(z. B. Petersilie, Zitronenmelisse)
oder 1 TL getrocknete Kräuter
(z. B. Herbes de Provence)
1 EL Margarine

Die rohen Herbsttrompeten putzen, kurz waschen, mit Küchenkrepp abtupfen und so auslegen, dass die Trompetenöffnungen nach oben zeigen. Welsfilet durch den Fleischwolf drehen oder mit einem scharfen Messer sehr fein schneiden, mit frisch gemahlenem Pfeffer, Salz und Zitronensaft ca. 1–2 Std. im Kühlschrank marinieren, die Kräuter untermischen. Fischfarce in die vorbereiteten Herbsttrompeten füllen und diese in heißer Pfanne mit 1 EL Margarine ca. 15 Min. zugedeckt schmoren lassen. Gleichzeitig Reis in etwas Margarine anbraten, ggf. übrig gebliebene Herbsttrompeten dazu geben, mit Wasser oder Fleisch- bzw. Gemüsebrühe aufgießen und quellen lassen.

Gefüllte Herbsttrompeten mit Cocktailtomaten garnieren und mit Reis, Feld- oder Tomatensalat servieren. Als Getränk empfiehlt sich ein trockener Weißwein.

Hasenläufchen
(für 4 Personen)
Hasen- oder Kaninchenläufe oder Hasenklein (Brust-, Bauchstücke, Hals, Herz)

50 g Speck
1 Knoblauchzehe, 1 Zwiebel, 2 Lorbeerblätter,
3–5 Wacholderbeeren, Pfefferkörner, Kräutersalz, Rosmarinzweig
125 ml Portwein oder kräftiger Rotwein
125 ml Wildfond (alternativ Rinderbrühe)
oder Einweichwasser von getrockneten Pilzen
125 ml Crème fraîche
1 Prise Zucker
Zitronensaft
Preiselbeergelee
ca. 250–500 g Pilze: gut schmecken frische Pfifferlinge
(Pfifferlinge eignen sich nicht zum Trocknen, sie werden dann zäh und leicht bitter.)

Geeignet sind aber auch getrocknete Pilze wie Steinpilze, Morcheln, Shiitake: Dazu ca. 50–100 g Pilze mind. 2–3 Std. in Wasser einweichen, das aromatische Einweichwasser kann man an Stelle des Wildfonds oder der Rinderbrühe zum Aufgießen verwenden. Speck auslassen, die mit Kräutersalz gewürzten Hasen- oder Kaninchenteile rundherum anbraten, Zwiebel, Knoblauch beifügen, mit Rotwein ablöschen, Lorbeerblatt, Wacholderbeeren und Pfefferkörner zugeben, zugedeckt ca. 60 Min. schmoren lassen. Dabei immer wieder mit etwas Wildfond, Brühe oder Einweichwasser aufgießen. Wenn das Fleisch anfängt, weich zu werden, die Pilze zugeben und die letzten 20 Min. mitschmoren. Soße mit Crème fraîche, Zucker, Zitronensaft und Preiselbeergelee, eventuell etwas Portwein, abschmecken.

Wildrahmsuppe mit getrockneten Steinpilzen
Hasenklein oder andere Wildreste
(z. B. Bauchlappen vom Reh)
Suppengrün
Zwiebel
Salz, Pfefferkörner, Muskatblüte
500 g frische oder eingeweichte Steinpilze
50 g Butter
Mehl
125 g saure Sahne
gehackte Petersilie

Hasenklein waschen, mit dem geschnittenen Suppengrün, Salz, Zwiebel, Pfefferkörnern und Muskatblüte in kochendes Wasser geben und auf kleiner Flamme ca. 1 Std. köcheln. Pilze in etwas Butter andünsten, mit dem Wildfond bzw. dem Einweichwasser aufgießen und noch ca. 10–15 Min. ziehen lassen Eine helle Schwitze bereiten, mit den Pilzen und dem Wildfond einige Minuten kochen, mit Sahne verfeinern, mit Petersilie bestreut servieren.

Konservieren:
Wenn das Jagdglück so groß war, dass die Familie die Ausbeute nicht mehr bewältigen kann, sollte man die Pilze für die pilzarme Zeit konservieren. Hierzu gibt es verschiedene Methoden.

Einfrieren:
Die schnellste Konservierungsmethode ist das Einfrieren. Die gesäuberten Pilze werden kurz (2–3 Min.) in kochendem Wasser blanchiert, in Eiswasser abgeschreckt, in Plastikbeutel verpackt und eingefroren. Die Haltbarkeit beträgt ca. 12 Monate. Geeignet sind alle festfleischigen Sorten. Manche Pilze (z. B. Pfifferlinge und Stockschwämmchen) erhalten ihr Aroma besser, wenn man sie unblanchiert einfriert. Fertige Pilzgerichte können ebenfalls eingefroren werden, aber möglichst nur für einen kurzen Zeitraum, da der Geschmack sonst leidet.

Trocknen:
Gut geeignet zum Trocknen sind alle Pilze, die auch frisch wenig Feuchtigkeit enthalten, z. B. Steinpilze (s. S. 42), Herbsttrompeten (s. S. 182), Morcheln (s. S. 235), Judasohren (s. S. 227), Nelkenschwindlinge (s. S. 108), Knoblauchschwindlinge (s. S. 108) und Habichtspilze (s. S. 185). Nicht geeignet sind Pfifferlinge, die rasch zerlaufenden Tintlinge (s. S. 153) und die zu Sporenstaub zerfallenden Stäublinge (s. S. 220 ff.).

Die vom Schmutz befreiten, auf Madenbefall kontrollierten Pilze werden halbiert, in dünne Scheiben geschnitten (oder bei kleinen Pilzen) im Ganzen flach ausgebreitet und entweder im Dörrapparat, auf der Heizung oder im Backofen (ca. 50 °C bei geöffneter Ofentür) vollständig getrocknet (die Pilze müssen beim Anfassen knacken) und in Schraubgläser gefüllt. Man kann die Pilzscheiben auch auffädeln und wie Apfelscheiben an der Luft trocknen. Bei hoher Luftfeuchtigkeit besteht allerdings die Gefahr, dass die Pilze verschimmeln.

Je nach Bedarf, z. B. für Soßen oder als Beilage zu Wildgerichten, weicht man die Pilze in Wasser 3-4 Std. ein, gibt sie mit dem Einweichwasser zur Speise und lässt sie noch ca. 20 Min. mitköcheln. Sehr gut schmecken sie auch im quellenden Reis mitgegart. Man kann die getrockneten Würzpilze (z. B. Herbsttrompeten, Habichtspilze, Knoblauchschwindlinge, harte Stiele vom Parasol, Stockschwämmchen) mit einer Kaffeemühle oder Küchenmaschine mahlen und als Gewürz z. B. für Fleisch-, Fisch-, Nudel- und Reisgerichte verwenden.

Sauer einlegen:
Die geputzten Pilze werden zuerst in stark gesalzenem (4–5 Essl. Salz/1 L Wasser), kochendem Wasser 5–8 Min. gekocht (nicht weich werden lassen) und abgeschöpft (das Salzwasser wird zur Herstellung von Pilzessenz weiterverarbeitet).

Anschließend geben Sie die Pilze für weitere 5 Min. in kochendes Essigwasser (1 Teil Essig, 5 Teile Wasser; für eine besonders pikante Note kann man auch Chilischoten zufügen). Die fertigen Pilze werden in saubere Gläser gefüllt, mit dem Sud übergossen – der Sud muss 2 Finger breit über den Pilzen stehen – und mit einem sauberen Tuch abgedeckt zum Abkühlen stehen gelassen. Nach dem Erkalten gibt man ca. 1 Finger breit gutes Olivenöl darüber, schraubt die Gläser zu und bewahrt sie kühl und dunkel auf.

Die so zubereiteten Pilze können z. B. zu Salaten oder als Beilage zu Grillgerichten gereicht werden. Sie halten lange und sind auch ein sehr begehrtes Mitbringsel.

Einwecken:
Die gesäuberten Pilze werden 5 Min. in wenig Salzwasser gekocht, abgespült und mit frischem Wasser in die vorbereiteten, sauberen Weckgläser gefüllt. Die Pilze anschließend im Weckapparat oder im Backofen nach Vorschrift sterilisieren. Um sicher zu sein, dass alle Bakterien abgetötet sind, wird dieser Vorgang am nächsten Tag wiederholt.

Silieren:
Ähnlich wie Sauerkraut und anderes Gemüse der Saison kann man auch Pilze milchsauer einmachen. Die gesäuberten, in Streifen bzw. Stücke geschnittenen, blanchierten, gut abgetropften Pilze werden in einen Steinguttopf mit Salz und Zucker lagenweise geschichtet. Dabei kommen auf 1 kg Pilze 20 g Salz und 15 g Zucker. Nach Geschmack kann man Gewürze wie Lorbeer, Wacholderbeeren u. a. beifügen. Zum Schluss gibt man eine Tasse Sauermilch über die Pilze und deckt den Topf sauber ab. Mit einem beschwerten Teller oder Brettchen sorgt man dafür, dass die Pilze völlig mit Flüssigkeit bedeckt sind. Bei Zimmertemperatur kann nun der Gärprozess beginnen. Nach ca. 14 Tagen sind die Pilze essbar.

Pilzextrakt:
Aus dem beim „Sauer einlegen“ bzw. „Einwecken“ gewonnenen salzigen Pilzsud kann man durch Einreduzieren (= kräftiges Einkochen unter mehrmaligem Umrühren) den Pilzextrakt erzeugen. Abgefüllt in saubere Flaschen oder Schraubgläser ist er im Kühlschrank lange haltbar.

Diese Würze ist gut geeignet für Suppen, Soßen, im Wok zubereitete Gerichte oder auch für Marinaden.

Eine besonders reiche Ernte – hier von Stockschwämmchen – ist von Kleinfamilien kaum auf einmal zu verzehren. Da hilft nur Einmachen!

Pilzvergiftungen

Wie es dazu kommt und wie man sich vor ihnen schützt

Stellen Sie sich einen Wochenmarkt vor, auf dem neben Zwiebeln, Getreideprodukten und selbstgemachter Marmelade auch Tollkirschen, Mutterkorn und kleine Zyankali-Ampullen verkauft werden – und dies ohne jeden Hinweis auf die Gefährlichkeit der Ware. Während Apotheken ihre „Giftschränke" haben, die nur qualifizierten Fachkräften zugänglich sind, ist der Pilzsammler im Wald mit seiner Verantwortung allein und trifft im Grunde mit jedem Pilz, den er in den Korb legt, eine Entscheidung über Leben und Tod. Manche erschrecken nur deshalb nicht vor diesem hohen Maß an Verantwortung, weil sie sich dessen gar nicht bewusst sind.

Pilzvergiftungen sind in den allermeisten Fällen keine Frage der Botanik, sondern eine der Psychologie. Giftpilze können nichts dafür, wenn sie gegessen werden. Landen sie in einem menschlichen Magen, so gibt es einen Verantwortlichen dafür, der – wenn wir ihm keinen Mordanschlag unterstellen wollen – eine grobe Fahrlässigkeit begangen hat. Im schlimmsten Fall kann der unaufmerksame Sammler wegen Körperverletzung mit Todesfolge gerichtlich belangt werden.

Es gibt nur eine einzige allgemein gültige Regel zum Erkennen von Giftpilzen: Man muss die Arten kennen, jede einzelne. Alle anderen „Patentrezepte" sind ausnahmslos gemeingefährlicher Unsinn, als da wären: das Mitkochen von Silberlöffeln und Zwiebeln, irgendwelche Verfärbungen des Fleisches oder auch Fraßspuren von Schnecken und Insekten in der irrigen Annahme, was den Kleintieren nicht schadet, bringt auch den Menschen nicht um … Vergessen Sie's – und bitte auch dann, wenn eine Autoritätsperson in Ihrer Nähe (Oma, Onkel, Vater, Chef, die Nachbarin ...), womöglich noch mit dem Hinweis auf ihr gesegnetes Alter, unverdrossen solche Behauptungen aufstellt. Pilzsammeln ist generell Vertrauenssache: Scheuen Sie sich auch nicht, nein zu sagen, wenn Ihnen ein Mensch, von dessen Fachkenntnissen Sie nicht absolut überzeugt sind, selbst gesammelte Pilze anbietet.

Aber alle Menschen sind fehlbar, und auch gute Pilzkenner können mal einen „Blackout" haben. Es kann ein noch unbestimmter Pilz zwischen die Speisepilze geraten, oder ein Familienmitglied schneidet einen zuvor aussortierten Pilz in der Annahme, er sei „freigegeben", mit den bekannten Speisepilzen in die Pfanne. Oder der Opa hat Pilze aus dem Wald mitgebracht, sieht aber nicht mehr sehr gut ... Wie dem auch sei: Bei den Teilnehmern der Mahlzeit stellt sich nach einiger Zeit Übelkeit ein, es kommt zu Erbrechen, Magenkrämpfen, Halluzinationen oder anderen Erscheinungen, die auf eine Erkrankung hindeuten. Hier die Verhaltensregeln für den Krisenfall:

- Besteht Verdacht auf eine Pilzvergiftung, ist sofort ein Arzt zu konsultieren. Wenn ein Pilzsachverständiger erreichbar ist, sollte auch er informiert werden. Wie in allen Notfällen gilt es, Ruhe zu bewahren.
- Reste der Mahlzeit sowie die Putzreste, aus denen ein Fachmann oft noch erkennen kann, um welche Arten es sich handelte, sollten unbedingt aufbewahrt werden. Auch Erbrochenes kann Aufschluss über die beteiligten Arten geben.
- Keine Selbstbehandlung mit so genannten Hausmitteln – der Schaden kann größer sein als der Nutzen!

Generell wird zwischen echten und unechten Pilzvergiftungen unterschieden.

Echte Pilzvergiftungen:

1. Magen-Darm-Störungen (Gastrointestinale Vergiftung)

Unter den relativ vielen Arten, die Magen-Darm-Beschwerden auslösen, gibt es nur schwach giftige wie den Kartoffelbovist (s. S. 223) oder den Karbolchampignon (s. S. 75), aber auch Pilze, die heftige, kolikartige Zustände hervorrufen können wie den Tigerritterling (s. S. 85), den Flaumigen Milchling (s. S. 170) oder den Riesenrötling (s. S. 118). Vom Satanspilz (s. S. 44) sind sowohl eher geringfügige als auch sehr heftige Störungen berichtet worden.

Erste Anzeichen: 10–30 Min. bis 4 Std. nach der Mahlzeit

Symptome: Übelkeit, Erbrechen, Durchfall, Bauchschmerzen, Koliken, Angst, Schweißausbrüche, Muskelkrämpfe, Kreislaufstörungen, Schock

Dauer: 1–3 Tage

2. Alkohol-Unverträglichkeit (Coprinus-Syndrom)

Einige Pilze, besonders aber der Faltentintling (s. S. 154), haben in Verbindung mit Alkohol unangenehme Nebenwirkungen. Alkoholgenuss bis zu 48 Std. vor und 48 Std. nach der Pilzmahlzeit können folgende Symptome auslösen:

Erste Anzeichen: einige Min. bis 1 Std.

Symptome: Gesichtsrötung (oft weiße Nasenspitze), Hitzewallungen, Atemnot, Kribbeln in Armen und Beinen, Herzklopfen, Pulsrasen, Kopfschmerzen, Brustschmerzen, Blutdruckabfall, Kollaps

Dauer: 1–5 Std

3. „Magic Mushrooms" (Psilocybin-Syndrom)

Die den Wirkstoff Psilocybin enthaltenden Pilze, z. B. manche Arten der Kahlköpfe (s. S. 149), werden zum Teil als Drogen gehandelt und konsumiert – ein Vorgehen, das in den meisten Ländern strafbar ist und gerichtlich verfolgt wird. Da diese Pilze aber auch in Gärten oder Parks vorkommen können und unter Umständen von Krabbel- bzw. Kindergartenkindern in den Mund gesteckt werden, bleiben Vergiftungen nicht notwendigerweise auf jene Personen beschränkt, die sie absichtlich herbeiführen.

Erste Anzeichen: 15 Min. bis 2 Std. nach der Mahlzeit

Symptome:

a) psychische: Unruhe, Angst, Depressionen, Halluzinationen, Glücksgefühle, Enthemmtheit (Aggressionen), Realitätsverlust, Suizidgefahr;

b) physische: Schwindelgefühl, Kopfschmerzen, Orientierungslosigkeit, Ameisenlaufen, Taubheitsgefühl, Muskelschwäche, langsamer Puls, Blutdruckabfall

Dauer: 4–6 Std.

Dauerschäden sind schon nach einmaligem Konsum größerer Mengen von „Magic Mushrooms" möglich!

4. Schleichende Vergiftung durch Allergische Reaktion (Paxillus-Syndrom)

Der Kahle Krempling (s. S. 56) wurde jahrzehntelang als Speisepilz verwendet. Inzwischen weiß man, dass er außer Magen-Darm-Beschwerden (bei unzureichender Gardauer) auch eine lebensgefährliche Nahrungsmittelallergie auslösen kann, v. a. nach wiederholtem Genuss. Durch Hämolyse (Auflösung der Roten Blutkörperchen) kann im schlimmsten Fall der Tod eintreten.

Erste Anzeichen: oft erst nach wiederholten Mahlzeiten, ca. 15 Min. bis 2 Std. nach dem Essen
Symptome: Bauchschmerzen, Erbrechen, Brechdurchfall, Blut im Urin, Hämolyse, Gelbsucht, Urämie, Nierenversagen

5. Lorchel-Vergiftung (Gyromitrin-Syndrom)
In den zu den Schlauchpilzen gehörenden Frühjahrslorcheln, Riesenlorcheln und Bischofsmützen (s. S. 237 ff.) und im Kronenbecherling (s. S. 240) ist das Gift Gyromitrin enthalten.
Erste Anzeichen: 6–24 Std. nach der Mahlzeit
Symptome:
1. Phase: Müdigkeit, Übelkeit, Durchfall;
2. Phase: Besserung;
3. Phase: Massive Leber- und Nierenschädigung, die im Fall der Frühjahrslorchel schon oft zum Tod geführt hat

6. Fliegen- und Pantherpilz-Syndrom
Die halluzinogene Wirkung des Roten und des Königsfliegenpilzes (s. S. 64) sowie des Pantherpilzes (s. S. 65) ist schon seit alters her bekannt. Die Symptome können je nach Konzentration, die starken regionalen Schwankungen unterliegt, bis zu fünfzehn Stunden andauern. Hauptgift in beiden Pilzen ist die Ibotensäure; die Konzentration ist jedoch im Pantherpilz wesentlich höher, weshalb der Pantherpilz als gefährlicher einzustufen ist.
Erste Anzeichen: 15 Min. bis 4 Std. nach der Mahlzeit
Symptome: Bauchschmerzen, Erbrechen, Schwindel, Erregungszustände bis zur Tobsucht, Herzrhythmusstörungen; im schlimmsten Fall Kreislaufzusammenbruch und Koma

7. Vergiftungen durch weiße Trichterlinge und Risspilze (Muscarin-Syndrom)
Gefahr droht hier vor allem durch den Ziegelroten Risspilz (s. S. 135), der immer wieder mit dem essbaren Mairitterling (s. S. 89) verwechselt wird. Auch weiße Trichterlinge (s. S. 91 ff.) und in geringerem Umfang der Rettichhelmling (s. S. 98) enthalten Muscarin.
Erste Anzeichen: Wenige Min. bis 2 Std. nach der Mahlzeit. Es genügen bereits geringe Mengen, um eine Vergiftung auszulösen.
Symptome: Speichel- und Tränenfluss, Schweißausbruch, kolikartiger Brechdurchfall; Verengung der Pupillen, langsamer Puls, Blutdruckabfall, Atemnot, Schock, Kreislaufversagen. Auch Lungenödeme sind möglich.

8. Knollenblätterpilz-Vergiftung (Phalloides-Syndrom)
Die Merkmale des Grünen Knollenblätterpilzes und seiner weißen Abarten und Verwandten (s. S. 62) müssen jedem Pilzsammler vertraut sein. Auch der dem essbaren Stockschwämmchen (s. S. 145) zum Verwechseln ähnliche Gifthäubling (s. S. 140) sowie diverse kleine bis mittelgroße Schirmlinge (s. S. 70 f.) enthalten das Gift Phalloidin.
Erste Anzeichen: 8–12 Std. nach Verzehr
Symptome:
1. Phase: Übelkeit, kolikartiger Brechdurchfall, Blutdruckabfall, Pulsanstieg;
2. Phase: Besserung;
3. Phase: massive Leberschädigung, die ohne Therapie zum Tode führt

9. Rauköpfe (Orellanus-Syndrom)
Vergiftungen durch den Orangefuchsigen und den Spitzgebuckelten Raukopf (s. S. 130) sind wegen der langen Latenzzeit besonders tückisch. Außer den Rauköpfen enthalten auch einige Klumpfüße und andere Arten aus der Familie der Schleierlinge (s. S. 123 ff.) das Gift Orellanin.
Erste Anzeichen: wenige Std. (nicht immer), meist erst 2–17 Tage nach der Mahlzeit
Symptome:
Bei der nicht immer auftretenden Frühphase: Erbrechen, Durchfall, Durst
Später: Schüttelfrost, Fieber, Durst, Gelbsucht, Urämie, Nierenversagen

10. Mutterkorn („Antoniusfeuer“)
Seit das Saatgut und das Brotgetreide genau kontrolliert wird, spielt die Vergiftung durch das Mutterkorn, einen auf Gras- und Getreideähren parasitierenden Schlauchpilz, nur noch eine geringe Rolle. Früher verursachte das „Antoniusfeuer“ Taubheitsgefühl und Kribbeln mit brennenden Schmerzen in den Extremitäten, Lähmungserscheinungen, „Veitstänze“ und blaue Hautverfärbungen. Heute wird das Mutterkornalkaloid Ergotamin u. a. in der Naturheilkunde und der Gynäkologie eingesetzt.

11. Neuere Vergiftungssyndrome:
a) **Acromelalga-Syndrom** durch mediterranen Trichterling
Der mit dem Fuchsigen Röteltrichterling (s. S. 95) verwechselbare Duftende Gifttrichterling *(Clitocybe amoenolens)*, der im Mittelmeerraum festgestellt wurde, löst nach einer Latenzzeit von ca. 24 Std. fast unerträgliche Schmerzen mit Juckreiz aus, die ca. 12 Monate anhalten können.

b) **Rhabdomyolyse** durch Grünlinge
Der Jahrzehnte, wenn nicht Jahrhunderte lang als unverdächtig geltende und in allen älteren Pilzbüchern als guter Speisepilz dargestellte Grünling (s. S. 87) hat in den letzten Jahren in Frankreich und Polen schwere Vergiftungen, z. T. mit Todesfolge, ausgelöst. In den bekannt gewordenen Fällen waren große Mengen des Pilzes an mehreren aufeinander folgenden Tagen verzehrt worden. Durch Auflösung der quergestreiften Muskulatur kam es zu Muskelabbau, Muskelschwäche und schließlich zu Herz- und Nierenversagen.

Der Grüne Knollenblätterpilz wirkt auf den menschlichen Organismus tödlich. Die in ihm enthaltenen Gifte zerstören die Leber und das Blut.

Unechte Pilzvergiftungen:

Zu unechten Pilzvergiftungen kommt es durch den Genuss von an sich essbaren Arten, die zu alt, verschimmelt oder sonstwie verdorben sind. Für Verwirrung sorgen oft jene Arten, die individuell unverträglich wirken, das heißt, der eine isst sie mit Genuss und ohne Probleme, während dem anderen davon übel wird. Ein klassisches Beispiel dafür ist die Nebelkappe (s. S. 94), einer der häufigsten Herbstpilze. Man sollte aus diesem Grund Pilze, die man nie zuvor gegessen hat, beim ersten Mal nur in kleinen Mengen zu sich nehmen. Manche Menschen reagieren auch sehr empfindlich und mitunter sogar allergisch gegen das schwer verdauliche Pilzeiweiß oder andere Pilzinhaltsstoffe.
Erste Anzeichen: 15 Min. bis 4 Std. nach der Mahlzeit
Symptome: Bauchweh, Durchfall, Erbrechen, Atemnot, Asthma, Hautausschlag; in schlimmen Fällen sogar Schock, Kollaps und Tod

Schwermetalle anreichernde und radioaktiv belastete Pilze:
Manche Pilze, z. B. Stadtchampignons (s. S. 76), die am Rand vielbefahrener Straßen wachsen, oder Arten, die auf intensiv bewirtschafteten landwirtschaftlichen Flächen (z. B. Weinbergen und Maisäckern) oder auf industriell belasteten Böden stehen, können Schwermetalle anreichern und gesundheitliche Probleme verursachen, die auf eben diese Umwelttoxine zurückgehen.

Maronen (s. S. 46), Semmelstoppelpilze (s. S. 184), Reifpilze (s. S. 132) und Trompetenpfifferlinge (s. S. 180) gehören zu den infolge des Reaktorunglücks von Tschernobyl immer noch überdurchschnittlich hoch durch Cäsium 137 belasteten Arten. Insbesondere Kinder sollten in Gebieten, in denen eine hohe Belastung festgestellt wurde, diese Pilze nicht oder nur in geringen Mengen zu sich nehmen. Der Nachweis eines Kausalzusammenhangs zwischen dem Genuss radioaktiv belasteter Pilze und einer Erkrankung wird allerdings im Einzelfall schwer zu führen sein.

Vom Pilzesammler zum Freizeitmykologen

Stufen einer Entwicklung

Wie in anderen Lebensbereichen geht die Liebe auch bei der Leidenschaft zu den Pilzen oft zunächst einmal durch den Magen. Pilze schmecken – und selbst gesammelte Pilze schmecken meist noch besser als gekaufte, weil ihnen eine erfolgreiche Pirsch vorausging.

Vielleicht verdankt man seine ersten Kenntnisse den Eltern oder Großeltern. Irgendwann ärgert es einen, dass einem draußen im Wald zwar hunderte von Pilzen begegnen, man selbst aber nur ein oder zwei Dutzend Arten kennt und der kleine alte Pilzführer aus Großvaters Bibliothek nicht mehr weiterhilft.

Ein neues, größeres Pilzbuch wird angeschafft. Vielleicht ergibt sich die Chance, an einer geführten Pilzwanderung teilzunehmen oder sich einen Diavortrag über Pilze anzusehen, und der Referent sagt einem, wo sich die nächste Pilzberatungsstelle oder pilzkundliche Arbeitsgemeinschaft befindet (das erfährt man aber meistens auch über die Landratsämter oder über die Homepages der mykologischen Gesellschaften eines Landes).

Allmählich ergreifen die Pilze von einem Besitz. Man besucht einen Pilzkurs der Volkshochschule, einer Naturschutzakademie oder der Schwarzwälder Pilzlehrschau in Hornberg. Man lernt neue Bücher kennen – oder auch alte, denn bereits frühere Generationen schufen prachtvolle, üppig bebilderte Tafelwerke über Pilze. Man entdeckt regionale Pilzfloren wie „Die Großpilze Baden-Württembergs" oder „Die Pilze der Schweiz" und spezielle, oft fremdsprachliche Monografien, die sich erschöpfend mit einer einzigen Gattung wie z. B. den Schüpplingen, den Täublingen oder den Milchlingen befassen. Man lernt andere Menschen kennen, die sich schon länger mit den Pilzen beschäftigen und bereit sind, ihr Wissen mit anderen zu teilen. Auf einer Pilztagung – auch so etwas gibt's – freundet man sich mit einem Hobbymykologen aus einem Land an, in dem man noch nie war, wird eingeladen und lernt beim nächsten Urlaub nicht nur die dortigen Pilze kennen, sondern auch Land und Leute ... Jeder macht seine eigenen Erfahrungen, aber so könnten sie aussehen.
Natürlich spielt inzwischen auch das Internet eine bedeutende Rolle in der Kommunikation zwischen den Pilzfreunden – mit all den internettypischen Vor- und Nachteilen. Zu den Nachteilen gehört, dass mitunter der größte Unfug über das Internet verbreitet wird und dass dem einsam vor sich hin Surfenden niemand sagt, wann er auf eine solche Humbug-Webseite gestoßen ist. Fatal wäre es zum Beispiel, auf dem Umweg über die Pilzdrogenszene in die Pilzkunde einsteigen zu wollen. Unterm Strich überwiegen aber sicher die Vorteile des Internets, das zum Thema Pilze selbstverständlich auch eine kaum noch überschaubare Fülle an seriösen Informationen anbietet, insbesondere, wenn man bereits wissenschaftlich arbeitet. Der Pilzfreund kann sich an mykologischen Foren wie www.pilzepilze.de beteiligen, Fotos zur Diskussion stellen und Sammeltipps erfragen. Was er nicht erwarten kann, ist eine ausführliche Pilzberatung per Internet, denn zum einen ist es bis heute unmöglich, Faktoren wie Geruch, Geschmack oder die Beschaffenheit einer Huthaut, ohne die eine vernünftige Pilzbestimmung nicht funktioniert, lebensecht im Internet zu vermitteln, und zum anderen ist die Gefahr von Missverständnissen oder sogar von bewusstem Missbrauch von Informationen viel zu groß.

Wer sich in die Pilzkunde einarbeiten will, kann durchs Internet den Weg zum guten Pilzbuch abkürzen und auch das eine oder andere Schnäppchen finden; er kann manche Irrwege vermeiden, wird letzten Endes aber trotzdem nicht um eigenverantwortliche Bestimmungen und Risikoabschätzungen herumkommen.

Einen entscheidenden qualitativen Schritt nach vorn bedeutet die Anschaffung eines Mikroskops, mit dessen Hilfe man sich Basidien und Schläuche, die Form und Ornamentierung der Sporen, den Aufbau und die Struktur von Huthaut und Stieloberfläche und vieles andere mehr erschließen kann. Das Mikroskop verschafft einem das Entrée in eine andere Welt, die einen genauso fesseln kann wie die Pilzjagd in Wald und Flur. Allerdings benötigt man für diese Welt viel Zeit, die man gemeinhin nicht hat. Ein Hobbymykologe löste das Problem dadurch, dass er zeitgleich mit der Anschaffung des Mikroskops seinen Fernsehapparat abschaffte. „Ich kann mir nur *eine* optische Freizeitbeschäftigung leisten", meinte er.

Die Bestimmung der Pilze: Eine Einführung

Um einen Pilz zu bestimmen, braucht man Zeit und Geduld, ausreichend Platz auf dem Schreibtisch, einen Bogen Papier, Schreib- und/oder Zeichenutensilien, gutes Licht, eine Lupe und Bestimmungsliteratur – das heißt zumindest ein gutes Pilzbuch, in dem einige Hundert Arten beschrieben sein sollten. Und man darf die Erwartungen nicht zu hoch setzen und davon ausgehen, dass gleich der erste Versuch zum Erfolg führt. Bei ca. 5000 Großpilzen in Mitteleuropa ist die Wahrscheinlichkeit, dass man eine Art vor sich liegen hat, mit der sich auch ein Experte schwer tun würde, relativ groß.

Im optimalen Fall hat der angehende Pilzbestimmer schon unterwegs einige Standortbeobachtungen notiert oder in ein kleines Diktiergerät gesprochen, z. B.: den Wald- oder Geländetyp („Schluchtwald, südexponiert", ca. 850 m ü. M.), Begleitbäume („Esche, ca. 15 m entfernt auch Buche"), Licht- und Bodenverhältnisse („schattig", „lehmig-feucht"). Je mehr Informationen über den Standort bekannt sind, desto leichter wird die Bestimmung. Fotos vom Standort und dem Pilz in seiner natürlichen Umgebung sind ebenfalls sehr hilfreich; bei vielen Pilzfreunden zählt eine Digitalkamera inzwischen schon zum Standard.

Von dem Pilz, den man benennen will, sollten möglichst nicht nur ein einziges Exemplar, sondern drei oder vier Fruchtkörper in verschiedenen Altersstufen zur Verfügung stehen. Dabei ist darauf zu achten, dass die Pilze tatsächlich auch komplett sind – ein Exemplar mit abgeschnittener Stielbasis ist z. B. für die Bestimmung ungeeignet.

Die Pilzbestimmung beginnt mit der Beschreibung. Man notiert alles, was einem an der vorliegenden Art auffällt: Größe („Hutdurchmesser 12 cm, Stiel 14 cm lang"), Farbe und Beschaffenheit von Hut und Stiel („Hutoberfläche dunkelbraun, trocken, wildlederartig-rau"), Fleischverfärbung im Schnitt („beim Anschneiden sofort tiefblau anlaufend"), Geruch („nach Anis") usw.

Auch der Geschmack der Pilze kann sehr aufschlussreich sein. Aber aufgepasst! Wenn es nur darum geht, ob man einen (bitteren) Gallenröhrling oder einen (milden) Steinpilz vor sich hat, ist die Geschmacksprobe unproblematisch, da keine giftige Art im Spiel ist. Geschmacksproben von unbekannten Pilzen dürfen dagegen unter keinen Umständen heruntergeschluckt werden! Schon ein kleines Stück Knollenblätterpilz kann schwerste Vergiftungen hervorrufen.

Besondere Aufmerksamkeit verdient bei Hutpilzen neben der Oberfläche auch die Unterseite des Hutes: Hat der Pilz Lamellen, Röhren oder Stacheln? Bei Pilzen, die nicht in Hut und Stiel gegliedert sind, sind Form und Oberflächenstruktur („keulig, glatt", „krustenförmig mit Poren" etc.) zu notieren. Bei Hutpilzen sollte immer auch die Farbe des Sporenpulvers notiert werden. Sie kann der Farbe reifer Lamellen entsprechen, muss es aber nicht. Ein auf ein Blatt Papier ausgelegter, abgeschnittener reifer Hut ergibt in der Regel schon nach einigen Stunden einen Sporenabdruck. Bei Täublingen mit weißem bis dunkel ockergelbem Sporenpulver kommt es sogar auf den exakten Farbton an, der mit einer Farbtesttabelle festgelegt werden kann.

Für all diejenigen, die an der Basis anfangen möchten, das heißt, sich über die Unterschiede zwischen den Hauptgruppen informieren, gilt frei nach Goethes „Faust" der Satz: „Am Anfang war die Form."

Die folgende Zusammenstellung erfolgt nach dem Prinzip des Bestimmungsschlüssels. Man liest alternativ die Fragen A) und A1) durch und gelangt dann entweder zu „Übersicht 1" oder zum Fragenpaar B) und B1), C) und C1) usw. bis hin zu den Alternativen F), F1) und F2), bis man auf eine entsprechende „Übersicht" verwiesen wird. Dort studiert man jeweils alternativ die mit einem •, zwei •• oder drei ••• Punkten versehenen Zeilen und engt auf diese Weise die Merkmalskombinationen verschiedener Pilzgruppen so weit ein, bis man schließlich einen Seitenverweis auf eine Beschreibung im speziellen Teil dieses Buches erreicht.

Formen:

A) Pilze irgendwie knollig, eiförmig oder kugelig (bisweilen gestielt-kugelig oder sternförmig mit oder ohne Innenkugel); ohne Lamellen, Röhren, Stacheln ➔ s. Übersicht 1

A1) Pilze anders geformt ➔ B

B) Pilze krusten-, konsolen-, halbkreis-, zungen-, rosetten- oder polsterförmig; meist an Holz wachsend, mit Lamellen, Röhren und Poren, Stacheln oder Runzeln; Stiel (wenn vorhanden) sehr kurz und ± exzentrisch ➔ s. Übersicht 2

B1) Pilze anders geformt ➔ C

C) Pilze einfach keulig, röhrig oder korallen- bis blumenkohlartig verzweigt; ohne Poren, Röhren, Lamellen ➔ s. Übersicht 3

C1) Pilze anders geformt ➔ D

D) Pilze becher-, schalen-, uhrglas-, ohr- oder tüten- bis trompetenförmig; ohne Lamellen, Röhren, Stacheln ➔ s. Übersicht 4

D1) Pilze anders geformt➔ E

E) Pilze mit Hut und Stiel. Hüte gekammert oder unregelmäßig gehirnartig gewunden; ohne Lamellen, Röhren, Stacheln ➔ s. Übersicht 5

E1) Pilze anders geformt ➔ F

F) Pilze mit Hut und ± zentralem Stiel. Hüte auf der Hutunterseite mit strahlig verlaufenden Lamellen oder Leisten ➔ s. Übersicht 6

F1) Pilze mit Hut und Stiel. Hüte auf der Hutunterseite mit Röhren und Poren (wenn nur mit sehr kurzem, rudimentärem oder stark seitenständigem Stiel s. a. Übersicht 2) ➔ s. Übersicht 7

F2) Pilze mit Hut und Stiel. Hüte auf der Hutunterseite mit Stacheln oder Stoppeln ➔ s. Übersicht 8

Übersicht 1: Pilze irgendwie knollig, eiförmig oder kugelig (bisweilen gestielt-kugelig oder sternförmig mit oder ohne Innenkugel); ohne Lamellen, Röhren, Stacheln

• Pilze rundlich ei- oder birnenförmig, im Längsschnitt mit Anlage von Hut und Stiel: Junge Lamellenpilze, insbesondere Knollenblätterpilze und Wulstlinge (s. S. 62 ff.); diverse junge Röhrlinge, z. B. Goldröhrlinge (s. S. 41 ff.)

•• Pilze rundlich, ei- oder birnenförmig, im Längsschnitt ohne Anlage von Hut, Stiel und Lamellen; klein bis sehr groß: Stäublinge, Boviste, Kartoffelboviste (s. S. 219 ff.)

• Pilze zumindest teilweise unterirdisch wachsend, aber nicht als Hohlkugel s. Echte Trüffeln (S. 243) und trüffelartige Bauchpilze (S. 224 f.)

• Pilze jung im Substrat verborgen und als Hohlkugel beginnend, bald an die Oberfläche tretend und aufplatzend, s. Kronen- und Blasenbecherling (S. 240 f.)

• Pilze mit gallertiger Schicht unter der Oberhaut: Hexeneier der Stinkmorchel und verwandter Arten (s. S. 225)

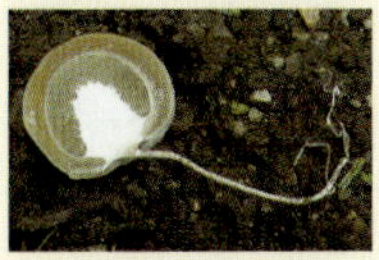

• Pilze sternförmig mit Innenkugel: Erdsterne und verwandte Arten (s. S. 222 f.); wenn sternförmig, rot, stinkend, ohne Innenkugel, s. Tintenfischpilz (S. 225)

• Pilze mit kleiner Kugel (Ø ± 1 cm) auf holzigem Stiel: Stielboviste (s. S. 222); wenn auf toten Insekten oder unterirdischen Hirschtrüffeln, s. Kernkeulen (S. 249)

• Pilze rundlich-knollig an Baumstämmen oder -stümpfen, holzig-hart oder zäh-saftig: Jugendformen verschiedener Porlinge, s. Zottiger Schillerporling (S. 196)

• Pilze klein (bis 1 cm Ø), rotbraun bis schwarz, hartschalig, rundlich bis pustelförmig, gesellig auf Holz: Kohlenbeeren (s. S. 248)

• Pilze nicht regelmäßig rund, sondern klumpig, gekröseartig, Fleisch gallertig-wabbelig; meist an totem Holz: Goldgelber Zitterling und andere Gallertpilze (s. S. 226 ff.), Schlauchzitterling (s. S. 246)

Übersicht 2: Pilze krusten-, konsolen-, halbkreis-, zungen-, rosetten- oder polsterförmig; meist an Holz wachsend, mit Lamellen, Röhren und Poren, Stacheln oder Runzeln; Stiel (wenn vorhanden) sehr kurz und ± exzentrisch

• Pilze krustenförmig auf Holz, flach oder polsterförmig aufgewölbt; stiellos; ohne Hutkante oder nur mit schmalen, abstehenden Hutkanten auf der Oberseite; glatt, höckerig-uneben, runzelig, porig oder stachelig:

•• mit Poren: krustenförmige (resupinate) Porlinge
•• höckerig uneben, glatt, runzelig: Rindenpilze (s. S. 213 ff.)
•• mit Stacheln: Gelber Fadenstachelpilz (s. S. 215)

• Pilze mit Lamellen, labyrinthischen Strukturen oder Stacheln; konsolen-, halbkreis-, fächer-, muschel-, rosetten- oder zungenförmig, auf Holz

•• mit Stacheln: Dorniger Stachelbart (s. S. 183); Zitterzahn (s. S. 231)

•• mit echten Lamellen, fächer- oder muschelförmig, weichfleischig-längsfaserig; saisonal; Stiel (wenn vorhanden) seitenständig oder exzentrisch: Seitlinge und Sägeblättlinge (s. S. 112 ff.), Stummelfüßchen (s. S. 139)

•• mit lamelligen oder labyrinthischen Strukturen auf der Hutunterseite, Fleisch korkig-zäh; ganzjährig: Saftwirrling (s. S. 210), Blättlinge (s. S. 206), Rötende Tramete (s. S. 204)

• Pilze mit Poren, konsolen-, halbkreis-, fächer-, rosetten- oder zungenförmig, auf Holz

•• hart und holzig, dick, mehrjährig, meist ziemlich groß, nie mit Lamellen: Zunderschwamm (s. S. 200), Feuerschwämme (s. S. 200), Rotrandiger Schichtporling (s. S. 200) und ähnliche Arten

•• weichfleischig, saftig, dick, einjährig, einige Arten ziemlich groß, nie mit Lamellen: Schwefelporling (s. S. 208), Schillerporlinge (s. S. 194 f.), Saft- und Schwammporlinge (s. S. 211 ff.), Leberreischling und andere Arten (s. a. Zusammenfassung, S. 212)

•• zähfleischig, groß, manchmal vielhütig

••• Hut schuppig, auf Laubholz: Schuppiger Porling (s. S. 209) und Sklerotien-Stielporling (s. S. 207)
••• Hut glatt, an Birke: Birkenporling (s. S. 209)
••• vielhütig: Riesenporling (s. S. 210), Eichhase (s. S. 209)

•• Pilze zähfleischig, dünn, klein bis mittelgroß, Oberseite oft bunt gezont und/oder von Algen grün, oft samtig oder grobfilzig: Trameten und verwandte Arten (s. a. Zusammenfassung, S. 201 ff.)

Übersicht 3: Pilze einfach keulig, röhrig oder korallen- bis blumenkohlartig verzweigt; ohne Poren, Röhren, Lamellen

• schlanke bis bauchige, unverzweigte Keulen: Herkuleskeule und andere Keulen (s. S. 189 f.); Erdzungen (s. S. 245); Hörnlinge (s. S. 229); Kernkeulen (s. S. 249)

• Keule sehr zerbrechlich, porös (wie leichtes Styropor); Hut anfangs mit stinkendem Sporenschleim bedeckt: Hundsrute (s. S. 225)

• Pilze korallenartig verzweigt: Korallenpilze (s. S. 186 ff.), Erdwarzenpilze (s. S. 218); wenn gummiartig-zäh: Hörnlinge (s. S. 229)

• Pilze blumenkohlartig, oft sehr groß: Glucken (s. S. 191); wenn mit Stacheln: Ästiger Stachelbart (s. S. 183); wenn gallertig: Blattartiger Zitterling (s. S. 228)

Übersicht 4: Pilze becher-, schalen-, uhrglas-, ohr- oder tüten- bis trompetenförmig; ohne Lamellen, Röhren, Stacheln

• Pilze tüten- bis trompetenförmig, grau, schwarz oder rot: Herbsttrompete (s. S. 182), Roter Gallertbecher (s. S. 227)

• Pilze becher-, schalen-, uhrglas-, ohrförmig

•• Pilze von wachsartiger Beschaffenheit, meist brüchig

••• becher-, schalen-, uhrglasförmig; Rand nicht behaart: Becherlinge (s. S. 240 ff., 246 ff.), Becher- und Scheibenlorcheln (s. S. 238 f.), Wurzellorchel (s. S. 239)

••• becher, schalen-, uhrglasförmig; Rand behaart: Borstlinge im weiteren Sinn (s. S. 242 f.)

••• einseitig ohrförmig ausgezogen: Eselsohr (s. S. 240)

•• Pilze zähfleischig, bisweilen gummiartig-biegsam (wenn weich, dann nicht wachsartig)

••• gummiartig zäh, an altem Holunder und anderem Laubholz: Judasohr (s. S. 227)

••• nicht gummiartig zäh, umgekehrt becherförmig an alten Tannenästen: Tannen-Fingerhut (s. S. 215)

Übersicht 5: Pilze mit Hut und Stiel. Hüte gekammert oder unregelmässig gehirnartig gewunden; o. Lamellen, Röhren, Stacheln

• Stiel weiß, sehr zerbrechlich, porös (wie leichtes Styropor); Hut anfangs mit schwarzem Sporenschleim bedeckt, später weißlich, wabenartig gekammert; aasartig stinkend: Stinkmorchel (s. S. 225)

• Stiel nicht porös, wachsartig bis knorpelig oder gummiartig-biegsam, ± regelmäßig zylindrisch oder grob längsgerippt und ± gekammert

•• Pilze im Frühjahr (März–Mai) wachsend

••• Hut käppchen- oder fingerhutartig der Stielspitze übergestülpt, glatt oder runzelig, aber nicht gekammert; Stiel zylindrisch: Verpeln (s. S. 236)

••• Hut käppchenartig bis konisch, gekammert, Rand nicht mit Stielspitze verwachsen; Stiel zylindrisch: Käppchenmorchel (s. S. 236)

••• Hut rundlich oder spitzkegelig, Rand mit Stielspitze verwachsen: Morcheln (s. S. 235)

••• Hut gehirnartig-gewunden: Frühjahrs- und Riesenlorchel (s. S. 237)

•• Pilze im Sommer und Herbst (Juni–November) wachsend

••• Pilze klein, grünlich, glitschig, gummiartig-zäh: Gallertköpfchen (s. S. 245)

••• Hut zwei- bis dreizipfelig oder lappig, Stiel wachsartig bis knorpelig-zäh, zylindrisch oder gekammert: Bischofsmütze, Herbst- und Grubenlorchel, Elastische Lorchel (s. S. 239)

Übersicht 6: Pilze mit Hut und ± zentralem Stiel. Hüte auf der Hutunterseite mit strahlig verlaufenden Lamellen oder Leisten

• Lamellen splittern in der Regel beim Darüberstreichen mit dem Finger, Fleisch brüchig, ohne oder mit Milchsaft

•• Fleisch im Anbruch einen unveränderlich weißen, verfärbenden oder von Anfang an rötlichen Milchsaft absondernd: Milchlinge (s. S. 167 ff.)

•• Fleisch ohne Milchsaft: Täublinge (s. S. 158 ff.)

• Lamellen oder Leisten nicht splitternd; Fleisch faserig, nicht brüchig

•• Sporen dunkelbraun bis schwarz

••• Lamellen alt zerfließend: Tintlinge (s. S. 153 ff.)

••• Lamellen dick, bogig herablaufend, nicht zerfließend: Gelbfüße und Schmierlinge (s. S. 57)

••• Lamellen angewachsen bis schmal angeheftet: Träuschlinge, Düngerlinge, einige Faserlinge, Schwefel- und Kahlköpfe (s. S. 146 ff.), Ackerlinge (s. S. 138 f.)

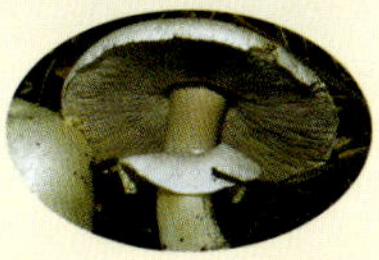

••• Lamellen frei: Champignons (s. S. 74 ff.)

•• Sporenpulver mittelbraun bis rostbraun

••• Lamellen gerade angewachsen bis ausgebuchtet oder angeheftet: Schleierlinge (s. S. 123 ff.), Schüpplinge (s. S. 142 ff.), Ackerlinge (s. S. 138 f.), Häublinge (s. S. 140 f.) und verwandte Gattungen (s. S. 142 ff.)

••• Lamellen herablaufend: Kremplinge (s. S. 56)

••• Lamellen frei: Glimmerschüppling (s. S. 74)

•• Sporenpulver rosa bis rosabräunlich oder rötlich

••• Lamellen angewachsen (ausgebuchtet bis herablaufend): Rötlinge (s. S. 117 ff.), Mehlräsling (s. S. 121) und Rötelritterlinge (s. S. 95 f.)

••• Lamellen frei: Dachpilze und Scheidlinge (s. S. 121 f.)

•• Sporenpulver weiß (in Ausnahmefällen blass fleischrosa, gelblich oder grünlich)

••• Lamellen (Leisten) herablaufend: Trichterlinge (s. S. 91 ff.), einige Schnecklinge und Saftlinge (s. S. 78 ff.), Nabelinge (s. S. 102), einige Helmlinge (s. S. 97 ff.) und Sägeblättlinge (s. S. 112 ff.); Pfifferlinge etc. (s. S. 180)

••• Lamellen am Stiel ausgebuchtet: Ritterlinge und Verwandte (s. S. 84 ff.); ausgebuchtet, gerade angewachsen oder angeheftet: Rüblinge und Schwindlinge (s. S. 104 ff.), einige Helmlinge (s. S. 97 ff.), Schnecklinge und Saftlinge (s. S. 78 ff.); angeheftet: junge Fransenwulstlinge und Stachelschuppige Wulstlinge (s. S. 66 f.)

••• Lamellen frei (den Stiel nicht erreichend): Wulstlinge und Knollenblätterpilze (s. S. 62 f.), Schirmlinge und verwandte Gattungen (s. S. 68 ff.)

Übersicht 7: Pilze mit Hut und Stiel. Hüte auf der Hutunterseite mit Röhren und Poren

(wenn nur mit sehr kurzem, rudimentärem oder stark seitenständigem Stiel s. a. Übersicht 2)

• Pilze meist an Holz (bisweilen an vergrabenem), holzig bis zähfleischig (selten weich), Poren weiß bis blassbraun

•• holzig, mit roter oder brauner, glänzender Kruste, Stiel nicht zentral: Glänzender Lackporling (s. S. 194)

•• lederig-zäh, Stiel meist zentral, ohne Kruste: Winterporling (s. S. 208)

•• lederig-zäh, Stiel meist exzentrisch, Hut glatt, dunkelbraun, an Buche, Weide etc.: Kastanienbrauner Stielporling (s. S. 208)

•• jung weich, alt brüchig oder lederig-zäh, Stiel meist exzentrisch, Hut ocker mit braunen bis schwarzen Schuppen oder Schüppchen; Poren weit, eckig: Schuppiger Porling, Sklerotien-Stielporling, Wabenporling (s. S. 207 ff.)

• Pilze nur ausnahmsweise an Holz, meist auf dem Boden in Laub- und Nadelwäldern, fleischig, oft in „Steinpilzform" (Röhrlinge, s. S. 42 f.)

•• Hüte schmierig-schleimig, Stiele vergleichsweise schlank; unter Nadelbäumen, v. a. Kiefern, Lärchen: Schmierröhrlinge (s. S. 49 f.)

•• größere Arten, Hüte schmierig oder trocken; Stiele kräftig, oft bauchig, mit oder ohne Netzzeichnung

••• Röhrenmündungen (Poren) orange oder rot: Hexenröhrlinge (s. S. 43 f.) und Satanspilz (s. S. 44)

••• Röhrenmündungen (Poren) weiß, gelb oder oliv bis grün: Steinpilze und andere Dickröhrlinge (s. S. 41 f.), stämmige Filzröhrlinge (s. S. 46 ff.)

••• Röhrenmündungen (Poren) jung weiß, altrosa; Stiel mit kräftiger, hervortretender Netzzeichnung: Gallenröhrling (s. S. 48)

•• kleinere Arten; Hüte meist trocken, feinfilzig, seltener schmierig; Stiele meist schlank, oft ganz oder teilweise rot oder gelb; Röhren alt meist olivgrün: Filzröhrlinge (s. S. 46 ff.) (wenn Röhren altrosa: Gallenröhrling (s. S. 48)

•• kleine bis große Arten mit langen, schuppigen Stielen; Hüte schmierig oder trocken, weißlich, braun oder rot, Röhren und Poren weißlich bis grau: Raufußröhrlinge (s. S. 52 ff.)

•• Hut schwarzschuppig, Rand wollig filzig; Poren weit; Stiel zottig-filzig, fest: Strubbelkopfröhrling (s. S. 54)

Übersicht 8: Pilze mit Hut und Stiel. Hüte auf der Hutunterseite mit Stacheln oder Stoppeln

• sehr kleine Art mit seitlich ansitzendem Stiel, der auf im Boden vergrabenen Kiefernzapfen wurzelt: Ohrlöffelstacheling (s. S. 185)

• größere Arten mit anderen Merkmalen

•• Hut groß, grobschuppig; Schuppen braun bis schwarzbraun; in Nadelwäldern: Habichtspilz (s. S. 185)

•• Hut klein, mittelgroß bis groß, weißlich, ockergelblich, rötlichgelb, oft vielgestaltig; nicht nur, aber vorrangig in Buchenwäldern: Semmelstoppelpilz und verwandte Arten (s. S. 184)

•• kleine braune Art mit blutroten Guttationstropfen: Rostbrauner Korkstacheling und Scharfer Korkstacheling (s. S. 185)

BESTIMMUNGSMERKMALE

Diverse Pilzformen

Täubling: Hutoberfläche felderig aufreißend

Ritterlinge und manche Risspilze: Hutoberfläche seidig glänzend, Rand oft radialrissig

Schirmpilz: Hutoberfläche geschuppt, Ring fransig-flockig, Stiel genattert mit knolliger Basis

Habichtspilz: stachelig

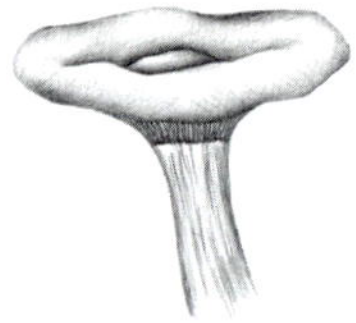

Trichterling: genabelt

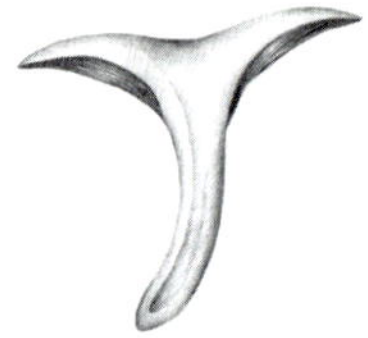

manche Trichterlinge: Hutmitte niedergedrückt, Stiel röhrig-hohl

Schneckling: Rand eingerollt, Lamellen herablaufend

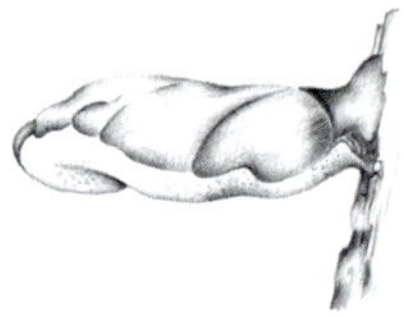

Leberreischling: zungenförmig

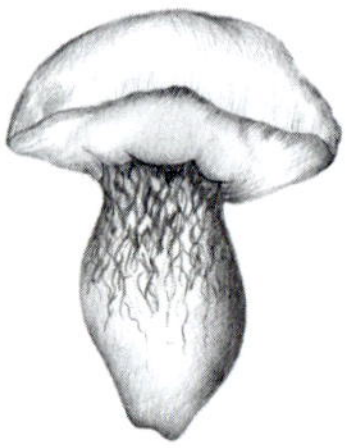

Röhrling: Hutoberfläche glatt, Stieloberfläche netzig

Morchel: Hut wabig gekammert, Stiel längsrunzelig

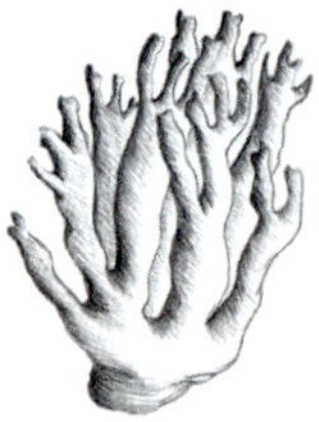

Koralle: verzweigt

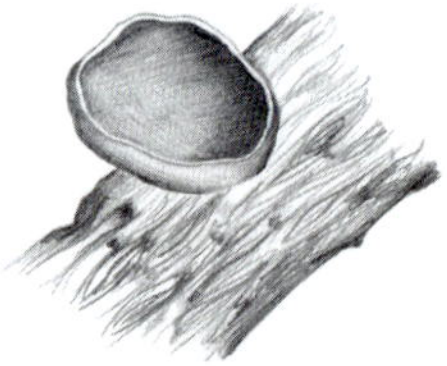

Becherling: becher- oder schalenförmig

Erdstern: kugelig, sternförmig

Stielbovist: kugelig-gestielt

Lamellenform, Lamellenansatz

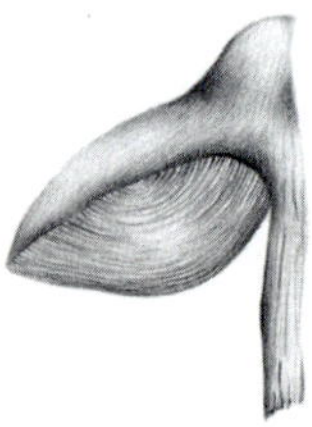

bauchig

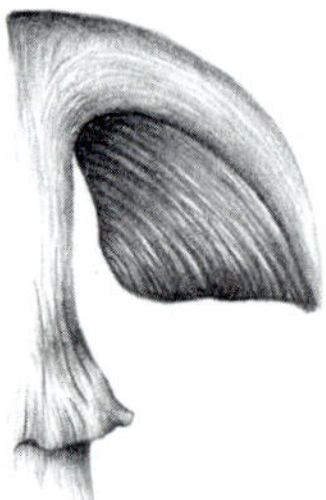

angeheftet, fast frei

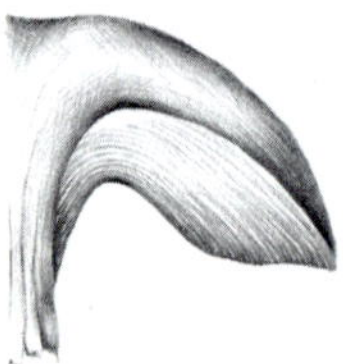

ausgebuchtet, mit Zahn herablaufend

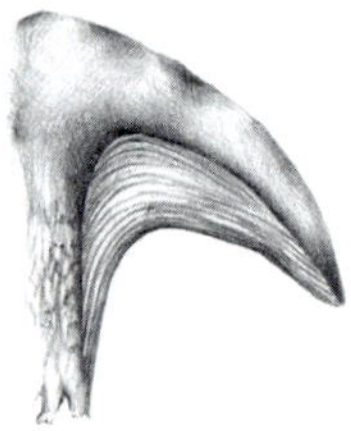

bogig herablaufend

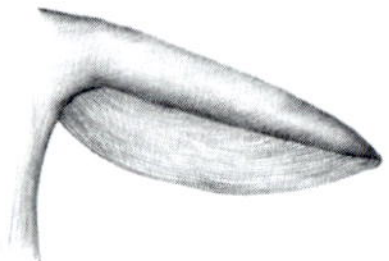

angewachsen

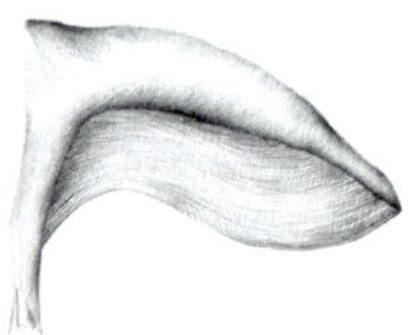

gewellt, breit angewachsen, kurz herablaufend

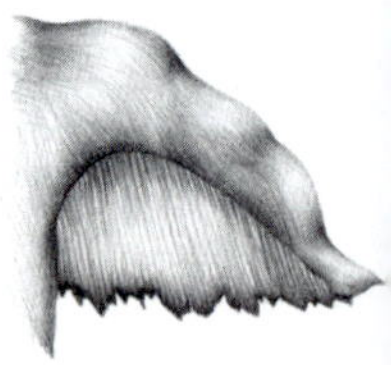

Schneiden gesägt

Hutformen im Längsschnitt

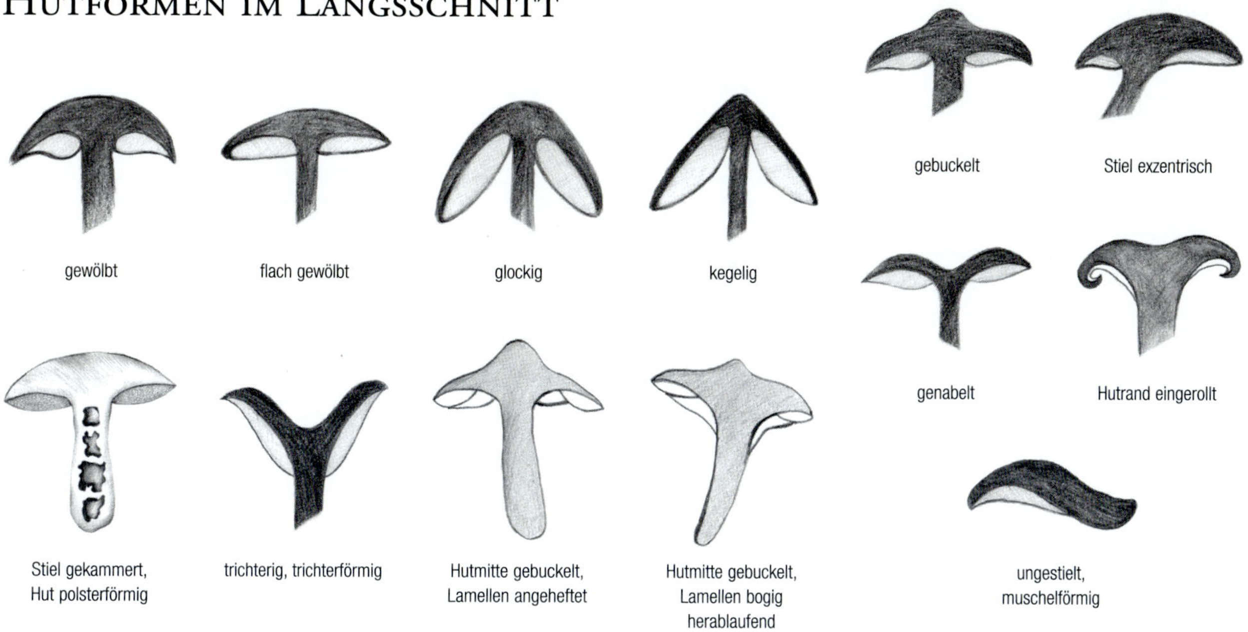

Fruchtkörper

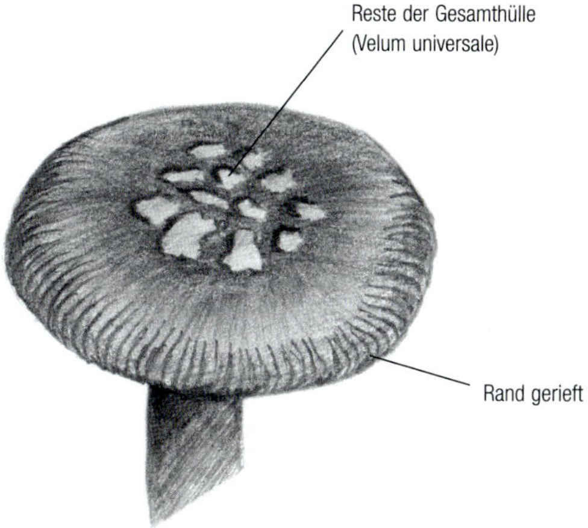

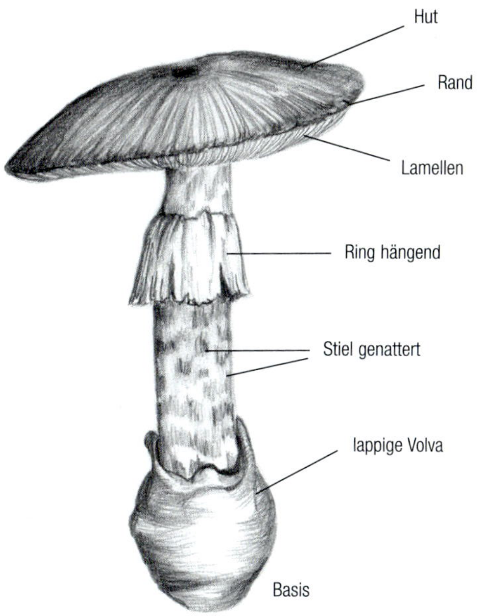

Knollenblätterpilz

Hutformen

kegelig

glockig, Lamellen engstehend

glockig, Lamellen entfernt-stehend

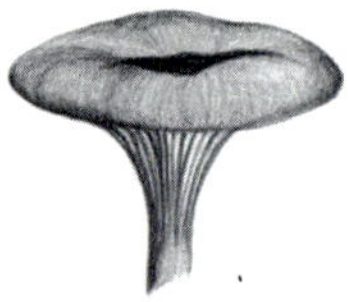

Hut trichterförmig, genabelt

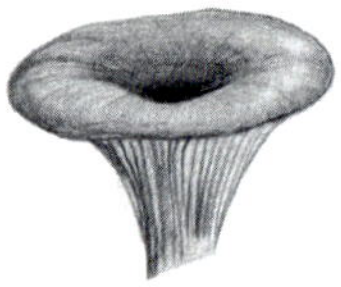

Hut trichterförmig eingetieft, Lamellen weit herablaufend

Hymenophor

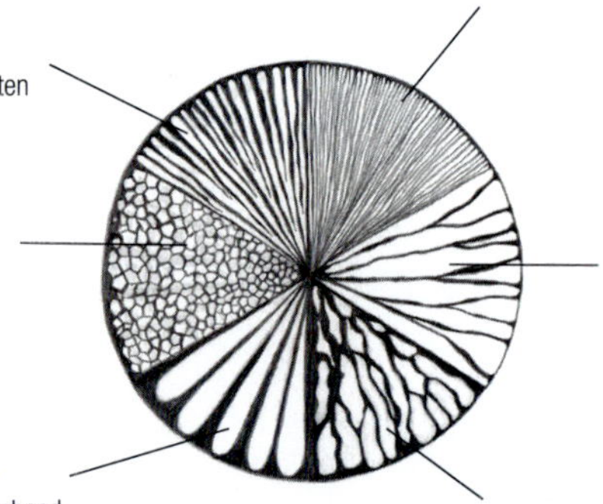

Stielbasis

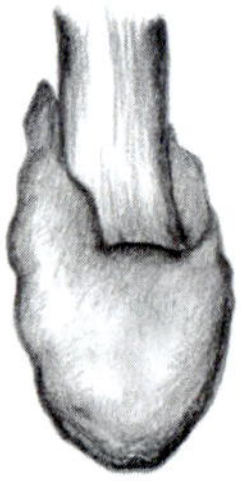

Volva

Volva gerandet

Stielformen

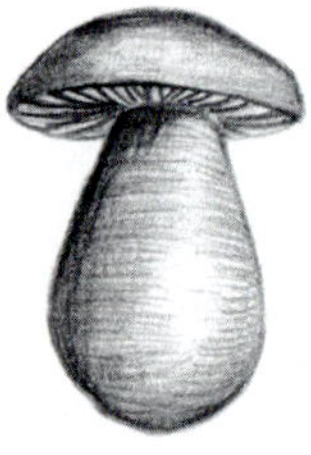

bauchig

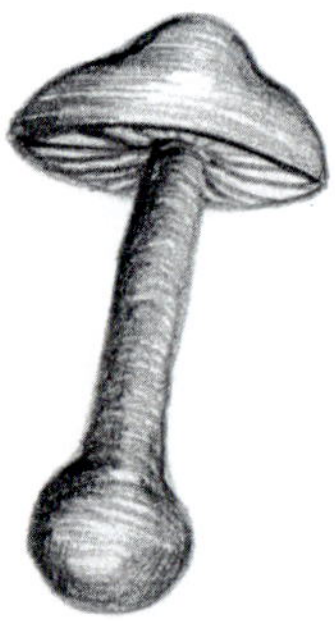

mit knolliger Basis

mit gerandet knolliger Basis

keulig

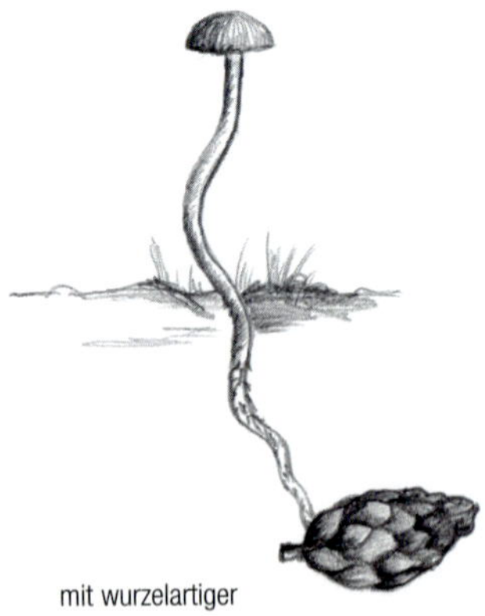

mit wurzelartiger Verlängerung

Ring

hängend

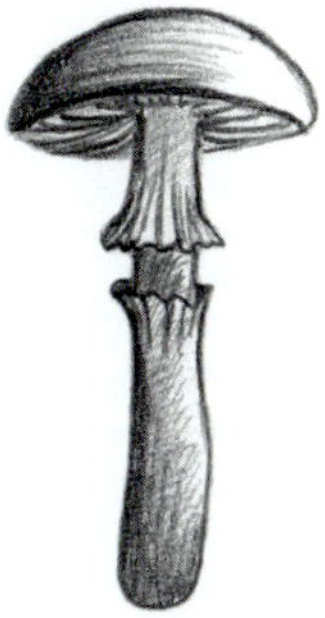

doppelt

reifrockartig

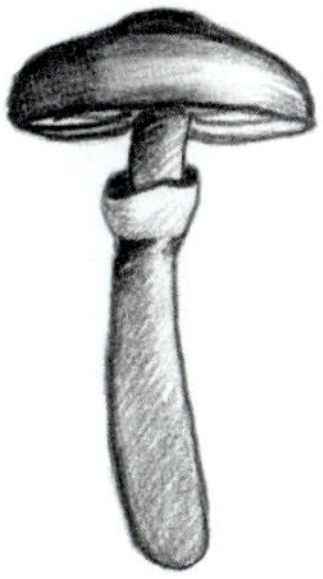

aufsteigend

Hut- und Stieloberfläche

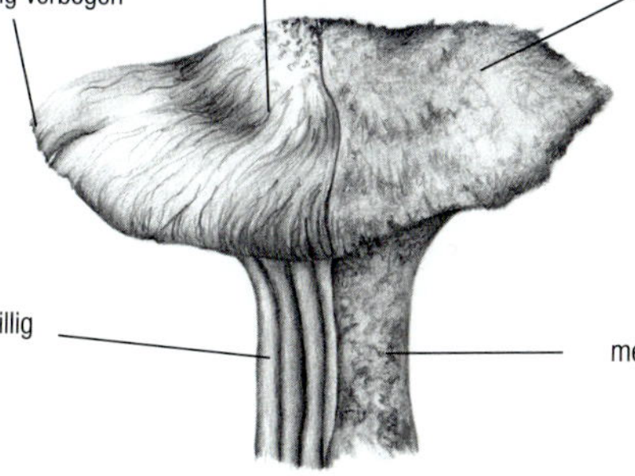

Hutoberfläche

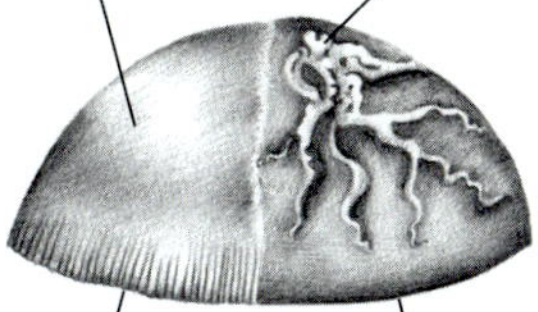

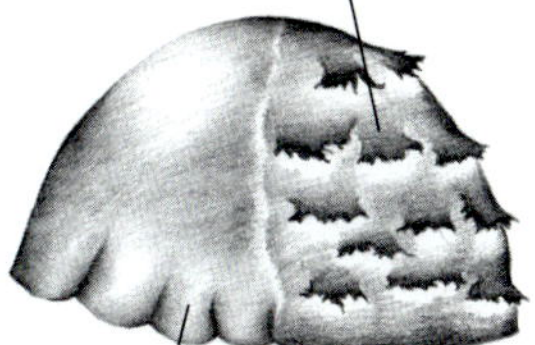

Stieloberfläche

längsrillig

genattert, gezont

sparrig-schuppig

grubig

Glossar

amyloid: Stärkereaktion, blaue, blaugraue bis violette Färbung von Sporen, Hyphen, Asci mit Jodlösungen, Jodreagenzien
anastomosierend: durch Queradern verbunden (Lamellen)
angeheftet: Lamellenansatz am Stiel
ausgebuchtet: Lamellen am Stielansatz verschmälert
Apothecium: becher-, schüssel- oder scheibenförmiger Fruchtkörper der Ascomyceten
Ascomyceten: Schlauchpilze (Morcheln, Becherlinge, Erdzungen, Holzkeulen etc.)
Ascus, Mz. Asci: schlauchförmige Zelle, in der sich die meist 8 Sporen der Ascomyceten entwickeln
Basidie: keulenförmige Zelle, an der sich die meist 4 Sporen der Basidiomyceten entwickeln
Basidiomyceten: Ständerpilze (Röhrlinge, Porlinge, Lamellen-, Stachel- und Korallenpilze etc.)
Basis: unterer Teil des Stiels, oft mit besonderen Merkmalen wie Knolle, wurzelartiger Verlängerung, Myzelfilz oder Volva
behangen: Velumreste hängen als Flocken, Fasern, Fetzen am Hutrand
bereift: weißlicher, silbriger, oft abwischbarer Überzug auf Hut oder Stiel (z. B. Reifpilz)
bewimpert: mit einem Saum aus feinen Haaren oder Borsten (z. B. Schildborstling)
Bioindikator: Zeigerpflanze oder -tier, dessen Vorhandensein oder Fehlen in einem Biotop Rückschlüsse auf bestimmte Standortsbedingungen wie z. B. den pH-Wert, den Nitrat-Gehalt oder die Schwermetallbelastung erlauben
Braunfäule: Holzfäule, Holz zerfällt durch Zelluloseabbau würfelig bei gleichzeitig starkem Gewichtsverlust und Braunverfärbung
Chlamydosporen: ungeschlechtliche Dauersporen, die nicht an Basidien wachsen, sondern direkt von den Pilzhyphen abgeschnürt werden (z. B. auf der Hutoberfläche des Stäubenden Zwitterlings)
Cortina: spinnwebartiger Schleier (Velum) der Schleierlinge und verwandter Gattungen *(Cortinariaceae)*, das beim jungen Pilz Hutrand und Stiel verbindet
Discomyceten: Schlauchpilze (Ascomyceten) mit scheiben- oder becherförmigen Fruchtkörpern
Endoperidie: innere Hülle der Bauchpilze
engstehend: Gegensatz: entferntstehend, bezeichnet den Lamellenabstand
Epicutis: oberste Schicht der Hutdeckschicht
Exoperidie: die leicht aufreißende oder abfallende Außenhülle der Bauchpilze
exzentrisch: nicht in der Mitte
fertil: fruchtbar, mit reifen Sporen
Fruchtkörper: der meist oberirdische Teil des Pilzes, der die Sporen ausbildet (Gegensatz: das unterirdisch wachsende, dauerhafte Myzel)
gegürtelt: Velumreste in Kreisen oder Zickzackbändern auf der Stielbasis oder am Stiel, oft farblich vom Stiel abgesetzt
gekammert: in einzelne hohle Kammern geteilt (Stiel verschiedener Täublinge, aber auch Hüte, z. B. Morcheln)
gelatinös: gallertartig
genabelt: Hutmitte mit kleinem, nabelartigem Trichter (z. B. Nabelinge)
genattert: Stiel mit Velumresten gebändert (z. B. Natternstieliger Schleimfuß)
gerieft: fein gestreift, vor allem der Hutrand
gesägt: sägeblattartig gezackte Lamellenschneiden
Gesamthülle (Velum universale): Haut, Velum oder Cortina, die den jungen Fruchtkörper vollständig umgibt, bei der Reife zerreißt und an der Stielbasis als Scheide (Volva), am Stiel als Ring, Fetzen, Gürtel oder am Hut als Flocken, Warzen, Fetzen zurückbleibt
gesellig: mehrere Exemplare der gleichen Art nahe beieinander
getropft: mit tropfenartigen, andersfarbigen Flecken, z. B. auf dem Hut oder Stiel
Gleba: „Fleisch" (oder „Fruchtmasse") der Bauchpilze, das sich bei der Reife in pulverigen Sporenstaub oder schmierigen Sporenschleim verwandelt
grubig: mit flachen Gruben versehen, die oft dunkler sind als die Umgebung (z. B. Stiel des Grubigen Milchlings)
Guttation: aktive tröpfchenförmige Flüssigkeitsausscheidung (z. B. Tigerritterling)
halluzinogen: Sinnestäuschungen (Halluzinationen) hervorrufend
Hämolyse: Zerfall der roten Blutkörperchen, ausgelöst durch Giftstoffe z. B. des Kahlen Kremplings
Hüllreste: Reste der Gesamt- oder Teilhülle auf dem Hut, Stiel oder an der Stielbasis
hyalin: farblos, durchscheinend
hygrophan: bei Feuchtigkeit durchscheinend hell, trocken matt, nicht durchscheinend
hygroskopisch: wasseranziehend
Hymenium: „Fruchtschicht", die die Sporen erzeugende fertile Schicht mit Asci bzw. Basidien enthält, oft durchsetzt mit sterilen Gewebestrukturen
Hymenophor: vom Hymenium überzogener Teil des Fruchtkörpers, z. B. Lamellen, Röhren, Stacheln, Leisten, Falten
Hyphen: fadenförmige, meist verzweigte Zellen, aus denen der Fruchtkörper und das Myzel aufgebaut sind
hypogäisch: unterirdisch wachsend (z. B. Trüffeln)
Indikatorart: Zeigerart, deren Vorhandensein oder Fehlen in einem Biotop Rückschlüsse auf bestimmte Faktoren erlaubt, z. B. pH-Wert, Nitratgehalt, Schwermetallbelastung
inkrustiert: Hyphen, Zystiden oder Haare, die mit Kristallen besetzt sind
inoperculat: Ascusöffnung, die nicht mit einem Deckel verschlossen ist (vgl. operculat)
Knolle: auffallend verdickte Stielbasis
Konsole, konsolenförmig: der Pilzhut sitzt ohne Stiel breit angewachsen auf dem Substrat
Kollar: geschlossener Ring, der die Lamellen am Stielansatz kragenförmig umfasst
kopfig: keulige Strukturen mit auffallend kugelig-verdickter Spitze
Lamellen: blättchenartige, dünne Ausbildung des Hymenophors auf der Hutunterseite der Lamellenpilze
Lamellenschneide: unterer Rand der Lamelle, der gesägt, gezähnt und anders als die Lamelle gefärbt sein kann
Lamelletten: verkürzte Zwischenlamellen
lateral: seitenständig
Leisten: lamellenähnliches, runzeliges Hymenophor der Pfifferlinge und Leistlinge
Lignin: für die Verholzung verantwortliche Substanz, erhöht die Druck- und Bruchfestigkeit
makroskopisch: mit bloßem Auge oder mit der Lupe erkennbare Merkmale; Gegensatz: mikroskopisch
membranös: häutig
Mykorrhiza: Symbiose von Pilzen mit den Wurzeln Höherer Pflanzen (Austausch von Wasser und Nährstoffen)
Myzel, Myzelfilz: der vegetative, meist unterirdische Hauptteil des Pilzes, der aus fadenartigen Zellen (Hyphen) besteht (Pilzgeflecht)
netzig: netzartige Zeichnung von Oberflächen (z. B. Hut, Stiel)
niedergedrückt: Hut in der Mitte flach einge-

tieft, aber nicht trichterig; Altersform vieler Pilzfruchtkörper
Ökologie: Lehre von den Beziehungen der Lebewesen zu ihrer Umwelt und zueinander
operculat: Ascusöffnung, die mit einem kleinen Deckel (Operculum) verschlossen ist
ortshäufig: Arten, die in manchen Regionen oder Biotopen in großer Zahl vorkommen, in anderen aber selten sind oder fehlen (z. B. Tannen-Feuerschwamm: nur auf Tanne, im natürlichen Verbreitungsgebiet der Tanne)
Ostiolum: oft vorgewölbte oder verlängerte enge Mündungsöffnung der Perithezien bei Ascomyceten
Parasit: Organismus, der von einem anderen Lebewesen (Wirt) lebt und dieses schädigt
Peridie: Hülle der Bauchpilze (Endoperidie: innere Hülle; Exoperidie: äußere Hülle)
Peristom: meist scheitelständige, kreisförmige Öffnung in der Endoperidie von Bauchpilzen
Perithezium: kugeliger oder ovaler Fruchtkörper der Ascomyceten, innen mit dem Hymenium ausgekleidet. Die Sporen werden durch eine kanalartige Öffnung (Ostiolum) freigesetzt
Poren: die Mündungen der Röhren bei Porlingen und Röhrlingen
Receptaculum: poröser, brüchiger, einem „Hexenei" entspringender Stiel der Blumen- und Rutenpilze
radial: strahlig von der Mitte ausgehend (meist in Zusammensetzungen wie „radialfurchig" oder „radialfaserig")
Reif: grauer oder silbriger Überzug an verschiedenen Teilen des Fruchtkörpers
resupinat: flächig, krustenförmig dem Substrat aufliegend
Rhizoide: kleinen Wurzeln ähnelnde, der Verankerung und Nährstoffversorgung dienende, kurze Myzelstränge
Rhizomorphe: sterile, oft dunkel gefärbte, dicke, wurzelähnliche Myzelstränge, z. B. beim Hallimasch
Ring: kreisförmiger, häutiger, spinnwebartiger oder gallertiger Rest der Teilhülle (Velum partiale) am Stiel
Röhren: zusammengesetzte zylindrische oder röhrenförmige Strukturen, die Fruchtschicht der Röhrlinge und Porlinge bildend
RL: Rote Liste; die Rote Liste gibt Auskunft über den Gefährdungsgrad einzelner Arten
RL 1: vom Aussterben bedroht
RL 2: stark gefährdet
RL 3: gefährdet
RL R: Rarität (latent gefährdet)
rückläufig: Arten, die aufgrund von Umwelteinflüssen im Laufe der letzten Jahre seltener wurden
ruderal, Ruderalfläche: offenes, brachliegendes Gelände wie Schutt- und Kiesplätze, Wegränder, ehemalige Industrieflächen mit stickstoffhaltigem Boden und entsprechend angepassten Pflanzengesellschaften (Ruderalarten)
s. l.: sensu lato, im weiteren Sinne
s. s.: sensu stricto, im engeren Sinne
Saprobiont: Organismus, der totes organisches Material besiedelt und abbaut
Scheide: siehe Volva
Schleier: siehe Cortina
Schneide: siehe Lamellenschneide
Setae, Seten: dickwandige, dornartige oder hakenförmige sterile Strukturen im Hymenium der Borstenscheiblinge, Schillerporlinge und Feuerschwämme
sitzend: stiellos, direkt dem Substrat aufsitzend
Sklerotium: Dauer-, Speicherorgan; knolliges, hartes, oft unterirdisches und bisweilen schwarz berindetes Hyphengeflecht, z. B. beim Sklerotien-Stielporling, auch bei einigen Ascomyceten
Species: Art, taxonomische Einheit, unterhalb der Gattung
spec.: Art nicht genauer bestimmt
Sporen: meist einzellige, mikroskopisch kleine Fortpflanzungszellen; Form, Farbe und Ornamentation sind oft gattungs- oder arttypisch
Sporenpulver: Gesamtheit der abgeworfenen Sporen eines reifen Fruchtkörpers; wichtiges Bestimmungsmerkmal
Stacheln: Hymenophor der Stachel- und Stoppelpilze
Sterigmen: Sporen„stielchen" am Scheitel der Basidien
steril: unfruchtbar, keine Sporen enthaltend, ohne Hymenium
Stroma: festes, oft dunkelbraunes oder schwarzes steriles Hyphengeflecht, in das die Perithezien mancher Ascomyceten eingebettet sind (z. B. Kohlenbeeren)
Strunk: kurzer, dicker Stiel
Subgleba: steriler, basaler Stielteil unterhalb der fertilen Gleba bei manchen Bauchpilzen und Stäublingen
Substrat: Nährboden, Unterlage, Material, auf dem Organismen leben (z. B. Holz, Erdboden)
Symbiose: Zusammenleben zweier, meist nicht verwandter Organismen zum Vorteil beider Partner, z. B. die Mykorrhiza von Pilz und Baum
Taxonomie: Systemlehre, auf der die wissenschaftliche Einteilung in verschiedene Ordnungen, Familien und Gattungen beruht
Teilhülle, Velum partiale: häutige Hüllschicht, die bei jungen Pilzen den Hutrand mit dem Stiel verbindet und oft als Ring übrig bleibt
Totholz: abgebrochenes, abgestorbenes Holz wie Zweige, Äste, Stämme, das als Nahrungsgrundlage für Saprobionten dient
Trama: das „sterile Fleisch" der Pilze; der Begriff hat sich vor allem bei Porlingen und verwandten Gattungen durchgesetzt
trichterig: trichterförmig, eingetiefte Hutmitte
Toxin: Giftstoff, der von Organismen gebildet wird
toxisch: giftig
Velum: Gesamthülle, die bei manchen Pilzarten die jungen Fruchtkörper ganz (Velum universale) oder teilweise (Velum partiale) umschließt
Volva, Scheide: häutige Reste des Velum universale, das die Stielbasis scheidenartig oder lappig umschließt
Weißfäule, Korrosionsfäule: Holzfäule; Lignin wird zersetzt, das Holz wird brüchig und weißlich
wurzelnd: tief in den Boden hinein wurzelartig verlängerter Stiel
Zellulose: Zellstoff, als Stützsubstanz wesentlicher Bestandteil pflanzlicher Zellwände
zusammenfließend: Pilzfruchtkörper, deren Hüte miteinander verwachsen (z. B. bei Korkstachelingen)
Zystide: meist vergrößerte, auffällig geformte sterile Zelle im Hymenium, in der Trama sowie der Hut- und Stieloberfläche (nur mikroskopisch sichtbar)

STÄNDERPILZE

Basidiomycetes

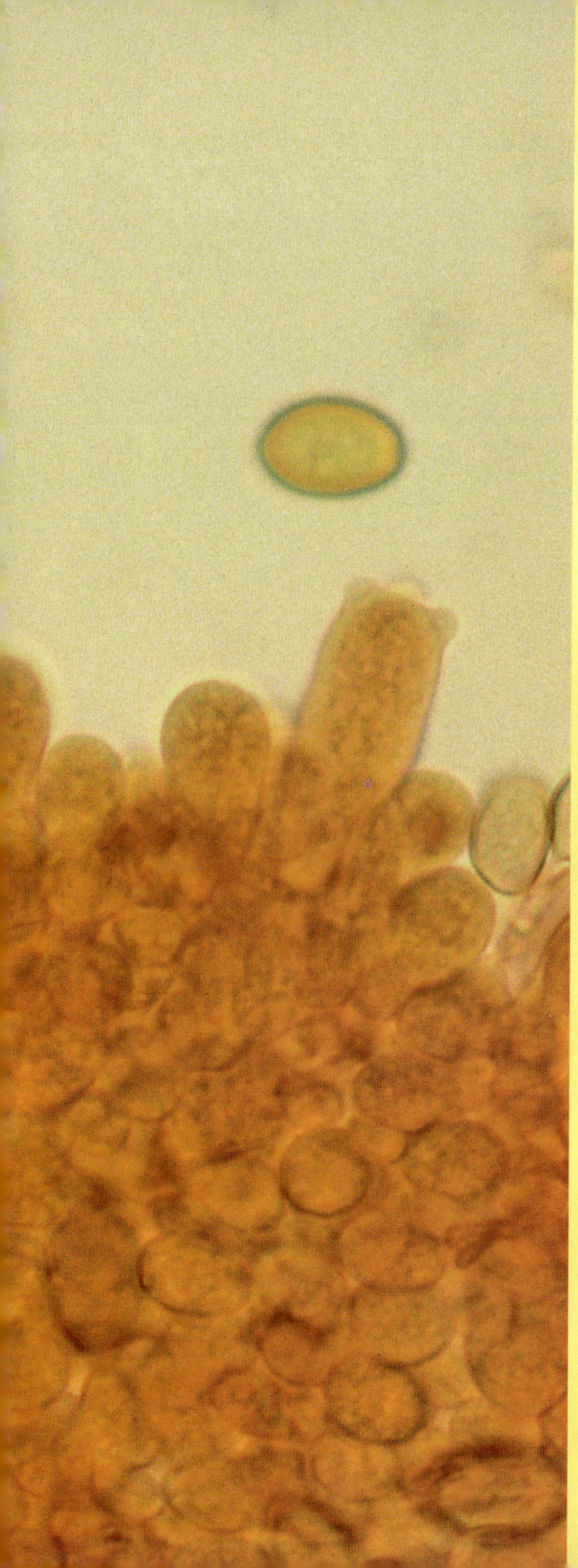

Zur Klasse der Ständerpilze *(Basidiomycetes)* gehören alle Pilze, die ihre Sporen außen an so genannten Basidien (Sporenständern) bilden. Im Regelfall sitzen vier (seltener eine bis drei oder mehr als vier) Sporen an der Spitze leicht gekrümmter Stielchen (Sterigmen). Die „Fruchtschicht“ (das Hymenium), auf der die Basidien entstehen, überzieht das sogenannte Hymenophor, das je nach Pilzgruppe sehr unterschiedlich gestaltet sein kann. Bei den Lamellen- oder Blätterpilzen *(Agaricales)* überzieht es die Flächen und manchmal auch die Schneiden der Lamellen, bei den Röhrlingen *(Boletales)* und Porlingen *(Polyporales)* die Röhren auf der Hutunterseite und bisweilen auch andere Teile des Fruchtkörpers. Bei den Stoppelpilzen *(Hydnaceae)* präsentiert sich das Hymenophor in Form von Stacheln oder Stoppeln, bei den Rindenpilzen überzieht es eine glatte oder runzelige Oberfläche und bei den Korallen *(Ramaria)* und einigen Gallertpilzen *(Calocera)*, deren Basidien septiert sind, geweihförmige oder keulige Strukturen. Bei den Bauchpilzen *(Gasteromycetes)* wird die Fruchtmasse *(Gleba)* im Innern eines runden oder knolligen Fruchtkörpers gebildet, der sich während oder nach der Sporenreife öffnet oder zerfällt. Bei den Nacktbasidien *(Exobasidium)* formen sich die Sporenständer direkt auf dem befallenen Substrat und führen dort zu Missbildungen.

Mikroaufnahme aus dem Hymenium eines Ackerlings (Agrocybe)*: Gut zu erkennen ist ein Sporenständer (Basidie) mit drei an Stielchen (Sterigmen) sitzenden Sporen; die vierte Spore ist verdeckt.*

RÖHRLINGE

UND RÖHRLINGSVERWANDTE

BOLETALES

Zu den Röhrlingen oder Röhrenpilzen gehören die bekanntesten und beliebtesten Speisepilze wie der Steinpilz *(Boletus edulis)*, die Marone *(Xerocomus badius)* und die Heiderotkappe *(Leccinum versipelle)*, aber nur vergleichsweise wenige Giftpilze wie der Satanspilz *(Boletus satanas)*. Die Röhrlinge im engeren Sinn tragen, von wenigen Ausnahmen wie dem Europäischen Goldblatt *(Phylloporus pelletieri)* abgesehen, keine Lamellen, sondern kleine Röhren auf der Hutunterseite, deren Mündungen man Poren nennt. Zur Ordnung der Röhrlingsartigen zählen aber auch einige nah verwandte Gattungen mit Lamellen wie die Kremplinge *(Paxillus)* und die Gelbfüße *(Gomphidius)*.

Bestimmungsmerkmale der Röhrlinge sind die Größe, Struktur und Farbe der Röhren, eine eventuelle Fleischverfärbung im Schnitt und auf Druck, die Farbe des Sporenpulvers, die Beschaffenheit der Oberflächen von Hut und Stiel sowie der Geruch und der Geschmack.

Viele Röhrlinge stehen aufgrund von Umwelteinflüssen (Abholzung alter Laubwälder und Emissionen aus Landwirtschaft und Verkehr) auf den Roten Listen der gefährdeten Großpilzarten. Andererseits führt die allmähliche Klimaerwärmung möglicherweise dazu, dass einige Arten – wie der Wurzelnde Bitterröhrling *(Boletus radicans)* – häufiger werden.

Es zeigt sich immer wieder, dass innerstädtische Parkanlagen Rückzugsgebiete für viele seltene Röhrlingsarten sind: Hier gibt es noch alte Buchen, Hainbuchen, Eichen und Linden, und es fehlt die pilzfeindliche Stickstoffüberfrachtung aus der Landwirtschaft.

Typische Netzzeichnung am Stiel eines Sommersteinpilzes.

Abbildung S. 38-39: Gallenröhrlinge (Tylopilus felleus)

Dickröhrlinge *(Boletus)*, Filzröhrlinge *(Xerocomus)* und Rosasporröhrlinge *(Tylopilus)*

Zu den Dickröhrlingen *(Boletus)* gehören der Steinpilz *(Boletus edulis)* und seine Verwandten mit jung weißlichen, im Laufe der Reifung gilbenden bis grünenden Röhren und Poren und unveränderlich weißem Fleisch. Bei den Hexenröhrlingen (*B. erythropus, B. luridus* und Verwandte) sind die Poren orange- bis blutrot, und das Fleisch läuft auf Druck und im Schnitt dunkelblau an. Weniger stark ist die Blauung bei den Bitterröhrlingen *(B. calopus* und *B. radicans)*. Daneben gibt es nördlich der Alpen eine Vielzahl seltener bis sehr seltener Dickröhrlinge, deren Vorkommen sich auf ältere Laubwälder und Parkanlagen in wärmebegünstigten Lagen beschränkt. Sie sollten aus Gründen des Artenschutzes nicht gesammelt werden.

Die Filzröhrlinge *(Xerocomus)* stehen den Dickröhrlingen so nahe, dass sie von manchen Autoren nicht mehr von diesen getrennt werden. Sie umfassen die Artenkomplexe um den Rotfußröhrling *(X. chrysenteron)* und die Ziegenlippe *(X. subtomentosus)* sowie die in mehreren Formen auftretende Marone *(X. badius)*.

Die Rosasporröhrlinge *(Tylopilus)* sind in Mitteleuropa nur mit dem Gallenröhrling *(T. felleus)* vertreten, der als bitterer Steinpilz-Doppelgänger bekannt ist.

Schwarzhütiger Steinpilz
(Boletus aereus)

Blutroter Röhrling
(Xerocomus rubellus)

Gallenröhrling
(Tylopilus felleus)

Sammlers Traum: Zwei Fichtensteinpilze im Bergnadelwald.

Fichtensteinpilz

Boletus edulis Bull.: Fr.

Da mag es hunderte von essbaren Pilzen in unseren Wäldern geben – die Krönung der Pilzpirsch ist und bleibt *Boletus edulis*, der edle, der Herrenpilz, den jeder sucht und gut zu kennen glaubt. Doch Steinpilz ist nicht gleich Steinpilz, und trotz ihres Bekanntheitsgrades stellen er und seine Verwandtschaft die Forschung noch immer vor ungelöste Rätsel. So ist es zum Beispiel trotz vieler Bemühungen bis heute nicht gelungen, Steinpilze kommerziell zu züchten.

Der „klassische" Steinpilz, der Fichtensteinpilz, schiebt von Mitte Juni an seine brotbraunen Hüte aus der Nadelstreu. Er ist der Steinpilz schlechthin, jener, der passionierte Sammler schon im Morgengrauen in die Nadelwälder lockt und von dessen rein weißem Fleisch mit dem unverwechselbaren „Steinpilzaroma" sich selbst Viersterneköche noch verführen lassen. Unter Kiefern wächst eine rotbraunhütige und -stielige Nachbarart, der Kiefernsteinpilz *(B. pinophilus)*. Verwechslungen sind ferner möglich mit dem Gallenröhrling (s. S. 48), der im Alter rosafarbene Poren hat und bitter schmeckt.

Hut: 12–25 cm breit, polsterförmig gewölbt
Huthaut: hell dattel- bis dunkel rotbraun, unter der Huthaut oft fleischrosa, Rand weißlich, leicht schmierig
Röhren, Poren: Poren erst weiß, später olivgrün, bei Druck nicht blauend, klein
Stiel: 12–19 x 3–6 cm, blassbraun mit feinem weißlichen Adernetz, bauchig, nach oben und unten verjüngt
Fleisch, Geruch: weiß, verfärbt im Schnitt nicht, oft von Insektenlarven (Maden) befallen, Geruch angenehm
Geschmack: mild, nussig
Sporenpulver: olivbraun
Häufigkeit: weit verbreitet, aber nur in manchen Jahren häufig
Vorkommen: Frühsommer bis Spätherbst; Laub- und Nadelwälder, v. a. unter Fichten
Verwechslung: Sommersteinpilz (s. u.): Hut und Stiel hellbraun, Huthaut trocken, rau, unter Buchen und Eichen, ab Mai. – Schwarzhütiger Steinpilz (s. S. 43): Hut schwarzbraun, Stielnetz dunkelbraun, wärmeliebende Laubwaldart. – Gallenröhrling (s. S. 48): Poren altrosa, gröberes Netz, meist bitter

Bei diesem Sommersteinpilz trügt der Schein: Das stattliche Exemplar war durch und durch von Insektenlarven zerfressen. Auf der linken Stielseite sind bereits Fraßspuren zu erkennen.

Sommersteinpilz

Boletus aestivalis (Paulet) Fr.

Am frühesten in der Saison, manchmal schon in den letzten Maitagen, erscheint der Sommersteinpilz. Er hat einen hellbraunen Hut und eine deutliche Netzzeichnung auf dem Stiel. Man findet ihn unter Eichen und Buchen an nicht zu dunklen Stellen sowohl in jüngeren als auch in älteren Wäldern, aber auch unter einzelnen Laubbäumen in Parks und Alleen und eher an trockenen, besonnten Standorten als in der Nähe von Feuchtgebieten.

Hut: 10–20 cm breit, polsterförmig gewölbt
Huthaut: hellbraun- bis graugelb, wildlederartig, später felderig aufreißend
Röhren, Poren: Röhren erst weiß, später grüngelb, bei Druck nicht blauend, Poren klein, rund
Stiel: 8–12 x 2–6 cm, graubraun mit feinem weißlichen Adernetz, zylindrisch
Fleisch, Geruch: weiß, verfärbt im Schnitt nicht, oft von Insektenlarven (Maden) befallen, Geruch angenehm
Geschmack: mild, nussig
Sporenpulver: olivbraun
Häufigkeit: weit verbreitet, ortshäufig
Vorkommen: Frühsommer bis Frühherbst; Laub- und Nadelwälder, v. a. unter Buchen und Eichen
Verwechslung: Fichtensteinpilz (s. o.): dunkler, Huthaut schmierig, unter Fichten, ab Juni. – Schwarzhütiger Steinpilz (s. S. 43): Hut schwarzbraun, Stielnetz dunkelbraun, wärmeliebende Art. – Gallenröhrling (s. S. 48): Poren altrosa, gröberes Netz, meist bitter

Schwarzhütiger Steinpilz

Boletus aereus Bull.

Der Schwarzhütige Steinpilz oder Bronzeröhrling ist eine wärmeliebende Art neutraler bis kalkarmer Böden, deren Hauptverbreitungsgebiet im Mittelmeerraum und in Südosteuropa liegt. Der schwarzbraune Hut und die braune Netzzeichung am Stiel sowie das Vorkommen unter Eichen und Buchen sind kennzeichnend. In Italien ist der Pilz unter dem Namen „porcino nero" bekannt und einer der begehrtesten Speisepilze, der oft auch auf Märkten feilgeboten wird.

Wer im Übrigen glaubt, darben zu müssen, weil er im Februar keine frischen Steinpilze bekommt, der fliege nach Gomera und suche sie dort unter den Cistrosen. Und wem das zu aufwändig ist, der kann sie für horrende Hundertgrammpreise auf dem Münchner Viktualienmarkt kaufen – eingeflogen aus Südafrika!

Drei junge Schwarzhütige Steinpilze in einem trockenen Laubwald. Die Aufnahme entstand im ungarischen Bükk-Gebirge.

Hut: 10–30 cm breit, kugelig gewölbt
Huthaut: dunkel sepiabraun, fast schwarz, matt, trocken oder leicht schmierig
Röhren, Poren: Poren cremefarben bis grünlich
Stiel: 10 x 6 cm, blass rotbraun mit braunem Netz, kräftig, kurz, bauchig
Fleisch, Geruch: weiß, fest, angenehm
Geschmack: angenehm
Sporenpulver: olivbraun
Häufigkeit: nördlich der Alpen ziemlich selten, RL 2
Vorkommen: Laubwälder, v. a. unter Eichen, Edelkastanien
Verwechslung: Sommersteinpilz (s. S. 42): Hut und Stiel hellbraun, Huthaut trocken, rau. – Fichtensteinpilz (s. S. 42): Hut und Stiel heller, meist bei Fichte

Flockenstieliger Hexenröhrling

Boletus erythropus (Fr.: Fr.) Krombh.

Der Flockenstielige Hexenröhrling, auch Schusterpilz genannt, erscheint manchmal schon Anfang Mai, hat einen dunkelbraunen Hut und einen rotpunktierten Stiel. Er ist seltener madig als der Steinpilz und zieht eher saure Böden vor.

Hut: 10–20 cm breit, halbkugelig bis flach gewölbt
Huthaut: dunkel kastanienbraun, Rand bisweilen heller ockerbraun, matt feinfilzig, im Alter kahl glänzend
Röhren, Poren: Röhren jung gelb, im Alter oliv; Poren dunkelrot, auf Druck schnell dunkelblau anlaufend
Stiel: 12–17 x 3–5 cm, gelb, rotflockig punktiert, auf Druck sofort blauend, jung bauchig, später schlank bis keulig
Fleisch, Geruch: gelb, im Schnitt sofort intensiv schwarzblau anlaufend, dickfleischig, fest, Geruch unauffällig
Sporenpulver: gelbbraun
Häufigkeit: weit verbreitet
Vorkommen: Mai bis Herbst; Laub- und Nadelbäume, Buche, Fichte, meist auf sauren bis neutralen Böden
Verwechslung: Netzstieliger Hexenröhrling (s. S. 44): Hut oliv oder blassbraun, Stiel mit rotem Netz, ab Juni, meist bei Laubbäumen

Flockenstielige Hexenröhrlinge sind schlanker als der giftige Satanspilz (s. S. 44). Rechts die rotflockige Stieloberfläche im Detail.

Der Netzstielige Hexenröhrling ist auf Kalkböden einer der häufigsten Röhrlinge. An lichten, grasigen Standorten kann er in größeren Mengen auftreten.

Stieloberfläche mit der typischen Netzzeichnung.

Netzstieliger Hexenröhrling

Boletus luridus Schaeff.: Fr.

Der Netzstielige Hexenröhrling wächst gern unter Buchen, Birken und Linden in Laubwäldern, Gärten und Parks.

Beide Hexenröhrlinge färben sich im Schnitt sofort intensiv dunkelblau. Dass dies ein einfacher Oxidationsprozess ist, war den Menschen in früheren Jahrhunderten nicht bekannt; sie schoben die Verfärbung auf magische Kräfte und mieden oder fürchteten solche Pilze. Auch heute noch ist diese Scheu tief im Bewusstsein vieler Sammler verankert, obwohl ausgerechnet das Fleisch des giftigen Satanspilzes (s. u.) im Schnitt nur schwach blaut und selbst die geringe Blauung bald wieder ausbleicht. Wer naturwissenschaftlich-nüchtern an die Sache herangeht, erweitert seinen Speiseplan um zwei gute Esspilze. Allerdings dürfen Hexenröhrlinge nur gut gekocht verzehrt werden.

Hut: 5–20 cm breit, halbkugelig bis flach gewölbt
Huthaut: gelborange, oliv, dunkelbraun mit rosa- bis aprikosenfarbenen Nuancen, sehr variabel; wildlederartig, matt, im Alter kahl, bei Feuchtigkeit schmierig
Röhren, Poren: Röhren gelb, Poren rot bis orange, auf Druck schnell blauend
Stiel: gelb bis aprikosenfarben, mit rotem längsmaschigen Adernetz, ± zylindrisch
Fleisch: gelblich, Stielbasis dunkelrötlich, im Schnitt stark blauend, fest
Geschmack: mild
Sporenpulver: braun
Häufigkeit: weit verbreitet, sehr häufig
Vorkommen: Frühsommer bis Herbst; Laubwälder, Parks, Alleen, bei Buche, Eiche, Linde, selten unter Nadelbäumen, kalkliebend
Verwechslung: Satansröhrling (s. u.): Hut weißlich bis blass grauoliv, Poren rot, Stiel karminrot, bauchig; giftig

Satanspilz, Satansröhrling

Boletus satanas Lenz

Satanspilze mögen's höllisch heiß: Dieser erschien Ende Juli nach einem Gewitterguss.

Der Satansröhrling, ein giftiger Verwandter des Steinpilzes mit stämmigen, dickbauchigen Stielen und bis zu 30 cm breiten, fahlweißen bis blass algengrünen Hüten, die von einem fantasievollen Mykologen mit im Buchenlaub verrottenden Totenköpfen verglichen wurden, ist ein seltener Pilz, der nur in älteren, klimatisch geschützten Buchenwäldern über Kalk vorkommt, selbst dort aufgrund des sauren Regens immer mehr zurückgeht und daher auf der Roten Liste der gefährdeten Pilzarten steht. Und doch glauben so viele Sammler, ihn zu kennen! Was sie jedoch dafür halten und in die Pilzberatung bringen, sind fast immer Flockenstielige (s. S. 43) oder Netzstielige Hexenröhrlinge (s. S. 44), beides häufige, gute Speisepilze, die als vermeintliche Satanspilze gemieden werden – zur Freude derjenigen, die es besser wissen.

Hut: 15–30 cm breit, halbkugelig-gewölbt
Huthaut: weißlich, schmutzig cremefarben bis graugrün, auf Druck grauend, wildlederartig-matt, feucht, ± klebrig
Röhren, Poren: Röhren gelb, später oliv, Poren jung gelb, bald blutrot, auf Druck blauend
Stiel: 10–15 x 5–10 cm, oben gelb, Mitte rot, mit feinem blutroten Netz, jung fast kugelig, dickbauchig
Fleisch, Geruch: creme- bis strohgelb, nur schwach blauend, dick, fest, Geruch vor allem beim Trocknen nach Kinderwindeln (Urin)
Geschmack: mild
Sporenpulver: olivbraun
Häufigkeit: selten, nur in Kalkgebieten etwas häufiger, RL 2
Vorkommen: Sommer bis Frühherbst; Laubwald auf Kalk, wärmeliebend
Verwechslung: Wurzelnder Bitterröhrling (s. S. 45): Netz gelb, Geschmack bitter, ungiftig. – Hexenröhrlinge (s. S. 43 f.): schnell blauendes Fleisch, Hüte dunkler, gut gekocht essbar. – Schönfußröhrling (s. S. 45): Poren gelb, Geschmack bitter, saure Böden

Wurzelnder Bitterröhrling

Boletus radicans Pers.

Der Wurzelnde Bitterröhrling hat die Gestalt eines Sommersteinpilzes (s. S. 42) oder eines Satanspilzes (s. S. 44), unterscheidet sich von beiden jedoch durch das blauende Fleisch, die meist deutlich zugespitzte Stielbasis und den bitteren Geschmack. Er gehört zu einer Gruppe von Dickröhrlingen, die unter Laubbäumen – vornehmlich Eiche, Buche und Birke – auf Kalkboden wachsen. Man findet ihn oft an Straßenböschungen, in Parkanlagen, auf bewachsenen Dämmen und in Gärten, doch kommt er auch in Wäldern vor.

Recht ähnlich ist der seltene, schonenswerte Silberröhrling *(B. fechtneri)* mit mildem Geschmack und abgerundeter Stielbasis.

Ein Wurzelnder Bitterröhrling im Schnitt: Gut erkennbar ist die wurzelartig zugespitzte Stielbasis.

Hut: 10–25 cm breit, halbkugelig-gewölbt
Huthaut: weißlich bis grau, auf Druck braunfleckend; wildlederartige, manchmal rissig aufspringende Oberfläche
Röhren, Poren: Poren gelb, blauen auf Druck, im Alter schmutzig grünlich
Stiel: 13 x 5 cm, gelb, in der Mitte oft rötlich überlaufen, feines gelbes bis rötliches Netz; jung fast kugelig, später bauchig mit deutlich zugespitzter, wurzelnder Stielbasis
Fleisch: blaut im Schnitt, verblasst aber schon nach kurzer Zeit
Geschmack: bitter
Sporenpulver: olivbraun
Häufigkeit: über Kalkboden verbreitet, sonst selten oder fehlend, RL 3
Vorkommen: Sommer bis Herbst; unter Laubbäumen auf tonigen, kalkhaltigen Böden, wärmeliebend
Verwechslung: Satanspilz (s. S. 44): Poren rot, Stiel und Stielnetz blut- bis karminrot. – Fahler Röhrling *(B. impolitus)*: ohne Stielnetz, mit Jodgeruch. – Schönfußröhrling (s. u.): Röhren und Poren gelb, Stiel karminrot

Schönfussröhrling

Boletus calopus Pers.: Fr.

In Wäldern auf sauren Böden, z. B. über dem Urgestein des Schwarzwalds und des Bayerischen Walds, ist der Schönfußröhrling zu Hause. Er macht seinem Namen Ehre: Unter dem unauffällig blassgrauen bis blass olivbraunen Hut verbirgt sich ein oft auf zwei Dritteln seiner Länge satt karminroter Stiel, dessen Oberfläche mit einer kräftigen Netzzeichnung überzogen ist. Das helle Gelb des oberen Stieldrittels bildet dazu einen reizvollen Kontrast.

Obwohl er wegen seines bitteren Geschmacks für Speisepilzsammler uninteressant ist, wurde der Schönfußröhrling in vielen Gebieten Mitteleuropas in den vergangenen vierzig Jahren zunehmend seltener. Wie vielen anderen Pilzen setzen ihm besonders die Oberbodenveränderung durch sauren Regen und die Emissionen aus der Landwirtschaft zu.

Ein Prachtexemplar des Schönfußröhrlings mit ausgeprägter Netzzeichnung auf dem keuligen roten Stiel.

Hut: 10–15 cm breit, halbkugelig-gewölbt
Huthaut: cremeocker bis olivgrün, mattfeinfilzig, bei Trockenheit oft rissig aufplatzend
Röhren, Poren: Poren jung gelb, später olivgrün, auf Druck blauend
Stiel: 5–9 x 2 cm, karminrot, Spitze gelb und mit einem feinen, gelben Netz überzogen, das zur Basis hin dunkler wird, schlank bis ± bauchig
Fleisch, Geruch: hellgelb, auf Druck schwach blauend, fest, Geruch säuerlich
Geschmack: bitter
Sporenpulver: olivbraun
Häufigkeit: ortshäufig, in vielen Gebieten aber rückläufig, RL 3
Vorkommen: Sommer bis Spätherbst; Laub- und Nadelwälder, auf sauren Böden, v. a. unter Buchen, Eichen, Fichten
Verwechslung: Wurzelnder Bitterröhrling (s. o.): Stiel gelb. Satanspilz (s. S. 44): Poren rot, Geruch nach Urin, giftig. – Hexenröhrlinge (s. S. 43/44): schnell blauendes Fleisch, Hüte dunkler, gut gekocht essbar

Maronenröhrling, Marone

Xerocomus badius (Fr.: Fr.) Kühn. ex Gilb.

In den bodensauren Fichtenwäldern Süddeutschlands ist die Marone sicher der häufigste Röhrling und kann bei geeigneter Witterung im Herbst und Spätherbst körbeweise geerntet werden. Junge, kompakte Exemplare mit trockenen, schwarzbraunen Hüten ähneln dunklen Steinpilzen, sind aber am im Schnitt blauenden Fleisch zu erkennen. Häufiger noch findet man schlankstielige Formen mit schmierigen, kastanienbraunen Hüten, die eher an einen Schmierröhrling aus der Gattung *Suillus* denken lassen. Beide Formen sind hervorragende Speisepilze, aber in Gebieten, in denen nach der Reaktorkatastrophe von Tschernobyl Niederschläge fielen, nach wie vor relativ stark radioaktiv belastet.

Während viele andere Pilze aufgrund von Umweltbelastungen seltener geworden sind, ist die Marone in vielen Gebieten nach wie vor Massenpilz.

Hut: 5–15 cm breit, gewölbt, später verflachend
Huthaut: rot- bis dunkelbraun, feinfilzig-samtig oder schmierig
Röhren, Poren: Röhren und Poren jung blass cremeweiß, im Alter gelb bis olivgrün, groß, eckig, auf Druck blauend
Stiel: 11 x 1–2 cm, blass gelb- bis rotbraun, zylindrisch, längsgestreift, kein Netz
Fleisch, Geruch: weißlich, im Schnitt ± stark blauend, geruchlos
Sporenpulver: braun
Häufigkeit: sehr häufig
Vorkommen: Frühsommer bis Spätherbst; Laub- und Nadelwälder, bei Fichten, saure Böden
Verwechslung: Ziegenlippe (s. u.): Hut nie glänzend, Poren größer, goldgelb. – Brauner Filzröhrling *(X. ferrugineus)*: kleiner, Fleisch weiß; Hut rostbraun, samtig-filzig, Stiel längsrillig genetzt

Ziegenlippe

Xerocomus subtomentosus (L.: Fr.) Quél.

Die weiten, goldgelben Röhren und Poren, das blassgelbe, nicht oder nur selten etwas blauende Fleisch und die trockene feinfilzige Hutoberfläche charakterisieren diesen Röhrling, den man sowohl im Laub- als auch im Nadelwald finden kann. Nah verwandt ist der weißfleischige Braune Filzröhrling *(X. ferrugineus)*, dessen Stiel in der oberen Hälfte stark längsfurchig ist. Beide Arten sind ausgezeichnete Speisepilze, die kaum mit ungenießbaren oder giftigen Arten verwechselt werden können.

Hut: 6–12 cm breit, gewölbt
Huthaut: gelb, gelbbraun bis oliv oder rötlichbraun, feinsamtig-wildlederartig
Röhren, Poren: Röhren goldgelb bis gelbgrün, Poren gelb, weit, eckig, ± blauend
Stiel: 6–9 x 1–1,5 cm, cremegelb, oben oft bräunlich punktiert, gefurcht, schlank, etwas gebogen
Fleisch, Geruch: blass, gelblich weiß, kaum blauend, geruchlos
Sporenpulver: braun
Häufigkeit: häufig
Vorkommen: Sommer bis Herbst; Laub- und Nadelwälder, Gärten, Parks, saure bis neutrale Böden
Verwechslung: Brauner Filzröhrling *(X. ferrugineus)*: Hut rostbraun, Fleisch weiß, Stiel längsrillig genetzt

Die Detailabbildung zeigt die goldgelben, eckigen Poren.

Für Laien ist der Rotfußröhrling an seinem roten Stiel erkennbar. Dass Fachleute bisweilen das Elektronenmikroskop bemühen, um ihn von anderen Arten zu unterscheiden, finden sie eher amüsant.

Rotfussröhrling

Xerocomus chrysenteron (Fr.: Fr.) Kühn. ex Gilb.

Der Rotfußröhrling ist ein häufiger, aber eher kleiner und unscheinbarer Röhrling, der durch bei Trockenheit felderig aufspringende Hüte und den blutrot gefärbten Stiel gekennzeichnet ist. Exemplare mit schmutzig braunen, abwärts verjüngten Stielen ohne Rottöne werden als Düstere Rotfußröhrlinge *(X. porosporus)* bezeichnet; entscheidendes Merkmal sind jedoch die einseitig abgestutzten Sporen, die nur unter dem Mikroskop beobachtet werden können. In Parkanlagen und lichten Wäldern, vor allem in der Nähe von Birken, findet man den ebenfalls sehr nahe stehenden Blutroten Röhrling (s. S. 47) mit leuchtend rotem Hut.

Hut: 3–12 cm breit, gewölbt
Huthaut: ocker- bis olivbraun, felderig aufplatzend, wobei das rötliche Fleisch sichtbar wird, feinfilzig, trocken
Röhren, Poren: Röhren gelb, leicht ausgebuchtet, Poren gelb bis oliv, eckig, auf Druck leicht blauend
Stiel: 3–10 x 1 cm, oben gelblich und nach unten zu rot, feinflockig, längsfaserig gestreift, schlank
Fleisch, Geruch: weiß bis blassgelb, Schnitt leicht blauend oder grünend, Geruch nach Apotheke
Sporenpulver: braun
Häufigkeit: sehr häufig
Vorkommen: Frühsommer bis Spätherbst; Laub- und Nadelwälder, Gärten, Parks
Verwechslung: Düsterer Rotfußröhrling *(X. porosporus)*: Hut dunkel olivbraun, Risse nicht rötend, Stiel meist ohne Rot

Blutroter Röhrling

Xerocomus rubellus Quél.

Frische Blutrote Röhrlinge können es in ihrer Farbintensität durchaus mit dem Fliegenpilz (s. S. 64) aufnehmen. Gerne wachsen sie auf Zierrasenflächen in Parkanlagen unter Birken, Buchen, Linden und anderen Laubbäumen, aber man findet sie auch in Wäldern, oft an grasigen, lichten Stellen. Allerdings ist nicht jeder rote Röhrling ein Blutroter Röhrling. Es gibt ähnlich aussehende Formen der Ziegenlippe (s. S. 46) sowie noch einige andere rothütige Filzröhrlinge. Der Speisepilzfreund bleibt ungefährdet, da von keiner dieser Arten Vergiftungen bekannt geworden sind. Trotzdem wäre es gut, einen Pilzberater zu Rate zu ziehen: Die Gruppe ist noch wenig erforscht, und es wäre schade, eine Art, die einen Fachmann in Entzücken versetzen könnte, achtlos der Bratpfanne zu überantworten.

Hut: 3–8 cm breit, flach gewölbt
Huthaut: blut- bis karminrot, seltener auch dunkelbraun, feinsamtig, alt felderig aufspringend
Röhren, Poren: Röhren und Poren gelb, klein
Stiel: 3–8 x 1–2,5 cm, blutrot, gelbrot geflammt, glatt, Basis orange- bis karottenrot
Fleisch: weiß- bis gelblich, im Schnitt leicht blauend
Sporenpulver: olivbraun
Häufigkeit: zerstreut
Vorkommen: Frühsommer bis Herbst; Gärten, Parks, Wälder, unter Laubbäumen, v. a. Linden und Birken
Verwechslung: Rotfußröhrling (s. S. 46): Hut olivbraun, felderig aufreißend, Fleisch rot, Stiel unten karminrot feinflockig

Diese schöne Dreiergruppe des Blutroten Röhrlings wuchs in einem Hangwald des Inns bei Passau.

Bereifter Filzröhrling

Xerocomus pruinatus (Fr.) Quél.

Der Bereifte Filzröhrling wurde lange Zeit für eine Herbstform des Rotfußröhrlings gehalten. Er ist meist etwas gedrungener als die Hauptart und hat einen stämmigeren, gelben, allenfalls im Alter rot überlaufenen Stiel. Im Herbst und Spätherbst findet man die Art oft in den gleichen Wäldern, in denen auch der Maronenröhrling wächst.

Der Rotfußröhrling und seine Verwandten sind allesamt essbar, werden bei Feuchtigkeit aber schnell von Insektenlarven und Schimmelpilzen befallen.

Hut: 3–8 cm breit, polsterförmig
Huthaut: dunkel rotpurpur- bis schwarzbraun, glatt, feinfilzig-bereift, trocken, Rand weinrot
Röhren, Poren: zitronengelb, auf Druck kaum blauend, aber bräunend
Stiel: 3–8 x 1–2 cm, gelb bis gelborange, rötlich gepunktet, zylindrisch, fest
Fleisch, Geruch: zitronengelb, auf Druck schwach blauend, geruchlos
Geschmack: mild
Sporenpulver: braun
Häufigkeit: weit verbreitet, oft nicht erkannt
Vorkommen: Herbst bis Spätherbst; Nadel- und Laubwald, unter Fichten, Buchen, nährstoffreichere Standorte
Verwechslung: Rotfußröhrling (s. S. 46): rissige, felderig aufreißende Huthaut, Stiel blutrot

Bereifte Filzröhrlinge werden oft für Maronen gehalten – da beide Arten essbar sind, bleiben Verwechslungen ohne negative Folgen.

Gleich mehrere Schmarotzerröhrlinge haben hier einen Kartoffelbovist befallen. Die Aufnahme entstand in einem Voralpenmoor, wo beide Arten noch ziemlich häufig sind.

Schmarotzer-röhrling, Parasitischer Filzröhrling

Xerocomus parasiticus (Bull.: Fr.) Quél.

Viele Pilze ernähren sich von toter organischer Materie wie Holz- und Pflanzenresten aller Art, oder sie parasitieren auf lebenden Organismen. Dass aber ein Pilz auf einem anderen Pilz schmarotzt, kommt vergleichsweise selten vor, zumindest im Bereich der Großpilze. Eines der bekanntesten Beispiele ist der Schmarotzerröhrling, der als Parasit auf dem Kartoffelbovist (s. S. 223) eine ungewöhnliche ökologische Nische gefunden hat. Das Verbreitungsbild der Art ist unregelmäßig: Während der Wirt in Gebieten mit sauren Sand- oder Torfböden weit verbreitet ist, tritt der Parasit eher sporadisch auf. Manchmal findet man unter hunderten von Bovisten nur einen einzigen befallenen, doch wurde auch schon beobachtet, dass der gesamte Kartoffelbovistbestand eines Waldes mit Parasitischen Filzröhrlingen infiziert war.

Nur aus dem Fernen Osten ist eine vergleichbare Lebensgemeinschaft bekannt: Dort parasitiert der Filzröhrling *X. astraeicola* auf dem Wetterstern (s. S. 223), einem Erdstern-Verwandten.

Hut: 4–7 cm breit, gewölbt
Huthaut: olivgelb bis gelbbraun, feinfilzig-wildlederartig, rissig
Röhren, Poren: Röhren blassgelb, Poren ockergelb bis orange, breit eckig
Stiel: 2–5 x 0,5–1 cm, gelb bis ockerbraun, nicht blauend, glatt, Basis oft bogig aufsteigend
Fleisch, Geruch: hellgelb, nicht blauend, Geruch unauffällig
Sporenpulver: braun
Häufigkeit: zerstreut, ortshäufig, RL 3
Vorkommen: Spätsommer bis Herbst; büschelig, Moore, Wälder auf sauren Böden, auf Kartoffelbovist (s. S. 223) parasitierend
Verwechslung: zusammen mit dem Wirt unverwechselbar

Gallenröhrling

Tylopilus felleus (Bull.: Fr.) P. Karst.

Eine Gruppe Gallenröhrlinge im Nadelwald. Die appetitlich aussehenden Pilze schmecken leider gallebitter.

Die rosa Farbe der reifen Röhren und Poren des Gallenröhrlings ist das beste Unterscheidungsmerkmal gegenüber dem Steinpilz (s. S. 42), mit dem er oft verwechselt wird. Obwohl man sie mit einiger Erfahrung auch am kräftig ausgeprägten Stielnetz und am etwas abweichenden Gelb- bis Ockerbraun von Hut und Stiel erkennen kann, gehören Pilzkörbe voller Gallenröhrlinge (und entsprechend enttäuschte Sammler) zum Alltag des Pilzberaters.

Gallenröhrlinge sind ungiftig, schmecken aber sehr bitter und können jedes Pilzgericht verderben. Interessanterweise häufen sich Berichte über milde Gallenröhrlinge, die gegessen werden. Die in der Fachliteratur beschriebene var. *alutarius* soll auch in einigen morphologischen Merkmalen, wie z. B. einem schwächer ausgeprägten Stielnetz, von der Hauptform abweichen. Zur Klärung dieser Frage wären genaue Beschreibungen milder Gallenröhrlinge und Langzeitbeobachtungen an ihren Standorten erforderlich.

Hut: 5–18 cm breit, halbkugelig, gewölbt
Huthaut: ocker- bis gelbbraun, trocken rau, feinrissige Huthaut, im Alter kahl glänzend
Röhren, Poren: Röhren und Poren jung blass cremefarben, später blass- bis dunkelrosa, auf Druck bräunend
Stiel: 8–15 x 2–4 cm, ockerbraun; grobe, gelblichbraune bis olivbraune Netzzeichnung, feinsamtig, keulig bis bauchig
Fleisch, Geruch: weiß, bei Verletzung keine Verfärbung, fest, geruchlos
Geschmack: meist sehr bitter
Sporenpulver: rosa
Häufigkeit: sehr häufig
Vorkommen: Sommer bis Spätherbst; Nadelwälder, saure Böden, vorwiegend in kühlen und nassen Jahren
Verwechslung: Steinpilz (s. S. 42): Poren gelb bis olivgrün, Geschmack mild. – Marone (s. S. 46): Hut dunkler braun, Fleisch blauend, Geschmack mild

Schmierröhrlinge *(Suillus)*

Verglichen mit den Dickröhrlingen sind die Schmierröhrlinge, deren Bezeichnung von der schmierig-schleimigen Hutoberfläche der meisten Arten herrührt, schmächtige Pilze, doch wird die geringere Größe der einzelnen Exemplare zumeist durch gehäuftes Auftreten wettgemacht.

Alle Schmierröhrlinge leben in Mykorrhiza mit Nadelbäumen, insbesondere Kiefern und Lärchen. Die enge Beziehung zu bestimmten Partnern hat im Laufe der Evolution die Artenbildung beeinflusst. So nimmt es nicht wunder, dass es in Nordamerika analog zur größeren Vielfalt unter den Nadelbäumen ungefähr doppelt so viele Arten von Schmierröhrlingen gibt wie in Europa.

Die meisten europäischen Schmierröhrlinge werden als Speisepilze gesammelt, doch sollten sie unbedingt gut gekocht werden. Außerdem empfiehlt es sich, die klebrige Huthaut bereits beim Sammeln abzuziehen.

Moorröhrling
(Suillus flavidus)

Butterpilz

Suillus luteus (L.) Roussel

Der breite, häutige Stielring und der schmierig-schleimige, hell- bis dunkelbraune Hut machen den Butterpilz unverwechselbar. Die strikte Bindung an die Waldkiefer oder Föhre teilt er mit dem Schmerling oder Körnchenröhrling, doch gibt es ökologische Unterschiede: Während der Schmerling vor allem auf Kalkböden gedeiht, zieht der Butterpilz generell saure Böden vor, weshalb man den beiden Arten in der Regel nicht im gleichen Wald begegnet. (Zu gelegentlichen Unverträglichkeitsreaktionen siehe Schmerling, S. 50.)

Hut: 5–15 cm breit, flach gewölbt
Huthaut: dattel- bis schokoladenbraun, schmierig-schleimig, Haut leicht abziehbar
Röhren, Poren: Röhren gelb, kurz, Poren blassgelb, winzig, rund, jung von weißem, häutigem Velum bedeckt
Stiel: 5–7 x 1–2 cm, gelblich, rotbraun punktiert; breiter, weißlicher, abstehender Ring, Stiel zur Basis blassgelb bis purpurbraun
Fleisch, Geruch: gelblichweiß, im Schnitt nicht verfärbend, oft madig, Geruch aromatisch
Sporenpulver: braun
Häufigkeit: weit verbreitet, häufig
Vorkommen: Sommer bis Herbst; Kiefernwälder, sandige, saure Böden
Verwechslung: Ringloser Butterpilz *(S. fluryi)*: ockerbraun, ohne Ring, Myzel und Stielbasis rosa, auf Kalk. – Schmerling (s. S. 50): gelbbraun, Poren frisch milchige Tröpfchen absondernd, ohne Ring, auf Kalk

Den Butterpilz zeichnet die üppige Teilhülle (Velum partiale) aus, die beim jungen Pilz die Röhren bedeckt und später als häutiger Stielring zurückbleibt.

Schmerling, Körnchenröhrling

Suillus granulatus (L.: Fr.) O. Ktze.

Schmerlinge sind leicht an den milchigen Tropfen zu erkennen, die von den jungen Röhren ausgeschieden werden; bei älteren Exemplaren achte man auf die körnige Punktierung der Stieloberfläche. Seltener ist der Ringlose Butterpilz *(S. fluryi)*, ein weiterer kalkholder Kiefernbegleiter, den man an seiner rosa Stielbasis und dem eingewachsen-radialfaserigen Hut erkennt.

Vom Butterpilz und seinen Verwandten ist bekannt, dass sie nicht von allen Menschen gleich gut vertragen werden. Berichtet wird über Magenverstimmungen, Durchfälle und allergieartige Reaktionen. Solange man seine individuellen Empfindlichkeiten nicht kennt, empfiehlt es sich, nicht zu viele Butterpilze oder Schmerlinge auf einmal zu essen.

Hut: 2–10 cm breit, gewölbt, später abgeflacht
Huthaut: rot- bis orangebraun, glatt, schmierig-schleimig
Röhren, Poren: blassgelb, winzig klein, sondern jung weißliche, milchige Tröpfchen ab
Stiel: 8–10 x 1–1,5 cm, gelblich, kurz, kräftig, zugespitzte Stielbasis, mit dunkel rostbraunen Drüsenpunkten, weiße bis gelbliche milchige Tröpfchen absondernd, kein Ring
Fleisch, Geruch: blassgelblich, Geruch leicht fruchtig
Geschmack: säuerlich
Sporenpulver: olivbraun
Häufigkeit: häufig
Vorkommen: Sommer bis Herbst; Halbtrockenrasen, Waldränder, Parks, unter Kiefern, auf neutralen bis kalkhaltigen Böden
Verwechslung: Butterpilz (s. S. 49): breiter, häutiger Ring, saure Böden

Die weißen, milchartigen Tröpfchen an den jungen Poren sowie die strenge Bindung an die Kiefer kennzeichnen den Schmerling.

Sandröhrlinge in einem Moorkiefernwald. Geschmacklich gehört der Pilz eher in die Kategorie der „Speisepilze zweiter Qualität".

Sandröhrling

Suillus variegatus (Swartz: Fr.) Richon & Roze

Kalkhaltige Böden, wie sie der Schmerling (s. o.) oder der Ringlose Butterpilz (s. S. 49) bevorzugen, meidet der Sandröhrling. Seine Wälder sind Kiefernforste über Sand, Torf, Granit oder Gneis. Der für die Gattung relativ trockene, orangebraune Hut sieht aus wie mit Sandkörnern besprenkelt, die kleinen Röhren sind jung in charakteristischer Weise dunkel olivgrün gefärbt.

Hut: 5–15 cm breit, flach gewölbt
Huthaut: orange- bis gelbbraun, im Alter ockeroliv, körnig-feinschuppig, trocken
Röhren, Poren: oliv bis olivbraun, auf Druck blauend
Stiel: 6–12 x 1–2 cm, gelbbraun, stellenweise oliv oder rötlich überlaufen, schlank, feinkörnig „sandig", kein Ring, keine Netzzeichnung
Fleisch, Geruch: zitronengelb, im Schnitt blauend, Geruch schwach chlorartig, dickfleischig, fest
Sporenpulver: braun
Häufigkeit: häufig
Vorkommen: Sommer bis Spätherbst, Kiefernwälder, Moore, sandige oder torfige Böden
Verwechslung: Schmerling (s. o.): kleiner, Hut orangebraun, glatt, schmierig, Stiel blassgelb; trockenere Wälder

Kuhröhrling

Suillus bovinus (L.: Fr.) Roussel

In den gleichen Wäldern wie der Sandröhrling (s. o.) kommt der Kuhröhrling vor. Ihn kennzeichnen die größeren, eckigen Poren und das für einen Röhrling auffallend zähe und biegsame Fleisch. Öfter als der Sandröhrling tritt er büschelig auf, und manchmal leuchten zwischen den Kuhröhrlingsbüscheln die roten Hüte des Rosenroten Schmierlings (s. S. 57) auf.

Kuhröhrlinge wachsen oft in dichten Büscheln.

Hut: 5–10 cm breit, gewölbt bis flach ausgebreitet
Huthaut: blass orangebraun bis rostbraun, schmierig, Rand oft heller, anfangs eingerollt
Röhren, Poren: Röhren grauoliv, Poren stumpforange bis olivbraun, breit und eckig, zusammengesetzt (niedrige Zwischenwände in den Poren), am Stiel herablaufend
Stiel: 3–7 x 1 cm, hellbraun bis gelb, glatt, unberingt, schlank
Fleisch, Geruch: blassgelb bis rosabraun, weich, elastisch, Geruch aromatisch
Sporenpulver: oliv
Häufigkeit: häufig, Kalkgebiete meidend
Vorkommen: Sommer bis Herbst; Moore, Heiden, saure Böden, bei Kiefern oft vergesellschaftet mit dem Rosenroten Schmierling (s. S. 57)
Verwechslung: Sandröhrling (s. o.): Hut feinfilzig, Fleisch leicht blauend, nicht elastisch

Moorröhrling

Suillus flavidus (Fr.: Fr.) Presl

Die häufigsten Schmierröhrlinge in mitteleuropäischen Hochmooren sind zweifellos Kuh- und Sandröhrling. Beide kommen aber auch in trockenen Kiefernforsten über sauren Böden vor. Eine dritte Art ist dagegen strikt an feuchte Moorstandorte gebunden, lebt dort meist in Symbiose mit der Latsche *(Pinus mugo)* und trägt den treffenden Namen Moorröhrling. Der schleimige Stielring und die weiten, goldgelben Poren sind gute Kennzeichen dieses seltenen und hochgradig schützenswerten Pilzes. Pilzberatungsstellen sind meist dankbar für Hinweise auf Vorkommen solcher Raritäten. Verwechselt werden könnte der Moorröhrling mit dem Sibirischen Röhrling *(S. sibiricus)*, der aber unter fünfnadeligen Kiefern (wie der Zirbe) wächst und keinen schleimigen Ring hat.

Moorröhrlinge in einem Hochmoor in Oberösterreich. Der Pilz kommt in ganz Mitteleuropa vor, ist aber fast überall sehr selten.

Hut: 3–6 cm breit, gewölbt bis ausgebreitet, spitz gebuckelt
Huthaut: blass bis grüngelb, schmierig-schleimig, radial geflammt, Huthaut abziehbar
Röhren, Poren: Röhren blassgelb bis bräunlichgelb, Poren goldgelb, breit, eckig
Stiel: 4–7 x 0,5–1 cm, blassgelb, braune Drüsenpünktchen; zylindrisch, Ring blassgelb bis bräunlich, jung wulstig, schleimig-klebrig
Fleisch, Geruch: blassgelb, weich, Geruch leicht fruchtartig
Geschmack: mild
Sporenpulver: braun
Häufigkeit: sehr selten, RL 2
Vorkommen: Sommer bis Herbst; Moore, Heiden, saure Böden, bei Krüppelkiefern (Latschen)
Verwechslung: Sibirischer Röhrling *(S. sibiricus)*: ohne schleimigen Ring, Gebirgswälder unter Zirben

Graue Lärchenröhrlinge: Auf dem mittleren und dem rechten Exemplar hat sich dunkelbraunes Sporenpulver des liegenden Pilzes abgelagert, der zuvor die beiden Hüte teilweise überdeckte.

Grauer Lärchenröhrling

Suillus viscidus (L.) Roussel

Im Alpenraum, dem natürlichen Verbreitungsgebiet der Europäischen Lärche, gibt es vier streng an die Lärche gebundene Schmierröhrlinge. Zwei von ihnen, der Goldröhrling (s. u.) und der Graue Lärchenröhrling, sind auch in niedrigeren Lagen häufig. Oft findet man sie unter angepflanzten Lärchen in Privatgärten und Parks, aber es genügt auch eine einzelne Lärche in einem Mischwald, um sie auf den Plan zu rufen. Während der schöne Goldröhrling schon von weitem aus der dunklen Nadelstreu hervorsticht, ist der Graue Lärchenröhrling eher unscheinbar und wird leicht übersehen. Beide Röhrlinge sind jung essbar, werden im Alter jedoch bald matschig und unappetitlich.

Nur im Gebirge häufiger ist der prachtvolle Rostrote Lärchenröhrling *(S. tridentinus)*. Ein weiterer Lärchenbegleiter, der Hohlfußröhrling *(Boletinus cavipes)*, ist an seinem schuppigen, ockerbraunen Hut und seinem hohlen Stiel zu erkennen.

Hut: 5–15 cm breit, gewölbt, später ausgebreitet
Huthaut: ocker bis graubraun, olivgrau, sehr schmierig-klebrig
Röhren, Poren: Röhren grau bis oliv, Poren weißlich bis schmutzig olivgrau, weit, eckig, auf Druck dunkler olivgrün, weich
Stiel: 6–9 x 1 cm, graubraun, zylindrisch, dünner, klebriger, flüchtiger Ring
Fleisch, Geruch: blassgrau, im Schnitt etwas dunkelnd (blaugrün), sehr weich, Geruch aromatisch
Sporenpulver: braun
Häufigkeit: ziemlich häufig
Vorkommen: Sommer bis Spätherbst; Lärchenwälder, Gärten, Parks, oft mit anderen Lärchenbegleitern vergesellschaftet
Verwechslung: keine andere *Suillus*-Art hat so trübe, graue Farben

Goldröhrling

Suillus grevillei (Klotzsch: Fr.) Sing.

Hut: 3–15 cm breit, erst kegelig, später gewölbt bis flach
Huthaut: gelborange, rotorange bis dunkel orangebraun, glatt, schleimig-schmierig; Huthaut abziehbar
Röhren, Poren: Röhren zitronengelb, fein, Poren gelb bis orange, klein, auf Druck rostbraun
Stiel: 8–13 x 1–2 cm, gelb bis orangebraun, fein genetzt, Ring schleimig, gelbweiß
Fleisch, Geruch: gelb, fest, im Schnitt nicht verfärbend, geruchlos
Sporenpulver: oliv
Häufigkeit: häufig
Vorkommen: Sommer bis Herbst; Lärchenwälder, Gärten, Parks
Verwechslung: verschiedene Schleierlinge *(Cortinarius spec.)* im Jugendzustand: Sporenpulver rostbraun, Lamellen statt Röhren, giftig! – Rostroter Lärchenröhrling *(S. tridentinus)*: Hut lebhaft rostrot, Ring vergänglich, weniger schleimig, im Gebirge weit verbreitet

Goldröhrlinge unter einer angepflanzten Lärche in einem Park. Er ist der häufigste Lärchenröhrling.

Raustielröhrlinge *(Leccinum)* und Strubbelkopfröhrling *(Strobilomyces)*

Raustielröhrlinge sind besser bekannt unter den populären Bezeichnungen „Birkenpilze" und „Rotkappen". Ihre wichtigsten Mykorrhizapartner sind Birken und Pappeln, doch kommen einige Arten auch unter Buchen, Eichen und Hainbuchen vor, und unter den Rotkappen gibt es sogar Nadelholzbegleiter. Die Stiele sind nie glatt, sondern mit weißlichen, bräunlichen oder schwärzlichen Schüppchen besetzt. Das Fleisch vieler Arten läuft im Schnitt schwarz, purpurbraun, rötlich, blau oder grün an.

In den vergangenen Jahren ist die Artenzahl der Raustielröhrlinge sprunghaft angestiegen. Mit verbesserten Untersuchungsmethoden gelang es, immer feinere Bestimmungskriterien festzulegen. Die Verfärbung mit bestimmten Chemikalien wie Eisensulfat und Phenol spielt ebenso eine Rolle wie der Feinbau der Huthaut und geringfügige Abweichungen in der Sporengröße. An die vierzig Arten sind inzwischen aus Europa bekannt.

Speisepilzsammler brauchen sich um derartige Finessen freilich nicht zu kümmern: Sie freuen sich darüber, dass alle bisher bekannten europäischen Raustielröhrlinge essbar sind.

Die Gattung *Strobilomyces* (Strubbelkopfröhrlinge) ist in Europa mit nur einer einzigen, unverwechselbaren Art vertreten.

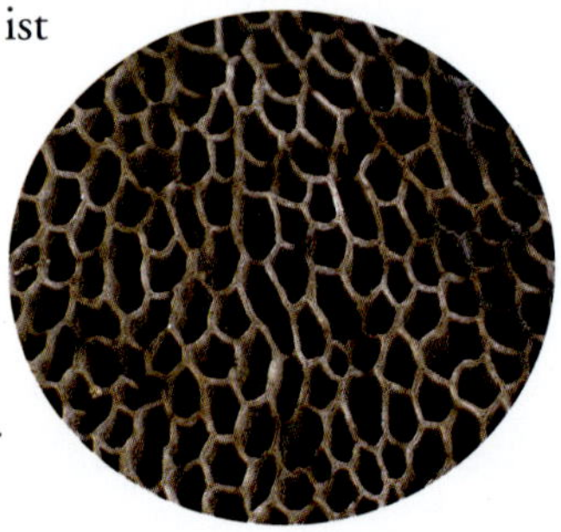

Die Poren des Strubbelkopfröhrlings (Strobilomyces strobilaceus).

Bei dieser Espenrotkappe haben sich die jung weißen Stielschüppchen bereits braun verfärbt.

Espenrotkappe

Leccinum aurantiacum (Bull.) S. F. Gray

Die Zitterpappel oder Espe tritt in Mitteleuropa meist nur in kleineren Beständen auf, zum Beispiel an Straßenrändern, in Feldgehölzen oder vereinzelt in Mischwäldern. Wo immer sie vorkommt, lohnt es sich, im Herbst und Spätherbst nach der Espenrotkappe Ausschau zu halten. Von anderen Rotkappen unterscheidet sie sich durch die zunächst rein weiße, erst später braun verfärbende Stielschuppung. Bei der Birken begleitenden Heiderotkappe (s. S. 53) sind die Schüppchen von Anfang an schwärzlich. Bei überständigen, alten Exemplaren mit von Schnecken abgefressenen Stielen ist die Unterscheidung manchmal schwierig, vor allem, wenn am Standort sowohl Birken als auch Zitterpappeln stehen. Verwandt sind die Eichenrotkappe (s. S. 53) und die Nadelholzrotkappe *(L. vulpinum)* mit jeweils brauner Stielschuppung.

Hut: 5–20 cm breit, gewölbt
Huthaut: ocker- bis orangebraun, trocken, ± feinschuppig, Huthaut häutig überstehend
Röhren, Poren: Röhren weiß, Poren graulich, auf Druck grauviolett
Stiel: 10–20 x 2–4 cm, weiß mit weißlichen, im Alter braunen Flockenschuppen, zylindrisch
Fleisch: weiß bis blassgrau, im Schnitt schiefer-purpurgrau, Stielbasis ± blaugrün
Sporenpulver: gelbbraun
Häufigkeit: weit verbreitet
Vorkommen: Sommer bis Spätherbst; unter Zitterpappeln (Espen), Moorwälder, Gebüsche, Weg- und Straßenränder
Verwechslung: andere Rotkappen, z. B. Nadelholzrotkappe *(L. vulpinum)*: Hut rotbraun, bei Kiefern und Fichten. – Heiderotkappe (s. S. 53): Stielschuppen schwarz

Heiderotkappe

Leccinum versipelle (Fr.) Snell

Alle Rotkappen sind in Mitteleuropa rückläufig; am wenigsten bedroht scheint noch die Heiderotkappe zu sein. Wer in Rotkappen und Birkenpilzen schwelgen will, sollte den Sommerurlaub in Skandinavien verbringen. In den dortigen Espen- und Birkenwäldern gibt es noch Raustielröhrlinge in Hülle und Fülle.

Nur in Birkenwäldern auf sauren Böden, oft zwischen Heidekraut und Heidelbeeren, findet man die Heiderotkappe. Das Bild entstand in Schweden.

Hut: 8–20 cm breit, halbkugelig gewölbt
Huthaut: orange bis rot, leicht gerunzelt, Huthaut am Rand bis 5 mm überstehend
Röhren, Poren: Röhren und Poren blassgrau
Stiel: 15–25 x 3–5 cm, kräftig, mit dunkelbraunen bis schwarzen Flockenschuppen auf weißem Grund
Fleisch: weiß, im Schnitt grauviolett verfärbend; jung fest, alt schwammig, beim Kochen schwärzend
Sporenpulver: braun
Häufigkeit: weit verbreitet, aber nicht häufig
Vorkommen: Sommer bis Spätherbst; unter Birken, Moorwälder, kalk-meidend
Verwechslung: Nadelholzrotkappe *(L. vulpinum)*: Hut mehr rotbraun, bei Kiefern und Fichten

Eichenrotkappe

Leccinum quercinum Pil. ex Green & Watl.

Hut: 8–20 cm breit, halbkugelig gewölbt
Huthaut: orange bis rot, leicht gerunzelt, Haut am Rand bis 5 mm überstehend
Röhren, Poren: Röhren und Poren blassgrau
Stiel: 15–25 x 3–5 cm, kräftig, Flockenschüppchen bräunlich bis dunkelpurpurbraun auf weißem Grund
Fleisch, Geruch: weiß, im Schnitt grauviolett verfärbend; jung fest, alt schwammig, beim Kochen schwärzend
Sporenpulver: braun
Häufigkeit: zerstreut, vielerorts rückläufig, RL 3
Vorkommen: Sommer bis Spätherbst; unter Eichen, auf Kalk
Verwechslung: Espenrotkappe (s. S. 52): anfangs weiße, später orangebraune Flockenschuppen, unter Zitterpappeln. – Heiderotkappe (s. o.): Stielschuppen schwarz, unter Birken. – Nadelholzrotkappe *(L. vulpinum)*: Hut mehr rotbraun, unter Kiefern und Fichten, zerstreut

Die Eichenrotkappe wurde 1994 von der Deutschen Gesellschaft für Mykologie zum ersten „Pilz des Jahres" gewählt.

Zwei Hainbuchenröhrlinge im Bükk-Gebirge (Nordungarn). Die Brauntöne der Hutoberfläche können stark variieren.

Hainbuchen-röhrling

Leccinum carpini (Schulz) Moser ex Reid

Wer einen „Birkenpilz" findet, obwohl weit und breit keine Birke zu sehen ist, wird in der Nähe vielleicht eine Hainbuche entdecken und sich die korrekte Bestimmung seines Fundes damit sehr erleichtern. Der Hainbuchenröhrling kann schon Ende Mai erscheinen und ist eher an trockenen, warmen Standorten zu finden, vor allem in Eichen-Hainbuchenwäldern und unter Hainbuchen an Waldrändern und in Parks. Sein Fleisch rötet im Schnitt und wird später schwarz; die Huthaut neigt dazu, mosaikartig aufzureißen. Ein anderer Raustielröhrling, der nicht unter Birke wächst, ist der seltene Pappel-Raufuß *(L. duriusculum)*.

Hut: 5–13 cm breit, gewölbt, unregelmäßig wellig-buckelig
Huthaut: ocker- bis dunkel olivbraun, runzelig, mosaikartig aufplatzend
Röhren, Poren: Röhren weißlich bis cremegelblich, im Alter und auf Druck grauviolett bis schwarz, Poren eng
Stiel: 5–12 x 1–3 cm, cremegrau mit blassen bis braunschwarzen Flockenschüppchen, zylindrisch, längsgefurcht
Fleisch, Geruch: weiß, auf Druck erst rötlich bis grauviolett, dann bald schwärzend
Geschmack: mild
Sporenpulver: braun
Häufigkeit: weit verbreitet
Vorkommen: Frühsommer bis Herbst; unter Hainbuchen und Hasel, in Wäldern, Parks und Gärten
Verwechslung: Dunkler Birkenröhrling (s. S. 54): Fleisch nicht schwärzend, unter Birken. – Marmorierter Birkenröhrling (s. S. 54): mit graubraun marmoriertem Hut, in Mooren. Bei Birken weitere Kleinarten mit im Schnitt verfärbendem Fleisch

Dunkle Birkenröhrlinge in einer Allee. Am Standort in der Nähe eines oberbayerischen Badesees bilden die Birken Mykorrhizapartnerschaften mit Birkenpilzen und Täublingen (Russula spec.).

Der Marmorierte Birkenröhrling ist dagegen ein Pilz der Moorbirkenwälder. Seine Stiele stecken oft tief im nassen Torfmoos. Typisch sind der hell-dunkel marmorierte Hut und das im Schnitt rosa verfärbende Fleisch.

Der Marmorierte Birkenröhrling ist ein Pilz feuchter Standorte. In Skandinavien, wo diese Aufnahme entstand, wächst er meist in Gemeinschaft mit Zwergbirken.

Dunkler Birkenröhrling

Leccinum scabrum (Bull.) S. F. Gray var. melaneum (Smotl.) Dermek

Der Dunkle Birkenröhrling gilt als schwarzbraunhütige Varietät des helleren „normalen" Birkenpilzes. Er wächst gern an offenen, grasigen, nicht zu feuchten Standorten in Alleen und Parks und entlang von Waldwegen.

Im Unterschied zu anderen Arten aus der Gruppe bleibt das rein weiße Fleisch im Schnitt unveränderlich.

Hut: 5–15 cm breit, gewölbt, alt verflachend
Huthaut: dunkelbraun, bei Feuchtigkeit glatt, leicht schmierig
Röhren, Poren: Röhren und Poren weißlich bis ockergrau, im Alter bräunlich
Stiel: 15 x 2 cm, cremefarben mit schwärzlichbraunen Stielschüppchen, zylindrisch bis keulig
Fleisch, Geruch: weiß, auf Druck nicht verfärbend, geruchlos
Sporenpulver: braun
Häufigkeit: weit verbreitet
Vorkommen: Frühsommer bis Herbst; unter Birken, in Wäldern, Alleen, an eher trockenen Standorten
Verwechslung: Marmorierter Birkenpilz *(L. variicolor)*: mit graubraun marmoriertem Hut, in Mooren. Weitere Kleinarten mit im Schnitt verfärbendem Fleisch

Strubbelkopfröhrling, Strubbelkopf

Strobilomyces strobilaceus (Scop.: Fr.) Berk.

Dass dieser eigentümliche Pilz die Fantasie der Sammler und Forscher anregt, zeigt sich nicht nur in seinem deutschen Namen. In einem amerikanischen Pilzbuch heißt er *Old Man of the Woods* („alter Mann aus den Wäldern"). Der französische Name *Bolet pomme du pin* und der lateinische *Strobilomyces* heben auf die Ähnlichkeit junger Fruchtkörper mit einem Koniferenzapfen ab. Die Schweden nennen ihn *fjällsopp*, die Niederländer *Geschubde Boleet*, was beides „Schuppenröhrling" bedeutet. Nur der Habichtspilz (s. S. 185) sieht dem Strubbelkopf entfernt ähnlich, ist jedoch viel gedrungener und hat keine Röhren, sondern Stacheln auf der Hutunterseite.

Eine Verwechslung wäre ungefährlich, da beide Arten essbar sind. In den Tropen und Subtropen leben die nächsten Verwandten des Strubbelkopfröhrlings, darunter mehrere Arten mit lebhaft roten Farben.

Hut: 10–20 cm breit, halbkugelig
Huthaut: dunkelgrau, dicht mit breiten, faserig-wolligen schwarzgrauen Schuppen bedeckt
Röhren, Poren: Röhren und Poren weißgrau, Poren sechseckig, bei Verletzung und Druck erst rötend, dann schwärzend
Stiel: 8–15 x 1–3 cm, schwarzbraun, zylindrisch, wollig filzig, dicker grobfaseriger Ring oft nur in Resten erhalten
Fleisch: graulich, im Schnitt erst rötlich, dann schwarz verfärbend, fest
Sporenpulver: dunkelbraun
Häufigkeit: verbreitet, ortshäufig
Vorkommen: Sommer bis Herbst; Laub- und Nadelwälder, saure bis neutrale Böden, im Bergland meist häufiger als in der Ebene
Verwechslung: kaum möglich

Die wolligen Schuppen, die am Hutrand zackige Fransen bilden, die weiten Poren und der feste, schlanke Stiel machen den Strubbelkopf unverwechselbar.

Kremplinge *(Paxillus* und *Tapinella)*, Schmierlinge *(Gomphidius)* und Gelbfüsse *(Chroogomphus)*

Der Mykologe sieht in den Kremplingen *(Paxillus)*, vereinfacht ausgedrückt, „Röhrlinge mit Lamellen". Die Gemeinsamkeiten reichen von ähnlichen Sporen und ähnlichen Mykorrhizabildungen bis hin zu molekularbiologischen Übereinstimmungen. Seitdem vor einigen Jahren der bekannte Samtfußkrempling (vormals *Paxillus atrotomentosus*) in die Gattung *Tapinella* überführt wurde, umfasst die Gattung *Paxillus* in Mitteleuropa nur noch zwei häufige Arten, den Kahlen Krempling *(P. involutus)* und den Erlenkrempling *(P. filamentosus)* sowie drei seltenere, über deren Verbreitung noch wenig bekannt ist. Der seltene Muschelkrempling (vormals *Paxillus panuoides*) steht ebenfalls bei *Tapinella*.

Ähnlich verhält es sich bei den Schmierlingen *(Gomphidius)* und Gelbfüßen *(Chroogomphus)*, die früher alle *Gomphidius* zugeordnet wurden. Auch von diesen beiden Gattungen sind nur zwei bzw. vier verbreitete mitteleuropäische Arten bekannt.

Die Lamellen des Kupferroten Gelbfußes laufen bogig am Stiel herab.

Samtfuss-krempling

Tapinella atrotomentosa (Batsch: Fr.) Sutara

Die bis 25 cm breiten, dunkelbraunen Fruchtkörper mit ihren gedrungenen, samtig-schwarzbraunen Stielen sind im Wald nicht zu übersehen. Samtfußkremplinge ernähren sich von totem Nadelholz und sind daher vor allem in Kiefern- und Fichtenforsten weit verbreitet. In den Sommermonaten sind sie manchmal mit einigen Lamellenpilzen wie dem Breitblättrigen Holzrübling *(Megacollybia platyphylla)* „aspektbeherrschend", d. h., sie dominieren die zu diesem Zeitpunkt noch recht artenarme Pilzflora in einem bestimmten Waldgebiet. Leider ist es bisher nicht gelungen, die attraktiven, ungiftigen Pilze schmackhaft zu machen.

Ausgewachsene Samtfußkremplinge sind eindrucksvolle Pilzgestalten, die man kaum übersehen kann.

Hut: 12–25 cm breit
Huthaut: zimt- bis dattelbraun, manchmal auch oliv- oder schwarzbraun, Hutrand stark eingerollt, leicht gekerbt
Lamellen: jung orangegelb, später dunkler, leicht vom Fleisch lösbar
Stiel: 3–8 x 2–3 cm, schwarzbraun, samtig-filzig, dick, kurz exzentrisch ansitzend
Fleisch: gelblich
Geschmack: unangenehm zusammenziehend
Sporenpulver: rostbraun
Häufigkeit: sehr häufig
Vorkommen: Sommer bis Spätherbst; an Stümpfen von Nadelbäumen, oft zu mehreren in Büscheln
Verwechslung: weder der Kahle Krempling (s. S. 56) noch der Muschelkrempling *(T. panuoides)* haben einen schwarz-samtigen Stiel

Kahler Krempling, Empfindlicher Krempling

Paxillus involutus (Batsch) Fr.

Der Kahle Krempling ist einer der häufigsten Mykorrhizapilze in Wäldern, Parkanlagen und parkartigen Gärten. Der anfangs gebuckelte, alt trichterig vertiefte, wildlederartig-feinfilzige Hut mit seinem in der Jugend eingerollten Rand und die am – oft nur kurzen – Stiel herablaufenden, an Druckstellen bräunenden Lamellen sind gute Kennzeichen. Jahrzehnte, wenn nicht Jahrhunderte lang gehörte der Kahle Krempling zu den bekanntesten Speisepilzen und wurde vor allem gebraten gerne gegessen. Inzwischen weiß man, dass rohe Kremplinge äußerst giftig sind und dass sich auch nach dem Genuss gut durchgebratener oder abgekochter Exemplare bei manchen Menschen schwere allergische Reaktionen einstellen können. In der Fachliteratur wird mehrfach über Vergiftungen mit tödlichem Ausgang berichtet.

Hut: 5–15 cm breit, jung mit zentralem Buckel, später trichterförmig vertieft; gekerbter, eingerollter, wollig-filziger Rand
Huthaut: gelb-, rot- oder olivbraun, bei Feuchtigkeit schmierig
Lamellen: gelblich, auf Druck sofort rostbraun verfärbend, weich, dicht, anastomosierend, leicht ablösbar
Stiel: 4 x 1 cm, kurz, dick, oft verbogen, längsfaserig
Fleisch, Geruch: blass gelbbraun, säuerlich
Geschmack: säuerlich
Sporenpulver: ockerbraun
Häufigkeit: sehr häufig
Vorkommen: Spätfrühling bis Spätherbst; unter Nadel- und Laubbäumen, in Gärten, Parks
Verwechslung: Erlenkrempling *(P. rubicundulus)*: unter Erlen, Hut angedrückt schuppig, Lamellen blassgelb

Der Kahle Krempling ist nicht sehr wählerisch in seiner Substratwahl. Dass er, wie in diesem Fall, auf einem abgefallenen Ast wächst, ist aber eher die Ausnahme als die Regel.

Der Erlenkrempling *(P. rubicundulus)* ist an seinen blassgelben Lamellen und dem deutlich schuppigen Hut zu erkennen. Im Gegensatz zu dem in den verschiedensten Waldgesellschaften vorkommenden Kahlen Krempling ist er streng an die Erle gebunden. An den gleichen Standorten findet man oft auch den Erlengrübling *(Gyrodon lividus)* mit auf Druck blauenden Röhren auf der Hutunterseite.

Den Erlenkrempling findet man ausschließlich unter Erlen. Oft sind die schuppighütigen Fruchtkörper in hohem Gras verborgen.

Grosser Schmierling, Kuhmaul

Gomphidius glutinosus (Schaeff.: Fr.) Fr.

Der mit einer farblosen, abziehbaren Schleimschicht überzogene Große Schmierling ist ein strenger Mykorrhizapartner der Fichte.

Hut: 5–12 cm, dickfleischig, jung leicht gebuckelt, alt trichterförmig vertieft
Huthaut: grau bis graulila, Huthaut mit leicht abziehbarer Schleimschicht bedeckt
Lamellen: blass bis dunkel violettgrau, dick, entferntstehend, herablaufend
Stiel: grau, Stielbasis gelb, mit schleimiger, wulstartiger Ringzone
Fleisch: blass, in der Stielbasis gelb, fest
Geschmack: unauffällig
Sporenpulver: olivgrau
Häufigkeit: zerstreut
Vorkommen: ab Ende Juni, Kalkboden unter Fichten, besonders im Gebirge
Verwechslung: Gefleckter Schmierling *(G. maculatus)*: unter Lärchen. – Rosenroter Schmierling (s. S. 57): unter Kiefern, oft bei Kuhröhrlingen

Trotz seiner schmierig-schleimigen Beschaffenheit ist das Kuhmaul ein guter Speisepilz. Die Huthaut zieht man beim Putzen am besten ab.

Rosenroter Schmierling

Gomphidius roseus (Fr.) P. Karst.

Der Rosenrote Schmierling ist nicht nur ein sehr schöner Pilz, sondern auch ein begehrtes Studienobjekt der Mykologen. Aufmerksame Pilzsammler beobachten immer wieder, dass er oft unmittelbar neben dem Kuhröhrling (s. S. 50) wächst, ja es kommt vor, dass beide Arten an der Stielbasis miteinander verwachsen sind. Der Münchener Botanikprofessor Reinhard Agerer fand heraus, dass der Schmierling sich offenbar die „guten Beziehungen“ zunutze macht, die zwischen dem Kuhröhrling und dessen Mykorrhizapartner, der Kiefer, bestehen. Ob der Schmierling ohne die „Vermittlung“ des Röhrlings überhaupt eigene Mykorrhizabindungen eingehen kann, ist noch nicht endgültig geklärt.

Hut: 3–6 cm, erst polsterförmig, bald aufgebogen, oft unregelmäßig gewellt
Huthaut: lebhaft kirsch- bis rosarot, schmierig, glatt
Lamellen: weißlich, später grau bis graubräunlich, herablaufend
Stiel: 2–5 x 1–1,5 cm, weiß, unterhalb der Ringzone schmierig, Basis verjüngt
Fleisch, Geruch: weiß, weich, geruchlos
Geschmack: mild
Sporenpulver: schwarz
Häufigkeit: zerstreut bis selten
Vorkommen: Sommer bis Herbst in Kiefernwäldern, vor allem in Mooren; oft gemeinsam mit dem Kuhröhrling (s. S. 50)
Verwechslung: Spitzgebuckelter Raukopf (s. S. 130) : schlanker, Hut faserschupig, Sporenpulver rostbraun; lebensgefährlich giftig

Der attraktive Rosenrote Schmierling ist meist kleiner als der nah verwandte Große Schmierling und wächst in Kiefernwäldern auf sauren Böden.

Kupferroter Gelbfuss

Chroogomphus rutilus (Schaeff.: Fr.) O. K. Miller

Der nur leicht schmierige, aber nicht schleimige Kupferrote Gelbfuß wächst in Symbiose mit zweinadeligen Kiefern.

Schmierlinge und Gelbfüße sind erkennbar an ihren dicklichen, herablaufenden, im Alter schwarzgrauen Lamellen. Dort, wo sie noch häufig sind, können sie als Speisepilze gesammelt werden.

Ein kleinerer Verwandter, der Rosenrote Schmierling (s. o.), wächst in Kiefernmooren, oft in unmittelbarer Gemeinschaft mit dem Kuhröhrling (s. S. 50).

Hut: 3–10 cm, flach, in der Mitte gebuckelt
Huthaut: trüborangebraun bis weinrot, glatt, bei Feuchtigkeit schmierig, aber nicht schleimig
Lamellen: olivbraun, im Alter schwarz mit weißen Schneiden, herablaufend, dick
Stiel: kupferbraun, kräftig, mit zugespitzter Basis, unter dem Lamellenansatz ringförmig angeordnete Velumreste
Fleisch, Geruch: orangegelb bis ocker, an der Stielbasis weinrot bis chromgelb, geruchlos
Geschmack: geschmacklos
Sporenpulver: schwarz
Häufigkeit: zerstreut

Vorkommen: Sommer bis Herbst; kalkige oder sandige Böden, unter Kiefern
Verwechslung: Spitzgebuckelter Raukopf (s. S. 130): Hut meist spitzgebuckelt, radialfaserig, Sporenpulver rostbraun, lebensgefährlich giftig

Der Kupferrote Gelbfuß hat kein schleimiges Velum wie die verwandten Schmierlinge. Wer den Speisepilz sammeln möchte, muss auch den giftigen Spitzgebuckelten Raukopf (s. S. 130) genau kennen.

LAMELLEN- ODER BLÄTTERPILZE

Agaricales

Unter den Hutpilzen bilden die Lamellen- oder Blätterpilze die größte Gruppe. Vom winzigen Orangeroten Helmling bis hin zum Riesenschirmpilz bevölkern sie Wälder und Wiesen in verwirrender Vielfalt. Die gemeinsame Grundstruktur sind die Lamellen, jene schmalen, messerschneiden- bis sichelförmigen oder bauchigen, vom Stielansatz zum äußeren Rand verlaufenden „Blätter" auf der Unterseite des Hutes. Man könnte sie mit den Speichen eines Rades oder dem Strahlenkranz einer Sonne vergleichen. Legt man einen reifen Lamellenpilzhut auf ein Blatt Papier, bilden die ausgefallenen Sporen über Nacht den Lamellenverlauf exakt nach.

Der Sinn dieser Konstruktion, die sich – wie jeder Pilzspaziergang zeigt – evolutionär als höchst erfolgreich erwiesen hat, liegt darin, dass sie auf kleinstem Raum die größtmögliche Fläche bietet. Da Pilzsporen nur unter sehr günstigen Bedingungen keimen und neue Myzelien bilden, sind die Pilze darauf angewiesen, Millionen von Sporen zu produzieren. Bei den Lamellenpilzen geschieht dies im Wesentlichen auf den Lamellen; ihre Flächen sind beidseitig mit tausenden von Sporenständern (Basidien) besetzt, an deren oberen Enden die Sporen reifen.

Für die Artbestimmung sind Form, Farbe, eventuelle Verfärbung auf Druck sowie die Art des Ansatzes am Stiel wichtig. Mit einer Lupe prüft man die Schneiden, also den äußeren Rand der Lamellen, und notiert, ob sie glatt, sägeblattartig gezackt oder fein bewimpert und vielleicht anders gefärbt sind als die Lamellenflächen.

Blätterpilze mit spröden Lamellen, die splittern, wenn man mit dem Finger darüberstreicht (*Russulales*, s. S. 156 ff.), sind Täublinge oder – wenn sie darüber hinaus einen Milchsaft absondern – Milchlinge.

Kirschroter Saftling
(Hygrocybe coccinea)

Niedergedrückter Rötling
(Entoloma rhodopolium)

Abbildung S. 58–59: Winterrübling
(Flammulina velutipes)

Wulstlinge, Knollenblätterpilze, Streiflinge *(Amanita)*

In der Gattung *Amanita* sind die gefährlichsten Giftpilze und einige der besten Speisepilze unserer Wälder vereint. Kein Pilzsammler kommt deshalb darum herum, sich die wichtigsten Merkmale der Gattung genau einzuprägen. Die Kennzeichen von Grünem und Kegelhütigem Knollenblätterpilz gehören zur Allgemeinbildung und sollten bereits Schulkindern vertraut sein. Pilzvergiftungen mit tödlichem Ausgang lassen sich nur durch verantwortungsvolles Handeln der Sammler und flächendeckende Aufklärungsarbeit (Pilzberatung) vermeiden.

Wulstlinge und Knollenblätterpilze sind im Anfangsstadium von einer Gesamthülle (Velum universale) umgeben. Ein junger „Knolli" sieht daher aus wie ein kleines weißes Ei – oder ein kleiner Bovist bzw. Stäubling (s. S. 219 ff.). Wenn sich der Fruchtkörper streckt und der Hut aufschirmt, bleiben Teile der Gesamthülle einerseits als Fetzen oder Flocken auf der Hutoberfläche (z. B. die weißen „Tupfen" auf dem Hut des Fliegenpilzes) und andererseits als abstehende oder anliegende Scheide an der Stielknolle zurück. Bei manchen Arten reduzieren sie sich auf flockige oder warzige Zonen am Stielgrund.

Bei den Wulstlingen und Knollenblätterpilzen schützt eine weiße oder gefärbte Membran zwischen Hutrand und Stiel die jungen Lamellen. Beim Aufschirmen des Huts zerreißt sie und bleibt als Ring am Stiel zurück; manchmal bleiben auch Fetzen dieser Teilhülle (Velum partiale) am Hutrand hängen. Dem Ring und seinen Merkmalen kommt große Bedeutung bei der Artbestimmung zu. In der Untergattung *Amanitopsis* (Streiflinge, Scheidenstreiflinge) fehlt eine Teilhülle, also gibt es dort auch keinen Ring.

Weltweit gibt es vermutlich an die tausend *Amanita*-Arten, die mit einer Vielzahl von Höheren Pflanzen Mykorrhizaverbindungen bilden. Die meisten Arten sind wärmeliebend, weshalb auch in Europa das mediterran-atlantische Artenspektrum erheblich größer ist als das mittel- und nordeuropäische. Je nachdem, wie man den Formenreichtum der Streiflinge bewertet, schwankt die Anzahl der in Mitteleuropa bekannten Arten zwischen dreißig und fünfundvierzig.

Grüner Knollenblätterpilz
(Amanita phalloides)

Gelber Knollenblätterpilz
(Amanita citrina)

Drei Grüne Knollenblätterpilze im Buchenwald. Die Scheide am Stielgrund kann völlig mit Blättern und Humus bedeckt sein.

Grüner Knollenblätterpilz

Amanita phalloides (Fr.: Fr.) Link

Obwohl es auch einige wenige grüne Pilze gibt, die essbar sind, sollte die Farbe Grün in Verbindung mit weißen Lamellen bei jedem Speisepilzsammler einen Alarmreflex auslösen. Das Gleiche gilt für weiße Pilze mit weißen Lamellen, denn außer weißen Knollenblätterpilzen gibt es auch Albinoformen des Grünen.

Der Grüne Knollenblätterpilz ist in Eichen- und Buchenwäldern häufig, wächst aber auch unter Birken, Haseln, Hainbuchen und Nadelbäumen. Während Schnecken und andere Kleintiere ihn vertragen, ohne Schaden zu nehmen, wirkt er auf den menschlichen Organismus tödlich. Die in ihm enthaltenen Gifte zerstören die Leber und das Blut (s. a. Abschnitt Giftpilze, S. 19 ff.).

Hut: 5–15 cm breit, anfangs eiförmig geschlossen, später gewölbt bis ausgebreitet
Huthaut: weiß- bis gelb-, olivgrün oder bronzegrün, selten auch rein weiß, ± mit weißlichen Velumresten, radialfaserig, tortenstückartig abziehbar, Rand glatt
Lamellen: weiß, engstehend, weich
Stiel: 6–15 x 1–2 cm, weiß, grünlich genattert, Basis knollig mit großer, sackartiger, weißer Volva, Ring leicht gerieft, hängend, weißlich
Fleisch, Geruch: weiß, Geruch süßlich, nach Kunsthonig
Geschmack: mild, nicht probieren!
Sporenpulver: weiß
Häufigkeit: weit verbreitet
Vorkommen: Sommer bis Herbst; bei Laubbäumen, in Parks, Gärten, seltener bei Nadelbäumen
Verwechslung: Champignons (s. S. 74 ff.): braune Lamellen, braunes Sporenpulver, Geruch meist nach Anis, Bittermandel. – Grüne Täublinge (s. S. 157 ff.): ohne Knolle und Scheide an der Stielbasis, Fleisch brüchig. – Grünling (s. S. 87) und andere grüne Ritterlinge (s. S. 84 ff.): Lamellen ausgebuchtet, keine Knolle und Scheide

Kegelhütiger Knollenblätterpilz

Amanita virosa (Fr.) Bertillon

Der tödlich giftige Kegelhütige Knollenblätterpilz kann noch leichter als der Grüne mit Champignons und anderen Speisepilzen verwechselt werden. Die Lamellen der Champignons (s. S. 74 ff.) sind allerdings nie rein weiß, sondern allenfalls hellgrau bis blassrosa und werden reif dunkel schokoladenbraun. Junge Kegelhütige Knollenblätterpilze, die noch in ihrer Gesamthülle stecken, können sogar Bovisten und Stäublingen (s. S. 219 ff.) ähnlich sehen, die freilich im Längsschnitt nicht die Strukturen eines künftigen Huts bzw. Stiels zeigen. In Gebirgs- und Moorwäldern unter Fichten und/oder Birken wird man diesem nicht allzu häufigen Pilz am ehesten begegnen, doch kommt er auch in Buchenwäldern vor.

Kegelhütige Knollenblätterpilze im Gebirgsfichtenwald. Die Heidelbeersträucher (Vaccinium myrtillus) *weisen auf sauren Boden hin.*

Hut: 5–10 cm breit, jung eiförmig geschlossen, später kegelig bis gewölbt mit gebuckelter Mitte
Huthaut: weiß bis blassgelb, Mitte hellbräunlich, klebrig bis seidig-glänzend, Haut tortenstückartig abziehbar, Rand gewellt, nicht gerieft
Lamellen: weiß, engstehend, weich, frei
Stiel: 8–12 x 1–2 cm, weiß, flockig-schuppig, zwiebelig verdickte Basis mit 1–2 lappiger Volva, Ring weiß, oft flüchtig oder unvollständig, manchmal fehlend
Fleisch, Geruch: weiß, weich, Geruch süßlich, im Alter unangenehm
Geschmack: mild, vor Geschmacksproben ist dringend abzuraten!
Sporenpulver: weiß
Häufigkeit: weit verbreitet
Vorkommen: Sommer bis Spätherbst; Laub- und Nadelwälder, saure Böden
Verwechslung: weiße Champignons (s. S. 74 ff.): jung sehr ähnlich, aber ohne Scheide; Lamellen rosa bis dunkelbraun, Sporenpulver dunkelbraun, anderer Geruch. – Junge Stäublinge (s. S. 221): im Längsschnitt ohne Anlage von Hut und Stiel

Der Gelbe Knollenblätterpilz ist in vielen Gegenden der häufigste Wulstling. Typisch für ihn sind die Farbe und der Geruch nach Kartoffelkeimen.

Gelber Knollenblätterpilz

Amanita citrina (Schaeff.: Pers.) S. F. Gray

Eine rundliche, deutlich berandete, aber nicht lappig bescheidete Stielknolle, die blassgelbe Hutfarbe und der sehr bezeichnende Geruch nach Kartoffelkeller oder Kartoffelkeimen sind die drei Hauptmerkmale des allenfalls schwach giftigen Gelben Knollenblätterpilzes. Er ist in vielen Gebieten noch häufiger als der Grüne, insbesondere auf sauren Böden. Früher wurden die beiden Arten nicht getrennt, sodass man in alten Pilzbüchern bisweilen den Grünen als Gelben und den Gelben als Grünen dargestellt findet. Während die Farben sich im gelbgrünen Bereich annähern können, ermöglichen Stielmerkmale und Geruch immer eine sichere Unterscheidung. Auch weiße Formen werden beobachtet.

Hut: 5–10 cm breit, halbkugelig gewölbt bis ausgebreitet
Huthaut: zitronengelb bis weiß, glattrandig, abwischbare, weiße bis beigefarbene Velumreste
Lamellen: weißlich bis blassgelb, engstehend
Stiel: 6–12 x 1 cm, weißlich bis gelblich, knollig verdickte, wulstartig gerandete Stielbasis, hängender, weißer bis blassgelber Ring
Fleisch, Geruch: weiß, Geruch muffig nach Kartoffelkeller
Geschmack: unangenehm
Sporenpulver: weiß
Häufigkeit: häufig
Vorkommen: Sommer bis Herbst; Laub- und Nadelwälder, saure Böden
Verwechslung: Kegelhütiger und Grüner Knollenblätterpilz (s. S. 62): Scheide abstehend, kein Kartoffelgeruch; tödlich giftig. – Narzissengelber Wulstling (s. u.): Huthaut sattgelb, mit girlandenförmigen Gürteln an der Stielbasis

Narzissengelber Wulstling

Amanita gemmata (Fr.) Bertillon

Dem Narzissengelben Wulstling fehlt der Kartoffelkeimgeruch des Gelben Knollenblätterpilzes (s. o.), und das Gelb seiner Huthaut ist viel intensiver. Der hübsche Pilz wächst vor allem in sauren Kiefern-, Fichten- und Buchenwäldern. Nördlich der Alpen gehört er zu den am frühesten erscheinenden *Amanita*-Arten; man kann ihn schon Ende Mai/Anfang Juni finden. Über seine Giftigkeit oder Genießbarkeit liegen völlig widersprüchliche Berichte vor, was bei einem vergleichsweise häufigen Pilz eher ungewöhnlich ist. Möglicherweise gibt es mehrere einander nahestehende Arten, die sich in ihren Inhaltsstoffen unterscheiden.

Hut: 4–10 cm breit, erst halbkugelig geschlossen, dann gewölbt bis ausgebreitet
Huthaut: ei- bis orangegelb, glänzend, mit weißlichen, lappigen Hüllresten, Rand kurz gerieft

Ein Narzissengelber Wulstling im Buchenlaub. Das satte Eidottergelb der Huthaut unterscheidet ihn von allen anderen mitteleuropäischen Amanita-*Arten.*

Lamellen: weiß bis blassgelb, engstehend
Stiel: 5–10 x 1 cm, weiß bis hellgelb, Ring weißlich, flüchtig, Basis knollig, wulstig gerandet, mit girlandenförmigem Flockengürtel
Fleisch, Geruch: weiß, geruchlos
Geschmack: mild, nussartig
Sporenpulver: weiß
Häufigkeit: zerstreut
Vorkommen: Frühsommer bis Sommer; Laub- und Nadelwälder, saure Böden
Verwechslung: Isabellfarbener Wulstling *(A. eliae)*: Hut blass ockerrosa; Volva meist tief im Boden eingesenkt, selten. – Gelber Knollenblätterpilz (s. o.): gerandete Knolle, hängender Ring, Geruch nach Kartoffelkeller, häufig

Fliegenpilz

Amanita muscaria (L.: Fr.) Lamarck

Eine Fliegenpilzfamilie im dunklen Fichtenwald ist ein spektakulärer Anblick, dessen Faszination man sich kaum entziehen kann. Die blutrote, mit weißen Hüllresten getupfte Huthaut signalisiert Gefahr – zu Recht, denn trotz der verschiedensten Versuche, ihn genießbar zu machen, ist und bleibt der Fliegenpilz ein Giftpilz, wenn auch keiner von der apokalyptischen Sorte wie die verwandten Knollenblätterpilze. Eine Fliegenpilzvergiftung kann sowohl auf Magen und Darm wirken als auch zu psychischen Ausfallerscheinungen (Enthemmung, Raserei) führen. Für den Speisepilzsammler interessant ist, dass Fliegenpilze und Steinpilze ähnliche Standortpräferenzen haben, vor allem in Fichten-Birken-Mischwäldern. – Der berühmte, essbare Kaiserling *(A. caesarea)* hat gelbe Lamellen und einen gelben Stiel; er ist nördlich der Alpen sehr selten.

Als Glücksbringer und Gefahrensymbol beschäftigt der Fliegenpilz die menschliche Fantasie schon seit Jahrhunderten.

Hut: 10–20 cm breit, rundlich gewölbt bis ausgebreitet, leicht gebuckelt, Rand gerieft, alt aufgebogen
Huthaut: blutrot bis gelborange, mit kleinen, weißen bis blassgelben, abwaschbaren Velumflöckchen besetzt, klebrig-glänzend
Lamellen: weißlich, frei, engstehend, weich
Stiel: 10–25 x 1–3 cm, weiß, Basis knollig, warzig gegürtelt, Ring weiß, groß, hängend, schwach gerieft, mit gelblichen Flocken
Fleisch, Geruch: weiß, unter der Huthaut gelb, Geruch angenehm
Geschmack: nussartig
Sporenpulver: weiß
Häufigkeit: sehr häufig
Vorkommen: Sommer bis Herbst; Laub- und Nadelwälder, Parks, vor allem bei Fichten und Birken, unter Hecken
Verwechslung: Königsfliegenpilz (s. u.): ocker- bis rotbraun, in Fichtenwäldern, saure Böden, selten. – Kaiserling *(A. caesarea):* scheidige Basis, orangerote Huthaut, gelbe Lamellen, gelber Stiel; selten

Brauner Fliegenpilz, Königsfliegenpilz

Amanita regalis (Fr.) Michael

Der Königsfliegenpilz unterscheidet sich nur in der Farbe von seinem roten Bruder – und darin, dass er ein strenger Begleitpilz der Fichte in deren natürlichem Verbreitungsgebiet ist. Er folgt dem Baumpartner also nicht in Gebiete, in denen die Fichte vor allem aus forstlichen Gründen zu finden ist. In Kalkgebieten fehlt der Braune Fliegenpilz völlig.

In Skandinavien sind Königsfliegenpilze häufig. In Deutschland ist der Pilz nur im Harz, im Thüringer Wald und im Oberpfälzer und Bayerischen Wald verbreitet.

Hut: 10–20 cm breit, rundlich gewölbt bis ausgebreitet, leicht gebuckelt, Rand gerieft, alt aufgebogen
Huthaut: ocker- bis dunkelbraun, mit kleinen, weißen bis gelbweißen, abwaschbaren Velumflöckchen besetzt, klebrig-glänzend
Lamellen: weißlich, frei, engstehend, weich
Stiel: 10–25 x 1–3 cm, weiß, Basis knollig, flockig gegürtelt, Ring weiß, groß, hängend, schwach gerieft, mit gelblichen Flocken
Fleisch, Geruch: weiß, unter der Huthaut gelb, Geruch angenehm
Geschmack: nussartig
Sporenpulver: weiß
Häufigkeit: selten, RL 3
Vorkommen: Sommer bis Herbst; Fichtenwälder, auf sauren Böden
Verwechslung: Fliegenpilz (s. o.): Hut blutrot bis gelborange, in Laub- und Nadelwäldern. – Grauer Wulstling (s. S. 66): Stielbasis zwiebelig verdickt, oft tief wurzelnd mit grauen Hüllresten auf dem Hut

Pantherpilz

Amanita pantherina (DC.: Fr.) Krombh.

Mit den Knollenblätterpilzen und dem Fliegenpilz ist die Zahl der Giftpilze unter den Wulstlingen noch nicht erschöpft. Weil er als vermeintlicher „Perlpilz" gegessen wurde, hat auch der Pantherpilz schon Todesfälle verursacht. Dem Anfänger kann nur mit Nachdruck geraten werden, bei allen Pilzen mit Stielknolle und weißen Lamellen äußerste Vorsicht walten zu lassen – noch ein bisschen mehr, als beim Pilzesammeln ohnehin notwendig ist! Beim Pantherpilz achte man darauf, dass der Stielring nicht längsgerieft ist, während der Hutrand eine deutliche Riefung aufweist. Das weiße Fleisch bleibt an verletzten Stellen unveränderlich.

Hut: 5–12 cm breit, halbkugelig gewölbt bis ausgebreitet
Huthaut: hellgrau- bis dunkelbraun, mit weißen, rundlichen oder zugespitzten Hüllresten, Rand radial gerieft, Huthaut tortenstückartig abziehbar
Lamellen: weiß, weich, gedrängt, frei
Stiel: 6–10 x 1–2 cm, weiß, hohl, ungeriefter Ring, manchmal auf halber Höhe des Stiels schmale Gürtelzonen, Knolle am Stielgrund wulstig gerandet („Bergsteigersöckchen")
Fleisch, Geruch: weiß, weich, dünn, Geruch leicht rettichartig
Sporenpulver: weiß
Häufigkeit: weit verbreitet
Vorkommen: Sommer bis Herbst, Laub- und Nadelwäldern, ± saure Böden
Verwechslung: Grauer Wulstling (s. S. 66): Hut graubraun, Velumreste graulich, Stielknolle nicht gerandet, Ring deutlich gerieft. – Grauer Scheidenstreifling (s. S. 67): Basis mit Scheide, schlanker, Hutrand deutlich gerieft

Der Pantherpilz gehört zu den gefährlichen Giftpilzen. Ein gutes Merkmal ist die mit einem anliegenden Wulst abgesetzte Knolle.

Perlpilz

Amanita rubescens (Pers.: Fr.) S. F. Gray

Der häufige Perlpilz, den man am Röten des Fleisches an Fraßstellen und anderen Verletzungen erkennt, kann bei günstiger Witterung pfundschwere Fruchtkörper bilden, die es an Größe und Masse mit Riesenschirmpilzen oder großen Champignons aufnehmen. Manchmal kommt es sogar vor, dass sie nicht oder kaum von Insektenlarven befallen sind, sodass sich das Einsammeln lohnt. Bei weniger vorteilhaften Bedingungen werden die Pilze oft nur durchschnittlich groß, und manchmal findet man voll entwickelte Zwergformen mit einem Hutdurchmesser von nur drei oder vier Zentimetern. Vom giftigen Pantherpilz unterscheidet sich der Perlpilz durch die Fleischrötung, den gerieften Stielring und den nicht oder nur undeutlich gerieften Hutrand.

Hut: 6–15 cm breit, gewölbt, später ausgebreitet
Huthaut: grau- bis rosabraun, oft fleckig, mit grau bis rosafarbenen, grobwarzigen bis flockigen Hüllresten, Rand ungerieft
Lamellen: weißlich, an Druck- oder Fraßstellen fleischrot, engstehend, weich, frei
Stiel: 6–15 x 1–3 cm, weiß bis graulichrosa, kräftig, breiter, hängender, weiß bis gelblicher, fein geriefter Ring, Stielbasis verbreitert und mit flockigen Hüllresten gegürtelt
Fleisch, Geruch: weißlich, an Druck- und Schnittstellen langsam fleischrot verfärbend, geruchlos
Sporenpulver: weiß
Häufigkeit: häufig
Vorkommen: Sommer bis Spätherbst; Laub- und Nadelwälder, Parks
Verwechslung: Pantherpilz (s. o.): Hutrand gerieft, Volva am Stielgrund berandet („Bergsteigersöckchen"), Fleisch nicht verfärbend, sehr giftig. – Grauer Wulstling (s. S. 66) und Rauer Wulstling *(A. franchetii)*: Fleisch ebenfalls nicht rötend

Ein guter Speisepilz unter giftigen Verwandten: Wer den Perlpilz essen will, muss ihn hundertprozentig sicher bestimmen können.

Grauer Wulstling

Amanita excelsa (Fr.: Fr.) Bertillon

Der Graue Wulstling sieht aus wie ein Perlpilz, dessen Fleisch nicht rötet. Wer aber weiß, dass die Fleischverfärbung ein Hauptmerkmal zur Unterscheidung zwischen essbarem Perl- und giftigem Pantherpilz ist, stellt natürlich die Frage nach den Unterschieden zwischen Grauem Wulstling und Pantherpilz. Hier wäre an erster Stelle die Stielknolle zu nennen: Beim Pantherpilz ist sie relativ klein und rundlich und berandet wie ein umgekrempeltes Kindersöckchen, beim Grauen Wulstling dagegen nach unten zwiebelförmig zugespitzt und außen mit mehreren Warzengürteln versehen. Der Graue Wulstling kann wegen der hohen Verwechslungsgefahr kaum als Speisepilz empfohlen werden.

Der schwach giftige Porphyrbraune Wulstling *(A. porphyria)* ist ein häufiger Nadelwaldpilz mit ungerieftem Hutrand und Rettichgeruch.

Hut: 7–15 cm breit, erst halbkugelig geschlossen, dann gewölbt bis ausgebreitet
Huthaut: dunkel graubraun, mit grauweißlichen, groben Hüllresten, Rand ungerieft
Lamellen: weiß, engstehend, breit
Stiel: 6–15 x 2–3 cm, weiß bis blassgrau, längsstreifig, kräftiger, hängender, weiß bis graulicher, geriefter Ring, Basis rübenförmig verdickt, mit flockigen Hüllresten gegürtelt
Fleisch, Geruch: weiß, Geruch rettichartig
Geschmack: rettichartig
Sporenpulver: weiß
Häufigkeit: häufig
Vorkommen: Frühsommer bis Spätherbst; Laub- und Nadelwälder, Parks

Detailaufnahme Hutoberfläche: Der Hutrand ist allenfalls andeutungsweise gerieft.

Detailaufnahme Stiel: gut erkennbar sind der geriefte Ring und die gegürtelte Stielknolle.

Verwechslung: Pantherpilz (s. S. 65): Hutrand gerieft, Volva am Stielgrund berandet („Bergsteigersöckchen"), sehr giftig. – Porphyrbrauner Wulstling *(A. porphyria)*: kleiner, lilagrau bis porphyrbraun, Geruch stärker nach Rettich, schwach giftig. – Perlpilz (s. S. 65): Fleisch rötend, essbar

Charakteristisch für den Porphyrbraunen Wulstling sind die lilagrauen Velumreste auf dem Hut.

Einzigartiges Merkmal des in Frankreich als Speisepilz geschätzten, in deutschen Pilzbüchern aber oft als „giftverdächtig" bezeichneten Fransenwulstlings ist die cremeartige Beschaffenheit der Hutflocken und des Stielrings.

Fransenwulstling

Amanita strobiliformis (Paulet: Vitt.) Bertillon

Der Klimaerwärmung dürfte es zuzuschreiben sein, dass sich in jüngster Zeit nördlich der Alpen der stämmige, oftmals riesige Fransenwulstling ausgebreitet hat, dessen Hauptverbreitungsgebiet eigentlich der Mittelmeerraum ist. Groß wie ein Parasol, aber gut zwei- bis dreimal so schwer, wächst er an warmen, sonnigen Stellen unter Birken, Buchen, Linden, Eichen und selten auch unter Nadelbäumen. Er kommt in Wäldern vor, aber auch an offenen Stellen unter Einzelbäumen an Wegrändern. Manchmal tritt er mit dem Stachelschuppigen Wulstling auf.

Hut: 15–20 cm breit, flach gewölbt bis ausgebreitet
Huthaut: cremeweiß bis blassgrau, mit dicken, angedrückten, eckigen Hüllresten, Rand mit fransigen, cremigen Velumresten behangen
Lamellen: blass cremefarben, engstehend, bauchig
Stiel: 15 x 5 cm, weiß, kräftig, Basis knollig, tief wurzelnd, Ring dick, cremig-sahnig
Fleisch, Geruch: dick, weiß, Geruch nach altem Schinken
Sporenpulver: weiß
Häufigkeit: zerstreut, im Norden seltener, RL 3
Vorkommen: Sommer bis Spätherbst; Laub- und Nadelwälder, Parks, Gärten, auf Kalk, wärmeliebend
Verwechslung: Knollenblätterpilze (s. S. 62 f.): meist kleiner, Ring nicht cremig, Stielknolle mit abstehender Scheide; lebensgefährlich giftig. – Stachelschuppiger Wulstling (s. S. 67): kleiner, Ring nicht cremig, Hutschuppen spitzkegelig, giftverdächtig.

Stachelschuppiger Wulstling, Igelwulstling

Amanita solitaria (Bull.: Fr.) Mérat

Der Stachelschuppige Wulstling ist eine ausgesprochen wärmeliebende Art, die nördlich der Alpen in Auwäldern und Kalkbuchenwäldern an sonnenexponierten Hängen, manchmal auch innerorts unter Parkbäumen auftritt. In Deutschland ist er nur in den südlichen Bundesländern stellenweise etwas häufiger. Bei der Bestimmung helfen die grobkörnigen, zugespitzten Velumwarzen auf dem grauen bis graubraunen Hut.

Hut: 5–16 cm breit, flach gewölbt bis ausgebreitet
Huthaut: cremeweiß bis hellgrau, mit pyramidenförmigen, zugespitzten weißen Velumresten
Lamellen: blass cremefarben bis graugrün, engstehend, frei, jung angeheftet
Stiel: 6–15 x 1–2 cm, gelb- bis olivgrünlich, kräftig, flockig gegürtelt, Basis knollig, rübenförmig zugespitzt, wurzelnd, Ring häutig, Oberseite zart gerieft, Unterseite weißlich-filzig
Fleisch, Geruch: weißlich, dick, Geruch und Geschmack: unangenehm
Sporenpulver: weiß
Häufigkeit: selten, RL 3
Vorkommen: Sommer bis Spätherbst; Laub- und Auwälder, Parkanlagen, auf Kalk, wärmeliebend
Verwechslung: Knollenblätterpilze (s. S. 62 f.): ohne stachelige Schuppen, Stielknolle mit lappiger Scheide, lebensgefährlich giftig. – Fransenwulstling (s. S. 66): größer, Hutschuppen angedrückt, weich, Ring weiß, cremeartig

Diese Stachelschuppigen Wulstlinge wuchsen in einem heißen Sommer unmittelbar neben einer schmalen Teerstraße, die sich durch einen Buchenwald einen steilen Hang hinaufwindet.

Grauer Streifling, Grauer Scheidenstreifling

Amanita vaginata (Bull.: Fr.) Lamarck

Streiflinge sind an ihrem stark radial gestreiften Hut und am ringlosen Stiel zu erkennen. Hier der häufige Graue Streifling.

Unter den Streiflingen versteht man Wulstlinge mit stark gerieftem bis gefurchtem Hutrand und ringlosem, meist röhrig-hohlem Stiel. Sie sind auf der ganzen Welt in den verschiedensten Größen und Farben verbreitet. Allein in Mitteleuropa kennen wir ocker- bis orangegelbe, silbergraue, kastanienbraune, rotbraune und weiße Streiflinge. Sie sind nach bisherigen Erkenntnissen allesamt essbar, sollten aber nur von guten Pilzkennern gesammelt werden.

Der Graue Streifling ist die vermutlich häufigste Art der Gruppe. Er kommt in Laub- und Nadelwäldern unterschiedlichster Art vor. Kaum seltener ist der Rotbraune Streifling *(A. fulva)*, der vor allem in Moorbirkenwäldern, aber auch in Buchen- und Fichtenwäldern auf sauren Böden erscheint.

Hut: 5–12 cm breit, glockig, beim Aufschirmen flach gebuckelt
Huthaut: grau bis graubraun, hellgrau bis weiß, glatt, Rand radial gefurcht
Lamellen: weiß bis cremefarben, frei, engstehend, Schneiden bewimpert
Stiel: 8–15 x 1–2 cm, weiß bis blassockerlich, hohl, brüchig, kein Ring, Basis mit weißlicher bis orangefleckiger häutiger Scheide
Fleisch, Geruch: weiß, dünn, geruchlos
Sporenpulver: weiß
Häufigkeit: weit verbreitet
Vorkommen: Sommer bis Herbst; Laub- und Nadelwälder
Verwechslung: Rotbrauner Streifling *(A. fulva)*: Hut rotbis orangebraun, in Mooren und sauren Buchenwäldern. – Orangegelber Streifling *(A. crocea)*: orangegelb, Stiel genattert

Der Gebirgs-Streifling *(Amanita nivalis)* ist ein vergleichsweise kurzstieliger, gedrungener Verwandter des Grauen Streiflings. Er wächst in den Hochlagen der Alpen bei Zwergweiden sowie in den Gebirgen Skandinaviens.

Der Gebirgs-Streifling – ein „Bergsteiger", der noch oberhalb der Baumgrenze zu finden ist. Die Aufnahme stammt aus Skandinavien.

Schirmpilze *(Lepiota)* und verwandte Gattungen, Champignons *(Agaricus)*

Der bekannteste Pilz dieser großen Gruppe mit freien Lamellen und weißen bis creme- oder creme-rosafarbenen, seltener auch rötlichen oder grünlichen Sporen ist der bei Speisepilzsammlern beliebte Parasol *(Macrolepiota procera)*. Zur Gattung Schirmlinge im engeren Sinn *(Lepiota)* gehören zahlreiche kleine bis mittelgroße Arten, darunter auch einige sehr giftige. Seit einiger Zeit werden weitere Gruppen auf Gattungsebene unterschieden, darunter: *Chlorophyllum* (Safranschirmlinge), *Cystolepiota* (Mehlschirmlinge) mit durch kugelige Velumzellen wie bepudert wirkendem Hut, *Echinoderma* (Stachelschirmlinge) mit körnig-stacheliger Hutschuppung, *Chamaemyces* (Schmierschirmlinge) und *Limacella* (Schleimschirmlinge) mit schmierig-schleimigem Hut. Die zum Teil recht großen und robusten Egerlingsschirmpilze *(Leucoagaricus)* vermitteln zu den Champignons, die kurzlebigen Faltenschirmlinge *(Leucocoprinus)* zu den Tintlingen. Die Körnchenschirmlinge *(Cystoderma)* werden systematisch inzwischen zu den Ritterlingsartigen *(Tricholomataceae)* gestellt. Eine isolierte Stellung nimmt der goldfarbene Glimmerschüppling *(Phaeolepiota aurea)* ein. Insgesamt umfassen die hier genannten (und einige kleinere, nicht eigens erwähnte) Gattungen ungefähr 130 mitteleuropäische Arten.

Die Champignons oder Egerlinge *(Agaricus)* sind kleine bis sehr große Blätterpilze mit freien Lamellen, unterschiedlich gestaltetem Stielring und dunkel schokoladenbraunem Sporenpulver. Die bekanntesten sind der Zuchtchampignon *(A. bisporus)* und der Wiesenchampignon *(A. campestris)*. Neben zahlreichen guten Speisepilzen enthält die Gattung in der Gruppe um den Karbolchampignon *(A. xanthoderma)* auch einige Giftpilze. Die Zahl der in Mitteleuropa festgestellten Arten liegt, je nach Interpretation, zwischen fünfzig und siebzig.

Schafchampignon
(Agaricus arvensis)

Safranschirmling
(Chlorophyllum rachodes)

Violetter Mehlschirmling
(Cystolepiota bucknallii)

Parasol, Riesenschirmling

Macrolepiota procera (Scop.: Fr.) Sing.

Ein ausgewachsener, großer Riesenschirmpilz kann 40 cm breit werden. Er macht seinem Namen (Parasol = „Sonnenschirm") alle Ehre und ist so gut wie unverwechselbar. Die Oberfläche des im Alter holzigen Stiels ist mit unregelmäßigen Zickzackbändern „genattert" und mit einem breiten, locker sitzenden Ring geschmückt, die Stielbasis ist knollig. Der Riesenchampignon (s. S. 74), der ähnliche Ausmaße erreichen kann, hat reif dunkelbraune Lamellen. Doch so unwahrscheinlich es klingt: Von allzu selbstbewussten „Pilzkennern" wurden schon giftige Pantherpilze (s. S. 65) für kleine Parasols gehalten! Pilzvergiftungen sind wie Autounfälle: Der „Sekundenschlaf" beim Sammeln ist genauso gefährlich wie der hinterm Steuer.

Hut: 10–40 cm, jung „paukenschlägelförmig", später aufschirmend, in der Mitte gebuckelt, braune „Kappe"
Huthaut: blassbraun, mit konzentrisch angeordneten, dunkelbraunen, faserig-fransigen Schuppen
Lamellen: weiß bis cremefarben, frei, breit, weich, im Alter rostfleckig

Zwei Parasolpilze im hohen Gras einer Waldlichtung. Die Hüte sind gerade im Aufschirmen begriffen.

Stiel: 10–35 x 1–2 cm, hohl, faserig, keulig, auf weißlichem Grund braunschuppig genattert, Basis zwiebelig verdickt, Ring breit, doppelt, fest, verschiebbar
Fleisch, Geruch: weiß, nicht rötend, Geruch angenehm
Geschmack: nussig
Sporenpulver: weiß
Häufigkeit: weit verbreitet und häufig
Vorkommen: Sommer bis Spätherbst; Laub- und Nadelwälder, Waldränder, Gärten, Dünen
Verwechslung: Safranschirmling (s. S. 70): Fleisch rötet, Hutschuppen wollig-zerzaust

Schlanker Warzenschirmling

Macrolepiota rickenii (Vel.) Bellù & Lanzoni

Obwohl es paradox klingt, gibt es auch einige „kleine Riesenschirmpilze", d. h. Arten, die der gleichen Gattung angehören wie der Parasol, aber bei weitem nicht dessen Ausmaße erreichen. Eine davon ist der Schlanke Warzenschirmling, der vielfach nur als Varietät des Warzenschirmlings *(M. mastoidea)* angesehen wird. Der Pilz kommt in Laub- und Nadelwäldern vor, hat einen schlanken, hohen Stiel und meist einen brustwarzenförmigen Buckel in der Hutmitte. Das Fleisch bleibt im Anbruch unveränderlich weiß. Der Pilz kann gegessen werden, doch sollte man daran denken, dass giftige Wulstlinge wie der Pantherpilz (s. S. 65) jung ähnlich aussehen können.

Der Schlanke Warzenschirmling, hier an einem grasigen Waldrand, sieht aus wie eine Miniaturausgabe des Parasols.

Hut: 5–12 cm breit, jung „paukenschlägelförmig", später ausgebreitet, Mitte brustwarzenförmig gebuckelt
Huthaut: cremeweißlich, dicht grau bis graubräunlich geschuppt, Mitte glatt, braun, Rand zackig ausgefranst
Lamellen: cremefarben, frei
Stiel: 7–18 x 1–2 cm, weißlich bis blassgrau, fein grauocker genattert, Basis knollig verdickt, Ring doppelt
Fleisch, Geruch: weiß, Geruch unauffällig
Geschmack: unauffällig
Sporenpulver: weiß
Häufigkeit: häufig
Vorkommen: Sommer bis Spätherbst; Laub- und Nadelwälder, Lichtungen
Verwechslung: Safranschirmling (s. S. 70): Fleisch im Schnitt safranrot

Großes Bild: Safranschirmlinge in einem Mischwald. Die obere Schicht der Huthaut platzt schuppig auf; nur in der Mitte bleibt eine geschlossene, kappenartige Fläche erhalten.

Kleines Bild: Kompost-Safranschirmlinge am Rand einer Viehweide.

Rötender Schirmpilz, Safranschirmling

Chlorophyllum rachodes (Vitt.) Vellinga

Der Rötende Schirmpilz wächst selten einzeln. Meist findet man ihn in Gruppen, und gar nicht selten bildet er in den Nadelpolstern der Fichtenwälder große Hexenringe. Lamellen und Fleisch laufen an Druckstellen und Verletzungen rasch intensiv safranrot oder rötlichorange an, eine Verfärbung, wie sie auch bei einigen nahestehenden Arten und selteneren Egerlingsschirmpilzen (s. S. 71) auftritt. Als häufiger, vom allgemeinen Artenrückgang noch kaum betroffener Pilz, gehört der Safranschirmling zu den beliebtesten „Korbfüllern" der Sammler. Da er roh giftig ist, muss er jedoch gut gekocht bzw. gebraten werden. Bei Funden in Gärten und offenem Gelände handelt es sich meist um den Kompost-Safranschirmling *(Ch. brunneum)* mit schollenartig aufbrechender, kreisförmig angeordneter Hutschuppung. Der nahestehende, leicht verwechselbare Gift-Safranschirmling *(Ch. venenatum)* wächst an ähnlichen Stellen, aber auch in Gewächshäusern; der Hut ist meist dunkler, die Schuppen sind radial angeordnet. „Schollenschuppige" Safranschirmlinge aus Gärten und Gewächshäusern sollten nicht gegessen werden.

Hut: 10–18 cm breit, jung „paukenschlägelförmig", später ausgebreitet, Mitte gebuckelt
Huthaut: graubraun, mit wolligen, großen grau- bis schwarzbraunen Schuppen
Lamellen: cremefarben, blass, auf Druck safranrot verfärbend, frei
Stiel: 10–15 x 1–2 cm, weißlich bis bräunlich, auf Druck rötend, Basis knollig angeschwollen, Ring doppelt, frei, dick
Fleisch, Geruch: weiß, im Schnitt safranrot, später bräunend, Geruch muffig
Sporenpulver: weiß
Häufigkeit: häufig
Vorkommen: Sommer bis Spätherbst; Gärten, Parks, Waldränder, Nadelstreu, oft in Gruppen oder Hexenringen, im Laubwald seltener
Verwechslung: Gift-Safranschirmling *(Ch. venenatum)*: dunkler, im Schnitt stark rötend, Geruch unangenehm, auf Wiesen, giftig. – Kompost-Safranschirmling *(Ch. brunneum)*: Huthaut schollig aufplatzend

Kastanienbrauner Schirmling

Lepiota castanea Quél.

Es gibt eine große Anzahl kleiner bis mittelgroßer Schirmpilze mit mehr oder weniger deutlich geschuppten Hüten. Vor jenen mit rötlichen, braunen oder rotbraunen Farben muss gewarnt werden, da sich unter ihnen einige lebensgefährlich giftige Arten befinden. Viele Arten, zu deren präziser Unterscheidung mikroskopische Sporen- und Huthautmerkmale herangezogen werden müssen, sind wärmeliebend und nördlich der Alpen ziemlich selten. Der giftige Kastanienbraune Schirmling ist in Buchenwäldern über Kalk noch einer der häufigsten.

Hut: 2–4 cm breit, glockig bis ausgebreitet, Mitte gebuckelt, Rand im Alter aufgebogen
Huthaut: weißlich, kastanienbraun bis dunkelbraun geschupppt, Mitte glatt, rotbraun
Lamellen: weißlich bis gelblich, orangebraun gesprenkelt, frei

Links: Kräftige Exemplare des Kastanienbraunen Schirmpilzes im Buchenwald. Es kommen auch kleinere, grazilere Formen vor.

Stiel: 2–5 x 0,2–0,5 cm, creme bis orangeockerlich, bräunlich genattert, Ring flüchtig
Fleisch, Geruch: weißlich bis hellocker, Geruch unangenehm bis leicht fruchtig
Sporenpulver: weiß
Häufigkeit: zerstreut
Vorkommen: Sommer bis Herbst; Laub- und Nadelwälder, Wegränder, Gebüsche, kalkhaltige Böden
Verwechslung: andere kleine Schirmpilze *(Lepiota spec.)*: nur mikroskopisch sicher bestimmbar

Rechts: Dieser Rosarote Schirmpilz wuchs am Ufer eines großen süddeutschen Flusses. Wie viele andere kleine Schirmlinge liebt er geschützte, warme Standorte.

Der Rosarote Schirmling (*Lepiota subincarnata*) gehört zu den selteneren Arten, wird aber vermutlich auch oft übersehen, da er ziemlich unscheinbar ist. Die feine rosabräunliche Schuppung des Hutes ist ein gutes Kennzeichen, doch sind zur genauen Abgrenzung von nahestehenden Arten ebenfalls mikroskopische Untersuchungen nötig. In Deutschland ist dieser Giftpilz bisher fast nur in wärmebegünstigten Flusstälern festgestellt worden.

In Fichten- und Tannenwäldern wächst, meist erst im Herbst, der hübsche Schwarzschuppige Schirmling.

Schwarzschuppiger Schirmling

Lepiota felina (Pers.) P. Karst.

Der Hut des Schwarzschuppigen Schirmpilzes erinnerte den Erstbeschreiber der Art an ein Katzenfell; deshalb wählte er den Artnamen *felina* – „katzenartig". Bei keinem anderen Schirmling ist der Farbkontrast zwischen den Hutschuppen und der darunterliegenden Schicht so stark ausgeprägt. Schwarze Schüppchen finden sich vereinzelt auch auf dem Stiel unterhalb des flüchtigen Rings.

Hut: 2–4 cm breit, gewölbt bis ausgebreitet, stumpf gebuckelt
Huthaut: weißlich, schwarzbraun geschupppt, Mitte („Kappe") glatt, schwarzbraun
Lamellen: cremeweiß, frei
Stiel: 2–6 x 0,5 cm, weiß, zur Basis hin schwarzbraun genattert und flockig geschuppt, Basis leicht verdickt, Ring breit, schwarz punktiert
Fleisch, Geruch: weißlich, Geruch unauffällig, leicht nach Zedernholz
Sporenpulver: weiß
Häufigkeit: ziemlich selten
Vorkommen: Sommer bis Herbst; Laub- und Nadelwälder, gesellig
Verwechslung: andere kleine Schirmpilze *(Lepiota spec.)*: Hutschuppen meist heller, sonst nur mikroskopisch sicher bestimmbar

Ockerbrauner Schirmling

Lepiota ochraceofulva Orton

Da die Schirmpilze noch immer recht wenig erforscht sind, kann es durchaus sein, dass einem auf der Pilzpirsch Arten begegnen, die sich mit herkömmlichen Pilzbüchern nicht bestimmen lassen. Manchmal hilft in solchen Fällen der örtliche Pilzberater weiter. Der Ockerbraune Schirmling steht hier stellvertretend für eine große Anzahl von Arten, die bisher erst wenige Male entdeckt wurden und bei denen noch weitgehend unbekannt ist, welche – giftigen oder ungiftigen – Inhaltsstoffe sie enthalten.

Der Ockerbraune Schirmling wuchs hier unter einer alten Weißdornhecke an einem sonnigen Hang.

Hut: 2–6 cm breit, gewölbt bis ausgebreitet, Mitte gebuckelt, Rand eingerollt
Huthaut: ockergelb, gleichmäßig rotbraun geschuppt, Mitte glatt, rotbraun
Lamellen: cremeocker, frei
Stiel: 3–8 x 0,5–1 cm, creme bis orangeockerlich, fleckig, Basis leicht verdickt, rostbraun, Ring flüchtig
Fleisch, Geruch: weißlich bis hellocker, Geruch fruchtig bis fischig
Sporenpulver: weiß
Häufigkeit: sehr selten, RL 3
Vorkommen: Sommer bis Herbst; Laub- und Nadelwälder, Gebüsche, Hecken
Verwechslung: andere kleine Schirmpilze *(Lepiota spec.)*: nur mikroskopisch sicher bestimmbar. – Kleinere Champignons (s. S. 74 ff.): jung ähnlich, alt mit dunkelbraunen Lamellen

Der Rosablättrige Egerlingsschirmpilz sieht jung wie ein Champignon aus. Die reifen Lamellen verfärben sich aber nur rosabräunlich, niemals schokoladenbraun.

Rosablättriger Egerlingsschirmpilz

Leucoagaricus leucothites (Vitt.) Wasser

Rosablättrige Egerlingsschirmpilze werden oft in die Pilzberatung gebracht. Das hat seine Gründe: Einmal wachsen diese Pilze mitten in den Ortschaften in Gärten und Parks, wo sie vielen Menschen auffallen, die sonst wenig mit Pilzen zu tun haben. Und zum zweiten ähneln Egerlingsschirmpilze den Champignons (s. S. 74 ff.), haben aber auch alt keine dunkelbraunen Lamellen, was skeptische Zeitgenossen argwöhnen lässt, es könne sich um Knollenblätterpilze (s. S. 62 f.) handeln. In der Tat können junge Exemplare dem Kegelhütigen Knollenblätterpilz sehr ähnlich sehen, weshalb man auf ihren Genuss besser verzichtet. Außerdem ist bis heute ungeklärt, ob einige seltenere, schwer bestimmbare Egerlingsschirmpilze überhaupt bekömmlich sind.

Hut: 5–12 cm breit, kugelig bis flach gewölbt
Huthaut: weiß bis blass cremefarben, seidig-filzig bis wildlederartig, Mitte rosalich
Lamellen: jung weiß, alt graurosa, engstehend
Stiel: 4–10 x 1–2 cm, weiß, glatt, zylindrisch, Ring schmal, kragenartig, Basis knollig verdickt
Fleisch, Geruch: weißlich, Geruch angenehm pilzartig
Sporenpulver: weiß bis rosa
Häufigkeit: zerstreut bis häufig, vor allem in heißen Sommern
Vorkommen: Sommer bis Spätherbst; Wiesen, Weiden, Parks, Gärten, Gewächshäuser, auf humosem Boden, wärmeliebend
Verwechslung: Champignons (s. S. 74 ff.): braunes Sporenpulver. – Knollenblätterpilze (s. S. 62 f.): Scheide am Stielgrund

Getropfter Schleimschirmling

Limacella guttata (Fr.) Konr. & Maubl.

Pilze, die man nicht kennt, sollten grundsätzlich nicht abgeschnitten, sondern sorgfältig mit der Stielbasis aus dem Boden herausgedreht werden. Dies gilt insbesondere für Arten aus der Familie der *Amanitaceae*, dem Verwandtschaftskreis um die Wulstlinge und Knollenblätterpilze (s. S. 62 ff.), zu der von den meisten Experten auch die Gattung *Limacella* gerechnet wird. Schleimschirmlinge haben keine bescheidete Stielbasis, und ihr Hut ist bei Regenwetter ausgesprochen schmierig oder schleimig. Das ungewöhnliche Eigenschaftswort „getropft" im deutschen Namen bedeutet im Falle dieses Pilzes, dass Stiel und Ring feucht mit Guttationstropfen geschmückt sind. Es gibt noch einige andere Schleimschirmlinge in Mitteleuropa, die jedoch allesamt recht selten sind.

Hut: 5–15 cm breit, gewölbt bis ausgebreitet
Huthaut: blass cremefarben bis rötlich-ocker, glatt, schmierig-schleimig
Lamellen: weiß, frei, engstehend, bauchig
Stiel: 7–12 x 1–3 cm, weiß, keulig, glatt, Ring weiß, häutig, hängend, mit hellen Guttationströpfchen besetzt, die beim Eintrocknen graue bis braungelbe Flecken hinterlassen, Basis knollig verdickt
Fleisch, Geruch: weiß bis blassgrau, Geruch nach Mehl oder Gurke
Geschmack: nach Mehl oder Gurke
Sporenpulver: weiß
Häufigkeit: zerstreut
Vorkommen: Sommer bis Spätherbst; Laub- und Nadelwälder, vor allem unter Fichte, auf Kalk
Verwechslung: Kegelhütiger Knollenblätterpilz (s. S. 62): Scheide am Stielgrund, Ring oft nur fragmentarisch, keine Tröpfchen auf dem Ring

Der breit ausladende Ring und der ockerliche bis blass isabellrote, bei Feuchtigkeit schleimige Hut sowie die leicht knollige Stielbasis kennzeichnen den Getropften Schleimschirmling.

Zwei Fleckende Schmierschirmlinge in einem Nadelwald. Die Stiele sind mit honigfarbenen Tröpfchen und schwarzen Pünktchen geschmückt.

Fleckender Schmierschirmling

Chamaemyces fracidus (Fr.) Donk

Der oft einzeln, manchmal aber auch in kleinen Gruppen wachsende Fleckende Schmierschirmling kommt in den unterschiedlichsten Biotopen vor. An Hohlwegböschungen in Laub- und Nadelwäldern, auf tonigen Böden im Eichen-Hainbuchenwald, in Rasenflächen in Parks, ja sogar in sandigen Auwäldern zwischen Winterschachtelhalmen ist mit ihm zu rechnen. Voraussetzung scheint allerdings ein gewisser Kalkgehalt im Boden zu sein. Merkmale sind der schmierige, cremeweiße bis blassockerfarbene Hut und der schwarz punktierte Ring sowie die honigbraunen Tröpfchen auf dem Stiel frischer Fruchtkörper.

Hut: 3–8 cm breit, gewölbt bis ausgebreitet, flach gebuckelt
Huthaut: cremeweiß bis blassbraun, zum Teil rötlichbraun oder blassocker gefleckt, klebrig-schmierig, oft fein gerunzelt, Rand bräunend
Lamellen: cremeblass, frei, engstehend, tränend
Stiel: 3–7 x 1 cm, oben weiß, unten dicht braunschuppig, mit winzigen honigfarbenen Tröpfchen, Ring blass, schmal, flüchtig, unterseits dunkel punktiert
Fleisch, Geruch: weiß, dick, Geruch unangenehm
Sporenpulver: cremefarben
Häufigkeit: zerstreut bis selten, RL 3
Vorkommen: Sommer bis Spätherbst; Waldweiden, grasige Stellen und Wegböschungen in Wäldern und Auwäldern, Dünen
Verwechslung: kaum möglich; andere kleine Schirmpilze *(Cystolepiota spec., Lepiota spec.)* haben keine Tröpfchen am Stiel

Violette Mehlschirmlinge im Buchenwald. Man erkennt den ziemlich seltenen Pilz an seiner Farbe und seinem unangenehmen Leuchtgasgeruch.

Violetter Mehlschirmling

Cystolepiota bucknallii (Berk. & Br.) Singer & Clç.

Drei ungewöhnliche Eigenschaften zeichnen diesen kleinen Mehlschirmling aus: die auffällig lilaviolette Farbe von Hut und Stiel; das weißliche, mehlig-pulverige Velum, das den Hut bedeckt, und der widerlich leuchtgasartige Geruch, der an den des Schwefelritterlings (s. S. 86) erinnert. In der Kombination dieser Merkmale ist der Pilz unverwechselbar. Er kommt vor allem in Kalkbuchenwäldern vor, wurde aber wiederholt auch in Nadelwäldern beobachtet.

Hut: 2–5 cm breit, glockig bis ausgebreitet, flach gebuckelt
Huthaut: weißlich bis gelblich, mehlig-körnig, zumindest am Rand violett, mit häutigen Velumresten
Lamellen: weiß bis gelblich, frei, entferntstehend
Stiel: 5–10 x 0,5 cm, weißlich, zur Basis lilaviolett, schlank, Ring flüchtig
Fleisch, Geruch: weißlich, Geruch stark, unangenehm nach Leuchtgas
Sporenpulver: weiß
Häufigkeit: selten
Vorkommen: Spätsommer bis Herbst; Laubwälder, stickstoffreiche Böden auf Kalk
Verwechslung: Rettichhelmling (s. S. 98): Hut glatt, Geruch rettichartig

Blutblättriger Zwergschirmling

Melanophyllum haematospermum (Bull.: Fr.) Kreisel

Von oben gesehen, ist der Blutblättrige Zwergschirmling unscheinbar braun gefärbt – fast eine Tarnfarbe auf dem dunklen Humus, auf dem der Pilz oft wächst. Dreht man ihn jedoch um, so fallen einem sofort die dunkel blutroten Lamellen ins Auge. Einzigartig ist auch die Verfärbung des Sporenstaubs, der frisch grünlich ist, aber beim Eintrocknen rotbraun umfärbt. Auf reicher Gartenerde und in humusreichen Wäldern kommen manchmal recht große Formen vor, doch findet man gelegentlich auch winzige Zwergformen mit nur millimeterdünnen Stielchen.

Hut: 1–5 cm breit, gewölbt bis ausgebreitet, oft gebuckelt
Huthaut: dunkelgrau bis graubraun, körnig-mehlig, Rand mit flockigen Velumresten
Lamellen: rosa, später dunkel blut- bis weinrot, frei
Stiel: 2–5 x 0,3 cm, ockergrau bis rötlich, mehlig-flockig
Fleisch, Geruch: graubraun, Geruch unangenehm
Sporenpulver: olivgrün, rotbraun verfärbend
Häufigkeit: zerstreut bis selten
Vorkommen: Sommer bis Herbst; Auwälder, Gärten, Parks, auf humusreichen Böden
Verwechslung: kaum möglich; andere kleine Schirmlinge *(Cystolepiota spec., Lepiota spec.)* haben keine roten Lamellen

Ein üppiges Büschel des Blutblättrigen Zwergschirmlings, das in einer Hamburger Parkanlage gefunden wurde. Die roten Lamellen und die mit Velumfetzen behangenen Hutränder sind sichtbar.

Unerwarteter Hausbesuch: zwei Gelbe Faltenschirmlinge haben sich in einem Pflanzkübel angesiedelt.

Gelber Faltenschirmling

Leucocoprinus birnbaumii (Corda) Sing.

Nur innerhalb von Gebäuden, die im Winter beheizt werden, tritt in Mitteleuropa der Gelbe Faltenschirmling auf, dessen Heimat die Tropen sind. Mit Zierpflanzen wurde er bei uns eingeschleppt und hat seither in manch einem Wintergarten für Erstaunen gesorgt. Zur Aufregung besteht freilich kein Anlass, denn die hübschen Pilzchen schaden der Topfpflanze nicht, in deren Domizil sie sich angesiedelt haben.

Hut: 2–8 cm breit, eiförmig bis glockig, später flach ausgebreitet, Mitte gebuckelt
Huthaut: schwefelgelb, mit kleinen braunen bis gelbbraunen Schuppen, Mitte glatt, längsstreifig bis faltig
Lamellen: hellgelb bis gelb, frei
Stiel: 4–10 x 0,2–0,5 cm, schwefelgelb, schülferig, Basis keulig verdickt, Ring gelb, häutig, flüchtig
Fleisch, Geruch: gelblich, brüchig, Geruch muffig
Geschmack: unauffällig
Sporenpulver: weiß
Häufigkeit: weit verbreitet, aber nur in Innenräumen
Vorkommen: Gewächshäuser, Blumentöpfe auf Gartenerde
Verwechslung: kaum möglich, wenn man den Standort berücksichtigt

Oben ein aufgeschirmter Goldfarbener Glimmerschüppling mit unterseits gerieftem, trichterförmigem Ring.

Junge, noch geschlossene Fruchtkörper des Goldfarbenen Glimmerschüpplings in einem Nadelwald.

Goldfarbener Glimmerschüppling

Phaeolepiota aurea (Mattuschka: Fr.) Maire ex Konr. & Maubl.

Vorkommen des Goldfarbenen Glimmerschüpplings erregen oft Aufsehen, weil die Pilze sehr groß werden können und an ihren Standorten oft sehr zahlreich auftreten. Die goldbraune Farbe von Hut und Stiel, die feinkörnige Hutbekleidung und der breite, aufsteigende (= nach unten abziehbare) Ring machen die Bestimmung leicht. Man begegnet dem Glimmerschüppling vor allem an Wegrändern, Bach- und Teichböschungen, mitunter auch auf landwirtschaftlich genutztem Gelände. Seltener kommt er auch innerhalb von Nadelwäldern vor, dort meist an Rändern von Forststraßen oder in dicker Fichtennadelstreu.

Hut: 5–25 cm breit, halbkugelig gewölbt, ± gebuckelt
Huthaut: hell gold- bis orangebraun, dicht feinkörnig-glimmerig, gerunzelt, Rand mit Velumfetzen fransig behangen
Lamellen: cremeweißlich, später rostockerfarben, engstehend, fast frei
Stiel: 10–25 x 2–5 cm, goldbraun, glatt, stämmig, zur Basis glimmerig-feinkörnig, Ring aufsteigend, halskrausenartig abstehend
Fleisch, Geruch: weiß, Geruch nach Blausäure
Sporenpulver: ockerbraun
Häufigkeit: zerstreut
Vorkommen: Herbst und Spätherbst; stickstoffreiche Standorte wie Brennnesselfluren, Parks, Gärten, Wegränder, seltener auch in Wäldern
Verwechslung: Körnchenschirmlinge *(Cystoderma spec.)*: wesentlich kleiner und schmächtiger. – Prächtiger Flämmling (s. S. 133): Hut nicht feinkörnig, Stiel nicht gestiefelt, an Laubholz, giftig

Riesen-Champignon

Agaricus augustus Fr.

Mit seiner beachtlichen Größe – er kann die Ausmaße eines Parasols (s. S. 69) erreichen, wird aber erheblich schwerer –, gehört der Riesenchampignon zu den ergiebigsten Speisepilzen. Wenn er trotzdem nur relativ selten den Weg in die Pilzkörbe findet, so liegt das daran, dass er nicht allzu häufig vorkommt und daher auch nicht allgemein bekannt ist. Nur in Bergnadelwäldern wird man ihn häufiger antreffen. Dort wächst er nicht selten schon im Juni, Juli einzeln oder in kleinen Trupps in der Nadelstreu; manchmal bildet er sogar Hexenringe. Leider ist der eindrucksvolle Pilz mit dem feinen Bittermandelgeruch oft von Insektenlarven befallen. Systematisch gehört er zur Gruppe der *Arvenses*, der gilbenden Champignons.

Dieser Hut eines reifen Riesenchampignons hatte einen Durchmesser von 26,5 cm. Sehr typisch ist die feine braune Schuppung auf hellgelbem Grund.

Eine Gruppe junger Riesenchampignons. Die Hüte sind auf hellgelbem Grund fein braunschuppig.

Hut: 10–25 cm breit, jung kugelig bis glockig, später flach bis ausgebreitet
Huthaut: weißlich bis strohgelb mit angedrückten, hellgelb bis gelbbraunen feinen Schuppen, auf Druck gilbend
Lamellen: graurosa, später schwarzbraun, engstehend
Stiel: 10–20 x 2–3 cm, weiß, keulenförmig, unter dem breiten, hängenden, fragilen Ring, wollig-schuppig
Fleisch, Geruch: weiß, blassgelb bis orangebraun, im Stiel rosa verfärbend, dickfleischig, Geruch nach Bittermandel
Sporenpulver: dunkelbraun
Häufigkeit: zerstreut bis selten, vor allem in Bergnadelwäldern
Vorkommen: Sommer bis Spätherbst; Streu von Laub- und Nadelwäldern, Parks, Gärten
Verwechslung: Kleiner Blutchampignon (s. S. 77): kleiner, Hutschuppen zugespitzt, Fleisch im Schnitt blutrot verfärbend

Schafchampignon

Agaricus arvensis Fr.

Der Schafchampignon sieht im noch geschlossenen Jugendstadium dem tödlich giftigen Kegelhütigen Knollenblätterpilz (s. S. 62) sehr ähnlich und kommt, wenn er am Waldrand oder auf Lichtungen wächst, an den gleichen Standorten vor. Der angenehme Anisgeruch und die bald graurosa bis schokoladenbraun verfärbenden Lamellen sowie die unbescheidete Stielbasis sind die wichtigsten Unterscheidungsmerkmale. Knollenblätterpilze riechen nie nach Anis, ihre Lamellen sind immer weiß, und ihre Stielbasis ist mit einer abstehenden oder anliegenden Scheide umschlossen. Verwechslungen sind auch möglich mit schwach giftigen weißen Karbolchampignons (s. u.).

Hut: 10–15 cm breit, jung stumpfkegelig, alt gewölbt bis ausgebreitet
Huthaut: weiß bis blassgrau, auf Druck trübgelb, glatt, faserig aufspringend, Rand mit Flockenschüppchen
Lamellen: graurosa, im Alter schokoladenbraun, engstehend, frei, Schneiden hell
Stiel: 6–15 x 1–3 cm, weiß, auf Druck gilbend, zylindrisch bis keulenförmig, hohl, Ring doppelt, weißlich, unterseits zahnradartig aufplatzend, Basis knollig
Fleisch, Geruch: weiß, auf Druck langsam gilbend, fest, dick, Geruch nach Anis
Sporenpulver: dunkelbraun
Häufigkeit: zerstreut bis häufig
Vorkommen: Sommer bis Spätherbst; Wiesen, Parks, Gärten, Laubwälder, nährstoffreiche Böden
Verwechslung: Knollenblätterpilze (s. S. 62 f.): stets weiße Lamellen, kein Anisgeruch, Stielbasis knollig mit Scheide, lebensgefährlich giftig. – Karbolchampignon (s. u.): auf Druck schnelle chromgelbe Verfärbung, Geruch unauffällig oder nach Tinte; giftig

Der breite Ring, der rein weiße Hut und die bald dunkel werdenden Lamellen kennzeichnen den Schafchampignon. Hinzu kommt der kräftige Anisgeruch.

Die typische Verfärbung des Karbolchampignons: Die angekratzte Hutmitte nimmt rasch einen intensiv chromgelben Farbton an, der bald rostockerfarben nachdunkelt.

Karbol-champignon

Agaricus xanthoderma Genevier

Karbolchampignons haben große Ähnlichkeit mit Schafchampignons (s. o.), riechen jedoch nie nach Anis und verfärben sich in der meist trapezartig abgeflachten Hutmitte sowie an der Stielbasis sehr schnell chrom- bis rostgelb. Der unangenehme, chemische Geruch nach Karbol, der meist erst beim Kochen auftritt, ist ein Warnzeichen.

Hut: 5–13 cm breit, lange geschlossen, später gewölbt bis ausgebreitet, mit abgeflachtem Scheitel
Huthaut: Weiß bis blassgrau, weißseidig, bei Verletzung vor allem in der Hutmitte chromgelb anlaufend
Lamellen: blassgrau bis rosa, später schwarzbraun, eng-
Stiel: 5–15 x 1–2 cm, weiß, glatt, Basis knollig verdickt, bei Verletzung schnell chromgelb verfärbend; Ring doppelt, hängend, unterseits zahnradartig aufplatzend
Fleisch, Geruch: weiß, Geruch chemisch, tintenartig, nach Phenol, Karbol (oft erst beim Kochen)
Sporenpulver: schokoladenbraun
Häufigkeit: ortshäufig
Vorkommen: Sommer bis Herbst; Wiesen, Laub- und Nadelwälder, Parks, Gärten, oft in Ringen, auf Kalk
Verwechslung: Schafchampignon (s. o.): Hut bei Druck sofort dauerhaft gelb verfärbend, Geruch nach Anis, essbar. – Andere essbare Champignons (s. S. 74 ff.): ohne schnelle chromgelbe Verfärbung und Karbolgeruch, stattdessen oft nach Anis oder Bittermandel.– Egerlingsschirmpilze (s. S. 71): jung sehr ähnlich, nicht gilbend, Lamellen alt nicht schokoladenbraun

WIESENCHAMPIGNON

Agaricus campestris L.

Der Wiesenchampignon ist einer der bekanntesten und beliebtesten Speisepilze Mitteleuropas und weit darüber hinaus. In heißen Jahren, in denen es vielen anderen Pilzen zu trocken ist, kann man ihn auf Viehweiden und Pferdekoppeln in großen Mengen einsammeln. Bis zur nächsten guten „Champignonernte" dauert es dann aber mitunter vier bis fünf Jahre oder noch länger, sodass besorgte Pilzfreunde anfangen, die Vergangenheit zu verklären, und überlegen, ob sie ihn auf die Rote Liste der gefährdeten Arten setzen sollen. Verwechselt wird der Wiesenchampignon sicher oft mit Rosablättrigen Egerlingsschirmpilzen (s. S. 71), die ebenfalls die Wärme lieben. Giftige Knollenblätterpilze (s. S. 62 f.) brauchen Baumpartner in ihrer Nähe und haben auch im Alter stets rein weiße Lamellen.

Wiesenchampignons, wie sie sich der Feinschmecker wünscht.

Hut: 4–10 cm breit, habkugelig gewölbt, später flach ausgebreitet
Huthaut: weißlich bis ocker, seidig-faserig, Rand im Alter oft graurosa
Lamellen: blassrosa, später schwarzbraun, sehr engstehend
Stiel: 3–8 x 1–3 cm, weißlich, zylindrisch, flüchtiger, wattiger Ring
Fleisch, Geruch: weißlich, rosa bis weinbraun verfärbend, fest, dick; Geruch unauffällig
Sporenpulver: schwarzbraun
Häufigkeit: in manchen Jahren häufig
Vorkommen: Sommer bis Herbst; Viehweiden, Pferdekoppeln, Wiesen
Verwechslung: Knollenblätterpilze (s. S. 62 f.): weiße Lamellen, weißes Sporenpulver, scheidige Stiebasis. – Karbolchampignon (s. S. 75): rasche chromgelbe Verfärbung der Stielbasis auf Druck, Geruch nach Tinte, giftig. – Rosablättriger Egerlingsschirmpilz (s. S. 71): Lamellen weiß, altrosabräunlich, nie schwarzbraun

STADTCHAMPIGNON

Agaricus bitorquis (Quél.) Sacc.

Kaum ein Pilz hat der Versiegelung unserer Landschaft und dem Asphalt so störrisch getrotzt wie der Stadtchampignon, der in der Schweiz auch „Trottoir-Champignon" genannt wird. Wenn er in heißen Sommern die weich gewordene Teerdecke von Straßen oder Parkplätzen durchbricht, wird er manchmal sogar in den Straßenbauämtern oder von der Lokalpresse registriert. Da Champignons Umweltgifte wie Kadmium speichern können, sollte man sie nicht essen, wenn sie unmittelbar neben vielbefahrenen Straßen oder in Gebieten mit hoher industrieller Schadstoffbelastung gefunden wurden.

Hut: 4–12 cm breit, gewölbt, später flach bis ausgebreitet, Mitte oft niedergedrückt, Rand eingerollt
Huthaut: weißlich bis ockerfleckig, auf Druck gilbend
Lamellen: blass fleischrot, später schwarzbraun, Schneide blass, sehr engstehend
Stiel: 3–6 x 1–3 cm, weißlich, zylindrisch, doppelter, halskrausenartiger Ring
Fleisch, Geruch: weißlich, fest, dick, weinbraun verfärbend, Geruch schwach nach Bittermandel
Sporenpulver: dunkelbraun
Häufigkeit: ziemlich häufig
Vorkommen: Sommer bis Herbst; Weg- und Straßenränder, Gärten, Parks
Verwechslung: Wiesenchampignon (s. o.): weiß, hängender, vergänglicher Ring. – Kleiner Blutchampignon (s. S. 77): kleiner, Fleisch im Schnitt blutrot verfärbend; Nadelwälder

Zwei Stadtchampignons an einem kiesigen Straßenrand. Nur 20 cm von diesem Standort entfernt beginnt die Teerdecke.

Kleiner Blutchampignon, Blutegerling

Agaricus sylvaticus Schaeff.

Ähnlich schnell wie das Fleisch des Flockenstieligen Hexenröhrlings (s. S. 43) blaut, verfärbt das des Kleinen Blutchampignons rot, und da dies an verletzten Stellen geschieht, liegt die Assoziation mit einer „blutenden Wunde" nahe. Dieses Merkmal ist in Verbindung mit dem gedrungenen Wuchs, dem braunschuppigen Hut und den bald schokoladenbraun verfärbenden Lamellen ein gutes Artkennzeichen. Es gibt noch einige andere, seltenere, rötende Champignons, die sich u. a. durch größere Sporen unterscheiden.

Hut: 5–10 cm breit, gewölbt bis ausgebreitet
Huthaut: ockerfarben, dicht mit fuchsig-braunen Faserschüppchen besetzt
Lamellen: graubraun bis blassrosa, später schwarzbraun; Schneiden weiß
Stiel: 5–10 x 1 cm, weißlich, bei Verletzung graurosa verfärbend, dick, zylindrisch, Ring weiß, hängend, flüchtig
Fleisch, Geruch: weiß, im Schnitt blutrot verfärbend, Geruch angenehm
Sporenpulver: dunkelbraun
Häufigkeit: ziemlich häufig
Vorkommen: Spätsommer bis Herbst; meist in Nadelwäldern, bei Fichten
Verwechslung: Wiesenchampignon (s. S. 76): weiß, hängender, vergänglicher Ring. – Großer Waldchampignon (*A. langei*): größer, braun bis rostbraun mit braunen Faserschüppchen

Kleine Blutchampignons sind bekannte, gute Speisepilze, die vor allem in der Streuschicht der Fichtenwälder zu finden sind.

Schlanker Anis-Champignon: An dem durchgeschnittenen Exemplar sind die blass rosagrauen Lamellen zu erkennen, die sich im Alter dunkelbraun verfärben.

Schlanker Anis-Champignon

Agaricus sylvicola (Vitt.) Peck

Der Schlanke Anis-Champignon ist sicher einer der häufigsten Champignons in „banalen" Fichtenforsten und Mischwäldern. Dadurch erhöht sich allerdings auch die Gefahr einer Verwechslung mit tödlich giftigen Kegelhütigen Knollenblätterpilzen (s. S. 62), die jungen, noch geschlossenen Anis-Champignons täuschend ähnlich sehen können. Wer junge Champignons essen will, muss die Stiele bis zur Basis aus dem Humus herausdrehen, um sicher zu stellen, dass sie keine bescheidete Knolle haben. Der Anisgeruch, die erst blassgrauen und später dunkelbraunen, aber nie rein weißen Lamellen sowie die Gilbung an Druckstellen sind weitere Unterscheidungskriterien.

Hut: 5–12 cm breit, kugelig gewölbt, später ausgebreitet, flach gebuckelt
Huthaut: weiß bis gelblich, auf Druck stärker gilbend, im Alter auch braungelb fleckig, glatt, faserig, Rand mit Flockenschüppchen
Lamellen: blassgrau bis blassrosa, im Alter dunkelbraun, engstehend, frei, Schneiden hell
Stiel: 7–10 x 1–2,5 cm, weiß bis grünlichgelb, auf Druck gelb bis orangegelb verfärbend, keulenförmig, leicht gebogen, Basis knollig-verdickt, Ring dünn, weiß, oft nur in Resten vorhanden
Fleisch, Geruch: weiß, fest, intensiver Anisgeruch
Sporenpulver: dunkelbraun
Häufigkeit: ziemlich häufig
Vorkommen: Sommer bis Spätherbst; Laub- und Nadelwälder, unter Buchen
Verwechslung: Knollenblätterpilze (s. S. 62 f.): stets weiße Lamellen, kein Anisgeruch, Stielbasis knollig mit Scheide, lebensgefährlich giftig. – Karbolchampignon (s. S. 75): auf Druck schnelle chromgelbe Verfärbung, Geruch unauffällig oder nach Tinte; giftig

SAFTLINGE *(Hygrocybe)* UND SCHNECKLINGE *(Hygrophorus)*

Die Saftlinge *(Hygrocybe)* und Schnecklinge *(Hygrophorus)* bilden zusammen mit einigen kleineren Gattungen die Familie der Wachsblättler *(Hygrophoraceae)*. Es handelt sich um kleine, mittelgroße oder große, weißsporige Pilze mit wachsartigen, meist entferntstehenden Lamellen.

Die Saftlinge beeindrucken durch ihre farbliche Vielfalt. Es gibt zahlreiche rote und gelbe Arten, aber auch rein weiße und solche mit grünen, violetten, braunen, blauen oder rosa Tönen. Fast alle Saftlinge sind in Mitteleuropa Wiesenpilze, ohne dass man bisher sagen könnte, ob sie in einer Symbiose mit Gräsern oder Blütenpflanzen leben und wie diese „friedliche Koexistenz“ funktioniert. An geeigneten Standorten findet man meist drei oder vier Arten nebeneinander, im Idealfall können es sogar zehn oder mehr sein.

Leider sind in den vergangenen fünfzig Jahren die Magerrasen, Moorwiesen und Almweiden immer seltener geworden und vielerorts durch Überbauung, Überdüngung, Entwässerung und Verbuschung gänzlich verschwunden. Größere „Saftlingswiesen“ findet man daher fast nur noch auf Dünenrasen entlang der Küsten, im Gebirge und in Naturschutzgebieten. Kleinere Rückzugsgebiete für schützenswerte Wiesenpilze, zu denen auch Erdzungen (s. S. 245), verschiedene Rötlinge (s. S. 118 ff.) und Bauchpilze (s. S. 219 ff.) gehören, sind Trockenrasen entlang von Dämmen und an Steilhängen sowie Parkrasen und extensiv bewirtschaftete Weiden.

Die Schnecklinge *(Hygrophorus)* sind überwiegend Mykorrhiza bildende Waldpilze, bei denen weiße, graue und braune Farbtöne dominieren (es gibt aber auch einige lebhaft gefärbte Ausnahmen). In Mitteleuropa sind ungefähr 60 Saftlinge und an die 40 Schnecklinge bekannt. Die Saftlinge kommen zu Speisezwecken kaum in Frage, doch gibt es einige Schnecklinge, die dort, wo sie noch häufig sind, gegessen werden können, darunter der gleich nach der Schneeschmelze in Gebirgswäldern wachsende Märzschneckling *(H. marzuolus)* und im Spätherbst der Frostschneckling *(H. hypothejus)*.

Der Granatrote Saftling (Hygrocybe punicea) *kann die Ausmaße eines großen Ritterlings erreichen. Die Aufnahme entstand im Nationalpark Berchtesgadener Alpen.*

Der Schwärzende Saftling, die häufigste Art der Gattung, ist sehr variabel. Die Pilze wachsen an der grasigen Böschung eines viel frequentierten Parkplatzes.

Kegeliger Saftling

Hygrocybe conica (Schaeff.: Fr.) P. Kumm.

Schon von weitem leuchten die roten Saftlinge aus dem Wiesengrün. Viele dieser „Orchideen unter den Pilzen" sind vom Aussterben bedroht. Häufig ist lediglich der Kegelige Saftling, der schon auf kleinsten Grasflächen an Straßen und Wegrändern, in Zierrasenflächen und sogar – ungewöhnlich für die Gattung – mitten im Wald auftreten kann. Wegen seiner Neigung, an Druckstellen und im Alter pechschwarz anzulaufen, wird er auch „Schwärzender Saftling" genannt.

Hut: 2–4 cm breit, kegelig bis stumpfbuckelig; bei var. *pseudoconica* breit gewölbt
Huthaut: rotorange, sehr variabel von gelb, orange, tomatenrot, olivgrün bis grau, schmierig-schleimig, radialfaserig, Rand oft rissig, gefältelt
Lamellen: weißlich, gelblich oder graulich, schmal angewachsen, fast frei, dick, weich, wachsartig
Stiel: 4 x 0,5 cm, orange bis rot, fettig wirkend, oft längsrillig, Basis weißlich
Fleisch: gelblich, rötlich, weißlich, schwärzt langsam im Alter und auf Druck
Geschmack: leicht bitter
Sporenpulver: weiß
Häufigkeit: relativ häufig
Vorkommen: Frühsommer bis Spätherbst; milde Winter; Wiesen, Grünflächen, Parkanlagen, Gärten, Wälder
Verwechslung: andere rote Saftlinge: nicht schwärzend, nur mikroskopisch sicher bestimmbar

Kirschroter Saftling

Hygrocybe coccinea (Schaeff.: Fr.) P. Kumm.

Der Kirschrote Saftling ist bereits deutlich seltener als der Kegelige (s. o.). Wo er vorkommt, lohnt sich auch die Suche nach anderen Saftlingen. Pilzkundliche Arbeitsgruppen sind meist dankbar für Hinweise auf entsprechende Standorte; man scheue sich also nicht, die örtliche Pilzberatungsstelle auf artenreiche Saftlingsvorkommen hinzuweisen. Bei weitem die größte und robusteste Art der Gattung ist der Granatrote Saftling *(H. punicea)*. Er gehört allerdings auch zu den größten Raritäten.

Speisepilze sind die Saftlinge nicht. Zum einen wurden nach dem Genuss von Saftlingen Unverträglichkeitsreaktionen beobachtet, und zum anderen verbietet schon der gesunde Menschenverstand das Sammeln solcher naturkundlicher Raritäten.

Hut: 2–6 cm breit, flach gewölbt bis ausgebreitet, Rand alt bisweilen aufgebogen
Huthaut: kirschrot, im Alter orange-blassrosa, trocken kahl, feucht schmierig, fein gerunzelt (Lupe!)
Lamellen: rot, breit angewachsen, Schneiden gelblich-orange
Stiel: 5–6 x 0,5–1 cm, rot, Basis rötlich-orange, glatt, trocken, ± längsgerillt und/oder zusammengedrückt
Fleisch: orange bis rot
Sporenpulver: weiß
Häufigkeit: zerstreut bis selten; rückläufig, RL 3
Vorkommen: Sommer, Herbst und milde Winter; ungedüngte, moosige, feuchte Wiesen, Weiden, Dünenrasen
Verwechslung: Granatroter Saftling *(H. punicea)*: größer und kräftiger, Stielbasis weißlich

Kirschrote Saftlinge auf einer ungedüngten Wiese am Waldrand.

Papageigrüner Saftling

Hygrocybe psittacina (Schaeff.: Fr.) P. Kumm.

Das tiefe Grün des Papageigrünen Saftlings sucht in der Pilzwelt seinesgleichen. Allenfalls bei jungen Grünspanträuschlingen (s. S. 147) findet man ähnliche Farbtöne. Die Deutsche Gesellschaft für Mykologie, in der sich die Berufs- und Hobbymykologen zusammengeschlossen haben, wählte den Papageigrünen Saftling zum „Pilz des Jahres 2003", um, wie es in der entsprechenden Pressemitteilung heißt, „auf die starke Bedrohung der Pilze auf Wiesen und Weiden hinzuweisen (...), eine faszinierende Lebensgemeinschaft, zu der nicht nur Kräuter, Gräser und Pilze zählen, sondern auch Kriechtiere, Insekten und ungezählte Mikroorganismen im Boden."

Oben links: Der „Pilz des Jahres 2003" in einem Eichenhain. Häufiger findet man Papageigrüne Saftlinge auf Wiesen.

Unten links: Der Papageigrüne Saftling und seine ziegelrote Varietät perplexa, *die mitunter am gleichen Standort vorkommt. Ob es sich beim „Ziegelroten Saftling" um eine eigenständige Art handelt, ist noch ungeklärt.*

Hut: 1–5 cm breit, glockig bis flachhütig, gebuckelt
Huthaut: dunkelgrün, mit gelben, orangen, blauen und/oder rosa Farbnuancen, Rand dunkler gerieft, sehr schleimig
Lamellen: gelblich bis grünlich, frei, angewachsen oder ausgebuchtet, Schneiden lebhaft gelb oder gelborange
Stiel: 3–6 x 0,4 cm, oben grünlich, sehr schleimig
Fleisch, Geruch: gelblichgrün, dünnfleischig, Geruch unauffällig
Sporenpulver: weiß
Häufigkeit: zerstreut, rückläufig
Vorkommen: Frühsommer bis Spätherbst; auf ungedüngten Wiesen, Almen, Dünenrasen, seltener auch in Wäldern
Verwechslung: var. *perplexa*: ziegelrot, möglicherweise eigenständige Art. – Zäher Saftling *(H. laeta)*: Lamellen mit Lilaton, Schneiden schleimig, Geruch nach verbranntem Gummi. – Grünspanträuschling (s. S. 147): größer, mit weißen Velumflocken, Sporen dunkelbraun

Rötender Nitratsaftling

Hygrocybe ingrata Jensen & Møller

Rötende Nitratsaftlinge fallen nicht durch spektakuläre Farben auf, sondern durch ihren besonderen Geruch: Das Fleisch riecht penetrant nach Hallenbad oder, genauer gesagt, nach dem gechlorten Wasser, das man aus Hallenbädern kennt. Ein zweites Bestimmungsmerkmal ist die fleischrötliche Verfärbung der Lamellen und des Fleisches an Druckstellen. Der Farbton ist genau der gleiche, den wir beim häufigen Perlpilz (s. S. 65) beobachten können.

Hut: 5–8 cm breit, gewölbt, später ausgebreitet, eingerollter Rand
Huthaut: blass graubraun, faserig bis feinschuppig, trocken
Lamellen: blassgrau, auf Druck rötend, breit, entferntstehend
Stiel: 6 x 1 cm, blass graubraun, rötend, oft etwas zusammengedrückt
Fleisch, Geruch: blass braungelb, auf Druck rötend, Geruch nach Chlor oder Nitrat
Sporenpulver: weiß
Häufigkeit: sehr selten, RL 2
Vorkommen: Feuchtwiesen, ungedüngte Wiesen, Borstgrasrasen
Verwechslung: Alkalischer Saftling *(H. nitrata)*: nicht rötend

Detailansicht mit gut sichtbarer fleischrötlicher Verfärbung der Lamellen.

Der Rötende Nitratsaftling auf einem Borstgrasrasen, auf dem noch mehrere andere Saftlingsarten vorkommen.

Frostschneckling

Hygrophorus hypothejus (Fr.: Fr.) Fr.

Ende Oktober und im November, wenn die Blätter gefallen sind und graue Nebelschwaden die Tage verdüstern, haben die meisten Pilzsammler ihre Aktivitäten längst eingestellt. Sie gehen davon aus, dass die Pilzmyzelien nach den ersten Frösten keine Fruchtkörper mehr produzieren, und generell ist diese These ja auch korrekt. Der Frostschneckling, ein Pilz der Kiefernwälder auf sauren Böden, braucht dagegen den „Frostschock". Mit seinen gelben Lamellen und dem schmierig-schleimigen Hut ist der Frostschneckling leicht zu erkennen, und dort, wo der relativ kleine Pilz noch in Massen auftritt, lohnt es sich auch, ihn zu sammeln.

Hut: 4–7 cm breit, jung gewölbt, alt trichterförmig vertieft
Huthaut: braun bis olivgrau, dicke Schleimschicht
Lamellen: schwefelgelb bis orange, bogig herablaufend
Stiel: 8–10 x 0,6 cm, weiß, unter der vorgewölbten bräunlichen Ringzone blassgelb und schleimig
Fleisch, Geruch: weißlich, Geruch unauffällig
Sporenpulver: weiß
Häufigkeit: häufig
Vorkommen: Spätherbst nach dem ersten Frost; Kiefernwälder auf sauren Böden
Verwechslung: Lärchenschneckling *(H. lucorum)*: zitronengelb, nicht so schmierig, unter Lärchen

Im Dezember kann man den Frostschneckling oft noch in großen Scharen sammeln.

Märzschneckling, Märzellerling

Hygrophorus marzuolus (Fr.: Fr.) Bres.

Der Märzschneckling entwickelt sich zunächst unterirdisch und ist selbst ausgewachsen oft noch mit Laub- und Nadelstreu bedeckt. Seine Verbreitung beschränkt sich auf die Gebirgswälder Mittel- und Westeuropas. In den Alpenländern wurde er früher sogar auf den Märkten verkauft, doch ist er an vielen seiner ehemaligen Standorte infolge des sauren Regens inzwischen verschwunden, sodass er dort, wo er noch vorkommt, geschont werden sollte. Dass es auch tierische „Nahrungskonkurrenten" gibt, beschreibt der Schweizer Mykologe Jean Jaccottet:

Nur noch selten begegnet man im Voralpenland dem Märzschneckling. Erst wenn die Luft wieder sauberer ist, können sich die Bestände erholen.

„Dieser Pilz erscheint, sobald der Schnee verschwindet. Die Mäuse und besonders die Eichhörnchen, die um diese Zeit nicht viel Nahrung finden, sind auf ihn sehr leckermäulig."

Hut: 4–14 cm breit, halbkugelig bis flach gewölbt, Rand oft unregelmäßig verbogen
Huthaut: weiß bis fleckig grauschwarz bis schieferblau, glatt bis feinfilzig, schmierig-klebrig
Lamellen: weiß bis grüngraulich, dick, wachsartig, entferntstehend
Stiel: 3–8 x 1–3 cm, grauweißlich, schwach schuppig
Fleisch, Geruch: weißlich, Geruch schwach süßlich
Geschmack: mild
Sporenpulver: weiß
Häufigkeit: in Gebirgswäldern ortshäufig, rückläufig, RL 2
Vorkommen: Januar bis Mai; Nadel- und Mischwälder, auf Kalk, oft unter der Streu verborgen wachsend
Verwechslung: nicht möglich, wenn man die Erscheinungszeit berücksichtigt. – Graue oder braune Rötlinge (s. S. 118 ff.): rosa Sporenpulver

Punktiertstieliger Schneckling

Hygrophorus pustulatus (Pers.: Fr.) Fr.

In Fichtenforsten des Berglands ist der Punktiertstielige Schneckling noch weit verbreitet. Charakteristisch für ihn sind die schwarzen Flockenschuppen, die den Stiel sprenkeln. In ähnlichen Wäldern findet man nicht selten auch den Natternstieligen Schneckling *(H. olivaceoalbus)* mit schleimigem Hut und Stiel. Auf dem Stiel hinterlässt der schleimige Überzug eine Zickzackzeichnung („Natterung").

Hut: 2–5 cm breit, glockig bis flach gewölbt, Rand alt oft unregelmäßig verbogen
Huthaut: graubraun, mit schwärzlichen Pusteln gesprenkelt
Lamellen: weißlich, entferntstehend, leicht bogig herablaufend
Stiel: 0,5–1 x 0,5 cm, hellgraubraun, mit schwärzlichen Pusteln gesprenkelt
Fleisch, Geruch: weißlich, Geruch unauffällig
Geschmack: mild
Sporenpulver: weiß
Häufigkeit: in Gebirgswäldern ortshäufig
Vorkommen: Spätherbst; Boden in Nadel- und Mischwäldern, oft gemeinsam mit dem Wohlriechenden Schneckling
Verwechslung: Wohlriechender Schneckling *(H. agathosmus)*: ohne schwarze Pusteln, grau, Geruch stark süßlich. – Natternstieliger Schneckling *(H. olivaceoalbus)*: schleimig-schmierig, genatterter Stiel, keine Pusteln

Punktiertstielige Schnecklinge sind recht unscheinbare Nadelwaldbewohner, die man an den schwarz gepunkteten Stielen gut erkennen kann.

Braunscheibiger Schneckling

Hygrophorus discoideus (Pers.: Fr.) Fr.

Auch der Braunscheibige Schneckling gehört zur Pilzflora der Bergwälder. Typisch ist der blass beigebraune Hut mit der haselnussbraunen Mitte.

Hut: 5–6 cm breit, gewölbt, gebuckelt
Huthaut: blass beige bis ockerbräunlich, Mitte haselnussbraun, Rand weißlich, schmierig-schleimig
Lamellen: cremeweißlich, entferntstehend, am Stiel herablaufend
Stiel: 3–5 x 1 cm, weißlich bis graubräunlich, zylindrisch, Ringzone klebrig-schleimig

Braunscheibige Schnecklinge im herbstlichen Bergmischwald.

Fleisch, Geruch: weiß, geruchlos
Geschmack: mild
Sporenpulver: weiß
Häufigkeit: ortshäufig

Vorkommen: Herbst; Bergwälder auf Kalk, v. a. unter Fichten
Verwechslung: Seidiggerandeter Schneckling *(H. lindtneri)*: unter Laubbäumen, Stiel trocken; auch im Flachland

Elfenbeinschnecklinge, die ihrem Namen Ehre machen: Sie leuchten geradezu aus dem Waldesdunkel.

Elfenbein-Schneckling

Hygrophorus eburneus (Bull.: Fr.) Fr.

Der Elfenbeinschneckling und seine im Alter kräftig rostgelb verfärbende Varietät *discoxanthus* können im Herbst und Spätherbst den Pilzaspekt im Buchenwald dominieren.

Darüber hinaus gibt es unter den weißen Schnecklingen einige Arten, die selbst für erfahrene Mykologen nicht immer leicht bestimmbar sind. Der Geruch, die Beschaffenheit der Huthaut, Farbveränderungen mit bestimmten Reagenzien und Standortfaktoren sind Bestimmungsmerkmale, die sich auch ohne Mikroskop erschließen lassen.

Hut: 2–5 cm breit, unregelmäßig gewölbt, leicht gebuckelt, Rand eingerollt
Huthaut: weiß bis cremeweiß, alt bisweilen mit ockerbräunliche Mitte, sehr schleimig
Lamellen: cremeweiß, weit, bogig am Stiel herablaufend
Stiel: 6–10 x 0,5 cm, creme bis blassocker, zylindrisch, gebogen, zur Basis spitz zulaufend
Fleisch, Geruch: weiß, nicht verfärbend, fest, Geruch obstartig, nach Mandarinen
Sporenpulver: weiß
Häufigkeit: zerstreut, ortshäufig
Vorkommen: Spätsommer bis Spätherbst; Laubwälder, bei Buchen, Eichen, kalkhaltige Böden
Verwechslung: Verfärbender Schneckling *(H. eburneus* var. *discoxanthus)*: auf Druck und im Alter rostgelb verfärbend, unter Buchen, häufig. – Andere weiße Schnecklinge: ohne Geruch nach Mandarinen

Goldzahn-Schneckling

Hygrophorus chrysodon (Batsch: Fr.) Fr.

Der Goldzahnschneckling ist eine seltenere Art der Tannen- und Buchenwälder im Hoch- und Mittelgebirge. Die hübschen goldenen Flöckchen am Stielansatz und auf dem Hut machen ihn unverwechselbar.

Hut: 2–6 cm breit, jung halbkugelig, alt unregelmäßig verbogen
Huthaut: weiß, jung schleimig-schmierig, gelbe Flöckchen am Rand, zum Teil auch gelb gefleckt
Lamellen: weiß, entferntstehend, bogig am Stiel herablaufend, Schneiden oft mit goldgelben Flöckchen

Stiel: 6 x 0,8 cm, weiß, Spitze mit goldgelben Flöckchen
Fleisch, Geruch: weiß bis zitronengelb, dünnfleischig, Geruch säuerlich
Sporenpulver: weiß
Häufigkeit: sehr zerstreut; in Bergwäldern ortshäufig
Vorkommen: Sommer bis Spätherbst; Laub- und Nadelwälder, Kalkboden, gerne unter Buchen und/oder Tannen
Verwechslung: andere weiße Schnecklinge *(H. spec.)*: ohne goldgelbe Flöckchen

Der Goldzahnschneckling ist ein naher Verwandter des Elfenbeinschnecklings (s. o.), der sich aber durch die oft unregelmäßig über den Fruchtkörper verteilten goldgelben Flöckchen unterscheidet.

Orangeschneckling, Terpentinschneckling

Hygrophorus pudorinus (Fr.) Fr.

Bei herbstlichen und spätherbstlichen Pilzwanderungen in Gebirgswäldern findet man nicht selten große Gruppen des stattlichen, appetitlich aussehenden Orangeschnecklings. Manchmal bildet er sogar regelmäßige Hexenringe. Als Mykhorrizapartner der Weißtanne wächst er oft in Standortsgemeinschaft mit Lachsreizkern (s. S. 175) und Hohlstieltäublingen (s. S. 166). Der fleischige, selten von Insektenlarven befallene Pilz ist nicht giftig, riecht und schmeckt aber unangenehm harzig bis terpentinartig und ist zum Verzehr daher nicht geeignet.

Hut: 8–12 cm breit, stark gewölbt
Huthaut: blassorange oder rötlich-orange, Rand heller creme oder cremerosa, stark eingerollt, bei Feuchtigkeit schmierig-klebrig
Lamellen: blassorange, breit angewachsen bis leicht herablaufend
Stiel: 8–13 x 1–2 cm, weiß bis cremerosa, oberer Teil mit orangefarbenen Tröpfchen, zylindrisch bis bauchig; orange längsfaserig; im Alter von der Basis aufwärts leicht bräunend
Fleisch, Geruch: weiß bis blassrosa, Geruch terpentinartig
Geschmack: harzig, terpentinartig
Sporenpulver: weiß
Häufigkeit: in Bergnadelwäldern häufig, sonst selten oder fehlend, RL 2
Vorkommen: Spätsommer bis Spätherbst; montane Nadelwälder, unter Tannen
Verwechslung: Isabellrötlicher Schneckling *(H. poetarum)*: oft noch größer, Hut weißlich bis blass rosa-orange, Geruch nach Zimt, bei Buche, RL 3

Unter Weißtannen im Gebirge ist der Orangeschneckling noch weit verbreitet. Im norddeutschen Tiefland fehlt er dagegen völlig.

Rasiger Purpurschneckling

Hygrophorus erubescens (Pers.: Fr.) Fr.

Der Rasige Purpurschneckling kann in den gleichen Wäldern wachsen wie der Orangeschneckling (s. o.), ist aber nicht speziell an die Tanne gebunden. Rasige Purpurschnecklinge treten meist truppweise auf und sind dann im dunklen Fichtenwald kaum zu übersehen. Mit ihren auf weißem Grund wein- bis purpurrot geflammten oder gesprenkelten Hüten sind sie ausgesprochen attraktive Arten, die jedoch meist bitterlich schmecken und daher nicht als Speisepilze empfohlen werden können. Ihre Verbreitung in Mitteleuropa beschränkt sich im Wesentlichen auf die Hoch- und Mittelgebirge. Längst nicht alle Fichten- und Tannenbegleiter sind im Stande, ihren Partnerbäumen zu folgen, wenn diese aus forstlichen oder gärtnerischen Gründen fernab von ihrem natürlichen Verbreitungsgebiet angepflanzt werden.

Der Rasige Purpurschneckling wächst fast immer in dicht gedrängten Gruppen und kann sogar komplette Hexenringe bilden.

Hut: 5–12 cm breit, gewölbt
Huthaut: weiß bis blassgelb, wein- bis purpurrot gefleckt, gilbend, klebrig
Lamellen: weiß bis blassgelb, weinrot gefleckt, angewachsen bis herablaufend
Stiel: 5–12 x 1–2 cm, weiß bis blassgelb, Spitze fein weinrötlich schuppig, Mitte oft bauchig
Fleisch, Geruch: weißlich, gilbend, geruchlos
Geschmack: bitterlich
Sporenpulver: weiß
Häufigkeit: in Gebirgswäldern ortshäufig, im Norden selten, RL 3
Vorkommen: Herbst; Nadelwälder, auf Kalk
Verwechslung: var. *persicolor*: kräftiger, Fleisch nicht gilbend, mild. – Weinroter Schneckling *(H. capreolarius)*: kleiner, kurzstieliger, Hut und Lamellen weinrot

Ritterlinge *(Tricholoma)*, Weichritterlinge *(Melanoleuca)*, Raslinge *(Lyophyllum)* und Schönköpfe *(Calocybe)*

Um die siebzig verschiedene Ritterlinge *(Tricholoma)* sind aus Mitteleuropa bekannt, darunter allerdings viele Arten mit sehr speziellen Ansprüchen an die Umgebung. Die besonders artenreiche Ritterlingsflora der nährstoffarmen Kiefernwälder ist in den vergangenen Jahrzehnten durch sauren Regen stark geschädigt worden, sodass viele früher häufige Ritterlinge inzwischen selten geworden sind. Wichtige Gattungsmerkmale sind der „Burggraben" zwischen Lamellen und Stielansatz, das weiße Sporenpulver und die meist recht fleischigen Fruchtkörper mit zum Teil einprägsamen Farben und Gerüchen.

Den Ritterlingen sehr ähnlich sind die Raslinge *(Lyophyllum)*, zu denen heutzutage auch die früher separat geführte Gattung Graublätter *(Tephrocybe)* gerechnet werden. Der wichtigste Unterschied ist mikrochemischer Natur: Mit Karminessigsäure bildet sich in den Basidien eine rote Granulation. Die genaue Artbestimmung ist in dieser Gattung meist nur mithilfe des Mikroskops möglich.

Mit nur ungefähr einem Dutzend Arten in Mitteleuropa ist die Gattung *Calocybe* (Schönköpfe) vergleichsweise klein, doch gehört ihr mit dem Mairitterling oder Mai-Schönkopf *(C. gambosa)* einer der bekanntesten einheimischen Speisepilze an. Große Bestimmungsschwierigkeiten ergeben sich bei den annähernd fünfzig mitteleuropäischen Weichritterlingen *(Melanoleuca)*. Nur wenige Arten, wie der Raufuß-Weichritterling *(M. verrucipes)* und der Frühlings-Weichritterling *(M. cognata)* sind ohne Mikroskop bestimmbar. Die dünnfleischigen, weißlichen, grauen oder braunen Arten sind mikroskopisch durch stark amyloide warzige Sporen und komplexe Zystiden gekennzeichnet. Giftige Arten sind bisher nicht bekannt.

Lehmbrauner Rasling
(Lyophyllum paelochroum)

Tigerritterling

Tricholoma pardinum (Pers.) Quél.

Vom Sommer bis in den Spätherbst wächst in Laub- und Nadelwäldern auf Kalkboden der stattliche Tigerritterling. Man erkennt ihn an seinem silbergrauen, meist deutlich geschuppten Hut, den „ausgeschwitzten" wässrig-klaren Tröpfchen auf den Lamellen und auf der Stielspitze sowie dem kräftigen Mehlgeruch des unveränderlich weißen Fleisches. Wenn Tigerritterlinge im Kochtopf landen, weil sie mit essbaren Verwandten oder der Nebelkappe (s. S. 94) verwechselt wurden, kommt es bald zu heftigen Bauchschmerzen, lang anhaltendem Erbrechen und Durchfällen. Im schlimmsten Fall kann die rapide Entwässerung des Körpers zu Kreislaufversagen und Tod führen.

Tigerritterlinge in einem Mischwald im Voralpenland. Die Art gehört zu den gefährlichen Giftpilzen.

Hut: 5–15 cm breit, stumpfkegelig, flach gebuckelt, Rand lange eingerollt, im Alter aufgebogen
Huthaut: weiß bis grau oder grünlichgrau, mit konzentrisch angeordneten breiten, schwärzlichgrauen Schuppen, trocken
Lamellen: weißlich bis graugrün, Schneide bräunlich, tief ausgebuchtet, jung mit Guttationstropfen
Stiel: 6–12 x 2–4 cm weiß, braune Längsfasern, zylindrisch bis keulig, stämmig, Basis oft angeschwollen, Spitze mit Guttationstropfen
Fleisch, Geruch: weißlich, fest, nicht verfärbend, Geruch mehlartig
Geschmack: mehlartig
Sporenpulver: weiß
Häufigkeit: zerstreut, in Norddeutschland nahezu fehlend, RL 3
Vorkommen: Spätsommer bis Herbst; Laub- und Nadelwälder auf Kalk, bei Buchen und Fichten, Hexenringbildner
Verwechslung: Schwarzschuppiger Ritterling *(T. atrosquamosum)*: Geruch pfefferig bis fruchtig, wie Geranien. – Rötender Ritterling *(T. orirubens)*: Hut und Fleisch langsam rötend, Schuppen kleiner, dichter, schwärzlich

Bärtiger Ritterling

Tricholoma vaccinum (Pers.: Fr.) Kumm.

In Bergnadelwäldern gehört der Bärtige Ritterling zu den verbreitetsten Vertretern seiner Gattung. Er wächst fast immer in dicht gedrängten Gruppen und scheint eine Vorliebe für die lichteren Waldstellen entlang von Wegen zu haben. Die kräftige Hutschuppung steht am Rand fransig-zottig über – wie ein ungepflegter Bart. Wie viele andere braune Ritterlinge enthält der Bärtige Bitterstoffe und ist daher ungenießbar.

Hut: 3–10 cm breit, glockig gewölbt, zentral gebuckelt, später flach
Huthaut: rotbraun, schuppig, Rand blasser, wollig-filzig, eingerollt
Lamellen: weißlich, rostbraun gefleckt, ausgebuchtet
Stiel: 3–10 x 1–2 cm, weißlich bis hellbraun, längsfaserig
Fleisch, Geruch: weißlich, rosabräunlich fleckend; Geruch mehlartig
Geschmack: bitterlich
Sporenpulver: weiß
Häufigkeit: ortshäufig, sonst selten
Vorkommen: Spätsommer bis Herbst; in Bergnadelwäldern auf Kalk
Verwechslung: Braunschuppiger Ritterling: *(T. imbricatum)*: größer, Hut filzig, erst im Alter schuppig, Rand gerieft

Bärtige Ritterlinge wachsen oft in Scharen an Forststraßenrändern in Gebirgsnadelwäldern.

Pappelritterling

Tricholoma populinum J. Lge.

Der zwar recht stämmige, farblich aber unscheinbare, hell- bis mittelrotbraune Pilz ist streng an die Pappel gebunden. Man findet ihn daher nicht nur in lichten Wäldern, sondern auch in Pappelalleen, an Sportplätzen, in Parkanlagen und Gärten, wo immer der Begleitbaum angepflanzt wurde. An seinen Standorten – in Deutschland vor allem im Norden und Westen –, tritt er meist in größeren Mengen auf. Der Pappelritterling gilt nach Ansicht mancher Autoren als essbar, hat aber auch schon Magen-Darm-Störungen hervorgerufen. Untersuchungen in den Siebzigerjahren an der Universität Greifswald ergaben, dass der Pilz immunrepressive, antivirale und cytostatische Eigenschaften besitzt, die zur Behandlung bestimmter Allergien geeignet sind.

Pappelritterlinge im Herbstlaub einer Hamburger Parkanlage.

Hut: 8–15 cm breit, gewölbt bis wellig verbogen
Huthaut: hautfarben bis mittelrotbraun, kahl, blasserer Hutrand, klebrig und glänzend
Lamellen: cremefarben, rostbraun gefleckt, engstehend, ausgebuchtet
Stiel: 6–10 x 1–3 cm, weißlich bis rotbraun, kahl bis feinflockig, Myzel gelb
Fleisch, Geruch: weißlich, im Schnitt rötend, Geruch nach Mehl oder Gurke
Geschmack: leicht bitterlich
Sporenpulver: weiß
Häufigkeit: im Flachland stellenweise häufig, im Gebirge fehlend, RL 3
Vorkommen: Herbst bis Spätherbst; Auwälder, Parks, bei Pappeln, büschelig
Verwechslung: Brandiger Ritterling *(T. ustale)*: Buchenwald, Stielbasis braun. – Bitterer Eichenritterling *(T. ustaloides)*: Stiel oberhalb der deutlichen Ringzone weiß, starker Mehlgeruch, sehr bitter

Gelbblättriger Ritterling

Tricholoma fulvum (DC.: Fr.) Sacc.

Der Gelbblättrige Ritterling wächst ähnlich gedrängt-büschelig wie der Pappelritterling (s. S. 85) und ist wesentlich häufiger. Sein Baumpartner ist allerdings die Birke. Das warme, bei Feuchtigkeit glänzende Rotbraun der Hüte sowie vor allem die gelblichen Lamellen sind weitere Unterscheidungsmerkmale. Wie fast alle braunen Ritterlinge ist die Art nicht zum Verzehr geeignet.

Ein auffälliger, häufiger Birkenbegleiter ist der Gelbblättrige Ritterling.

Hut: 4–10 cm breit, gewölbt, flach gebuckelt
Huthaut: braun bis rotbraun, kahl, klebrig und glänzend, Rand gelblich, gerippt
Lamellen: gelblich bis rostocker, rostbraun gefleckt, ausgebuchtet
Stiel: 5–10 x 1–2 cm, gelblich bis braun, faserig
Fleisch, Geruch: im Hut weiß, im Stiel gelb, Geruch nach Mehl oder Gurke
Geschmack: bitter
Sporenpulver: weiß
Häufigkeit: ziemlich häufig
Vorkommen: Herbst bis Spätherbst; bei Birken
Verwechslung: andere braune Ritterlinge *(T. spec.)*: kein gelbes Stielfleisch, zum Teil giftig. – Brandiger Ritterling *(T. ustale)*: Buchenwald, Stielbasis braun, giftig. – Bitterer Eichenritterling *(T. ustaloides)*: Stiel oberhalb der deutlichen Ringzone weiß, starker Mehlgeruch, sehr bitter

Gilbender Erdritterling

Tricholoma argyraceum (Bull.: Fr.) Gillet

Zu den eher kleinen und schmächtigen Ritterlingen zählt der Gilbende Erdritterling, der in Parkrasen und auf Friedhöfen schon ab Juni in großen Mengen auftreten kann. Ebenso gerne wächst er aber auch in Laub- und Nadelwäldern unterschiedlichster Art. Das sicherste Kennzeichen ist die Neigung des Fleisches, an Druckstellen und im Alter intensiv zu gilben. Die Verfärbung erfolgt aber nicht sofort, sondern kann mehrere Stunden bis Tage dauern. Bleibt sie aus, so hat man es mit einer der zahlreichen Nachbararten zu tun, deren genaue Bestimmung schwierig ist.

Hut: 3–8 cm breit, gewölbt bis ausgebreitet, leicht gebuckelt
Huthaut: blassbraun bis hellgrau, dicht dunkel braungrau geschuppt, trocken, matt, Rand heller
Lamellen: weiß, hellgelb fleckend
Stiel: 4–7 x 0,5–1 cm, weiß, fein längsfaserig, flüchtige Velumreste
Fleisch, Geruch: weiß, auf Druck später gelbfleckig, Geruch mehlig
Geschmack: mehlig
Sporenpulver: weiß
Häufigkeit: ziemlich häufig
Vorkommen: Sommer bis Herbst; Laubwälder, Parks, überwachsene Abraumhalden, gern bei Birken
Verwechslung: Mausgrauer Ritterling *(T. myomyces)*: dunkler, Lamellen nicht gelbfleckend. – Tigerritterling (s. S. 85): stämmiger, dickfleischiger, Lamellen und Stielspitze mit Tröpfchen, giftig

Gilbende Erdritterlinge sind sehr variabel. Manchmal dauert es Tage, bis die charakteristische Färbung einsetzt.

Ein Geruchserlebnis der besonderen Art vermittelt der Schwefelritterling.

Schwefelritterling

Tricholoma sulfureum (Bull.: Fr.) Kumm.

Die durchwegs schwefelgelben Pilze mit oftmals stark bauchigen, entferntstehenden Lamellen stinken nach Leuchtgas. Der Geruch ist so penetrant, dass empfindlichen Menschen davon regelrecht übel werden kann. Der häufige Schwefelritterling kommt vom Sommer bis in den Spätherbst in den verschiedensten Wäldern vor, insbesondere aber unter Buchen. Die var. *bufonium* hat einen violettbraunen Hut, aber den gleichen unverkennbaren Geruch.

Hut: 5–10 cm breit, gewölbt, Rand jung eingerollt, glatt
Huthaut: schwefelgelb bis gelbbraun, trocken, matt
Lamellen: schwefelgelb, entfernt stehend, dick, ausgebuchtet, oft sehr breit
Stiel: 5–10 x 1 cm, schwefelgelb, zur Basis hin ausblassend, längsfaserig, zylindrisch, oft gebogen
Fleisch, Geruch: schwefelgelb, Geruch unangenehm leuchtgasartig nach Teer
Sporenpulver: weiß
Häufigkeit: häufig
Vorkommen: Sommer bis Spätherbst, vereinzelt im Winter; Laub- und Nadelwälder, v. a. unter Buchen, Eichen, Fichten
Verwechslung: Violettbrauner Schwefelritterling *(T. sulfureum* var. *bufonium)*: kleiner, Hut violettbraun, Lamellen schmutziggelb, primär in Nadelwäldern. – Widerlicher Ritterling *(T. lascivum)*: Geruch gasartig-süßlich, Fruchtkörper weißlich, häufig

Grünling

Tricholoma equestre (L.: Fr.) Kumm.

Der in allen Teilen lebhaft chrom- bis goldgelbe, nach Mehl riechende Grünling galt jahrzehntelang als unproblematischer Speisepilz und wurde sogar auf Wochenmärkten angeboten.

Inzwischen hat sich das Bild geändert: Zum einen „erlitt die Art etwa seit 1970 einen massiven, in einigen Gegenden einen vernichtenden Areal- und Vitalitätseinbruch“ durch Umweltschadstoffe (Krieglsteiner 2001), und zum anderen kam es vor einigen Jahren in Südwestfrankreich zu tödlichen Vergiftungen, die auf den wiederholten, übermäßigen Genuss von Grünlingen zurückgeführt wurden. Der Pilz darf daher allenfalls in kleinen Mengen gegessen werden. In Gebieten, wo er selten (geworden) ist, verbietet sich das Sammeln aus Naturschutzgründen.

Der Grünling in einem Kiefernwald. Berichte über Vergiftungen in Frankreich haben europaweit die „Grünlingsfans“ verunsichert.

Hut: 4–14 cm breit, halbkugelig, später flach ausgebreitet, ± gebuckelt
Huthaut: bronze- bis orange- oder grüngelb, Mitte gelbbraunschuppig, Rand lange eingerollt, wellig verbogen, klebrig
Lamellen: lebhaft gelb, ausbuchtet angewachsen
Stiel: 6–10 x 1–1,5 cm, gelb, zylindrisch, voll, längsfaserig
Fleisch, Geruch: weiß, unter der Stielrinde gelb, Geruch mehlartig
Geschmack: mild
Sporenpulver: weiß
Häufigkeit: ortshäufig, stark rückläufig, RL 3
Vorkommen: Herbst und Spätherbst, Laub- und Nadelwald, v. a. unter Kiefern, auf sauren Böden
Verwechslung: Grüner Knollenblätterpilz (s. S. 62): jung ähnlich, Lamellen frei, mit Stielknolle, tödlich giftig! – Schöngelber Klumpfuß *(Cortinarius splendens)*: bräunliche Cortinareste, Sporenpulver rostbraun

Grüngelber Ritterling

Tricholoma sejunctum (Sow.: Fr.) Quél.

Das Auffallendste an diesem stämmigen Ritterling ist seine Hutfarbe: Sie erinnert an die des tödlich giftigen Grünen Knollenblätterpilzes (s. S. 62). Von oben gesehen ist es selbst guten Pilzkennern manchmal unmöglich, die beiden Arten auf Anhieb auseinander zu halten. Dass Stielknolle und Ring beim Ritterling fehlen, erkennt man erst, wenn man den Fruchtkörper umdreht. Der Grüngelbe Ritterling schmeckt bitterlich und riecht angenehm nach Mehl, worin er sich auch von dem manchmal ähnlich aussehenden Schwefelritterling (s. S. 86) unterscheidet.

Der Grüngelbe Ritterling ist ein bisweilen recht stämmiger Pilz mit „knollenblätterpilzgrünen“ Hüten.

Hut: 6–12 cm breit, kegelig bis gewölbt, flach gebuckelt
Huthaut: grüngelb bis olivgrün, radial-streifig, feucht schwach klebrig; glatter, alt oft aufreißender blasserer Rand
Lamellen: weißlich, entferntstehend, ausgebuchtet, etwas gewellt
Stiel: 5–10 x 1–2 cm, weißlich, später gelblich, kräftig, Basis oft verjüngt
Fleisch, Geruch: weißlich, dickfleischig, Geruch mehlig
Geschmack: bitterlich
Sporenpulver: weiß
Häufigkeit: zerstreut bis selten, RL 3
Vorkommen: Sommer bis Spätherbst; Laubbäume, v. a. unter Buchen, aber auch im Nadelwald
Verwechslung: Grüner Knollenblätterpilz (s. S. 62): ähnliche Hutfarbe, mit Stielknolle und Volva

Purpurfilziger Holzritterling, Rötlicher Holzritterling

Tricholomopsis rutilans (Schaeff.: Fr.) Sing.

Frische Purpurfilzige Holzritterlinge gehören zum Schönsten, was unsere Pilzwelt zu bieten hat: Die leuchtend gelben Lamellen bilden einen attraktiven Kontrast zum dunkel purpurrot geschuppten Hut. Auch der Stiel ist auf gelbem Grund mit feinen purpurroten Schüppchen überzogen. Leider findet die optische Ästhetik keine Entsprechung auf kulinarischem Gebiet, denn geschmacklich gibt der Pilz nichts her. Das Gleiche gilt auch für den in Gebirgsnadelwäldern vorkommenden Olivgelben Holzritterling *(T. decora)*.

Hut: 8–12 cm breit, gewölbt, später ausgebreitet
Huthaut: senf- bis goldgelb, dicht mit kleinen, purpurroten Schüppchen bedeckt, besonders dicht in der Hutmitte
Lamellen: dotter- bis schwefelgelb, engstehend, breit
Stiel: 6–10 x 1–2 cm, gelb, mit purpurroten oder violetten Schüppchen, faserig-gestreift, ± gebogen
Fleisch, Geruch: gelb, fest, Geruch säuerlich
Geschmack: bitter
Sporenpulver: weiß
Häufigkeit: ziemlich häufig
Vorkommen: Spätsommer bis Herbst; an totem Nadelholz, meist an Stümpfen

Zwei Exemplare des Purpurfilzigen Holzritterlings, der zu den farbenprächtigsten Pilzen unserer Heimat zählt.

Verwechslung: Olivgelber Holzritterling *(T. decora)*: olivgelb mit schwarzbraunen Faserschüppchen, in Bergnadelwäldern

Weiße Büschelraslinge sind kaum zu übersehen, da sie immer gehäuft auftreten.

Weisser Büschelrasling

Lyophyllum connatum (Schum.: Fr.) Sing.

Wenn im Spätsommer, Herbst und Spätherbst im Gras entlang von Waldwegen und Forststraßen große Büschel mit schneeweißen Lamellenpilzen sprießen, ist die Wahrscheinlichkeit groß, dass man es mit Weißen Büschelraslingen zu tun hat. Auch in Parkanlagen und Gärten, an Bachböschungen und sogar in offenem Wiesengelände kommt die Art vor. Vor dem Genuss des Pilzes ist zu warnen, obwohl er gut riecht und schmeckt: Man hat in ihm Substanzen gefunden, die das Erbgut schädigen können.

Hut: 3–10 cm breit, gewölbt bis schwach trichterförmig ausgebreitet
Huthaut: weiß, glänzend
Lamellen: weiß, ± bogig herablaufend, engstehend
Stiel: 5–10 x 1–2 cm, weiß bis blassgrau
Fleisch, Geruch: weiß, Geruch säuerlich, nach Lerchensporn, mit Eisensulfat violett verfärbend
Sporenpulver: weiß
Häufigkeit: häufig
Vorkommen: Sommer bis Herbst; Gärten, Parks, stickstoffliebend, büschelig
Verwechslung: weiße Trichterlinge (s. S. 91 ff.): Fruchtkörper meist gedrungener, sonst z. T. sehr ähnlich, Fleisch mit Eisensulfat nicht verfärbend, ebenfalls giftig

Brauner Büschelrasling

Lyophyllum decastes (Fr.: Fr.) Sing.

Die üppigen Büschel dieses Pilzes können an einer humosen Bachböschung im Wald, auf der teilweise mit Brombeeren überwucherten Zufahrt z. B. zu einem aufgelassenen Steinbruch und dem überwachsenen Erdaushub am Rande einer Kiesgrube auftauchen. Auch in Parkanlagen und auf Friedhöfen ist mit ihm zu rechnen. Es lohnt sich, den Braunen Büschelrasling genauer anzusehen: Hinter einer unscheinbar graubraunen Fassade verbirgt sich nämlich ein hervorragender, ergiebiger Speisepilz, den nur wenige Pilzsammler beachten. Verwechslungen sind möglich mit diversen ungiftigen Weichritterlingen (s. S. 90), die aber meist nicht büschelig wachsen und amyloides Sporenpulver besitzen.

Hut: 6–12 cm breit, gewölbt bis ausgebreitet, leicht gebuckelt
Huthaut: beigeocker bis graubraun, Rand blasser, wellig verbogen, glatt, Haut abziehbar, feucht etwas klebrig
Lamellen: weiß bis blassgrau
Stiel: 6–12 x 1–2 cm, blassgrau, büschelig, verwachsen, selten symmetrisch, grobfaserig
Fleisch, Geruch: weiß, weich, elastisch, Geruch mehlig
Sporenpulver: weiß
Häufigkeit: häufig
Vorkommen: Sommer bis Spätherbst; Waldränder, Parks, Gärten, Ruderalstellen, büschelig
Verwechslung: Riesenrötling (s. S. 118): Lamellen gelblich bis lachsrosa, nicht büschelig, Sporenpulver rosa. – Gepanzerter Rasling *(L. loricatum)*: sehr feste, knorpelige Huthaut, beim Durchbrechen knackend. – Weichritterlinge (s. S. 90): Hutfleisch weich, Sporenpulver amyloid

Der unscheinbare graubraune Büschelrasling gehört zu den besten Speisepilzen.

Lehmbrauner Rasling

Lyophyllum paelochroum Clç.

Der auf den ersten Blick wenig auffällige Lehmbraune Rasling hat zwei gute makroskopische Merkmale: Zum einen ist sein Hut auf lehmbraunem Grund mit feinen, radial verlaufenden Fasern durchzogen, und zum anderen verfärben sich die Lamellen auf Druck rasch blau und nach einiger Zeit schwarz – eine Eigenschaft, die bei Blätterpilzen sehr selten ist. Wer ganz sicher sein will, muss unter dem Mikroskop die Sporen überprüfen, die breitelliptisch bis rundlich sind.

Lehmbraune Raslinge auf einem kurzgrasigen, mit Moosen durchsetzten Parkrasen. Der unscheinbare Pilz ist vermutlich weit verbreitet, wird aber wenig beachtet.

Hut: 3–7 cm breit, gewölbt bis ausgebreitet, leicht gebuckelt
Huthaut: blass lehmbraun, radial faserig eingewachsen
Lamellen: weiß bis blassgrau, ausgebuchtet bis gerade angewachsen, auf Druck erst blauend, dann schwärzend
Stiel: 4–7 x 1–2 cm, weiß, auf Druck dunkelnd
Fleisch, Geruch: weiß bis blassgrau, schwärzend, starker Mehlgeruch
Sporenpulver: weiß, Sporen breitelliptisch bis rundlich
Häufigkeit: zerstreut, bleibt meist unbeachtet
Vorkommen: Sommer bis Spätherbst; Parks, Gärten, lichte Wälder
Verwechslung: mit dieser Merkmalskombination kaum möglich

Mairitterling, Mai-Schönkopf

Calocybe gambosa (Fr.) Sing.

Die Wochen zwischen Mitte Mai und Juli sind bei Pilzsammlern gefürchtet: Die Morchelzeit ist vorbei, die Hauptsaison hat noch nicht begonnen, auch wenn bei günstiger Witterung schon die ersten Sommersteinpilze (s. S. 42) und Hexenröhrlinge (s. S. 43 f.) auftreten. Die „kulinarische Lücke" füllt in Gebieten, in denen der Boden nicht zu sauer ist, der Mairitterling, der sowohl in Wäldern (dort vor allem an grasigen Wegrändern) und Waldrandgebüschen sowie in Parkanlagen und auf Wiesen gefunden wird. Bezüglich seiner geschmacklichen Qualitäten scheiden sich die Geister: Die Einen schätzen ihn über alles, Andere mögen weder den mehligen Geruch noch den Geschmack. Vorsicht vor Verwechslungen mit Ziegelroten Risspilzen (s. S. 135)!

Hut: 6–15 cm breit, gewölbt, höckerig gebuckelt
Huthaut: weiß bis gelbbräunlich, kahl, matt, Rand leicht eingerollt
Lamellen: weiß bis blass cremefarben, ausgebuchtet angewachsen, engstehend; Schneiden wellig
Stiel: 5–10 x 1–3 cm, weiß, fest, stämmig, längsfaserig
Fleisch, Geruch: weiß, fest, dick, kurzfaserig, kräftiger Mehl- bzw. Gurkengeruch
Geschmack: gurkenartig
Sporenpulver: weiß bis cremefarben
Häufigkeit: weit verbreitet
Vorkommen: April bis Juli; Parks, Gärten, Waldränder, begraste Dünen, auf kalkhaltigen Böden

Mairitterlinge sind im Allgemeinen sehr standorttreu, d. h., sie können Jahre oder sogar Jahrzehnte lang an den gleichen Stellen erscheinen.

Verwechslung: Ziegelroter Risspilz (s. S. 135): Fleisch auf Druck rötend, kein Mehlgeruch, Sporenpulver braun, giftig. – Weißer Risspilz (s. S. 137): Hut stumpfkegelig bis ausgebreitet, ab Juni, Sporenpulver braun, giftig

Kohlen-Graublatt

Lyophyllum anthracophilum (Lasch) M. Lge. & Sivertsen

Die ökologische Aufgabe des Kohlen-Graublatts -- und mit ihm einer Fülle anderer Pilze aus den verschiedensten Verwandtschaftskreisen – besteht in der Wiederbesiedlung alter Brandstellen. Schon wenige Wochen nach dem Feuer kann man die ersten Fruchtkörper auf den verkohlten Flächen entdecken. Kleinere, rüblingsartige Raslinge wie das Kohlen-Graublatt wurden lange in eine eigene Gattung *(Tephrocybe)* gestellt. Die meisten Arten dieser Gruppe sind nur mikroskopisch bestimmbar.

Hut: 2–5 cm breit, flach gewölbt bis ausgebreitet, genabelt
Huthaut: dunkel- bis schwarzbraun, im Alter ausblassend, glatt, glänzend
Lamellen: weiß bis blassgrau, herablaufend
Stiel: 2–7 x 0,5 cm, dunkelbraun, oben flockig bereift
Fleisch, Geruch: weißlich, zäh, Geruch oft mehlig
Geschmack: oft mehlig
Sporenpulver: weiß
Häufigkeit: nicht selten
Vorkommen: Frühjahr bis Spätherbst; auf 1–2 Jahre alten Brandstellen

Oben: Alte Brandstellen können sehr pilzreich sein. Hier wachsen dutzende von Kohlen-Graublättern zwischen verkohltem Holz auf einem ca. ein Jahr alten, bereits von Brandmoosen überzogenen Feuerplatz.

Rechts: Eine Gruppe Kohlen-Graublätter auf einer überwachsenen Brandstelle.

Verwechslung: zwei weitere Brandstellen-Graublätter sind nur mikroskopisch unterscheidbar

FRÜHLINGS-WEICHRITTERLING

Melanoleuca cognata (Fr.) Konr. & Maubl.

Ohne Mikroskop sind nur wenige Weichritterlinge zuverlässig bestimmbar. Einer von ihnen ist der Frühlings-Weichritterling. Er gehört zu den frühesten Lamellenpilzen in der Saison, da er bereits im März in Laub- und Nadelwäldern – und dort vor allem auf oder neben Holzlagerplätzen und Reisighaufen – erscheinen kann (es gibt allerdings auch einen „Herbstschub"). Ein weiteres gutes Bestimmungsmerkmal sind die satt ockergelben Lamellen alter Fruchtkörper.

Frühlings-Weichritterlinge können bis 18 cm Hutbreite erreichen. Die Lamellen sind im Alter dunkelocker.

Hut: 8–18 cm breit, ausgebreitet, ± flach gebuckelt, Rand umgebogen
Huthaut: milchkaffee- bis kupferfarben, seltener dunkelbraun, glatt, trocken
Lamellen: blass, alt dunkelocker, am Stiel tief ausgebuchtet, breit, Schneiden fein gesägt
Stiel: 8–15 x 1,5 cm, gelbbraun, weiß bepudert, längsfaserig, zylindrisch, Basis oft knollig verdickt, weißfilzig
Fleisch, Geruch: blass, schwammig, Stiel zähfaserig, in der Mitte wattig-weich, Stielbasis gelb- bis orangebraun, Geruch schwach mehlig
Geschmack: angenehm
Sporenpulver: cremefarben
Häufigkeit: in manchen Jahren ziemlich häufig
Vorkommen: März bis Mai, selten auch im Herbst; gesellig, Wälder, Gärten, Parks, auf Holzabfällen
Verwechslung: Weichritterlinge: Hüte weißlich, grau, beige oder braun, reife Lamellen blasser, später im Jahr

An ihren cremeweißen Hüten und Lamellen sowie an den schwarzflockigen Stielen sind Raufuß-Weichritterlinge leicht zu erkennen.

RAUFUSS-WEICHRITTERLING

Melanoleuca verrucipes (Fr. in Quél.) Sing.

Eine „Erfolgsstory" besonderer Art ist die Ausbreitung des Raufuß-Weichritterlings in Mitteleuropa. Bis ungefähr 1970 war die Art sehr selten und in zahlreichen Gebieten nicht bekannt. Danach profitierte sie von der verstärkten Ausbringung von Rindenmulch in Gärten und Parkanlagen, sodass sie heute weit verbreitet ist. Vielerorts ist der Pilz sogar schon aus seinen vom Menschen geschaffenen Biotopen ausgebrochen und hat sich entlang der Straßen und Wege in Wäldern und Forsten angesiedelt.

Hut: 4–15 cm breit, gewölbt bis ausgebreitet, oft gebuckelt oder niedergedrückt
Huthaut: weiß, Mitte graubraun
Lamellen: weiß, sehr engstehend, ausgebuchtet und kurz herablaufend
Stiel: 8–15 x 1 cm, weiß mit kleinen, warzenähnlichen, braunschwarzen Schuppen, Basis keulig verdickt
Fleisch, Geruch: weiß, Geruch fruchtig bis bittermandelartig
Geschmack: mild
Sporenpulver: cremefarben
Häufigkeit: galt lange als selten, ist aber in Ausbreitung begriffen
Vorkommen: Sommer bis Herbst; Parks, Wälder, auf Holzabfällen und Rindenmulch
Verwechslung: kein anderer Weichritterling: hat einen so auffällig schwarzschuppigen Stiel

ZINNOBERROTER KÖRNCHENSCHIRMLING

Cystoderma terrei (Berk. & Br.) Harmaja

Die Körnchenschirmlinge sind eine kleine Blätterpilzgattung, die seit einiger Zeit nicht mehr zu den Schirmlingen (s. S. 69 ff.), sondern zu den Ritterlingsverwandten gerechnet wird. Allen Arten gemeinsam ist das körnige Velum, das die Hutoberfläche und den Stiel unterhalb des Rings überzieht. Der Zinnoberrote Körnchenschirmling wächst in Laub- und Nadelwäldern sowie auf Kalktrockenrasen. Häufiger sind der ockergelbe Amiant-Körnchenschirmling *(C. amiantinum)* und der weißlichgraue Starkriechende Körnchenschirmling *(C. carcharias)*.

Hut: 2–8 cm breit, gewölbt bis ausgebreitet, meist gebuckelt
Huthaut: ziegel- bis zinnoberrot oder orange, matt, feinkörnig bis -schuppig
Lamellen: weiß, ausgebuchtet, fein gewimpert
Stiel: 3–7 x 1 cm, weißlich, mit orange bis zinnoberroten Flocken oder Schüppchen, Ring flüchtig
Fleisch, Geruch: weiß, geruchlos
Sporenpulver: cremefarben
Häufigkeit: selten
Vorkommen: Sommer bis Herbst; Laub- und Nadelwälder, Wegränder, trockene Standorte
Verwechslung: Amiant-Körnchenschirmling *(C. amiantinum)*: ockergelb, häufig. – Starkriechender Körnchenschirmling *(C. carcharias)*: weißlichgrau, Geruch unangenehm, im Nadelwald

Die untere Stielhälfte des Zinnoberroten Körnchenschirmlings ist mit weißlichen, körnigen Velumflocken gesprenkelt.

Trichterlinge *(Clitocybe)*, Rötelritterlinge *(Lepista)*, Hallimasche *(Armillaria)* und verwandte Gattungen

Die Trichterlinge *(Clitocybe)* bilden eine große Gruppe weiß-, creme- oder blassrosasporiger Lamellenpilze, die durch ihre mehr oder weniger deutlich am Stiel herablaufenden Lamellen und die zumindest im Alter trichterförmig vertiefte Hutmitte sowie ellipsoide, inamyloide Sporen gekennzeichnet sind.

Der Mönchskopf *(C. geotropa)* ist ein leicht erkennbarer, guter Speisepilz. Ausdrücklich zu warnen ist vor kleinen bis mittelgroßen weißen Trichterlingen, da sich unter ihnen einige lebensgefährlich giftige Arten befinden. Insgesamt kann man von ca. sechzig bis siebzig mitteleuropäischen Arten ausgehen.

Die Gattung *Lepista* umfasst mittelgroße Arten mit grauen, blauen, ockerlichen, rotbraunen oder weißen Farben, die bei ausgebuchtetem Lamellenansatz als „Rötelritterlinge" und bei herablaufenden Lamellen als „Röteltrichterlinge" bezeichnet werden. Von den benachbarten Gattungen sind sie u. a. durch die meist warzigen, in Masse fleischbräunlichen Sporen getrennt. Zu den zehn bis fünfzehn mitteleuropäischen Arten gehören einige bekannte Speisepilze wie der Violette Rötelritterling *(L. nuda)* und der Lilastiel-Rötelritterling *(L. saeva)*.

Die Gabeltrichterlinge *(Pseudoclitocybe)* sind von *Clitocybe* durch ihre amyloiden Sporen unterschieden. Nur zwei Arten sind aus Mitteleuropa bekannt.

Lacktrichterlinge *(Laccaria)* sind überwiegend kleine und schlanke, oft zähstielige Pilze mit entferntstehenden, dicklichen Lamellen, ziegelrötlichen bis violetten Farben und stacheligen Sporen. Die Artenzahl ist umstritten, da „Arten" und „Varietäten" unterschiedlich bewertet werden.

Die Hallimasche *(Armillaria)* umfassen in Europa ca. zehn Arten, darunter einige häufige, die nur schwer auseinander zu halten sind, und einige sehr seltene wie den Moor-Hallimasch *(A. ectypa)*. Speisepilzsammler müssen wissen, dass roh oder ungenügend gekochte Hallimasche giftig sind.

Der Falsche Pfifferling ist unter den drei oder vier mitteleuropäischen Gabelblättlingen *(Hygrophoropsis)*, die wegen ihrer ablösbaren, gegabelten Lamellen auch schon in die Verwandtschaft der Kremplinge (s. S. 55) gestellt wurden, die einzige häufige Art.

Frühjahrstrichterlinge (Clitocybe pruinosa) *sind unscheinbare kleine Blätterpilze, die gleich nach der Schneeschmelze in Nadelwäldern erscheinen.*

Mönchskopf, Ledergelber Riesentrichterling

Clitocybe geotropa (Bull.: Fr.) Quél.

Der Mönchskopf ist selten vor Mitte September zu finden, dann jedoch kann er in großen Mengen erscheinen, oft in Gemeinschaft mit anderen Nadel- und Laubstreuverzehrern wie dem Nebelgrauen Trichterling (s. S. 94), dem Fuchsigen Röteltrichterling (s. S. 95) und dem Violetten Rötelritterling (s. S. 95), mit denen er auch die Neigung zur Bildung von Hexenringen teilt. Zu Beginn der Fruchtkörperentwicklung wächst der stämmige, zylindrische Stiel schneller in die Länge als der Hut in die Breite. Später holt der Hut auf, breitet sich aus und bildet einen tiefen Trichter, dessen Mitte aber nach wie vor den charakteristischen stumpfen Buckel aufweist. Der Mönchskopf ist ein guter, ergiebiger Speisepilz.

Im dunklen Nadelwald sind die stattlichen Fruchtkörper des Mönchskopfs oft schon von weitem zu erkennen. Man achte auf den kleinen Buckel in der Hutmitte.

Hut: 10–25 cm breit, gewölbt, später trichterförmig mit zentralem Buckel
Huthaut: blass creme- bis beigefarben, matt, feinfilzig, Rand eingerollt
Lamellen: weiß bis blassgelb, engstehend, bogig herablaufend
Stiel: 10–15 x 2–4 cm, blass ledergelb, jung unproportional länger als der Hut breit, keulig, grob längsfaserig, zäh
Fleisch, Geruch: weiß, fest, Geruch aromatisch
Sporenpulver: weiß
Häufigkeit: zerstreut bis ortshäufig
Vorkommen: Herbst und Spätherbst; Laub-und Nadelwälder, meist auf kalkhaltigen Böden, in Hexenringen
Verwechslung: Riesen-Krempentrichterling *(Leucopaxillus giganteus)*: Rand eingerollt, Stiel auf Druck gelbbraun verfärbend, Sporen amyloid

Ockerbrauner Trichterling

Clitocybe gibba (Pers.: Fr.) Kummer

Der kleine bis mittelgroße, hell ockerbraune, dünnfleischige Pilz gehört zu den häufigsten Trichterlingen überhaupt. Die trockene Huthaut fühlt sich wie dünnes Wildleder an. Man begegnet dem Ockerbraunen Trichterling in Laub- und Nadelwäldern aller Art, vor allem aber unter Fichten. Oft wächst er an lichteren Stellen des Waldes, entlang der Wege und Pfade, auch unter Brombeergestrüpp auf wiederaufgeforsteten Kahlschlägen. In den Sommermonaten vor Beginn der eigentlichen Pilzsaison ist er manchmal der einzige Blätterpilz, den man findet.

Hut: 4–8 cm breit, trichterförmig, in der Mitte oft leicht gebuckelt, Rand wellig-verbogen
Huthaut: creme- bis ockerfarben, feinfilzig
Lamellen: weiß, engstehend, weit herablaufend
Stiel: 4 x 1 cm, weißlich bis blassocker, schlank, längsfaserig
Fleisch, Geruch: weißlich, Geruch leicht bittermandelartig
Geschmack: mild
Sporenpulver: weiß
Häufigkeit: häufig
Vorkommen: Sommer bis Spätherbst, Laub- und Nadelwälder, Wegränder, im Gebirge bis über 2000 m
Verwechslung: Duftender Gifttrichterling *(C. amoenolens)*: Hut bereift, starker, süßlicher Geruch, giftig; in Europa bisher nur im Mittelmeergebiet. – Feinschuppiger Trichterling *(C. squamulosa)*: Hut rotbraun, feinschuppig, Mehlgeruch; Nadelwald

Der Ockerbraune Trichterling gehört zu den häufigsten einheimischen Lamellenpilzen. Hier wuchs er am Rand einer Waldstraße.

Der Ranzige Trichterling riecht nach „nassem Huhn" – was nicht leicht zu beweisen ist, wenn beim Fund ein Vergleichsobjekt fehlt.

Ranziger Trichterling

Clitocybe phaeophthalma (Pers.) Kuyper

Unter den kleinen weißlichen, cremefarbenen und blassgrauen Trichterlingen fällt der Ranzige Trichterling durch seinen Geruch auf, der von manchen Mykologen mit dem eines feuchten Hühnerstalls verglichen wird. Wer ein Mikroskop besitzt, kann den Ranzigen Trichterling aber auch an den rundlichen, in der Form an Trichinen erinnernden blasigen Zellen in der Huthaut bestimmen, die ihn von allen anderen mitteleuropäischen Arten unterscheiden.

Hut: 2–6 cm breit, gewölbt, später ausgebreitet, genabelt bis trichterig vertieft, Rand eingebogen, gewellt
Huthaut: graubraun bis fahlgelb, hygrophan, frisch glatt, speckig glänzend, alt matt
Lamellen: blassgrau bis fahlgelb, breit, herablaufend
Stiel: 5 x 0,5 cm, blassgrau bis fahlgelb, zylindrisch, glatt, Basis striegelig-filzig
Fleisch, Geruch: weißocker, dünn, Geruch sehr unangenehm nach Hühnerstall
Geschmack: bitterlich
Sporenpulver: weiß
Häufigkeit: häufig
Vorkommen: Sommer bis Herbst; Laub- und Nadelwälder, kalkhaltige und neutrale Böden, in der Streu
Verwechslung: durch den eigenartigen Geruch gut charakterisiert

Aus der Stammwunde einer alten Eberesche wachsen zwei Laubholz-Trichterlinge hervor.

Laubholz-Trichterling

Clitocybe truncicola (Peck) Sacc.

Dass der ursprünglich in Nordamerika beschriebene Laubholz-Trichterling auch in Europa vorkommt, ist erst seit einer Veröffentlichung von österreichischen Mykologen im Jahre 1988 bekannt. Seither ist er allerdings in vielen europäischen Ländern gefunden worden. Tatsache ist, dass es noch immer Pilze gibt, die nur deshalb als selten gelten, weil sich bisher niemand die Mühe gemacht hat, sie zu bestimmen und einer größeren Öffentlichkeit vorzustellen. Unter den Trichterlingen ist der Laubholz-Trichterling eine Ausnahme, weil es in dieser Gattung sonst kaum holzbewohnende Arten gibt. Ein weiteres Kennzeichen ist die späte Erscheinungszeit.

Hut: 2–4 cm breit, gewölbt, später ausgebreitet mit vertiefter Mitte
Huthaut: weiß bis blassbräunlich, seidig glänzend, Rand ± wellig verbogen
Lamellen: weiß bis cremefarben, schmal, engstehend, leicht herablaufend
Stiel: 1–3 x 0,4 cm, weiß bis bräunlich, rotbraunfleckig, exzentrisch
Fleisch, Geruch: wässrig-graulich, dünn, weich, Geruch muffig
Geschmack: zusammenziehend
Sporenpulver: weiß
Häufigkeit: selten, aber bisher noch zu wenig bekannt
Vorkommen: Spätherbst; morsches Laubholz, Auwald
Verwechslung: andere kleine Trichterlinge wachsen nicht an Holz; einige giftige bodenbewohnende Arten sind nur mikroskopisch unterscheidbar

Vom Genuss weißer Trichterlinge ist dringend abzuraten. Es gibt einige bodenbewohnende Arten, die dem Laubholz-Trichterling sehr ähnlich sehen und lebensgefährlich giftig sind.

Hallimasch

Armillaria mellea (Vahl: Fr.) Kumm. s. l.

Der Hallimasch hat in den vergangenen Jahren für Schlagzeilen gesorgt – einmal in den einschlägigen Fachzeitschriften, weil sich herausstellte, dass es sich bei ihm nicht nur um eine, sondern um eine ganze Gruppe nah verwandter Arten handelt, und zum anderen, weil amerikanische Forschern nachwiesen, dass alle Hallimaschfruchtkörper eines riesigen Waldgebiets zu einem einzigen Myzel gehörten und damit den größten und umfangreichsten Organismus bilden, der derzeit auf Erden lebt: Die hochgerechnete Biomasse war schwerer als jeder Blauwal. Speisepilzfreunde wird das nur am Rande interessieren – sie sollten aber wissen, das rohe oder ungenügend gekochte Hallimasche giftig sind.

Der Hallimasch hat einen kleinen Fichtenstumpf besiedelt. In „Hallimaschjahren" tritt der Pilz oft in riesigen Mengen auf.

Hut: 4–12 cm breit, gebuckelt, flach, trichterförmig oder wellig verbogen
Huthaut: honigbraun, gelb, oliv; Mitte dunkler braun mit feinen gelbbraunen bis schwarzen Faserschüppchen, Rand gekerbt
Lamellen: cremeweiß bis blass rotbraun, relativ entferntstehend, ± bogig
Stiel: 6 x 2 cm, blassbraun, nach unten dunkler, ± hellere Längsfasern, zylindrisch; gelber, dicker, wattiger Ring, dunklere, leicht angeschwollene Stielbasis, büschelig verwachsen, lange schwarze Rhizomorphen
Fleisch, Geruch: blass, Geruch pilzartig
Geschmack: angenehm
Sporenpulver: weiß
Häufigkeit: sehr häufig
Vorkommen: Herbst, in großen Büscheln an toten Baumstümpfen von Laub- und Nadelbäumen, Parasit, oft scheinbar auf dem Erdbo den
Verwechslung: mehrere nahestehende Hallimasch-Arten, die sich in Hutfarbe, -oberfläche und im Velum unterscheiden. – Sparriger Schüppling (s. S. 142): Sporenpulver braun, Schuppen gröber

Grüne Anistrichterlinge verblüffen sowohl durch ihre ungewöhnliche Farbe als auch durch ihren starken Anisgeruch.

Hut: 5–10 cm breit, gewölbt bis ausgebreitet, niedriger Buckel, im Alter flach trichterförmig
Huthaut: blaugrün, später graugrün bis weißlich, Rand jung eingerollt, später wellig verbogen, trocken
Lamellen: cremegelblich bis grünlich, angewachsen bis kurz herablaufend, ziemlich entferntstehend
Stiel: 3–5 x 1 cm, grünlich, zylindrisch, Basis oft angeschwollen
Fleisch, Geruch: weiß bis grünlich, starker Anisgeruch
Sporenpulver: cremefarben, manchmal mit Rosaschimmer
Häufigkeit: häufig
Vorkommen: Spätsommer bis Spätherbst; Laub- und Nadelwälder, bei Buchen, Fichten etc., in Hexenringen
Verwechslung: Grünspan-Träuschling (s. S. 147): Lamellen graubraun, Stiel beringt. – Dufttrichterling *(C. fragrans)*: mit Anisgeruch, aber nicht grün

Grüner Anistrichterling

Clitocybe odora (Bull.: Fr.) Kumm.

Unter den vielen Streuverzehrern im herbstlichen Wald ist der mittelgroße Pilz leicht an der einzigartigen Kombination von grünen bis blaugrünen Farben und kräftigem, aromatischem Anisgeruch zu erkennen. Ist der Juni kalt und nass und täuscht einen frühen Herbst vor, erscheinen manchmal schon früh in der Saison Vorläufer – eine Beobachtung, die auch auf andere Herbstpilze zutrifft.

Nebelgrauer Trichterling, Nebelkappe, Herbstblattl

Clitocybe nebularis

In den gleichen Wäldern, in denen der Grüne Anistrichterling (s. o.) und der Fuchsige Röteltrichterling (s. S. 95) vorkommen, gehört auch der Nebelgraue Trichterling gewissermaßen zum Inventar; er ist überhaupt einer der häufigsten Herbst- und Spätherbstpilze Mitteleuropas und darüber hinaus. Fast immer findet man ihn in großen Scharen, oft zu hunderten, in Reihen oder Ringen. Sein „Speisewert" ist sehr umstritten. Zweifellos gibt es Menschen, die ihn ohne akute Beschwerden verzehren können, doch hört man immer wieder auch von Unwohlsein und schweren Magenverstimmungen nach dem Genuss von Nebelkappen. Systematisch nimmt die Nebelkappe eine intermediäre Position zwischen den Trichterlingen *(Clitocybe)* und den Rötelritterlingen *(Lepista)* ein.

Die grauen, oft weißlich bereiften Fruchtkörper der Nebelkappe gehören zum spätherbstlichen Pilzaspekt der Laub- und Nadelwälder. Der ähnlich gefärbte Tigerritterling (s. S. 85) hat einen schuppigen Hut und riecht nach Mehl.

Hut: 10–25 cm breit, gewölbt bis breit gebuckelt, alt trichterförmig vertieft
Huthaut: graubraun bis gelbgrau, fein-flaumig bereift, schmierig; Rand blasser, eingerollt, später wellig verbogen
Lamellen: cremegelb bis grau, breit angewachsen, herablaufend
Stiel: 7–12 x 2–4 cm, weißlich bis grau, längsfaserig, zylindrisch, Basis verdickt, weißfilzig mit Streuresten verwachsen
Fleisch, Geruch: weißlich, dickfleischig, Geruch unangenehm süßlich, muffig
Geschmack: mild
Sporenpulver: cremefarben
Häufigkeit: sehr häufig
Vorkommen: Herbst bis Spätherbst; Laub-, Nadelwälder, Gärten, in Hexenringen
Verwechslung: Riesenrötling (s. S. 118): jung gelbe Lamellen, Hut nicht bereift, Sporenpulver rosa, giftig

Fuchsiger Röteltrichterling

Lepista flaccida (Sow.: Fr.) Pat.

Auch dieser Pilz ernährt sich von verrottender Laub- und Nadelstreu und bildet im Herbst große Hexenringe. Man unterscheidet noch eine seltenere, mehr gelbliche var. *gilva*, die am Hutrand charakteristische Wasserflecken aufweist. Lange Zeit galt der Fuchsige Röteltrichterling als essbar. Inzwischen liegen jedoch Berichte über „fallweise erhebliche Gesundheitsstörungen" vor (Ludwig 2001). Hinzu kommt, dass kürzlich schwere Erkrankungen durch den Genuss des im Mittelmeerraum auftretenden Duftenden Gifttrichterlings *(Clitocybe amoenolens)* gemeldet wurden, der mit der var. *gilva* verwechselt werden könnte. Es ist daher ratsam, den Fuchsigen Röteltrichterling nicht zu Speisezwecken zu verwenden – schon gar nicht auf Urlaubsreisen in den Süden.

Der Fuchsige Röteltrichterling wächst oft büschelig. Er ernährt sich von abgefallenem Laub und Nadelstreu.

Hut: 5–10 cm breit, gewölbt bis trichterförmig
Huthaut: rostorange bis rotbraun, in var. *gilva* mehr gelbbraun und konzentrisch gefleckt, trocken, Rand eingerollt, später wellig verbogen
Lamellen: cremerosa bis ockerrötlich, gedrängt, weit herablaufend
Stiel: 4 x 0,5 cm, rotbraun, hohl, glatt, Basis weißfilzig
Fleisch, Geruch: cremebräunlich, Geruch an frisches Gras erinnernd
Sporenpulver: blassrosa
Häufigkeit: häufig
Vorkommen: Sommer bis Winter; Laub- und Nadelwald, in Hexenringen
Verwechslung: Ockerbrauner Trichterling (s. S. 92): blasser, dünnfleischiger. – Ziegelroter Trichterling *(C. sinopica)*: Mehlgeruch, oft schon im Frühjahr; beide essbar. – Duftender Gifttrichterling *(C. amoenolens)*: Hut bereift, Geruch süßlich, giftig; in Europa bisher nur im Mittelmeerraum

Violetter Rötelritterling

Lepista nuda (Bull.: Fr.) Cooke

Das tiefe Dunkelviolett frischer Violetter Rötelritterlinge wirkt auf manche Menschen wie eine Schreckfarbe. Aus kulinarischer Sicht ist das unbegründet, denn der Pilz gehört zu jenen Speisepilzen, die man noch immer in Mengen finden kann. Das süßliche, fast wie parfümiert wirkende Aroma ist allerdings Geschmackssache – manche Sammler schwören darauf, andere wenden sich angeekelt ab. Verwechslungen sind nur möglich mit verschiedenen violetten Schleierlingen, die jedoch zwischen Hutrand und Stiel ein spinnwebartiges Velum tragen und rostbraunes Sporenpulver haben. In den Gebirgen Süddeutschlands und im Voralpenland ist die hell lilablaue bis fast weiße var. *glaucocana*, der Blassblaue Rötelritterling, örtlich häufiger als die Hauptform.

Hut: 6–15 cm breit, rundlich, zentral gebuckelt, Rand lange eingerollt
Huthaut: violett, im Alter graubraun von der Mitte aus bräunlich entfärbend oder verblassend, glatt, bei Feuchtigkeit speckig glänzend
Lamellen: blass lilablau bis violett, im Alter fleischbräunlich, engstehend
Stiel: 7–11 x 1–2 cm, violett, kräftig, voll, längsfaserig, an der Basis oft verdickt
Fleisch, Geruch: blass lilablau, fest, Geruch aromatisch fruchtig
Geschmack: aromatisch, süßlich
Sporenpulver: fleischrosa
Häufigkeit: sehr häufig
Vorkommen: Spätherbst und milde Winter, selten früher; Laub-, Nadelwälder, Gärten, gedüngte Böden, in Hexenringen
Verwechslung: Purpurfleckiger Klumpfuß (s. S. 125) und andere violette Schleierlinge: Sporenpulver rostbraun, Geruch anders. – Schmutziger Rötelritterling *(L. sordida)*: kleiner, brauner, essbar

Violette Rötelritterlinge im moosigen Nadelwald. Der schön gefärbte Herbstpilz steht bei vielen Speisepilzsammlern hoch im Kurs.

Ähnlich gefärbt wie der Violette Rötelritterling, aber viel schlanker und kleiner ist der Violette Lacktrichterling (Laccaria amethystea).

Lilastielige Rötelritterlinge: Die weißlichen bis blassbraunen Hüte bilden einen auffallenden optischen Kontrast zum lilafarbenen Stiel.

Lilastiel, Lilastieliger Rötelritterling

Lepista saeva (Bull.: Fr.) Cooke

Die waldlose Nordseeinsel Helgoland, der „rote Felsen" in der Deutschen Bucht, gilt nicht gerade als Speisepilzsammlers Traumlandschaft. Und doch kann man auf dem windumtosten Eiland bei günstiger feuchtmilder Witterung im Herbst und Spätherbst die Spankörbe mit reicher Beute füllen. Der Lilastielige Rötelritterling ist ein Pilz extensiv genutzter Weiden und anderer Grünflächen – natürlich nicht nur auf Helgoland – und kommt gelegentlich zusammen mit dem bekannten Wiesenchampignon (s. S. 76) vor.

Hut: 10–15 cm breit, gewölbt
Huthaut: blass graulich, eingerollter Rand
Lamellen: weißlich bis blass rosaockerlich, angewachsen bis ausgebuchtet
Stiel: 4–7 x 2–5 cm, grauweiß, lila bis amethystfarben gestreift, kompakt
Fleisch, Geruch: lila, dickfleischig, Geruch würzig, mitunter ziemlich penetrant
Sporenpulver: fleischrosa
Häufigkeit: weit verbreitet, aber nicht überall häufig
Vorkommen: Spätherbst und milde Winter; Wiesen, Weiden, lichte Wälder
Verwechslung: Violetter Rötelritterling (s. S. 95): Hut und Lamellen violett. – Nebelgrauer Trichterling (s. S. 94): weißlich bereift, Lamellen cremeblass, Stiel graulich

Falscher Pfifferling, Orangeroter Gabelblättling

Hygrophoropsis aurantiaca (Wulf.) R. Maire

Am leuchtenden Rotorange der leicht vom Hutfleisch ablösbaren Lamellen, am trockenen, feinfilzigen, ungerieften Hut sowie an seinem Vorkommen an und in der Nähe von Nadelholzstümpfen ist der Orangerote Gabelblättling leicht zu erkennen. Dass er dennoch immer wieder mit dem Echten Pfifferling (s. S. 180) verwechselt wird, hat glücklicherweise keine schlimmen Folgen, da der „Falsche" ungiftig ist. Pfifferlinge sind an ihren am Stiel herablaufenden, nicht vom Hutfleisch lösbaren Leisten zu erkennen und wachsen nicht an Holz.

Hut: 3–10 cm breit, trichterlingsähnlich, kein Buckel
Huthaut: gelbbraun bis rotorange, weich, filzig, Rand anfangs eingerollt
Lamellen: satt orange, weich, dünn, engstehend, mehrfach gegabelt
Stiel: 3–6 x 0,5 cm, gelborange, alt bisweilen schwärzend, zur Basis verjüngt, glatt, hohl
Fleisch, Geruch: blassorange, dünnfleischig, weich-elastisch, ohne auffallenden Geruch
Sporenpulver: weiß
Häufigkeit: häufig
Vorkommen: Sommer bis Spätherbst; an Stümpfen von Nadel- oder Laubholz, Holzresten
Verwechslung: Echter Pfifferling (s. S. 180): dickfleischiger, mit stumpfen Leisten auf der Hutunterseite. – Ölbaumpilz *(Omphalotus olearius)*: büschelig an Laubholz, wärmeliebend, größer, giftig

Im Gegensatz zum beliebten „Eierschwamm" (s. S. 180), der zu den Leistenpilzen gehört, hat der häufige Falsche Pfifferling echte Lamellen.

Hier ist die gesamte „Pilzpflanze" zu erkennen, auch der normalerweise unterirdische Teil: Das Myzel des Kaffeebraunen Gabeltrichterlings hat sich über feuchte Tuffsteine ausgebreitet.

Kaffeebrauner Gabeltrichterling

Pseudoclitocybe cyathiformis (Bull.: Fr.) Sing.

Der Kaffeebraune Gabeltrichterling ist ein schlanker, ebenmäßiger Lamellenpilz mit dunkel schwarzbraunem Hut, den man selten vor Anfang Oktober findet. Dann aber ist er bis in den Winter hinein an grasigen Stellen in Wäldern, Gärten und Parks eine ziemlich häufige, kaum verwechselbare Erscheinung. Er wächst auf dem Erdboden oder an Holz- und Pflanzenresten, manchmal aber auch, wie das Bild zeigt, auf feuchten Steinen.

Hut: 3–7 cm breit, trichterförmig
Huthaut: schwarzbraun bis graubraun, glatt, glänzend; Rand eingerollt, fein gerieft
Lamellen: grau bis schmutzigbraun, bogig herablaufend, mäßig engstehend, bisweilen gegabelt
Stiel: 7–10 x 0,5 cm, grau bis schmutzigbraun, längsfaserig weiß gestreift, Basis weißlich, keulig verdickt
Fleisch, Geruch: graulich, Geruch nach Heu
Sporenpulver: weiß
Häufigkeit: weit verbreitet
Vorkommen: Spätherbst und Winter, grasige Stellen in Wäldern, Holzreste, Gärten, Wegränder
Verwechslung: Rötender Wachstrichterling *(Cantharellula umbonata)*: Lamellen und Fleisch auf Druck rötend. – Andere nur mikroskopisch bestimmbare Arten, z. B. kleine Trichterlinge, größere Nabelinge usw.

Helmlinge *(Mycena)*, Nabelinge *(Omphalina)*, Glöckchennabelinge *(Xeromphalina)* und Zwitterlinge *(Nyctalis)*

Ungefähr 120 Helmlinge *(Mycena)* sind in Mitteleuropa bekannt, und jedes Jahr werden neue Arten beschrieben, die den Wissenschaftlern bis dato entgangen waren. Die meisten Helmlinge bilden grazile und fragile, kurzlebige Fruchtkörper aus und wachsen saprob auf Holz und Pflanzenresten. Die chemische Zersetzung der Laub- und Nadelstreu und ihre Umwandlung in Humus sind die Hauptaufgaben dieser faszinierenden Pilzgruppe. Im Herbst und Spätherbst findet man Helmlinge oft zu tausenden und in großer Artenvielfalt. Zu den wichtigsten Bestimmungsmerkmalen gehören die Farbe von Hut, Stiel, Lamellen und Lamellenschneiden, die Beschaffenheit der Huthaut und der Stieloberfläche sowie – selbstverständlich – mikroskopische Details. Die meisten europäischen Helmlinge sind bei Robich (2003) in Wort und Bild dargestellt.

Verwandt, aber weniger artenreich sind die Scheinhelmlinge *(Hemimycena)* und Adernabelinge *(Delicatula)* mit überwiegend sehr kleinen weißen Arten, deren Behandlung den Rahmen dieses Buches jedoch sprengen würde. Interessenten seien auf die Monographie von Antonín & Noordeloos (2004) verwiesen.

Die Nabelinge *(Omphalina)* wurden früher z. T. zu den Trichterlingen (s. S. 91 ff.), z. T. zu den Helmlingen und z. T. zu den Saftlingen (s. S. 78 ff.) gestellt. Es handelt sich um durchwegs kleine, unterschiedlich gefärbte, genabelte bis trichterförmige Blätterpilze mit ± herablaufenden Lamellen. Einen guten Überblick über die Artenvielfalt – ca. 25–30 Arten in Mitteleuropa – gibt Ludwig (1999, 2001).

Die Glöckchennabelinge *(Xeromphalina)* sind eine kleine Gattung (8 Arten) mit ockerbraunen bis rotbraunen Farben und breit angewachsenen bis deutlich herablaufenden Lamellen.

Die Zwitterlinge *(Nyctalis)* sind ökologisch hoch spezialisierte kleine Blätterpilze auf verfaulenden Pilzfruchtkörpern. Nur zwei Arten sind europaweit bekannt.

Gelbstieliger Helmling
(Mycena renati)

RETTICHHELMLING

Mycena pura (Pers.: Fr.) Kumm.

Zum täglichen Brot des Pilzberaters gehört es, Ratsuchenden den Rettichhelmling unter die Nase zu halten. Denn das sicherste Erkennungsmerkmal dieses in vielen Farbvarianten vorkommenden Helmlings ist der kräftige Rettichgeruch. Die Art ist, wie der Fachmann sagt, „Ubiquist", d. h., sie tritt in den unterschiedlichsten Waldgesellschaften auf und ist auch in offenem Gelände zu finden. Angesichts dieser Anspruchslosigkeit verwundert es nicht, dass der Rettichhelmling nach der Anzahl der Standorte einer der häufigsten einheimischen Pilze ist. Als Rettichersatz in der Küche taugt er allerdings nicht, da er das Pilzgift Muskarin enthält.

Der Rettichhelmling ist einer der häufigsten Pilze Mitteleuropas. Farblich sehr variabel, erkennt man ihn immer an seinem Rettichgeruch.

Hut: 2–6 cm breit, glockig bis flach gewölbt, gebuckelt, Rand gerieft
Huthaut: lila, violett, rosa, grau bis gelbweißlich
Lamellen: weißlich bis lilagrau, entferntstehend, breit angewachsen, anastomosierend, weich
Stiel: 3–8 x 0,5 cm, blasslila, glatt, hohl, schlank, Basis leicht verdickt
Fleisch, Geruch: blass graulila, wässrig, weich, Geruch nach Rettich
Sporenpulver: weiß
Häufigkeit: sehr häufig
Vorkommen: spätes Frühjahr bis Herbst; Laub- und Nadelwälder, Gärten, Parks
Verwechslung: var. *rosea*: fleischiger, v. a. in Buchenwäldern, giftig. – Schwarzgezähnelter Helmling *(M. pelianthina)*: Lamellen dunkler, Schneiden schwärzlich

Gelbmilchende Helmlinge an einem bemoosten Buchenast. Gut zu erkennen ist die orangegelbe Verfärbung der Lamellen an Druckstellen und Verletzungen.

GELBMILCHENDER HELMLING

Mycena crocata (Schrad.: Fr.) Kumm.

Im Gegensatz zum Rettichhelmling (s. o.) ist der Gelbmilchende Helmling in seinen Standortansprüchen sehr wählerisch. In Gebieten mit sauren Böden fehlt er völlig, und auf Kalkböden meidet er die Nadelwälder. Dagegen kann man ihn in Kalkbuchenwäldern, nicht selten in Gemeinschaft mit dem Saitenstieligen Knoblauchschwindling *(Marasmius alliaceus)*, gelegentlich in großen Scharen antreffen. Ein untrügliches Kennzeichen ist der intensiv feuerorangefarbene Milchsaft, der an verletzten Stellen austritt und spektakuläre Flecken hinterlässt.

Hut: 1–2 cm breit, glockig, leicht gebuckelt, später ausgebreitet
Huthaut: graugelb bis olivgrau, bei Verletzung orange bis weinrot fleckend; blasser, fein geriefter Rand
Lamellen: blassgrau, auf Druck orange bis weinrot fleckend, fast frei
Stiel: 6–12 x 0,5 cm, blassocker bis gelbbraun, Basis mit feinhaarigem Wurzelfilz, schlank, sehr fragil, Milchsaft leuchtend safran- bis rotgelb
Fleisch: blassgrau
Sporenpulver: blass cremefarben
Häufigkeit: in Kalkgebieten ortshäufig, sonst selten oder fehlend
Vorkommen: Spätsommer bis Herbst; kleine Zweige, Laub im Buchenwald, kalkhaltige Böden
Verwechslung: Bluthelmling (s. S. 102): Milch dunkel- bis braunrot, weit verbreitet

RILLSTIELIGER HELMLING

Mycena polygramma (Bull.: Fr.) S. F. Gray

Eine Handlupe leistet bei der Bestimmung vieler Helmlinge gute Dienste. Bei manchen Arten sind z. B. die Lamellenschneiden anders gefärbt als die Lamellenflächen, was mit bloßem Auge kaum erkennbar ist. Unter einer guten Lupe sieht man auch das wichtigste Merkmal des Rillstieligen Helmlings, die von oben bis unten längsrillige, metallisch glänzende Stieloberfläche. Der Rillstielige Helmling ist nicht allzu häufig; auch findet man ihn öfter einzeln wachsend als andere Helmlinge, die gern in Scharen oder Büscheln auftreten.

Hut: 1–5 cm breit, kegelig bis glockig
Huthaut: graubraun bis blassgrau, radial gefurcht
Lamellen: weiß bis blassgrau, im Alter bisweilen rosafleckig, ausgebuchtet
Stiel: 5–15 x 0,5 cm, grau silbrig glänzend, stark längsrillig, steif, hohl, mit Myzelfilz
Fleisch: blass
Sporenpulver: blasscreme
Häufigkeit: weit verbreitet
Vorkommen: Sommer bis Herbst; an Stümpfen von Laub- und Nadelbäumen, v. a. Eiche, Hasel, meist einzeln
Verwechslung: kaum möglich, wenn man die rilligen Stiele beachtet

Den Rillstieligen Helmling kennzeichnet die metallisch-graue, auffällig längsrillige Stieloberfläche.

Fichtenzapfen-helmling

Mycena plumipes (Kalchbr.) Moreau

Der Fichtenzapfenhelmling ist ein ungenießbarer Doppelgänger des ebenfalls im Vorfrühling auf Fichtenzapfen wachsenden, essbaren Fichtenzapfenrüblings (s. S. 111), unterscheidet sich von ihm aber durch seinen intensiven Chlorgeruch und den grauen Stiel. Bis vor wenigen Jahren war die Art unter dem wissenschaftlichen Namen *M. strobilicola* bekannt. Dann entdeckte der französische Mykologe P. A. Moreau in einer Veröffentlichung aus dem 19. Jahrhundert eine Beschreibung, die wesentlich älter war als jene von *strobilicola*. Nach den gültigen internationalen Regeln gebührt daher dem Namen *plumipes* („flaumfüßig") Priorität, obwohl *strobilicola* („Zapfen bewohnend") viel besser zu der Art passt.

Fichtenzapfenhelmlinge erscheinen gleich nach der Schneeschmelze. Der typische „Hallenbadgeruch" verhindert Verwechslungen mit Fichtenzapfenrüblingen.

Hut: 1–3 cm breit, glockig bis ausgebreitet, Mitte flach gebuckelt
Huthaut: dunkel- bis ockerbraun, matt, schwach radial streifig, Rand glatt
Lamellen: grauweißlich, alt bisweilen mit Rosaton, mit Zahn herablaufend, Schneiden glatt
Stiel: 2–7 x 0,2 cm, blassgrau- bis hellbraun, Spitze weißlich bepudert, glänzend, hohl, brüchig, Basis weißfilzig
Fleisch, Geruch: weißlich, dünn, Geruch nach Chlor
Geschmack: mild, rettichartig
Sporenpulver: blasscreme
Häufigkeit: im Gebirge und Mittelgebirge verbreitet bis häufig, im Flachland fehlend
Vorkommen: Winter bis Frühjahr; Nadelwälder, an vergrabenen Fichtenzapfen
Verwechslung: Fichtenzapfenrübling (s. S. 111): Geruch angenehm, Stiel gelbbraun, Hut nicht glockig

Aprikosen-farbener Helmling

Mycena leptophylla (Peck) Sacc.

Der Aprikosenfarbene Helmling wächst einzeln oder in kleinen Gruppen, aber kaum je büschelig in feuchten Laubwäldern und kann sowohl an Holzresten als auch auf abgefallenen Blättern vorkommen. Der glockige Hut breitet sich auch im Alter nie ganz aus. Trotz seiner auffälligen Farbe, die ihn von den meisten anderen Helmlingen deutlich abhebt, wird der Aprikosenfarbene Helmling nicht oft gefunden – ein Indiz dafür, dass es sich tatsächlich um eine seltene Art handelt und nicht nur um eine übersehene.

Hut: 1–3 cm breit, glockig gewölbt
Huthaut: ocker- bis orangegelb, Mitte dunkler rotorange, fein bereift, glatt, gestreift
Lamellen: creme bis hellocker, herablaufend, anastomosierend, Schneiden heller
Stiel: 2–8 x 0,1–0,2 cm, blass- bis dunkelbraun, zäh, hohl, Basis mit weißlichem Myzelfilz
Fleisch: wässrig
Geschmack: mild
Sporenpulver: weiß
Häufigkeit: ziemlich selten, gebietsweise fehlend
Vorkommen: Herbst; Auwald, an morschem Laubholz oder auf dem Erdboden, einzeln oder in kleinen Gruppen
Verwechslung: kaum möglich, wenn man auf die glockigen Hüte und die Farbe achtet

Eine Gruppe Aprikosenfarbener Helmlinge in einem humusreichen Auwald. Die glockig-gebuckelten Hüte und die dunklen Stiele sind gute Artkennzeichen.

Großes Bild: Aus einer Feuchtwiese am Rande eines Moores leuchten die farbenprächtigen Hütchen des Korallenroten Helmlings hervor.

Kleines Bild: Ein häufiger und farblich sehr attraktiver, wegen seiner Winzigkeit aber leicht zu übersehender Pilz: der Orangerötliche Helmling.

Korallenroter Helmling

Mycena adonis (Bull.: Fr.) S. F. Gray

Der aus der griechischen Mythologie bekannte, ob seiner Schönheit gerühmte Jüngling Adonis, der auf der Jagd von einem Eber getötet wurde und aus dessen Blut schöne Blumen sprossen, stand Pate bei der Benennung dieses kleinen Helmlings, der in der Tat einen Schönheitspreis verdient hätte: Keine andere Art aus der Gattung ist so intensiv korallenrot gefärbt. Kostbar sind auch die Standorte, an denen er wächst: moosreiche Feuchtwiesen und Moore, oft in der Nachbarschaft ähnlich farbenprächtiger und in gleicher Weise von Überdüngung und Drainagemaßnahmen bedrohter Saftlinge (s. S. 78 ff.). Noch kleiner ist der Orangerötliche Helmling *(M. acicula)* mit gelbem Stiel und orangerotem Hut.

Hut: 0,5–1 cm breit, glockig gewölbt, Rand stark gerieft
Huthaut: lachsrosa- bis korallenrot, im Alter ausblassend, glatt
Lamellen: weiß bis blassrosa, engstehend, breit angewachsen
Stiel: 2–5 x 0,1–0,2 cm, weiß, fast durchsichtig, weißlich bepudert, schlank
Fleisch: blassrosa, wässrig
Sporenpulver: weiß
Häufigkeit: ziemlich selten, RL 3
Vorkommen: Sommer bis Spätherbst; Nadelwälder, Feuchtwiesen, Moore, zwischen Moosen, oft mit Saftlingen (s. S. 78 ff.) und Feinschuppigen Erdzungen (s. S. 245)
Verwechslung: kaum möglich, wenn man den Standort berücksichtigt

Winterhelmling

Mycena tintinnabulum (Fr.) Quél.

Unter den büschelig wachsenden Helmlingen nimmt der Winterhelmling wegen seiner ungewöhnlichen Erscheinungszeit eine Sonderstellung ein. Man findet ihn in milden Phasen des Winters, also selten vor November und oft im Januar oder Februar, wenn Frost und Schnee sich vorübergehend zurückgezogen haben. Ob er häufig oder selten ist, lässt sich schwer sagen, denn in dieser Jahreszeit sind nur wenige Pilzfreunde unterwegs, sodass man, was die Fundstellen betrifft, von einer hohen Dunkelziffer ausgehen muß. Ein gutes Kennzeichen des Pilzes ist die dattelbraune, klebrige Hutoberfläche.

Hut: 1–2 cm breit, halbkugelig bis glockig, später ausgebreitet, Rand gerieft
Huthaut: braunschwarz bis dattelbraun, klebrig-schmierig, Haut abziehbar
Lamellen: weiß bis blassgrau, herablaufend
Stiel: 2–10 x 0,3 cm, blass mit graubrauner bis braunschwarzer Basis
Fleisch: blass
Geschmack: zusammenziehend
Sporenpulver: blasscreme
Häufigkeit: verbreitet, aber ziemlich selten

Vorkommen: Winter bis Frühjahr; an Stümpfen von Laubbäumen, büschelig
Verwechslung: andere büschelig wachsende Helmlinge: wachsen meist zu anderen Jahreszeiten oder riechen nitrös oder chlorartig

Ein üppiges Büschel frischer Winterhelmlinge mit ihren fettig glänzenden, klebrigen Hüten. Die Aufnahme entstand im Januar.

Gelbstieliger Helmling

Mycena renati Quél.

In Flussauen, Bachschluchten und Bergwäldern über Kalkböden wächst der Gelbstielige Helmling an stark vermorschtem Laubholz, gelegentlich schon im April und Mai. Die purpurroten Hüte und gelben Stiele bilden einen attraktiven Kontrast. Der chlorartige Geruch frischer Fruchtkörper tritt auch bei einigen anderen Helmlingen auf, weshalb sie auch „Nitrat-" oder „Nitrosehelmlinge" genannt werden.

Hut: 1–3 cm breit, glockig gewölbt, Rand gerieft
Huthaut: braun- bis graurosa oder purpurrot
Lamellen: weißlich bis blassrosa, gerade angewachsen, Schneiden gelb- bis rotbraun
Stiel: 3–6 x 0,1–0,2 cm, goldgelb bis gelbbraun, weißer Myzelfilz
Fleisch, Geruch: blass, Geruch nitrös
Sporenpulver: weiß
Häufigkeit: in Kalkgebieten ortshäufig, sonst selten oder fehlend
Vorkommen: Frühjahr bis Herbst; morsche Stümpfe von Laubholz, büschelig

Verwechslung: Buntstieliger Helmling *(M. inclinata)*: Hut ohne Rottöne, Stiel allenfalls in der Mitte gelb, meist an Eichenstümpfen, ungenießbar

Ende Mai wuchsen diese hübschen Gelbstieligen Helmlinge in einem wärmebegünstigten Flusstal an alten, abgefallenen Haselästen.

Kleinodien der Natur: Rosa Helmlinge im spätherbstlichen Nadelwald. Manchmal sprießen sie zu tausenden aus der Nadelstreu hervor.

Rosa Helmling

Mycena rosella (Fr.) Kumm.

Im Herbst und Spätherbst ist der Waldboden mitunter übersät mit Helmlingen. Vor allem die Nadelstreu der Fichten- und Kiefernwälder erweist sich als gutes Substrat für zahlreiche Arten. Einer der schönsten dieser kleinen Gesellen ist der Rosa Helmling. In seiner Nachbarschaft begegnet man oft auch dem Orangeschneidigen Helmling *(M. aurantiomarginata)*, dem Aschgrauen Helmling *(M. cinerella)*, der kräftig nach Mehl riecht, und dem Rostfleckigen Helmling *(M. zephirus)*, um nur einige zu nennen. Gemeinsam sorgen sie dafür, dass unsere Wälder nicht in der Masse der abgefallenen Nadeln ersticken, sondern regelmäßig mit frischem Humus versorgt werden.

Hut: 0,5–1 cm breit, glockig gewölbt, Rand gerieft
Huthaut: rosenrot, im Alter blasser, dunkel gerieft
Lamellen: blassrosa, entfernststehend, angewachsen, Schneiden kräftig rot
Stiel: 3–5 x 0,1–0,2 cm, rosa, weißlicher Myzelfilz
Fleisch: blassrosa, wässrig
Sporenpulver: weiß
Häufigkeit: ortshäufig
Vorkommen: Herbst; Nadelstreu, v. a. in Bergwäldern
Verwechslung: Korallenroter Helmling (s. S. 100): Lamellen und Schneiden weiß, Stiel weiß; Feuchtwiesen

Bluthelmlinge an einem Buchenast: Bestimmungsmerkmale sind die etwas überstehende, zackig berandete Huthaut und der rotbraune Saft, der aus der verletzten Stelle am Stiel austritt.

Bluthelmling

Mycena haematopus (Pers.: Fr.) Kumm.

Einige Helmlingen sind dadurch gekennzeichnet, dass sie bei Verletzungen einen weißen oder gefärbten Saft ausscheiden, der analog zu den Milchlingen (s. S. 167 f.) auch Milch genannt wird. Dunkel rotbraune Milch ist kennzeichnend für den Laubholz besiedelnden Bluthelmling und seine auf Nadelholz vorkommende Nachbarart, den Purpurschneidigen Bluthelmling *(M. sanguinolenta)*. Häufiger noch wird man den Weißmilchenden Helmling *(M. galopus)* finden, seltener dagegen den Gelbmilchenden (s. S. 98), der besondere Ansprüche an seine Umgebung stellt.

Hut: 1–3 cm breit, halbkugelig bis glockig, leicht gebuckelt
Huthaut: blassgrau bis graulila bereift, später braunrot, kahl, Rand gerieft mit gefranster, überhängender Huthaut
Lamellen: blass rötlich oder rot gefleckt
Stiel: 5–8 x 0,3 cm, braunrot, bereift, steif, hohl, Milchsaft dunkel rotbraun
Fleisch: blass
Sporenpulver: blass cremefarben
Häufigkeit: weit verbreitet, in Laubwaldgebieten ortshäufig
Vorkommen: Sommer bis Herbst; kleine Zweige, feuchte Laubwälder
Verwechslung: Purpurschneidiger Bluthelmling *(M. sanguinolenta)*: Schneiden braun- bis weinrot

Rotbrauner Nabeling, Starkgeriefter Nabeling

Omphalina pyxidata (Bull.: Pers.) Quél.

Viele Nabelinge sind Pilze des offenen Geländes. Man findet sie auf Magerrasen und Schwemmsandflächen, in Dünen und an Dämmen. Manche besiedeln sogar Extremstandorte wie Hochgebirgsfluren oberhalb der Baumgrenze oder Permafrostböden, die nur im kurzen arktischen Sommer oberflächlich auftauen. Der Starkgeriefte Nabeling ist ein Pilz der Trockenrasen auf sandigen Böden und des frisch begrünten Brachlands. Er kommt z. B. in Dünen, auf Segelflugplätzen und ehemaligen Truppenübungsplätzen vor, auch auf Kalkmagerrasen, die ihrer seltenen Blütenpflanzen und Insekten wegen unter Naturschutz stehen. Bei der Bestimmung achte man vor allem auf die fleischbräunliche Farbe und den bis zur Mitte radial gerieften Hut.

Rotbraune Nabelinge auf einem Dünenrasen unweit des Nordseestrands: Man achte auf die Farbe und den „genabelten" Hut mit seinem bis zur Mitte gerieften Rand.

Hut: 1–4 cm breit, gewölbt bis unregelmäßig flatterig, Mitte tief genabelt
Huthaut: rot- bis fleischbraun, glatt, Rand bis zur Mitte durchscheinend gerieft, wellig oder gezähnt
Lamellen: blass cremerosa bis rotbraun, weit entferntstehend, weit herablaufend
Stiel: 2–4 x 0,2 cm, hellbraun, lang, dünn, glatt, glänzend
Fleisch: weißlich, dünn
Sporenpulver: weiß
Häufigkeit: ziemlich häufig
Vorkommen: Sommer bis Spätherbst und milde Winter; Wegränder, Trockenrasen zwischen Moosen
Verwechslung: andere *Omphalina*-Arten sind anders gefärbt und nur mikroskopisch unterscheidbar

Ein Gelbgrüner Nabeling zwischen Moosen auf einem toten Tannenstamm.

Gelbgrüner Nabeling

Omphalina grossula (Pers.) Sing.

Der Gelbgrüne Nabeling ist einer der wenigen Vertreter seiner Gattung, die auf altem Nadelholz wachsen. In Mitteleuropa kommt er hauptsächlich in den Hoch- und Mittelgebirgen vor, wo Tanne und Fichte dominieren. Darüber hinaus ist er ein Pilz der kalten Jahreszeit, der selten vor der zweiten Septemberhälfte erscheint und in milden Wintern bis in den Februar hinein gedeiht. Der Standort und die grüngelbe Farbe erleichtern die Bestimmung. Auf dem gleichen Substrat kommt auch der etwas größere Holznabeling *(O. epichysium)* vor, der sich aber an seiner dunkelbraunen Farbe unterscheiden lässt.

Hut: 1–3 cm breit, stark gewölbt, im Alter genabelt
Huthaut: grüngelb bis weißlich ausblassend, Rand gerieft
Lamellen: grüngelb bis weißlich, entferntstehend, weit herablaufend
Stiel: 1–3 x 0,2 cm, grüngelb, glatt, glänzend
Fleisch: weißlich, dünn
Sporenpulver: weiß
Häufigkeit: nur in Bergnadelwäldern, sonst selten oder fehlend
Vorkommen: Sommer bis Spätherbst; Bergnadelwälder, an toten Stämmen oder Stümpfen von Tannen, Fichten und Kiefern, einzeln oder gesellig
Verwechslung: kaum möglich bei Berücksichtigung der Farbe und des Standorts

Geselliger Glöckchennabeling

Xeromphalina campanella (Batsch: Fr.) Kühner & Maire

Manchmal schon im März/April kann man in Nadelwäldern auf alte Baumstümpfe stoßen, die über und über mit kleinen gelbbraunen Blätterpilzen besiedelt sind. Das gesellige Wachstum ist typisch für diese hübsche Art, die in Mitteleuropa nur einige wenige und überdies ziemlich seltene Verwandte besitzt. Charakteristisch sind die bogig am Stiel herablaufenden Lamellen. Der Gesellige Glöckchennabeling, der in den Mittelgebirgen und den Alpen sowie im süddeutschen Hügelland überall verbreitet ist, tritt im norddeutschen Flachland nur sehr sporadisch auf, um nördlich dieser „Lücke", in Skandinavien, wieder häufig zu werden. Es gibt viele andere Pilze und Blütenpflanzen mit einem vergleichbaren „nordisch-alpinen" Verbreitungsbild.

Zu hunderten haben Gesellige Glöckchennabelinge einen alten Fichtenstumpf besiedelt.

Hut: 0,5–2 cm breit, glockig, genabelt, Rand gerieft
Huthaut: gelb- bis rostbraun
Lamellen: rostgelb, bogig herablaufend, ziemlich entferntstehend, aderig verbunden
Stiel: 2–5 x 0,1 cm, rost- bis schwarzbraun, zäh, Basis mit rostgelben Myzelknöllchen
Fleisch, Geruch: dünn, zäh, Geruch schwach
Geschmack: bitter
Sporenpulver: weiß
Häufigkeit: häufig im Bergland, selten in der Ebene
Vorkommen: Frühjahr bis Herbst; morsche Nadelholzstümpfe
Verwechslung: Holzbewohnende Häublinge (s. S. 140): Sporenpulver braun, mehrere Arten sehr giftig

Beschleierter Zwitterling

Nyctalis parasitica (Bull.: Fr.) Fr.

Die beiden Arten der Gattung *Nyctalis* (Zwitterlinge) haben sich verfaulende Fruchtkörper von Milchlingen (s. S. 167 ff.) und Täublingen (s. S. 159 ff.) als Substrat ausgesucht. Während der hier dargestellte Beschleierte Zwitterling jung ein seidiges Velum (Schleier) besitzt, einen glatten Hut und einen relativ langen Stiel hat, ist der Stäubende Zwitterling *(N. asterophora)* kurzstielig und kompakt, und sein Hut ist wie mit Mehl überzogen. Der feine „Staub" besteht aus sogenannten *Chlamydosporen*, d. h. Sporen, die nicht an Basidien wachsen, sondern direkt von den Pilzhyphen abgeschnürt werden. Beide Zwitterlinge gedeihen im Sommer und Herbst, sind aber nicht allzu häufig. In trockenen Jahren wird man vergeblich nach ihnen suchen.

Hut: 1–3 cm breit, glockig gewölbt bis ausgebreitet, gebuckelt
Huthaut: weiß bis silbergrau, glatt, Rand leicht gerieft, keine Chlamydosporen auf der Huthaut
Lamellen: weiß bis blassgrau, entferntstehend, dick
Stiel: 1–4 x 0,3 cm, blass, ziemlich dünn, oft verbogen
Fleisch, Geruch: dünn, Geruch mehlartig
Sporenpulver: weiß
Häufigkeit: ziemlich selten
Vorkommen: Sommer bis Herbst auf faulenden Schwärztäublingen *(Russula nigricans* u. a.*)* und großen weißen Milchlingen *(Lactarius spec.)*
Verwechslung: Stäubender Zwitterling *(N. asterophora)*: dickfleischig, Hutoberfläche mehlig durch Chlamydosporen; häufiger

Ein reichhaltiges Vorkommen des Beschleierten Zwitterlings. Die Pilze haben ihr Substrat – verfaulte Milchlinge oder Täublinge – vollkommen überwachsen.

Blasssporrüblinge *(Gymnopus)*, Schwindlinge *(Marasmius)* und verwandte Gattungen

Unter Rüblingen versteht man im deutschen Sprachgebrauch eine große Anzahl von weiß- bis cremerosasporigen, oft büschelig wachsenden saproben Lamellenpilzen mit meist zähstieligen, dünnfleischigen Fruchtkörpern. Der Gattungsname *Collybia*, unter dem diese Arten noch in vielen Pilzbüchern geführt werden, ist nach den Studien von Antonín & Noordeloos (1997) nur noch auf eine kleine Artengruppe anwendbar, die auf verfaulenden Blätterpilzen wächst. Ebenfalls abgetrennt wurden die Rosasporrüblinge, eine Gruppe von fünf Arten mit cremegelblichem bis cremerosafarbenem Sporenpulver *(Rhodocollybia)*, während der weitaus größte Teil (ca. 25 Arten) jetzt zur Gattung *Gymnopus* gerechnet wird.

Kleiner Knoblauchschwindling (Marasmius scorodonius)

Jeweils nur wenige Arten umfassen die Holzrüblinge *(Megacollybia)*, Zapfenrüblinge *(Strobilurus)*, Wurzelrüblinge *(Xerula)*, Samtfußrüblinge *(Flammulina)*, Schleimrüblinge *(Oudemansiella)* und Gurkenschnitzlinge *(Macrocystidia)*.

Die Schwindlinge *(Marasmius)* sind für ihre Trockenheitsresistenz bekannt. Fällt nach einer längeren Dürre wieder Regen, so leben die eingetrockneten und eingeschrumpften Fruchtkörper wieder auf. Die Gattung umfasst in Mitteleuropa ca. 35 Arten, darunter viele kleine und sehr kleine, mit sehr dünnen, zähen Stielen und häutigen Hüten. In den Tropen sind sehr viel mehr Arten bekannt. Von den Zwergschwindlingen (*Marasmiellus*, ca. zehn Arten) sind sie im Zweifelsfall nur durch eine sorgfältige mikroskopische Untersuchung der Huthaut zu unterscheiden. Eine Sonderstellung nehmen die Rosshaarschwindlinge *(Setulipes)* ein.

Gefährliche Giftpilze sind in all diesen Gruppen keine bekannt. Allerdings eignen sich auch nur wenige Arten zum Verzehr, so der Winterrübling *(Flammulina velutipes)*, der Fichtenzapfenrübling *(Strobilurus esculentus)*, der Nelkenschwindling *(Marasmius oreades)* und der Kleine Knoblauchschwindling *(M. scorodonius)*.

Knopfstieliger Büschelrübling

Gymnopus confluens (Pers.: Fr.) Antonín, Halling & Noordel.

Der Knopfstielige Büschelrübling hat ein untrügliches Kennzeichen, das ihn von anderen, ähnlichen Rüblingen unterscheidet, mit denen er Standort und büscheliges Wachstum teilen kann: Die zusammengedrückten, rotbraunen, an der Spitze flockig bereiften Stiele sind dort, wo sie in den Hut übergehen, deutlich „knopfartig“ verbreitert. Man muss allerdings eine Hälfte des Hutes abbrechen, um dieses Merkmal gut zu erkennen. Bei auf den ersten Blick ähnlichen Frühjahrsfunden handelt es sich meist um den Striegeligen Rübling *(G. hariolorum)*.

Die dünnen, bald flachen Hüte und der oben erweiterte Stiel sowie das büschelige Wachstum sind gute Merkmale des Knopfstieligen Büschelrüblings.

Diese Art ist jedoch sofort an ihrem Geruch nach verfaulendem Kohl kenntlich.

Hut: 2–5 cm breit, gewölbt bis flach, alt oft unregelmäßig aufgebogen
Huthaut: hell fleischbraun bis blass ockerbraun, glatt, trocken
Lamellen: weiß bis rosabräunlich, sehr engstehend, schmal, Schneiden gezähnelt
Stiel: 6–13 x 0,5 cm, rotbraun, lilagrau-flockig bereift, trocken, hohl, oben zusammen gedrückt, an der Basis oft miteinander verwachsen, am Lamellenansatz knopfartig erweitert
Fleisch, Geruch: weißlich, dünn, zäh, Geruch aromatisch nach Heu
Sporenpulver: cremefarben
Häufigkeit: sehr häufig
Vorkommen: Sommer bis Spätherbst, Laub- und Nadelwälder, büschelig
Verwechslung: Striegeliger Rübling *(G. hariolorum)*: Geruch nach Kohl, Stielbasis stark weißfilzig, früher im Jahr, ungenießbar

Brennender Rübling

Gymnopus peronatus (Bolt.: Fr.) Antonín, Halling & Noordel.

Meist in Gruppen, aber nicht büschelig wächst der Brennende Rübling zwischen abgefallenen Blättern, Nadeln und kleinen Zweigen. Man erkennt ihn meist schon an dem üppigen Filz der Stielbasis, kann die Bestimmung aber durch eine kleine Kostprobe absichern: Das zähe Fleisch schmeckt nämlich brennend scharf. Die fleischbräunlichen Lamellen sind manchmal recht dunkel und können eine Art mit braunem Sporenpulver vortäuschen.

Hut: 3–6 cm breit, flach gewölbt, Mitte bald niedergedrückt
Huthaut: gelb- bis ocker- oder fleischbraun, dunkel radialstreifig, Rand gelblich, im Alter runzlig
Lamellen: blassgelb bis gelb- oder fleischbraun, entferntstehend, oft queraderig, Schneiden heller
Stiel: 4–7 x 0,5 cm, gelblich bis ockerbraun, blass, zäh, biegsam, Basis mit gelbem, striegeligem Myzelfilz
Fleisch, Geruch: ockerbraun, lederig-zäh, Geruch unauffällig oder entfernt nach Essig
Geschmack: pfefferig scharf
Sporenpulver: blass cremefarben
Häufigkeit: häufig
Vorkommen: Sommer bis Herbst; Streu von Laub- und Nadelbäumen
Verwechslung: Butterrübling (s. S. 106): fettig glänzend, dunkel rotbraun. – Waldfreund-Rübling *(G. dryophilus)*: orangebraun, Stiel glatt

Brennende Rüblinge in einem Mischwald: Die dunklen Lamellen, die striegelig-filzige Stielbasis und der brennend scharfe Geschmack ermöglichen die Bestimmung.

Der Artname fusipes *bedeutet „spindelfüßig“. Die Stiele des Spindeligen Rüblings sind nach unten zugespitzt.*

Spindeliger Rübling

Gymnopus fusipes (Bull.: Fr.) S. F. Gray

Die dunkel rotbraunen, bündelartig zusammengefassten, an der Basis zugespitzten und tief im Substrat wurzelnden Stiele sowie der Standort an alten Eichenstümpfen oder -stämmen oder scheinbar auf dem Erdboden über Eichenwurzeln machen die Bestimmung dieses kaum verwechselbaren Rüblings leicht. Dort, wo der Hauptwirt fehlt oder selten geworden ist, wird man auch dem Spindeligen Rübling kaum begegnen, denn Vorkommen an anderen Baumarten sind bisher nur wenige bekannt geworden.

Hut: 3–8 cm breit, gewölbt, leicht gebuckelt, Rand eingerollt, oft unregelmäßig wellig
Huthaut: rotbraun bis rotbraun fleckig, ockerlich ausblassend
Lamellen: weiß bis rostfleckig, dick, entferntstehend, runzlig
Stiel: 10–18 x 2–3 cm, rotbraun, zäh, gefurcht, verdreht, spindelig wurzelnd
Fleisch, Geruch: blass rotbraun, sehr zäh, Geruch unauffällig
Sporenpulver: cremerosa
Häufigkeit: ortshäufig, aber gebietsweise fehlend
Vorkommen: Frühsommer bis Herbst; Stümpfe von Laubbäumen, v. a. Eichen; büschelig, manchmal aus alten Fruchtkörpern vom Vorjahr hervorwachsend
Verwechslung: Knopfstieliger Büschelrübling (s. o.): kleiner, nicht so tief wurzelnd, in Nadel- und Laubstreu. – Butterrübling (s. S. 106): glänzend, nicht spindelig, in Nadel- und Laubstreu

Horngraue Rüblinge sind anspruchslose Streuverzehrer, die in den verschiedensten Waldgesellschaften auftreten.

Horngrauer Rübling

Rhodocollybia butyracea (Bull.: Fr.) Lennox f. asema (Fr.: Fr.) Antonín, Halling & Noordel.

Der Butterrübling *(R. butyracea* f. *butyracea)*, die rotbraune Form dieses Pilzes, die Jahrzehnte lang als eigenständige Art angesehen wurde, verdankt ihren Namen dem fettigen Glanz frischer Hüte, der auch bei der „horngrauen" Form zu beobachten ist. Auch die oft etwas flachgedrückten, zur Basis hin verbreiterten, röhrighohlen Stiele haben sie gemeinsam. Beide Farbformen gehören zu den häufigsten Lamellenpilzen in unseren Laub- und Nadelwäldern. Ein noch wenig bekannter, aber vermutlich ebenfalls nicht seltener Doppelgänger ist der Faserhütige Rübling *(R. filamentosa)* mit dunklerem, eingewachsen-radialfaserigem Hut. Er wächst vor allem in Bergnadelwäldern.

Hut: 3–8 cm breit, gewölbt, leicht gebuckelt, Rand alt oft aufgebogen
Huthaut: grau bis graubraun (rotbraun in f. *butyracea)*, hygrophan, Mitte dunkler, fettig glänzend, leicht klebrig
Lamellen: weiß bis blass cremefarben, dichtstehend, fast frei, Schneiden fein gesägt
Stiel: 5–9 x 0,5–1 cm, rot- bis graubraun, etwas flachgedrückt, hohl, längsfaserig, Basis keulig verbreitert, weißfilzig
Fleisch, Geruch: blass rotbraun, schwammig, geruchlos
Geschmack: bitterlich
Sporenpulver: cremerosa
Häufigkeit: sehr häufig
Vorkommen: Frühsommer bis Spätherbst; Laub-, Nadelwälder, v. a. bei Fichten
Verwechslung: Keulenfüßiger Trichterling *(Clitocybe clavipes)*: Lamellen herablaufend, Hut nicht „fettig", Stielbasis stärker verdickt. – Waldfreund-Rübling *(Gymnopus dryophilus)*: Hut orangebraun, Stiel gelbbraun, dünner, schwach giftig

Gefleckter Rübling

Rhodocollybia maculata (A. & S.: Fr.) Sing.

Die äußerst engstehenden, schmalen Lamellen und der bittere Geschmack des Gefleckten Rüblings sind zwei wichtige Erkennungsmerkmale. Hinzu kommen das gedrängte Wachstum und die rotbraunen Flecken auf dem oft unregelmäßig verbogenen, weißen bis blassockerfarbenen Hut. Bei stämmigen Formen, die an Ritterlinge (s. S. 84 ff.) erinnern können, achte man auf den zähen, zur Basis hin meist spindelig zugespitzten Stiel, der ebenfalls rotbraune Flecken aufweist. Der Pilz gehört zu den häufigen Rüblingen und ist vor allem in der Nadelstreu der Fichtenforste, gelegentlich aber auch in Laub- und Mischwäldern zu finden.

Der Gefleckte Rübling tritt meist gesellig auf. Die Bestimmung ist nicht schwer, wenn man auf die rotbraunen Flecken an Hut und Stiel, die engstehenden Lamellen und den bitteren Geschmack achtet.

Hut: 3–10 cm breit, gewölbt bis ausgebreitet, unregelmäßig gebuckelt
Huthaut: weiß bis ockerbraun, bald rotbraun gefleckt, glatt, trocken
Lamellen: cremeweiß, alt rotbraun fleckend, engstehend, Schneiden gezähnelt
Stiel: 6–12 x 1–2 cm, weiß, zäh, längsfaserig, oft fuchsigbraun gestreift oder gefleckt; Basis wurzelartig verlängert
Fleisch, Geruch: weiß bis fleischrosa, dickfleischig, Geruch unauffällig
Geschmack: sehr bitter
Sporenpulver: blass cremefarben
Häufigkeit: sehr häufig
Vorkommen: Sommer bis Herbst; Laub- und Nadelwälder, saure Böden
Verwechslung: Spindeliger Rübling (s. S. 105): dunkel rotbraun, büschelig an Eichen. – Butterrübling (s. o.): fettig glänzend, dunkel rotbraun.

Ästchen-Zwergschwindling

Marasmiellus ramealis (Bull.: Fr.) Sing.

Ein hübscher Pilz, der in Scharen an abgefallenen Laubholzzweigen wächst, aber nur von aufmerksamen Sammlern und Naturfreunden mit dem „Sinn fürs Kleine" gefunden wird, ist der Ästchen-Zwergschwindling. Oft sind es Kinder, die ihn auf Pilzwanderungen entdecken und dem Exkursionsleiter präsentieren: Sie sind näher am Boden und meistens noch nicht so speisepilzfixiert wie ihre Eltern. Trotz seiner geringen Größe ist der Ästchen-Zwergschwindling kaum verwechselbar, wenn man auf den sehr hellen, allenfalls in der Mitte bräunlichen Hut und den auf bräunlichem Grund fein weißflockigen Stiel achtet.

Hut: 0,5–1 cm breit, gewölbt bis ausgebreitet, schwach genabelt
Huthaut: cremegrau bis cremerosa, radial runzelig, feinst-flaumig
Lamellen: weiß, entferntstehend, gerade angewachsen, oder mit Pseudokollar
Stiel: 1–2 x 0,2 cm, oben weißlich, Basis rotbraun, fein weißflockig
Fleisch, Geruch: weißlich, zäh, geruch- und geschmacklos
Sporenpulver: weiß
Häufigkeit: ziemlich häufig
Vorkommen: Sommer bis Herbst; gesellig an abgefallenen Laub- und Nadelholzzweigen

Die Lamellen des Ästchen-Zwergschwindlings können am Stielansatz in einer Art Halskrause (Pseudokollar) zusammengefasst sein.

Verwechslung: Weißer Zwergschwindling *(M. candidus)*: größer, Hut oft sehr unregelmäßig verbogen; Hauptverbreitung mediterran-atlantisch

Stinkender Zwergschwindling

Marasmiellus foetidus (Sow.: Fr.) Antonín, Halling & Noordel.

Der dunkelbraune Stiel, die hellen Lamellenschneiden, der bis zur Mitte rotbraun geriefte Hut sowie vor allem der abstoßende Geruch nach Abwasserkanal oder faulenden Kohlblättern sind für diese bereits früh in der Saison erscheinende Art kennzeichnend. Im Gegensatz zu ähnlichen Arten wächst sie nicht in der Streu, sondern immer auf abgefallenen kleinen Laubholzzweigen an Standorten mit hoher Luftfeuchtigkeit (Auwälder, Bachschluchten, schattige Hanglagen). Der Stinkende Blätterrübling *(Gymnopus brassicolens)* riecht ähnlich, gedeiht aber auf verfaulendem Laub und hat einen heller gelbbraunen Hut.

Hut: 2–4 cm breit, gewölbt bis flach ausgebreitet, in der Mitte genabelt
Huthaut: kastanien- bis fleischbraun, Mitte dunkelgrau, radial gerunzelt und gerieft, schmierig-klebrig
Lamellen: schmutzigbraun, entferntstehend, queraderig, Schneiden hell
Stiel: 3–4 x 0,5 cm, dunkelbraun bis schwarz, feinsamtig, zusammengedrückt, zäh
Geruch: Geruch nach verfaulendem Kohl
Sporenpulver: weiß
Häufigkeit: zerstreut
Vorkommen: Frühjahr bis Herbst; Au- und Schluchtwälder, tote, abgefallene Laubholzäste
Verwechslung: Stinkender Blätterrübling *(Gymnopus brassicolens)*: größer, auf vermoderndem Buchenlaub

Eine kleine Gruppe Stinkender Zwergschwindlinge hat einen Laubholzast besiedelt.

Nelkenschwindling, Feldschwindling

Marasmius oreades (Bolt.: Fr.) Fr.

Von der Meeresküste, wo sein Lebensraum gleich hinter dem Strand in der Vegetation der Graudünen beginnt, bis hinauf in höhere Lagen der Alpen bildet der Nelkenschwindling auf Rasenflächen, Wiesen und an grasigen Wegrändern seine Hexenringe. In einem Pilzführer aus dem Jahr 1909 heißt es über ihn: „Wegen seines lieblichen, würzigen Wohlgeschmackes zählt er zu den feinsten Speisepilzen." Vorsicht ist allerdings angebracht: An den gleichen Standorten und ebenfalls in Ringen oder Reihen wachsen bisweilen auch weiße Gifttrichterlinge.

Einer der häufigsten Wiesenpilze ist der essbare Nelkenschwindling.

Hut: 2–7 cm breit, flach gewölbt, später ausgebreitet mit breitem Buckel, Rand ± wellig verbogen
Huthaut: blass ockerbraun, matt, oft rissig
Lamellen: blass ockerbraun, breit, entferntstehend, am Stiel ± frei
Stiel: 6–7 x 0,5 cm, cremefarben, zäh, trocken, biegsam, nach Austrocknung immer wieder auflebend
Fleisch, Geruch: weiß bis blass ockerbraun, fest, elastisch, Geruch leicht bittermandelartig
Geschmack: angenehm aromatisch
Sporenpulver: blasscreme
Häufigkeit: sehr häufig
Vorkommen: Frühjahr bis Spätherbst; Wiesen, Weiden, Parks, Gärten, oft in Hexenringen
Verwechslung: weiße Trichterlinge (s. S. 91 ff.): auch oft in Ringen wachsend, Lamellen angewachsen bis herablaufend, sehr giftig

Eine Gruppe Violettlicher Schwindlinge: Die grauviolette Tönung junger Hüte ist auf den Exemplaren am linken Bildrand noch zu erahnen.

Violettlicher Schwindling

Marasmius wynnei Berk. & Br.

Der typische grau- bis braunviolette Farbstich dieses Schwindlings kann an den Hüten alter, weißlich ausgeblichener Fruchtkörper völlig fehlen. Der glänzende Stiel ist oben weißlich, darunter orange- bis rotbraun. Die in Scharen auf toten Blättern, Nadeln und Holzresten wachsende Art ist auf bodensauren Standorten kaum je zu finden, dagegen auf kalkhaltigen Böden stellenweise in großer Zahl. Aufgrund ihrer Wandlungsfähigkeit wird sie allerdings leicht verkannt.

Hut: 2–6 cm breit, halbkugelig bis flach gewölbt, stumpf buckelig, Rand alt oft aufgebogen
Huthaut: milchweiß bis grauviolett, matt bereift, fein gerieft
Lamellen: weißlich bis graulich, breit, entferntstehend, queradrig
Stiel: 4–10 x 0,5 cm, orange- bis rotbraun, Spitze weißflockig bis violettgrau, glänzend, Basis schwärzlich
Fleisch, Geruch: blass, Geruch nach Heu
Sporenpulver: weiß
Häufigkeit: in Kalkgebieten häufig
Vorkommen: Sommer bis Herbst; in der Laub- und Nadelstreu, büschelig wachsend
Verwechslung: andere Schwindlinge mit anderem Geruch und ohne grauviolette Töne

Kleiner Knoblauchschwindling, Echter Mousseron

Marasmius scorodonius (Fr.: Fr.) Fr.

Der Kleine Knoblauchschwindling ist ein auf den ersten Blick unscheinbares kleines Lamellenpilzchen – und doch zählt er bei Feinschmeckern zu den begehrtesten Pilzarten überhaupt. In Frankreich liegen die Preise für ein Tütchen mit wenigen Gramm getrockneter Exemplare weit über jenen für Steinpilze und Pfifferlinge. „Schuld" daran ist das würzige Knoblaucharoma, das auch beim Trocknen erhalten bleibt und die Mousserons zu einer beliebten Würze für Fleischgerichte aller Art macht. Weniger geeignet ist der Große Knoblauchschwindling *(M. alliaceus)*, ein Pilz der Kalkbuchenwälder.

Hut: 0,5–2,5 cm breit, gewölbt bis flach ausgebreitet
Huthaut: gelb- bis rötlichbraun, matt, Rand gerieft bis runzelig
Lamellen: blassocker, ausgebuchtet
Stiel: 3–8 x 0,3 cm lang, purpurbraun, steif, filzig behaart
Fleisch, Geruch: bräunlich, Geruch nach Knoblauch
Geschmack: intensiv nach Knoblauch
Sporenpulver: weiß
Häufigkeit: verbreitet bis häufig, v. a. bei feuchter Witterung
Vorkommen: Sommer bis Spätherbst; Nadelwald, im Moos
Verwechslung: Saitenstieliger Knoblauchschwindling *(M. alliaceus)*: größer, auf Buchenholz. – Stinkender Zwergschwindling (s. S. 107): Geruch nach faulem Kohl

Nach Regenfällen im Sommer erscheint der Kleine Knoblauchschwindling in Scharen.

Graziler Pilz mit Drang nach Höherem: Aus der bemoosten Rinde einer alten Buche sprießen zwei Buchen-Ringrüblinge hervor.

Buchen-Ringrübling

Oudemansiella mucida (Schrad.: Fr.) v. Höhnel

„Eine alte, absterbende Buche im Herbstwald, deren Äste bis hoch in die Krone hinauf mit den weißen, in der Sonne wie Porzellan durchscheinenden Hüten dieses Pilzes besetzt sind, ist ein unvergessliches Erlebnis.“ Dieser Schilderung aus der Feder des bekannten deutschen Mykologen Hermann Jahn (1911–1987) ist kaum etwas hinzuzufügen – außer vielleicht, dass der Buchen-Schleimrübling auch an liegenden Stämmen und abgefallenen Ästen vorkommt und dass man ihn am ehesten in Naturwaldreservaten (wie dem thüringischen „Buchen-Nationalpark“ Hainich) findet. Die schleimigen weißen Hüte, der beringte Stiel und der Standort schließen Verwechslungen aus.

Hut: 3–10 cm breit, glockig bis halbkugelig, alt verflachend oder unregelmäßig wellig
Huthaut: weiß bis blassgrau, sehr schleimig, durchsichtig, stark gerunzelt
Lamellen: weiß, breit, entferntstehend, ausgebuchtet, kurz am Stiel herablaufend
Stiel: 4–8 x 1 cm, weiß, zäh; hochsitzender, oben weißer, unten grauer, schleimiger Ring; dunkelbraune Stielbasis keulig verdickt, tief im Holz wurzelnd
Fleisch: weiß oder wässrig-grau
Sporenpulver: weiß
Häufigkeit: ziemlich häufig
Vorkommen: Sommer bis Spätherbst und milde Winter; büschelig auf toten oder absterbenden Buchen in nicht zu trockenen Lagen
Verwechslung: kaum möglich

Wurzelrübling

Xerula radicata (Relhan: Fr.) Dörfelt

Neben einem Buchenstumpf steht ein hoher, schlanker Pilz mit ockerbraunem, schmierigem, radial gerunzeltem Hut und weißen Lamellen. Versucht man, den Pilz aufzunehmen, gibt es Probleme: Die Stielbasis wurzelt tief im Boden und bricht fast immer ab. Der unterirdische Teil des starren, zähfleischigen Stiels ist nicht selten genauso lang wie der sichtbare, oberirdische. Der Wurzelrübling gehört zu den häufigsten Lamellenpilzen in mitteleuropäischen Laubwäldern und wird fast auf jeder Pilzwanderung zwischen Juni und Oktober gefunden. Einige seltene Verwandte wie der Braunhaarige Wurzelrübling *(X. pudens)* unterscheiden sich durch trockene, samtig behaarte Fruchtkörper.

Wurzelrüblinge an einem Buchenstumpf: Der normalerweise unterirdische Stielteil des rechten Exemplars wurde freigelegt.

Hut: 3–10 cm, glockig, später ausgebreitet und leicht gebuckelt, radial runzelig
Huthaut: grau, gelb- bis dunkelbraun, trocken seidig, feucht schmierig-klebrig
Lamellen: weiß, breit, entferntstehend, anastomosierend, am Stiel kurz herablaufend, Schneiden bräunlich
Stiel: 8–25 x 1 cm, weiß, zur Basis zunehmend braun, spindelförmig, bis ca. 20 cm tief wurzelnd, längsfaserig, zäh, Wurzel weiß
Fleisch, Geruch: weißlich, dünn, geruchlos
Geschmack: muffig bis leicht bitter
Sporenpulver: weiß
Häufigkeit: sehr häufig
Vorkommen: Frühsommer bis Herbst; Wälder, Parks, auf Baumstümpfen oder vergrabenem Holz, besonders Buche
Verwechslung: Schnecklinge (s. S. 81 ff.): kein spindelförmiger Stiel. – Wurzelfälbling (s. S. 138): Stiel wurzelnd, mit Ring, Geruch nach Marzipan. – Breitblättriger Holzrübling (s. S. 110): dunkler braun, radial einreißend, Stielbasis mit weißen Rhizomorphen

Breitblättriger Holzrübling

Megacollybia platyphylla (Pers.: Fr.) Kotl. & Pouz.

In der pilzarmen Vorsaison zwischen Mai und Juli ist der Breitblättrige Holzrübling oft der markanteste Blätterpilz. Er wächst einzeln oder zu mehreren an oder neben alten Baumstümpfen. Der radialstreifige, alt einreißende Hut und die langen, weißen Myzelstränge an der Stielbasis sind gute Merkmale. Bläst man auf die Hutunterseite, so werden kleine Kerbtiere aufgescheucht, die zwischen den Lamellen leben – eine Erinnerung daran, dass fast jeder Pilzfruchtkörper auch Lebensraum für verschiedene, z. T. hoch spezialisierte Insekten ist.

Hut: 6–16 cm breit, gewölbt bis flach ausgebreitet, leicht gebuckelt
Huthaut: olivgrau bis dunkelbraun, trocken, radialfaserig, Rand alt radial einreißend
Lamellen: weiß bis creme, sehr breit, entferntstehend, angewachsen bis ausgebuchtet, Schneiden graulich
Stiel: 6–15 x 1–2 cm, hellgrau bis blassbraun, zylindrisch, zäh, hohl, längsfaserig, Basis mit sehr langen weißen Rhizomorphen
Fleisch, Geruch: weißlich, dünn, Geruch muffig
Geschmack: mild bis bitterlich
Sporenpulver: cremefarben
Häufigkeit: sehr häufig
Vorkommen: Frühsommer bis Herbst; Stümpfe von Laub- und Nadelholz
Verwechslung: Wurzelrübling (s. S. 109): kleiner, ockerbraun, spindelförmige, lange „Wurzel". – Rehbrauner Dachpilz (s. S. 121): Sporenpulver rosa, alte Lamellen rosa

Breitblättrige Holzrüblinge haben einen Fichtenstumpf besiedelt. Ältere Hüte reißen oft radial ein.

Winterrübling, Samtfussrübling

Flammulina velutipes (Curt.: Fr.) Sing.

In Bayern wurde vor einigen Jahren ein Mann angezeigt, der mitten im Winter mit einer langen Stange im Auwald beobachtet worden war. Man bezichtigte ihn der Schwarzfischerei. Die Beamten staunten nicht schlecht, als der Mann ihnen erklärte, dass es sich bei der Stange nicht um eine Angel, sondern um ein selbst konstruiertes Winterrüblingspflückgerät handelte, mit dem er sich die oft hoch an Auwaldbäumen wachsenden, hervorragend schmeckenden Büschel des Winterrüblings herunterholte. Winterrüblinge, die an ihren lebhaft gelben Hüten und braunsamtigen Stielen erkennbar sind, liefern zu ungewöhnlichen Zeiten Frischpilzgerichte und werden auch erfolgreich gezüchtet.

Hut: 2–8 cm breit, gewölbt bis ausgebreitet
Huthaut: orangegelb bis rostbraun, glatt, schmierig-schleimig, eingebogener, heller Rand
Lamellen: weißlich bis gelblich, ausgebuchtet oder breit angewachsen, z. T. anastomosierend
Stiel: 3–8 x 0,5 cm, oben gelb, unten dunkelbraun samtig, zylindrisch, oft flach gedrückt, fest
Fleisch, Geruch: blassgelb, Geruch pilzartig
Geschmack: mild, nussig
Sporenpulver: weiß
Häufigkeit: häufig
Vorkommen: Spätherbst und Winter; büschelig an Laubholz, v. a. Weiden, Auwälder, selten an Nadelholz
Verwechslung: Gemeiner Flämmling (s. S. 133): Lamellen orangegelb, Sporenpulver rostbraun

In einer milden Dezemberwoche wuchs dieses prächtige Büschel Samtfußrüblinge an einem Laubholzstumpf.

Wegränder, Gebüsche, aber auch Nadelwälder sind bevorzugte Standorte des Gurkenschnitzlings.

Gurken-schnitzling

Macrocystidia cucumis (Curt.: Fr.) Sing.

Mit seinem dunkel kastanienbraunen, heller gerandeten Hut, dessen Oberfläche mit mikroskopisch kleinen Härchen bewachsen ist und sich daher feinsamtig anfühlt, ist der Gurkenschnitzling eine ausgesprochen elegante Erscheinung unter den Lamellenpilzen. Der ästhetische Eindruck verliert allerdings ein wenig von seinem Zauber, wenn man den Pilz abpflückt und an ihm riecht: Er „duftet" ziemlich penetrant nach überständigem Gurkensalat oder tranig nach nicht näher definierbarem Fisch. So stark ist der Geruch, dass er sich den Fingern mitteilt und bis auf weiteres Geruchsproben an anderen Pilzen unmöglich macht.

Hut: 2–5 cm breit, glockig, später ausgebreitet
Huthaut: dunkel kastanienbraun, feinsamtig, Rand gelblich, fein gerieft
Lamellen: weißlich bis ziegelocker, engstehend, ausgebuchtet-angewachsen
Stiel: 4–8 x 0,5 cm, rot- bis schwarzbraun, Spitze heller, feinsamtig
Fleisch, Geruch: weißlich, Geruch stark nach Gurke oder fischig-tranig
Sporenpulver: ocker
Häufigkeit: weit verbreitet, häufig
Vorkommen: Sommer bis Herbst; auf Holzresten, an Wegrändern, zwischen Gras, in Parks, Gärten und Wäldern
Verwechslung: kaum möglich, wenn man den charakteristischen Geruch berücksichtigt

Fichtenzapfen-rübling

Strobilurus esculentus (Wulf.: Fr.) Sing.

Die meisten Pilzsammler bekommen den häufigsten Lamellenpilz des Fichtenwalds wegen seiner ungewöhnlichen Erscheinungszeit nie zu Gesicht. Von Ende Februar bis Mitte April besiedelt der Fichtenzapfenrübling in manchen Bergwäldern tausende von Zapfen mit dutzenden von Einzelfruchtkörpern. Da er – z.B. geschmort auf Toast – sehr gut schmeckt, lohnt sich die Mühe des Einsammelns, wobei man jedoch wissen sollte, dass mit dem nach Chlor riechenden Fichtenzapfenhelmling (s. S. 99) zur gleichen Zeit am gleichen Standort auch ein ungenießbarer Pilz auftreten kann. Auf Kiefernzapfen wachsen zwei nah verwandte Arten.

Hut: 0,5–3 cm breit, gewölbt bis ausgebreitet, flach gebuckelt
Huthaut: dunkel rot- bis graubraun, weißlich bei unter dem Schnee entwickelten Fruchtkörpern, glatt, trocken, Rand fein gerieft
Lamellen: weißlich bis hellgrau, ausgebuchtet, engstehend
Stiel: 3–6 x 0,2–0,4 cm, weißlich bis gelbbraun, steif, fest, Basis mit gelbbraunem Myzelfilz
Fleisch, Geruch: weißlich, Geruch angenehm
Geschmack: mild, aromatisch
Sporenpulver: weiß
Häufigkeit: weit verbreitet, überall häufig, wo Fichten vorkommen
Vorkommen: Winter bis Frühjahr; Fichtenwälder, an vergrabenen Fichtenzapfen, gelegentlich schon im Herbst
Verwechslung: Fichtenzapfenhelmling (s. S. 99): glockig-gewölbt, Stiel grau, Chlorgeruch, ungenießbar. – Kiefernzapfenrüblinge *(S. stephanocystis, S. tenacellus)*: gelbbraun auf Kiefernzapfen, nur mikroskopisch unterscheidbar

Ein Speisepilz zu ungewöhnlicher Jahreszeit: Fichtenzapfenrüblinge nach der Schneeschmelze.

SÄGEBLÄTTLINGE *(Lentinus)*, ZÄHLINGE *(Lentinellus)*, SEITLINGE *(Pleurotus)* UND VERWANDTE GATTUNGEN

Sägeblättlinge *(Lentinus)* sind zähfleischige, kleine bis mittelgroße Lamellenpilze, die systematisch einigen Gruppen der Nichtblätterpilze *(Aphyllophorales)* näher stehen als den Lamellenpilzen im engeren Sinn. Unter der Lupe erkennt man, dass die Lamellenschneiden bei mehreren Arten zackig sind wie ein Sägeblatt. Alle Sägeblättlinge sind Totholzbewohner; manche haben recht spezielle Standortsansprüche. Das Hauptverbreitungsgebiet der Gattung liegt in den Tropen.

Die Zählinge *(Lentinellus)* ähneln äußerlich den Sägeblättlingen, haben jedoch andere Sporen und eine andere Tramastruktur. Sie werden zur Familie der *Hericiaceae* gerechnet, deren bekannteste Vertreter die eigentümlichen Stachelbärte (s. S. 183) sind.

Seitlinge *(Pleurotus)* sind weiß- bis blasslilasporige Lamellenpilze mit rudimentärem oder seitlich ansitzendem Stiel. Verwechslungen sind möglich mit Muschelingen aus der Gattung *Hohenbuehelia*, die im Zweifelsfall erst durch die Untersuchung der mikroskopischen Merkmale abgegrenzt werden können, ferner mit Muschelseitlingen *(Sarcomyxa)* und Ohrenseitlingen *(Pleurocybella)*. Eine wirtschaftliche Erfolgsstory ist die kommerzielle Zucht des Austernseitlings *(P. ostreatus)* auf Stroh- und Holzsubstraten. Der Pilz ist heutzutage in jedem gut sortierten Supermarkt zu finden und steht in vielen Restaurants auf der Speisekarte.

Jede der hier erwähnten Gattungen ist in Mitteleuropa mit ca. zehn, zum Teil allerdings sehr seltenen Arten vertreten. Die meisten sind bei Ludwig (2000, 2001) ausführlich dargestellt.

Veränderliche Sägeblättlinge (Lentinus torulosus)

Orangeseitling (Phyllotopsis nidulans)

Schuppige Sägeblättlinge auf einem Fichtenstumpf.

Schuppiger Sägeblättling

Lentinus lepideus (Fr.: Fr.) Fr.

Den Schuppigen Sägeblättling findet man nicht nur auf Stümpfen, sondern auch und vor allem auf im Freien verbauten Holz wie Stegen, Geländern, früher auch an hölzernen Bahnschwellen, Telegrafenmasten und vergleichbaren Substraten. An einem oberbayerischen See wurde er vor einigen Jahren sogar ca. 50 Meter vom Ufer entfernt an einem Anlegerpfahl nur wenige Zentimeter über der Wasseroberfläche entdeckt. In Bergwerken wächst er an Grubenholz und bildet mitunter geweihartig verzweigte, hutlose Fruchtkörper aus. Er zieht Nadelholz vor, wurde gelegentlich aber auch schon an Laubholz beobachtet.

Hut: 5–15 cm breit, gewölbt, später ausgebreitet
Huthaut: blassbraun, hell- bis graubraune, breite, dicke Schuppen, Rand eingerollt
Lamellen: blass cremeocker, engstehend, fein gesägte Schneiden, bogig herablaufend
Stiel: 5–10 x 1–2 cm, weiß bis blassbraun, unterhalb vom Ring braunschuppig gebändert, seitenständig, hart, oft wurzelnd
Fleisch, Geruch: weiß, lederig, zäh, Geruch aromatisch
Sporenpulver: weiß
Häufigkeit: zerstreut
Vorkommen: Sommer bis Spätherbst; Nadelholzstümpfe, v. a. Kiefern, verbautes Holz, Bergwerksstollen, seltener auch an Laubholz
Verwechslung: Getigerter Sägeblättling (s. u.): kleiner, dünnfleischiger, Schuppen feiner, an Laubholz, Auwald

Getigerter Sägeblättling

Lentinus tigrinus (Bull.: Fr.) Fr.

Der Getigerte Sägeblättling sieht wie eine schmächtige Form des Schuppigen Sägeblättlings (s. o.) aus. Die Schuppen sind jedoch viel feiner, und auch der Standort ist ein anderer: Man begegnet ihm vor allem in Auwäldern entlang der Flüsse – so ist er zum Beispiel in Baden-Württemberg im Oberrheingraben weit verbreitet, in anderen Landesteilen aber nur sehr zerstreut anzutreffen (Krieglsteiner 2001). Auen-Weichhölzer, allen voran verschiedene Weidenarten, sind das bevorzugte Substrat. Klimatisch zieht er die wintermilden Regionen mit atlantischem Einfluss vor und wird nach Osten zu seltener. Der Getigerte Sägeblättling ist der einzige Gattungsvertreter, der, wenn's denn sein muss, gegessen werden kann.

Fruchtkörper: 4–10 cm breit, trompeten- bis trichterförmig, ± genabelt, büschelig
Huthaut: weißlich, vor allem in der Mitte dicht mit kleinen dunkelbraunen Schuppen gesprenkelt, Rand eingerollt
Lamellen: cremegelb, weit am Stiel herablaufend
Stiel: 6 x 0,3 cm, blass, braunschuppig, oft mit Velumresten
Fleisch, Geruch: weißlich, dünnfleischig, elastisch-zäh, Geruch angenehm
Geschmack: mild
Sporenpulver: weiß
Häufigkeit: ortshäufig
Vorkommen: Frühjahr bis Herbst; totes Laubholz, vor allem Weiden und Pappeln, Auwald
Verwechslung: Schuppiger Sägeblättling (s. o.): derber, meist an Nadelholz. – Rillstieliger Seitling *(Pleurotus cornucopiae)*: Hut glatt, Stiel mit netzig verbundenen Längsrillen

Der Getigerte Sägeblättling wächst in klimatisch begünstigten Flusstälern.

Veränderliche Sägeblättlinge an einem liegenden Buchenstamm.

Veränderlicher Sägeblättling, Laubholz-Knäueling

Lentinus torulosus (Pers.: Fr.) Lloyd

Als Knäuelinge bezeichnete man früher die Arten der Gattung *Panus*. Nach deren Zuordnung zu *Lentinus* liegt es nahe, sie auch im Deutschen als „Sägeblättlinge" zu bezeichnen, obwohl das charakteristische Merkmal der sägeblattartigen Lamellen nicht bei allen ehemaligen *Panus*-Arten gut ausgeprägt ist. Der Veränderliche Sägeblättling wächst meist auf toten Laubholzstämmen und -stümpfen. Die lilafarbene, feinfilzige Hutoberfläche und die lilabräunlich getönten Lamellen junger Exemplare sind charakteristisch. Der auf den ersten Blick ähnliche Austernseitling (s. S. 116) hat einen glatten, mehr schiefergrauen Hut und weiße Lamellen. Der Violettblättrige Muschelseitling *(Panellus violaceofulvus)* ist ein viel kleinerer Nadelholzbewohner des Winterhalbjahrs.

Hut: 4–12 cm breit, muschel- bis zungenförmig, Mitte trichterförmig vertieft
Huthaut: jung lila, alt ocker- bis rotbraun, glatt bis feinfilzig, Rand lila-violett
Lamellen: blasslila bis ockerlich, herablaufend, engstehend
Stiel: 1–3 x 1–2 cm, hell ockerbraun bis lila, seitenständig, filzig
Fleisch, Geruch: weißlich, lederig-zäh, Geruch unangenehm
Geschmack: mild bis bitterlich
Sporenpulver: weiß
Häufigkeit: weit verbreitet, aber nicht häufig, wärmeliebend
Vorkommen: Sommer bis Herbst; tote Stümpfe und Stämme von Laubbäumen, in Auwäldern, vor allem Birke, büschelig wachsend
Verwechslung: Duftender Sägeblättling *(L. suavissimus)*: kleiner, ockerfarben, Geruch nach Anis, an Weide in Moorwäldern

Bitterer Zwergknäueling

Panellus stipticus (Bull.: Fr.) P. Karst.

Verglichen mit den anderen in diesem Kapitel vorgestellten Arten, ist der Bittere Zwergknäueling ein kleiner Pilz. Er hat einen stummelartigen, kurzen Stiel, der am klar abgegrenzten Lamellensatz am breitesten ist. Der ockerbraune Hut ist alt oft etwas kleiig und schuppt mosaikartig auf. Das beste Bestimmungsmerkmal ist allerdings der abstoßend gallebittere, zusammenziehende Geschmack. In Gebieten, in denen die Eiche häufig ist, gehört der Bittere Zwergknäueling zu den häufigsten Bewohnern alter Stümpfe und Stämme. Wesentlich seltener kommt er an anderen Laubbäumen und an Nadelholz vor.

Ein reichhaltiges Vorkommen des Bitteren Zwergknäuelings. Die Pilze sind sehr dauerhaft und können sogar den Winter überstehen.

Hut: 1–4 cm breit, kreis- bis nierenförmig, Rand wellig eingerollt
Huthaut: ocker- bis rehbraun, trocken, filzig, auf Druck schwach klebrig-kleiig, mosaikartig geschuppt
Lamellen: blassbeige bis ockerbraun, engstehend, zum Stiel scharf abgegrenzt
Stiel: 1–2 x 0,5 cm, ockerbraun, filzig, lateral ansitzend
Fleisch, Geruch: ockerbraun, zäh, Geruch schwach pilzig
Geschmack: gallebitter
Sporenpulver: weiß
Häufigkeit: häufig
Vorkommen: ganzjährig; totes, morsches Laubholz (vor allem Eiche), seltener Nadelholz, büschelig
Verwechslung: kaum möglich, wenn man auf den bitteren Geschmack achtet

Anis-Zähling

Lentinellus cochleatus (Pers.: Fr.) Karst.

Der gelappte, mit einem zähen, knorpeligen Stiel tief im Substrat wurzelnde Anis-Zähling ist unverwechselbar – vorausgesetzt, er macht seinem Namen Ehre und duftet tatsächlich intensiv nach Anis. Die „geruchlose Varietät", die in vielen Pilzbüchern beschrieben wird, ist, wie 1999 der französische Mykologen Pierre-Arthur Moreau und seine Mitarbeiter herausfanden, eine durchaus eigenständige Art – *L. inolens*. In Weidengebüschen am Rande von Mooren und in Auwäldern kommt der kleinere, hell ockergelbe Duftende Sägeblättling *(L. suavissimus)* vor, der ebenfalls sehr intensiv nach Anis duftet – „wie Weihnachtsplätzchen" sagen Kinder, wenn man sie darauf aufmerksam macht. Eine seltene Art ist der Filzige Zähling *(L. ursinus)*, der an abgefallenen Laubholzästen in warmen Lagen wächst.

Fruchtkörper: 3–8 cm breit, bis ca. 15 cm hoch, tüten- bis trompetenförmig, oft eingedrückt, büschelig oder dachziegelig übereinander
Huthaut: gelb- bis rotbraun, Rand ± stark eingerollt
Lamellen: cremefarben bis blassbraun, weit am Stiel herablaufend, Schneiden gesägt
Stiel: 1–3 x 0,6 cm, kurz, lederig-zäh bis knorpelig, exzentrisch
Fleisch, Geruch: blass, Geruch anisartig
Geschmack: bitter
Sporenpulver: weiß
Häufigkeit: weit verbreitet
Vorkommen: Sommer bis Spätherbst; an Laub- und Nadelholzstümpfen, Totholz
Verwechslung: Geruchloser Zähling *(L. inolens)*: ohne Anisgeruch. – Duftender Sägeblättling *(Lentinus suavissimus)*: blass ockergelb, kleiner, weicher, Geruch ähnlich, an totem Weidenholz in Moorwäldern

Oben: Die Hutunterseite eines Filzigen Zählings. Die Oberseite des seltenen Pilzes ist graufilzig.

Links: Der Anis-Zähling kommt sowohl an Laub- als auch an Nadelholz vor. Sein starker süßlicher Geruch ist manchmal schon aus einigen Metern Entfernung wahrzunehmen.

Berindeter Seitling

Pleurotus dryinus (Pers.: Fr.) Kumm.

Der Berindete Seitling kann sehr große und schwere Fruchtkörper bilden, die umso auffälliger sind, wenn sie an leicht zugänglichen Standorten wie Allee- und Gartenbäumen auftreten. Er kommt an den verschiedensten Wirtsbäumen vor, insbesondere aber an Apfelbäumen und Fichten – eine Vorliebe, wie sie von anderen Pilzarten nicht bekannt ist. Die Huthaut kann bei alten Exemplaren feinschuppig aufplatzen; der Rand ist oft mit fetzenartigen Velumresten behangen. Die Haupterscheinungszeit fällt in die Herbstmonate.

Hut: 10–25 cm, anfangs gewölbt, bald ausgebreitet
Huthaut: hellgrau bis cremeocker, ± feinschuppig, rissig aufplatzend, filzig, Rand mit Velumfetzen behangen
Lamellen: weiß, später gelblich, entferntstehend, am Stielansatz gegabelt
Stiel: 1–3 x 1 cm, weiß, feinfilzig, sehr kurz, seitenständig, Ring weiß, flüchtig
Fleisch, Geruch: weiß bis blassgelb, zäh, geruchlos bis würzig
Geschmack: nussartig
Sporenpulver: blass lavendelfarben
Häufigkeit: zerstreut
Vorkommen: Herbst; totes oder absterbendes Laubholz, seltener Nadelholz
Verwechslung: Rillstieliger Seitling *(Pleurotus cornucopiae)*: büschelig, trompetenförmig, Stiel gerillt, dünnfleischig

Der Berindete Seitling wächst an noch relativ frischem Totholz oder in Stammwunden geschädigter Bäume. Charakteristisch sind die hellgraue Farbe und der kurze, seitenständige Stiel.

Orangeseitling (Phyllotopsis nidulans)*: Der orangegelbe filzige Hut und der äußerst unangenehme Geruch nach verfaulendem Kohl sind Eigenschaften, die man in dieser Kombination bei keinem anderen Pilz findet.*

Kräuterseitling

Pleurotus eryngii (DC) Quél.

In Deutschland und seinen östlichen Nachbarländern wird man diesem auf Doldenblütlern und Disteln parasitierenden Seitling kaum begegnen – und wenn, so sollte man unbedingt einen Pilzexperten informieren und ihm den verbreitungsgeografisch interessanten Fund mitteilen. In Italien, Spanien und Frankreich, wo Kräuterseitlinge häufiger sind, wird der Pilz seit alters her gerne gesammelt, gegessen und neuerdings auch gezüchtet.

Hut: 5–12 cm breit, flach gewölbt
Huthaut: graubraun bis beige, rostfleckig, trocken, ± feinschuppig, Rand eingerollt
Lamellen: weißlich bis graulich, bogig herablaufend
Stiel: 4 x 1 cm, weißlich bis beige, ± exzentrisch
Fleisch, Geruch: weiß, fleischig, Geruch schwach
Sporenpulver: blass lavendelfarben
Häufigkeit: nördlich der Alpen sehr selten, RL 2; im Mittelmeerraum häufiger
Vorkommen: Ödland, Dünen, Parasit auf den Wurzeln von Doldenblütlern und der Stranddistel, Zuchtpilz
Verwechslung: kaum möglich, wenn man den ungewöhnlichen Standort berücksichtigt

Kräuterseitlinge an einer Stranddistel. Die Aufnahme entstand auf der französischen Atlantikinsel Hoëdic.

Frische Austernseitlinge in der Stammwunde eines alten Walnussbaums.

Austernseitling

Pleurotus ostreatus (Jacquin: Fr.) Kumm.

Austernseitlinge sind in der Natur „Nachzügler" der Hauptsaison, d. h., sie erscheinen selten vor Ende Oktober und können in milden Phasen des Winters und des Vorfrühlings immer wieder neue Fruchtkörper produzieren. An geschwächten oder schon abgestorbenen, aber noch stehenden Buchenstämmen sieht man sie mitunter hoch in der Baumkrone (Fernglas!). Bequemer ist es, sie von liegenden Stämmen zu ernten, wo ebenfalls reiche Vorkommen beobachtet werden können. Als Zuchtpilz hat der Austernseitling unter den Hobbygärtnern viele Freunde gefunden, und manche haben den Anbau sogar zu ihrem Beruf gemacht. Wer viel mit Austernseitlingen zu tun hat, muss allerdings wissen, dass das Einatmen großer Sporenmengen zu Lungenproblemen führen kann; Ärzte sprechen von der „Austernseitlingszüchterlunge".

Fruchtkörper: 8–20 cm breit, dachziegelig, übereinander stehend, halbkreis- bis austernförmig, büschelig
Huthaut: blassbraun bis blaugrau, Mitte oft weißfilzig bereift, glatt, seidig glänzend
Lamellen: weißlich, engstehend, dünn, herablaufend, unterschiedlich lang
Stiel: 1–2 x 1 cm, weiß, filzig, sehr kurz, oft fehlend, seitlich angesetzt, oft gerillt
Fleisch, Geruch: grauweißlich, festfleischig, angenehmer Pilzgeruch
Geschmack: mild
Sporenpulver: blass lavendelfarben
Häufigkeit: ziemlich häufig
Vorkommen: Herbst und milde Winter; tote oder absterbende Laubbäume (vor allem Buche, Weide), in Stammwunden, auch an liegenden Stämmen und Stümpfen, Zuchtpilz auf Stroh, Holz
Verwechslung: Rillstieliger Seitling *(Pleurotus cornucopiae)*: büschelig, trompetenförmig, Stiel gerillt. – Lungenseitling *(P. pulmonarius)*: blasser, leichter Anisgeruch, Frühsommer bis Herbst

Rötlinge *(Entoloma)*, Räslinge *(Clitopilus)*, Dachpilze *(Pluteus)* und Scheidlinge *(Volvariella)*

Die in diesem Kapitel zusammengefassten Gattungen gehören zwar verschiedenen Familien an, haben aber die Farbe des Sporenpulvers gemeinsam. Sie wird meistens als rosa bezeichnet, geht aber zumindest bei den Dachpilzen auch deutlich ins Rotbraune.

Die Rötlinge *(Entoloma)* bilden mit ca. 200 mitteleuropäischen Arten eine der größten Blätterpilzgattungen. Einen typischen „Rötlingshabitus" gibt es nicht: Sie gleichen äußerlich teils den Helmlingen (s. S. 97 ff.) und Nabelingen (s. S. 102 ff.), teils den Rüblingen (s. S. 104 ff.), teils den Ritterlingen (s. S. 84 ff.) oder den Trichterlingen (s. S. 91 ff.). Allen gemeinsam sind die unregelmäßig eckigen oder höckerigen Sporen und die rötliche Sporenpulverfarbe. Ausführliche Studien über die Rötlinge hat in den vergangenen Jahren der niederländische Mykologe Machiel Noordeloos veröffentlicht. Über die süddeutschen Arten informiert ausführlich der vierte Band der Pilzflora Baden-Württembergs (Krieglsteiner 2003).

Artenarm ist die Gattung *Clitopilus* (Räslinge). Nur eine der fünf mitteleuropäischen Arten ist häufig und kommt auch für den Speisepilzsammler in Betracht. Im Gegensatz zu den Rötlingen haben die Räslinge gestreifte Sporen.

Mit ihren freien, leicht ablösbaren Lamellen stehen die Dachpilze *(Pluteus)* den Knollenblätterpilzen und Wulstlingen (s. S. 61 ff.) nahe. Die Gattung umfasst ca. vierzig meist holzbewohnende mitteleuropäische Arten, darunter einige sehr häufige wie den Rehbraunen Dachpilz.

Die Scheidlinge *(Volvariella)* entwickeln sich anfangs aus einer geschlossenen Gesamthülle *(Velum universale)*, die beim alten Fruchtkörper eine abstehende Scheide um die Stielbasis bildet. Eine Teilhülle *(Velum partiale)* zwischen Hutrand und Stiel fehlt. Mit ca. zehn Arten kann man in Mitteleuropa rechnen.

Wie das Myzel unter der Erde verzweigen sich die Adern auf dem Hut des Aderigen Dachpilzes (Pluteus thomsonii) *zu einem vielmaschigen Netz.*

Riesenrötling

Entoloma sinuatum (Bull. ex Pers.: Fr.) Kumm.

Der Riesenrötling ist ein stattlicher Giftpilz mit Mehlgeruch, der von manchen Menschen (nicht allen!) als durchaus angenehm empfunden wird. Doch es wäre grob fahrlässig, sich von solchen Geruchseindrücken zu kulinarischen Experimenten verführen zu lassen! Es kommt beim Pilzesammeln und -verspeisen nicht darauf an, ob einem ein Pilz „gefällt" oder nicht, sondern einzig und allein darauf, ob man ihn sicher bestimmen kann. Da der Riesenrötling ziemlich selten ist und vergleichsweise „harmlos" aussieht, wird er immer wieder mit Speisepilzen verwechselt, vor allem mit der – im Speisewert selber umstrittenen – Nebelkappe (s. S. 94) oder sogar mit dem Mairitterling (s. S. 89). Im Zweifelsfall sind die hellgelben, im Alter rötlichen Lamellen und das rosabraune Sporenpulver gute Kennzeichen.

Hut: 6–20 cm breit, gewölbt, stumpf gebuckelt oder wellig verbogen
Huthaut: blass silbergrau bis grauocker, oft scheckig gefleckt, seidig glatt, feucht leicht schmierig

Die jung gelben, nach der Sporenreife rosafarbenen Lamellen sind ein gutes Kennzeichen des giftigen Riesenrötlings.

Lamellen: hellgelb, später blassrosa, entferntstehend, ausgebuchtet
Stiel: 8–15 x 1–3 cm, weißlich, zylindrisch bis bauchig, fest, längsfaserig
Fleisch, Geruch: weiß, dickfleischig, fest, kräftiger Mehlgeruch
Sporenpulver: rosa, fleischfarben
Häufigkeit: zerstreut bis selten, in Gebieten mit sauren Böden fehlend, RL 3
Vorkommen: Sommer bis Spätherbst; Laubwälder, unter Buchen und Eichen, lehmige, kalkhaltige Böden
Verwechslung: Nebelgrauer Trichterling (s. S. 94): kein Mehlgeruch, Sporenpulver weiß, mit Vorbehalt essbar. – Ritterlinge (s. S. 84 ff.): weißes Sporenpulver. – Mairitterling (s. S. 89): weißes Sporenpulver, weiße Lamellen, im Frühjahr wachsend

Weissgrauer Rötling

Entoloma lividoalbum (Kühn. & Romagn.) Kubicka

Die Art gehört, wie der Riesenrötling (s. o.), zu den größeren Rötlingen mit ritterlingsartigem Habitus. Man findet sie im Sommer und Herbst in Laubwäldern und Parks über besseren Böden, meist an grasigen Stellen unter älteren Bäumen. Der Weißgraue Rötling ist selten und wenig bekannt, kann aber an seinen Standorten in großer Zahl auftreten. Über seine mögliche Verwendbarkeit in der Küche ist nichts bekannt; er sollte aber allein schon wegen der Verwechslungsgefahr mit dem Riesenrötling gemieden werden. Sie ist besonders bei alten Fruchtkörpern ziemlich hoch, wenn die Farbe der jungen Lamellen – weißlich bis blassgrau beim Weißgrauen Rötling, gelb beim Riesenrötling – einem einheitlichen Rosabraun gewichen ist.

Hut: 4–13 cm breit, gewölbt, gebuckelt bis wellig, Rand umgebogen, gerieft bis eingerissen
Huthaut: dunkelgrau bis olivbraun, fleckig, hygrophan, matt oder seidig
Lamellen: weißlich bis blassgrau bis rosabraun, breit ausgebuchtet
Stiel: 4–13 x 1–2 cm, weiß, längsfaserig gestreift, keulig ± gebogen, brüchig, hohl
Fleisch, Geruch: weißlich, Geruch mehlartig
Geschmack: mehlartig
Sporenpulver: rosa
Häufigkeit: zerstreut, RL 3
Vorkommen: Sommer bis Herbst; Laub- und Nadelwälder, Alleen und Parks
Verwechslung: Riesenrötling (s. o.): gelbe Lamellen, giftig

Weißgraue Rötlinge: Diese Gruppenaufnahme entstand in einer Birkenallee.

Schildrötling

Entoloma clypeatum (L.: Fr.) Kumm.

Auf der Suche nach Mairitterlingen (s. S. 89) und Morcheln (s. S. 235 ff.) begegnet man nicht selten weiteren Frühlingspilzen, darunter auch verschiedenen Rötlingen. Der Schildrötling ist der häufigste von ihnen. Er hat sich auf das Zusammenleben mit Rosengewächsen spezialisiert und kann daher unter diversen Bäumen und Sträuchern in Parks und Laubmischwäldern ebenso gefunden werden wie unter Pflaumenbäumen und Weißdornen im eigenen Garten. Der Pilz ist essbar, doch gibt es unter den Frühlingsrötlingen auch giftige Arten wie den Frühlings-Giftrötling (s. u.), deren Merkmale man sich gut einprägen sollte.

Hut: 6–12 cm breit, glockig bis ausgebreitet, „schildförmig" gebuckelt, Rand jung eingerollt, später wellig verbogen
Huthaut: dunkel graubraun, klebrig, ockerlich fleckig ausblassend und rissig aufplatzend
Lamellen: blassgrau bis rosa, ausgebuchtet
Stiel: 8–13 x 1 cm, weißlich, graubräunlich längsfaserig gestreift, keulig
Fleisch, Geruch: weißlich, Geruch mehlig
Geschmack: mehlig
Sporenpulver: rosa
Häufigkeit: zerstreut
Vorkommen: Frühling; Alleen, Gärten, Parks, unter Weißdorn, Obstbäumen und anderen Rosaceen
Verwechslung: Mairitterling (s. S. 89): Lamellen und Sporenpulver weiß. – April-Rötling *(E. aprile)*: schlanker, Hartholzau

Dort, wo im Frühjahr die Schlehen- und Weißdornbüsche blühen, kann man bisweilen Schildrötlinge finden.

Frühlings-Giftrötlinge in einer Allee am Fluss: Der Hut des linken Pilzes war von einem älteren Fruchtkörper überdeckt und zeigt einen rötlichen Sporenabdruck.

Frühlings-Giftrötling

Entoloma vernum Lundell

Verglichen mit dem essbaren Schildrötling (s. o.) ist der zur gleichen Jahreszeit auftretende Frühlings-Giftrötling schlanker, fragiler und in der Hutfarbe deutlich dunkler braun. Der Hut ist meist zentral gebuckelt und kann an den des Tranigen Rötlings (s. u.) erinnern, der jedoch meist einen längeren Stiel und vor allem einen charakteristischen fischtranartigen Geruch hat. Vom Standort her ist der Frühlings-Giftrötling nicht an Rosengewächse gebunden wie einige andere im Frühjahr wachsende Rötlinge, sondern kommt in Laub- und Nadelwäldern, Parks und größeren Gärten vor.

Hut: 1–6 cm breit, glockig bis gewölbt, gebuckelt, Rand gerieft
Huthaut: grau bis dunkel olivbraun, stark hygrophan, glatt
Lamellen: graubraun bis braunrosa, ausgebuchtet
Stiel: 2–8 x 0,5 cm, grauweiß, glatt, längsfaserig, dünn
Fleisch, Geruch: graubraun, geruchlos
Sporenpulver: rosa
Häufigkeit: ziemlich selten
Vorkommen: Frühling bis Frühsommer; Magerwiesen, Wacholderheiden, seltener in Laubwäldern, Gärten, Alleen
Verwechslung: Niedergedrückter Rötling (s. S. 120): heller braun, Geruch seifig bis chlorartig, Herbst. – Schildrötling (s. o.): stämmiger, Hut heller braun, unter Rosengewächsen, Frühjahr

Traniger Rötling

Entoloma hirtipes (Schum.: Fr.) Moser

Schon in den ersten Frühlingstagen kann einem in Nadel- und Mischwäldern der Tranige Rötling begegnen. Im Voralpenland und im Gebirge findet man ihn an südgeneigten Hängen gelegentlich schon Mitte März, wenn die Schattenseiten noch tief verschneit sind und in den Bachniederungen Scharlachrote Kelchbecherlinge (s. S. 243) und Pestwurz erscheinen. Von anderen Rötlingen unterscheidet ihn der starke Geruch nach abgestandenem Gurkensalat oder Fischtran. Die grazilen, leicht zerbrechlichen Rötlinge der Untergattung *Leptonia* werden manchmal auch als „Glöcklinge" bezeichnet.

Ein Traniger Rötling im vorjährigen Laub. Meist findet man den Frühjahrspilz jedoch im Nadelwald.

Hut: 3–7 cm breit, glockig bis gewölbt, spitz gebuckelt
Huthaut: grau- bis rotbraun, hygrophan, glatt, seidig glänzend, Rand durchscheinend gerieft
Lamellen: blassgrau bis braunrosa, breit, ausgebuchtet
Stiel: 8–15 x 0,5 cm, hell graubraun, sehr zerbrechlich, längsfaserig gestreift, Basis weißfilzig
Fleisch, Geruch: grau, Geruch gurkig bis fischig-tranig
Geschmack: gurkig bis fischig-tranig
Sporenpulver: rosa
Häufigkeit: zerstreut, RL 3
Vorkommen: frühes Frühjahr bis Sommer; Laub- und Nadelwälder, Fichte, Buche, auf Kalk
Verwechslung: Risspilze (s. S. 134 ff.): ähnlicher Habitus, aber Sporenpulver braun, Geruch oft spermatisch

Niedergedrückte Rötlinge fallen im herbstlichen Buchenwald durch ihre wie poliert glänzenden Hüte und die oft etwas verdrehten Stiele auf.

Niedergedrückter Rötling

Entoloma rhodopolium (Fr.: Fr.) Kumm.

Der Niedergedrückte Rötling gehört zu den größeren Rötlingen des herbstlichen Buchenwalds auf besseren Böden. Die hellbraunen Hüte glänzen bei Trockenheit wie poliert, die meist tief im Falllaub verborgenen Stiele sind oft etwas verbogen. Es gibt eine sehr nahestehende Art, den Alkalischen Rötling *(E. nidorosum)*, der vielfach nur als Varietät angesehen wird. Das wichtigste Unterscheidungsmerkmal ist der Geruch: Der Alkalische Rötling riecht stark „chemisch", der Niedergedrückte allenfalls leicht mehlig. Beide Formen kommen als Speisepilze nicht in Betracht, da sie Magen-Darm-Störungen hervorrufen können.

Hut: 3–7 cm breit, glockig, später ausgebreitet, genabelt, Rand durchscheinend gerieft, wellig verbogen
Huthaut: gelbbraun bis blass graubraun, hygrophan, glatt, glänzend
Lamellen: weißlich bis rosa, ausgebuchtet
Stiel: 6–10 x 1 cm, weißlich, längsfaserig gestreift, oft verbogen
Fleisch, Geruch: weißlich, Geruch nach Chlor oder Nitrat (var. *nidorosum*)
Geschmack: unangenehm
Sporenpulver: rosa
Häufigkeit: ziemlich häufig
Vorkommen: Sommer bis Herbst; Laubwälder, feuchter Boden, Erle, Buche
Verwechslung: Weißgrauer Rötling (s. S. 118): grauer, dickfleischiger, derber, Geruch mehlartig

Asymmetrischer Rötling, Marmorierter Rötling

Entoloma excentricum Bres.

Wie die Saftlinge (s. S. 78 ff.) und die Feinschuppige Erdzunge (s. S. 245) sind auch zahlreiche Rötlinge Zeigerpflanzen für schützenswerte Graslandbiotope, zu denen nährstoffarme Trockenrasen ebenso gehören wie ungedüngte Feuchtwiesen. Der Asymmetrische Rötling wächst vorrangig auf Kalkmagerrasen. Man erkennt ihn an seinem Stiel, der meistens „exzentrisch", also „außerhalb der Hutmitte" ansitzt, sodass ein Längsschnitt durch den Stiel zwei ungleich große Hälften ergibt. Typisch ist aber auch der hell ockerfarbene Hut mit seinem ungeriefften Rand. Die Oberfläche wirkt etwas marmoriert, daher auch der Name „Marmorierter Rötling".

Hut: 2–6 cm breit, gewölbt bis ausgebreitet, flach gebuckelt, Rand ungerieft
Huthaut: weißgrau bis blassbraun, ockerfleckig marmoriert, nicht hygrophan, glatt, seidig glänzend
Lamellen: weißlich bis rosa, ausgebuchtet angewachsen, Schneiden oft bräunlich
Stiel: 3–10 x 1 cm, weißgrau bis ockerbraun, meist asymmetrisch angewachsen, zylindrisch, leicht gebogen, längsstreifig
Fleisch, Geruch: weiß, Geruch mehlartig
Geschmack: unangenehm
Sporenpulver: rosa
Häufigkeit: selten, RL 3
Vorkommen: Herbst; Wiesen, Trockenrasen, grasige Dämme, auf Kalk
Verwechslung: kaum möglich, wenn man den exzentrischen Stiel und den Standort beachtet

Asymmetrische Rötlinge auf einem grasigen Hochwasserschutzdamm: Die „exzentrisch" angewachsenen Stiele sind gut zu erkennen.

Mehlpilz, Mehlräsling

Clitopilus prunulus (Scop.: Fr.) Kumm.

In einem über hundert Jahre alten Pilzbuch heißt es über den „Pflaumenblätterpilz“, wie man den Mehlräsling damals nannte: „gebraten sehr wohlschmeckend und nahrhaft“. Obwohl er also schon seit langem als essbar bekannt ist, bleibt er, da er mit mehreren sehr giftigen weißen Trichterlingen verwechselt werden kann, ein Speisepilz für Fortgeschrittene. Wie so oft ist auch hier die Farbe des Sporenpulvers ein wichtiges Unterscheidungsmerkmal: Es ist beim Mehlräsling rosa bis rosabräunlich, bei den Trichterlingen dagegen weiß bis blass cremefarben. Auch die reifen Lamellen sind beim Mehlpilz nie rein weiß.

Hut: 4–12 cm breit, gewölbt bis ausgebreitet, flach gebuckelt, Mitte alt trichterförmig, Rand wellig verbogen
Huthaut: grauweiß bis gelblichweiß, matt, feinsamtig
Lamellen: weißlich, später rosa bis rosabräunlich, engstehend, weit herablaufend, weich
Stiel: 2–6 x 1 cm, weiß, zur Basis verjüngt, ± exzentrisch
Fleisch, Geruch: weiß, fest, Geruch stark mehlig
Geschmack: stark mehlig
Sporenpulver: rosa
Häufigkeit: häufig
Vorkommen: Sommer bis Herbst; Gärten, Parks, Laub- und Nadelwälder
Verwechslung: Weiße Trichterlinge (s. S. 91 ff.): Lamellen und Sporenpulver weiß bis cremefarben; mehrere sehr giftige Arten. – Riesenrötling (s. S. 118): Lamellen gelblich, ausgebuchtet, nicht herablaufend; giftig

Die rosa bis rosabräunlich getönten Lamellen reifer Exemplare unterscheiden den Mehlräsling von weißen Gifttrichterlingen.

Rehbrauner Dachpilz

Pluteus cervinus (Schaeff.: Fr.) Kumm.

Die dunkelbraunhütigen, meist einzeln oder in kleinen Gruppen an Stümpfen und toten Stämmen wachsenden Fruchtkörper des Rehbraunen Dachpilzes sind leicht erkennbar, wenn man das rosabraune Sporenpulver und die am Stiel freien Lamellen berücksichtigt. Sind die Lamellenschneiden schwarz gerandet, so handelt es sich um den Schwarzschneidigen Dachpilz *(P. atromarginatus)*, der im Gegensatz zum Rehbraunen an Nadelholz gebunden ist. Besonders üppig gedeihen Dachpilze übrigens, wenn sie auf feuchten Sägemehlhaufen wachsen. Dort kann man gelegentlich noch andere, seltenere Vertreter der Gattung finden.

Hut: 5–15 cm breit, sehr variabel, ausgebreitet, flach gebuckelt
Huthaut: hell- bis dunkelbraun, glatt bis feinfilzig, bei Feuchtigkeit schmierig, Rand heller, fein radialstreifig
Lamellen: weißlich bis creme, später rosa bis rosabräunlich, engstehend, breit, bauchig, frei, Schneide weiß bewimpert
Stiel: 6–15 x 1–2 cm, weiß mit schwarzbraunen Längsfasern, Basis meist verdickt
Fleisch, Geruch: weiß, dick, Geruch nach Rettich
Geschmack: muffig
Sporenpulver: rosa bis braunrosa
Häufigkeit: häufig
Vorkommen: Frühjahr bis Herbst, auf totem Laub- und Nadelholz, Sägemehldeponien
Verwechslung: Breitblättriger Holzrübling (s. S. 110): Sporenpulver weiß, entfernt stehende Lamellen, Stielbasis mit üppigen Rhizomorphen. – Schwarzschneidiger Dachpilz *(P. atromarginatus)*: dunkelbraune bis schwärzliche Lamellenschneiden, auf Nadelholz. – Andere Dachpilze sind nur mikroskopisch unterscheidbar

Rehbraune Dachpilze wachsen an Baumstümpfen oder – wie hier – auf unter der Laubschicht verborgenem Holz.

Verschieden-farbiger Dachpilz

Pluteus plautus (Weinm.) Gillet

Kleinere Dachpilze sind nur mithilfe des Mikroskops genau zu bestimmen. Der Verschiedenfarbige Dachpilz beispielsweise kann fast weiße, aber auch ockerliche, mittelbraune oder schwarzbraune Hüte haben. Es ist oft versucht worden, darin unterschiedliche Arten zu sehen, doch da es zwischen all diese Farbformen Übergänge gibt und die mikroskopischen Merkmale weitgehend identisch sind, handelt es sich offenbar nur um eine einzige, wenn auch sehr variable Art. Sie ist nicht besonders häufig, wird wegen ihrer Kleinheit aber sicher auch oft übersehen.

An alter Kiefernrinde wachsen zwei Verschiedenfarbige Dachpilze. Die Lamellen des liegenden Fruchtkörpers zeigen bereits den für die Gattung typischen Rosaton.

Hut: 1–6 cm breit, gewölbt, später ausgebreitet, ± gebuckelt
Huthaut: hellolivbraun bis dunkelocker, später hygrophan ausblassend, feinfaserig bis -schuppig, Rand oft heller, bis fast zur Mitte gerieft
Lamellen: weißlichgrau bis braunrosa, frei, Schneiden gezähnelt
Stiel: 1 x 0,2 cm, weißlich bis graubraun, fein bereift bis punktiert, zylindrisch, Basis knollig, weißfilzig
Fleisch, Geruch: weißlich bis graubraun, sehr zerbrechlich, Geruch unangenehm
Geschmack: unangenehm
Sporenpulver: rosa bis rosabräunlich
Häufigkeit: zerstreut, RL 3
Vorkommen: Sommer bis Spätherbst; Stümpfe und Holzabfälle von Laub- und Nadelbäumen, vor allem im Gebirge
Verwechslung: Rehbrauner Dachpilz (s. S. 121): größer, Hut dunkelbraun

Manche Dachpilze haben eine eigenartige, netzig geaderte Huthaut. Ein Beispiel dafür, der Aderige Dachpilz *(P. thomsonii)*, ist auf S. 117 abgebildet.

Grosser Scheidling

Volvariella gloiocephala (DC.: Fr.) Boekhout & Enderle

Anfänger in der Pilzkunde halten den Großen Scheidling oft für einen Weißen Knollenblätterpilz (s. S. 62). Tatsächlich können junge Exemplare dem Giftpilz sehr ähnlich sehen, haben sie doch wie dieser eine abstehende Scheide am Stielgrund. Später werden die Unterschiede deutlicher: Die reifen Lamellen des Scheidlings sind durch die Sporen rosa oder rosabraun gefärbt, die der Knollenblätterpilze dagegen immer weiß. Auch ist der Scheidlingsstiel glatt und ringlos, und während der Große Scheidling auf Brachäckern und Maisfeldern, in der Nähe von Komposthaufen, auf Viehweiden sowie Stroh- und Häckselresten vorkommt, können Knollenblätterpilze ohne Baumpartner nicht existieren.

Hut: 7–14 cm breit, eiförmig-glockig, später ausgebreitet, flach gebuckelt
Huthaut: bläulichgrau bis olivgrau, schmierig-klebrig, Rand glatt
Lamellen: blassrosa bis braunrosa, bauchig, breit, frei
Stiel: 10–18 x 1–2 cm, weiß, an Druckstellen bräunend, glatt, knollig verdickte Basis mit weißer bis blassgrauer Scheide (Volva), kein Ring
Fleisch, Geruch: weißlich, Geruch rettichartig
Geschmack: nach Gurke
Sporenpulver: rosa
Häufigkeit: weit verbreitet
Vorkommen: spätes Frühjahr bis Spätherbst; auf verrottendem Stroh, Äckern, gedüngtem Boden, Komposthaufen, in Gärten und Dünen
Verwechslung: Kegelhütiger Knollenblätterpilz (s. S. 62): stets weiße Lamellen, weißes Sporenpulver, Stiel mit Ring oder fetzigen Velumresten, Laub- und Nadelwälder, tödlich giftig

Wer sucht schon im November auf abgeernteten Maisfeldern Pilze? Der Große Scheidling hat diese „ökologische Nische" besiedelt.

SCHLEIERLINGE *(Cortinarius)*, FLÄMMLINGE *(Gymnopilus)* UND RUNZELSCHÜPPLINGE *(Rozites)*

Die Gattung *Cortinarius* ist die größte Lamellenpilzgattung und umfasst allein in Mitteleuropa an die 600 Arten, von denen hier nur eine kleine Auswahl vorgestellt werden kann. Man unterscheidet mehrere Untergattungen: Klumpfüße und Schleimköpfe *(Phlegmacium)*, Gürtelfüße und Wasserköpfe *(Telamonia, Hydrocybe)*, Seidenköpfe und Dickfüße *(Sericeocybe)*, Rauköpfe *(Leprocybe)*, Schleimfüße *(Myxacium)* und Hautköpfe *(Dermocybe)*. Allen Arten gemeinsam sind die hell bis dunkel rostbraunen, warzigen Sporen. Der charakteristische spinnwebartige Schleier zwischen Hutrand und Stiel *(Velum partiale)* kann, je nach Untergattung und Art, auch schleimig oder wollig-filzig sein. In der Größe wird das gesamte Spektrum von sehr kleinen, dünnstieligen Arten wie dem Spitzhütigen Wasserkopf *(C. acutus)* bis hin zu sehr großen wie der Schleiereule *(C. praestans)* abgedeckt. Mit ganz wenigen Ausnahmen sind Schleierlinge Mykorrhizapilze, d. h. auf Höhere Pflanzen als Partner angewiesen. Einige wenige Schleierlinge gelten als essbar – so die Schleiereule und der Ziegelgelbe Schleimkopf *(C. varius)*. Einige – wie der Spitzgebuckelte Raukopf *(C. rubellus)* – sind lebensgefährlich giftig. Bei vielen Arten sind die Inhaltsstoffe noch nicht erforscht. Aus Arten der Untergattung *Dermocybe* lassen sich Pigmente zur Färbung von Wolle gewinnen.

Den Schleierlingen sehr nahe steht die in den Tropen und auf der Südhalbkugel verbreitete Gattung *Rozites* (Runzelschüpplinge), die in Europa mit nur einer Art vertreten ist. Ob eine Trennung der Gattungen langfristig aufrecht zu erhalten ist, erscheint fraglich.

Auch die Flämmlinge *(Gymnopilus)* stehen *Cortinarius* sehr nahe, bilden aber keine Mykorrhiza, sondern leben saprob auf Holz- und Pflanzenresten. Von den Schüpplingen (*Pholiota*, s. S. 142 ff.) unterscheiden sie sich durch warzige Sporen. Mit 10–15 Arten ist in Mitteleuropa zu rechnen.

Buchen-Klumpfuß
(Cortinarius anserinus)

Ziegelgelber Schleimkopf
(Cortinarius varius)

Dunkelvioletter Schleierling

Cortinarius violaceus (L.: Fr.) S. F. Gray

Der Dunkelviolette Schleierling ist in allen Teilen seines Fruchtkörpers violett; lediglich die Schleierreste am Stiel und die Lamellen alter Exemplare sind bisweilen von den reifen Sporen rostbraun gefärbt. Die oft recht großen und schweren Pilze haben einen im unteren Teil keulig-knollig angeschwollenen Stiel und eine feinschuppig-filzige, trockene Hutoberfläche. Man unterscheidet meist eine Laubwald- und eine Nadelwaldform *(ssp. violaceus* und ssp. *hercynicus).* Ähnlich gefärbt sein kann der Violette Rötelritterling (s. S. 95), dessen Hut jedoch glatt ist und der auch keine Schleierreste aufweist.

Hut: 5–15 cm breit, gewölbt, oft breit gebuckelt, Rand eingerollt
Huthaut: dunkelviolett, feinschuppig-filzig, trocken
Lamellen: violett bis braunviolett, dick, entferntstehend, ausgebuchtet-angewachsen
Stiel: 6–12 x 1–3 cm, dunkelviolett, keulig, untere Hälfte keulig-knollig, faserig, mit flüchtigen, violetten Cortinaresten, Myzelfilz blau
Fleisch, Geruch: graulila, Geruch nach Zedernholz oder Leder
Sporenpulver: rostbraun
Häufigkeit: zerstreut, RL 3
Vorkommen: Spätsommer bis Herbst; Laub- und Nadelwälder; vor allem im Gebirge, Moorwälder unter Birken
Verwechslung: Violetter Rötelritterling (s. S. 95): Fleisch heller violett, Sporenpulver fleischrosa, Spätherbst bis Winter, essbar. – Purpurfleckiger Klumpfuß (s. S. 125): purpurbraun, auf Druck violett verfärbend

Junge Dunkelviolette Schleierlinge (Nadelwaldform). Das Bild zeigt, warum der Pilz auch als „Dunkelvioletter Dickfuß" bekannt ist.

Buchen-Klumpfuss

Cortinarius anserinus (Vel.) Henry

In Buchenwäldern und unter einzelnen Buchen in Mischwäldern entwickelt sich im September/Oktober eine „Pilzgesellschaft" aus verschiedenen Arten, die nicht näher miteinander verwandt sind, aber die gleichen Ansprüche an den Standort stellen. Dazu gehören der Graugrüne und der Blasse Milchling *(Lactarius blennius, L. pallidus),* der Buchen-Speitäubling und der Gallentäubling *(Russula mairei, R. fellea),* der Rotschuppige Schleierling *(Cortinarius bolaris)* sowie der Buchen-Klumpfuß. Für diese häufige Art aus der Untergattung *Phlegmacium* sind außer dem Standort die blass gelbgrüne Hutoberfläche und der bittere Geschmack der Huthaut charakteristisch.

Zwei Buchen-Klumpfüße: Die spinnwebartige Ringzone am Stiel ist mit rostbraunem Sporenpulver bestäubt, dem schmierigen Hut haften Buchenblätter an.

Hut: 5–10 cm breit, halbkugelig, später rundlich gewölbt
Huthaut: blass gelbgrün bis ockeroliv, bei Feuchtigkeit schmierig-klebrig, Rand eingewachsen-radialfaserig
Lamellen: blass lilablau bis schokoladen braun, ausgebuchtet
Stiel: 8–12 x 2–3 cm, lilaviolett, Basis mit ockergrauer, abgeflachter, gerandeter Knolle
Fleisch, Geruch: weiß, im Stiel violett, Geruch obstartig
Geschmack: Huthaut schmeckt bitter
Sporenpulver: rostbraun
Häufigkeit: in Kalkgebieten häufig, sonst zerstreut
Vorkommen: Spätsommer bis Spätherbst; in Buchenwäldern
Verwechslung: Amethystblättriger Klumpfuß *(C. calochrous)* und verwandte Arten: Hut lebhafter gelb, Knolle und Velum hellgelb, Fleisch weiß, ohne süßlichen Geruch

Purpurfleckiger Klumpfuss

Cortinarius purpurascens (Fr.) Fr.

Viele Klumpfüße können recht groß und schwer werden und sich in sehr unterschiedlichen Formen präsentieren. Ein „Chamäleon" ist auch der Purpurfleckige Klumpfuß, von dem es neben dunkelbraunhütigen Formen auch solche mit hell ockergelbem, ja sogar grauviolettem Hut gibt. In solchen Fällen helfen bisweilen Reagenzien weiter, die bei bestimmten Arten eine charakteristische Verfärbung hervorrufen. So färbt sich das Hutfleisch bei allen Formen des Purpurfleckigen Klumpfußes mit Lugol sofort wein- bis purpurrot. Der Pilz wächst im Herbst in Nadel- und Mischwäldern. Violette Klumpfüße werden manchmal mit Violetten Rötelritterlingen (s. S. 95) verwechselt, die aber keinerlei Velumreste aufweisen.

Die düsteren Fruchtkörper des Purpurfleckigen Klumpfußes sind im herbstlichen Falllaub gut getarnt. Die jungen Lamellen sind blauviolett gefärbt.

Hut: 5–15 cm breit, halbkugelig bis gewölbt
Huthaut: grauviolett, ockergelb bis dunkel rotbraun, eingewachsen-faserig, schmierig-schleimig, Rand lila
Lamellen: lilaviolett bis rostbraun, auf Druck purpurfleckend, ausgebuchtet
Stiel: 4–10 x 1–3 cm, dunkelviolett bis blasslila, auf Druck purpur-fleckig, dick, fleischig, Basis knollig verdickt
Fleisch, Geruch: blasslila, im Schnitt purpurviolett verfärbend, Geruch obstartig
Sporenpulver: rostbraun
Häufigkeit: zerstreut
Vorkommen: Spätsommer bis Herbst; Laub- und Nadelwälder
Verwechslung: Violetter Rötelritterling (s. S. 95): keine Verfärbung auf Druck, Lamellen blasslila, Sporenpulver fleischrosa, kein Velum. – Purpurfüßiger Klumpfuß (*C. porphyropus*): auf Druck violett verfärbend, Hut blauockerlich, Stiel schlanker, bei Birken und Buchen

Schleiereule

Cortinarius praestans (Cordier) Gill.

Die Schleiereule ist in gewisser Weise die „Königin" unter den Schleierlingen. Der prachtvolle Pilz, der bis 25 cm breite Hüte ausbilden kann, ist an seinem radial gerunzelten, braunen bis violettbraunen Hut sowie an der nur keuligen, aber nicht berandet-knolligen Stielbasis zu erkennen. Er wächst meist erst spät im Jahr in Laubwäldern auf besseren, möglichst kalkhaltigen Böden und ist einer der wenigen Schleierlinge, die als Speisepilze Verwendung finden. Leider ist der Pilz in den meisten Gegenden ziemlich selten und sollte an den wenigen Stellen, wo er noch vorkommt, geschont werden.

Junge Schleiereulen in einem Buchenwald. Auf dem mittleren Hut sind weißliche Velumflocken zu erkennen.

Hut: 10–25 cm breit, halbkugelig, später schwach gewölbt, Rand eingerollt
Huthaut: braunviolett bis purpurbraun, schleimig, fast bis zur Mitte radial runzelig bis gefurcht, mit weißen Velumflocken
Lamellen: blass graublau, engstehend
Stiel: 15–25 x 3–5 cm, weißlich, mit blass lavendelfarbenen Schleierresten umgürtet, Basis keulig verdickt, Ringzone schmal
Fleisch, Geruch: lilagrau, dick, Geruch unauffällig
Sporenpulver: rostbraun
Häufigkeit: selten, RL 2
Vorkommen: Herbst, unter Buchen und Eichen, kalkhaltige Böden
Verwechslung: Taubenblauer Schleimkopf (*C. cumatilis*): kleiner, Hut lilablau, glattrandig, ohne Velumflocken

Ziegelgelber Schleimkopf

Cortinarius varius (Schaeff.: Fr.) Fr.

Der Ziegelgelbe Schleimkopf ist einer der bekanntesten Schleierlinge, was sicher auch daran liegt, dass er als Speisepilz gilt. Jung bilden die lilablauen Lamellen und der lebhaft ockergelbe bis hell rotbraune Hut einen attraktiven Kontrast. Der Pilz wächst nahezu ausschließlich in Fichtenwäldern auf Kalkböden, kann dort aber bei günstiger Witterung in größeren Mengen erscheinen.

Hut: 5–15 cm breit, halbkugelig bis ausgebreitet, breit gebuckelt
Huthaut: ockergelb, gelb- bis rotbraun, glatt, schleimig-schmierig, Rand ohne Cortina
Lamellen: hellblau bis blasslila, engstehend
Stiel: 5–12 x 1–3 cm, weiß, bauchig, unter der rostfarbenen Ringzone mit flüchtigen weißlichen Velumresten gegürtelt
Fleisch, Geruch: weiß bis gelblich, Geruch unauffällig
Geschmack: angenehm, Hutschleim bitter
Sporenpulver: rostbraun
Häufigkeit: häufig
Vorkommen: Sommer bis Spätherbst; Bergnadelwälder, bei Fichte, auf Kalk
Verwechslung: Vielgestaltiger Schleimkopf *(C. variiformis)*: Stiel mit braunen Velumresten gebändert, unter Eichen, selten

Die violetten Lamellen und die Hüte des Ziegelgelben Schleimkopfs bilden einen reizvollen Farbkontrast.

Olivblättriger Klumpfuss

Cortinarius scaurus (Fr.: Fr.) Fr.

In feuchten, dunklen Fichtenwäldern in oder am Rande von Mooren sind die Chancen am größten, dem Olivblättrigen Klumpfuß zu begegnen. Der vergleichsweise schlanke Stiel verbreitert sich am Grund zu einer dicken, undeutlich gerandeten Knolle („Klumpfuß"), die oft tief im Moos eingesenkt ist. Sehr typisch sind auch die dunkel olivgrünen Lamellen ohne jedes Violett, denen der Pilz seinen Namen verdankt. In Deutschland ist *C. scaurus* vor allem im Schwarzwald und im Bayerischen Wald verbreitet.

Hut: 3–8 cm, gewölbt bis ausgebreitet, stumpf gebuckelt
Huthaut: grau- bis dunkel olivbraun, schmierig-klebrig, hygrophan, geadert oder gefleckt
Lamellen: grün bis dunkel olivbraun, ausgebuchtet, engstehend
Stiel: 4–10 x 0,5–1 cm, blaugrün bis blaugrau, glänzend, Basis gerandet-knollig, mit gelbgrünem Velum, Myzelfilz grünlich
Fleisch, Geruch: weißlich bis bräunlich, im Stiel blauviolett bis blaugrün, Geruch nach Honig
Sporenpulver: rostbraun
Häufigkeit: ziemlich häufig
Vorkommen: Herbst und Spätherbst; Nadelwälder, Moore, oft zwischen Torfmoosen
Verwechslung: Bitterer Schleimkopf *(C. infractus)*: Farbe ähnlich, Geschmack gallebitter, auf Kalk

Der Olivblättrige Klumpfuß gehört zu den verhältnismäßig leicht bestimmbaren Schleierlingen. Die Aufnahme entstand in einem Voralpenmoor.

Orangeblasser Schleimkopf

Cortinarius vespertinus (Fr.: Fr.) Fr.

Speisepilzsammler, die in Kiefernmooren mit eingestreuten Fichten dem Kuhröhrling (s. S. 50) nachstellen, werden gelegentlich von einem Pilz genarrt, der ebenfalls in Nadelwäldern auf sauren Böden, gerne zwischen Heidelbeersträuchern, vorkommt. Von oben betrachtet, können Orangeblasse Schleimköpfe dem Röhrling täuschend ähnlich sehen, sodass erst der Blick auf die Unterseite des Hutes Klarheit schafft. Der Orangeblasse Schleimkopf ist ziemlich selten und nur in wenigen populärwissenschaftlichen Pilzbüchern abgebildet.

Hut: 3–10 cm breit, gewölbt bis ausgebreitet, unregelmäßig, Rand eingerollt
Huthaut: ockergelb bis ockerbraun, trocken bis klebrig, fein eingewachsen-faserig
Lamellen: ockerbraun bis violettgrau, engstehend
Stiel: 5–10 x 0,5–1,5 cm, weißlich bis ockerbräunlich, Basis auf Druck weinrot verfärbend, keulig verdickt, wurzelnd
Fleisch, Geruch: weißlich bis gelbbräunlich, Geruch auffällig
Sporenpulver: rostbraun
Häufigkeit: selten
Vorkommen: Spätsommer bis Herbst; Laub- und Nadelwälder, Moore, saure Böden
Verwechslung: Kuhröhrling (s. S. 50): grauolive Röhren, keine Lamellen

Der Orangeblasse Schleimkopf wächst vor allem in Moorwäldern und teilt seinen Standort bisweilen mit dem Olivblättrigen Klumpfuß (s. S. 126).

Gelbflockiger Schleimkopf

Cortinarius nanceiensis R. Mre.

Der Gelbflockige Schleimkopf ist eine verhältnismäßig häufige Art, die in ihrem Vorkommen allerdings auf Laub- und Nadelwälder über Kalkböden beschränkt ist, dort aber bisweilen in großer Zahl auftreten kann. Er gehört zu einer Artengruppe mit blassgelben bis olivgelben Lamellen. Auch das Fleisch ist gelblich durchgefärbt. Es hat einen würzigen Geruch – nach „Bananenschalen", wie es in dem skandinavischen Tafelwerk „Cortinarius – Flora Photographica" heißt, in dem eine Fülle von interessanten Schleierlingsarten dargestellt ist. Der nahestehende Würzige Schleimkopf *(C. percomis)* riecht laut der gleichen Quelle stark nach „Majoran, Apfel oder Zitronenmelisse".

Der braungelbe Hut und die olivgelben Lamellen sind typisch für den Gelbflockigen Schleimkopf, der hier unter Buche und Ahorn in einem Hangwald wuchs.

Hut: 5–10 cm breit, halbkugelig bis flach gewölbt
Huthaut: braungelb bis rostocker, Mitte purpurbraun körnig-flockig gefleckt, schleimig-schmierig, Rand blass grüngelb
Lamellen: blass- bis olivgelb, engstehend
Stiel: 5–10 x 1–1,5 cm, zitronengelb, zylindrisch, Basis knollig mit purpurbräunlichen Cortinaresten
Fleisch, Geruch: grüngelb, bei Verletzung rötend, schwacher Obstgeruch
Sporenpulver: rostbraun
Häufigkeit: zerstreut
Vorkommen: Sommer bis Spätherbst; Laub- und Nadelwälder, gern bei Tanne, auf Kalk
Verwechslung: Stinkender Schleimkopf *(C. russeoides)*: Hut olivbraun, unangenehmer Geruch, Stielbasis keulig, unter Kiefer und Fichte. – Würziger Schleimkopf *(C. percomis)*: Hut gelb bis goldorange, Geruch würzig nach Majoran, seltener

Verfärbender Schleimkopf

Cortinarius largus Fr.

Ältere Buchenwälder auf Kalkböden in klimatisch begünstigten Lagen sind ein Eldorado für Schleierlinge aus der Untergattung *Phlegmacium* (Schleimköpfe und Klumpfüße). Oft kann man dort auf engem Raum zahlreiche Arten entdecken, die sonst weit und breit nicht vorkommen. Auch der Verfärbende Schleimkopf ist an solchen Standorten zu finden. Das weiße Fleisch ist bei jungen Pilzen oft lila durchgefärbt. Nah verwandt ist der Erdigriechende Schleimkopf (s. S. 128), der sich jedoch durch seinen muffigen Geruch auszeichnet und im Nadelwald wächst.

Verfärbende Schleimköpfe im Laubwald. Die lila getönten Lamellen sowie die vom rostbraunen Sporenstaub gefärbte Ringzone am Stiel sind gut zu erkennen.

Hut: 5–12 cm breit, halbkugelig bis flach gewölbt
Huthaut: lilablau bis graublau, später ockerbräunlich, glatt, schmierig-klebrig bis feinfilzig-faserig
Lamellen: blass lilablau, später bräunend, engstehend
Stiel: 5–12 x 1–3 cm, blassblau, glatt, zylindrisch, Basis keulig verdickt, Velum blassviolett, dünn
Fleisch, Geruch: weißlich bis blauviolett, auf Druck schwach bräunend, Geruch unauffällig
Sporenpulver: rostbraun
Häufigkeit: zerstreut, ortshäufig
Vorkommen: Spätsommer bis Herbst; Laubwälder, unter Buchen und Eichen, auf Kalk
Verwechslung: Erdigriechender Schleimkopf (s. S. 128): größer, Hut dunkler rotbraun, Geruch muffig, in Nadelwäldern

ERDIGRIECHENDER SCHLEIMKOPF

Cortinarius variecolor Fr.

Bei älteren Fruchtkörpern des Erdigriechenden Schleimkopfs sind die Hüte oft nicht mehr violett.

Junge Fruchtkörper des Erdigriechenden Schleimkopfs sind meist lilaviolett, entfärben jedoch rasch, so dass reife Exemplare Lilatöne schließlich allenfalls noch am Hutrand aufweisen. Die Stielbasis ist keulig, aber nicht mit einer gerandeten Knolle versehen. Ein wichtiges Merkmal im Gelände ist der Geruch, der meist als „dumpf erdartig", „staubig" oder „muffig" beschrieben wird. Verwechslungen mit dem ähnlichen Verfärbenden Schleimkopf (s. S. 127) sind wegen dieses Geruchs und der unterschiedlichen Standortsansprüche kaum möglich. Der Erdigriechende Schleimkopf erscheint manchmal schon im Juli/August und damit für eine *Cortinarius*-Art ziemlich früh im Jahr.

Hut: 5–15 cm breit, gewölbt bis ausgebreitet
Huthaut: dunkel violett- bis rotbraun, filzig-schuppig, Rand violett, klebrig, eingewachsen-radialfaserig
Lamellen: graublau, später bräunend, engstehend, ausgebuchtet
Stiel: 5–10 x 1–3 cm, blasslila, keulig, Basis weißlich oder bräunlich
Fleisch, Geruch: blasslila, auf Druck bräunlich, Geruch kräftig erdig bis muffig
Sporenpulver: rostbraun
Häufigkeit: ziemlich häufig
Vorkommen: Sommer bis Herbst; Bergnadelwälder, unter Fichten
Verwechslung: Verfärbender Schleimkopf (s. S. 127): geruchlos, in Laubwäldern

WILDSCHWEIN-GÜRTELFUSS

Cortinarius aprinus Melot

Diese Art der Untergattung *Telamonia* (Wasserköpfe und Gürtelfüße) könnte aufgrund ihres gedrungenen Habitus und der bauchigen Stiele leicht für ein *Phlegmacium* (Klumpfuß) gehalten werden. Typisch ist der blass rötlichbraune, mit dunklen rotbraunen bis rotgrauen Flecken geschmückte, eingewachsen-faserige Hut. Auch das Fleisch ist ähnlich durchgefärbt. Der Wildschwein-Gürtelfuß kommt in Laubwäldern auf Kalkboden, vor allem unter Buchen, vor und ist nicht selten, aber bisher noch wenig bekannt.

Hut: 3–10 cm, gewölbt bis ausgebreitet, flach gebuckelt
Huthaut: grau- bis rötlichbraun, hygrophan, eingewachsen-faserig marmoriert, Rand mit grauschimmerndem, filzigem Velum
Lamellen: graubraun bis bläulich, alt mehr rotbraun, dick, engstehend
Stiel: 4–9 x 1–4 cm, graubraun bis schwarzbraun, bauchig, Basis mit grauweißem, faserigem Velum
Fleisch, Geruch: grauweißlich bis rotbräunlich, dick, Geruch unauffällig
Sporenpulver: rostbraun
Häufigkeit: ortshäufig, aber wenig bekannt
Vorkommen: Herbst und Spätherbst; Laubwälder, v. a. bei Buchen, auf Kalk
Verwechslung: kaum möglich

Die gedrungenen, festfleischigen Fruchtkörper des Wildschwein-Gürtelfußes erscheinen an ihren Standorten – hier am Rande eines Kalkbuchenwaldes – oft in großer Zahl.

Zwei Geschmückte Gürtelfüße mit ungewöhnlich stämmigen Stielen. Die Aufnahme stammt aus Mittelschweden.

GESCHMÜCKTER GÜRTELFUSS

Cortinarius armillatus (Fr.: Fr.) Fr.

Nur wenige Schleierlinge sind so leicht bestimmbar wie der Geschmückte Gürtelfuß. Man erkennt ihn an den auffälligen ziegelroten Velumbändern auf dem Stiel und an seinem Vorkommen in bodensauren Birkenwäldern. Wo die ökologischen Voraussetzungen stimmen, kann der Pilz in Mengen auftreten – so im Oberpfälzer und Bayerischen Wald und in großen Teilen Skandinaviens. Der Geschmückte Gürtelfuß gehört im Übrigen zu den wenigen Schleierlingen, die gegessen werden können.

Hut: 5–12 cm breit, glockig bis halbkugelig gewölbt
Huthaut: orangebraun, trocken, mit feinen Faserschüppchen, eingerollter Rand, oft mit rötlichbraunen Velumfetzen
Lamellen: blass beige bis zimtbraun, breit angewachsen bis schwach ausgebuchtet
Stiel: 7–12 x 1,5 cm, zylindrisch, unter der Schleierzone mit korallen- bis ziegelroten Velumzonen gegürtelt, Basis knollig, weißfilzig
Fleisch, Geruch: creme bis bräunlich, dick, Geruch rettichartig
Geschmack: dumpf rettichartig
Sporenpulver: rostbraun
Häufigkeit: weit verbreitet, aber rückläufig
Vorkommen: Spätsommer bis Herbst; Birkenwälder auf sauren Böden, oft zwischen Heidelbeeren, kalkmeidend
Verwechslung: Kupferrotgebänderter Gürtelfuß *(C. veregregius)*: Velumzonen rosa

Kupferschuppiger Gürtelfuss

Cortinarius spilomeus (Fr.: Fr.) Fr.

In der Hutfarbe erinnert der Kupferschuppige Gürtelfuß entfernt an den Wildschwein-Gürtelfuß (s. S. 128). Damit erschöpfen sich die Gemeinsamkeiten aber auch schon. *C. spilomeus* ist viel schlanker als *C. aprinus,* wächst nicht im Laubwald über Kalk, sondern meist in feuchten Nadelwäldern auf sauren Böden, und sein Stiel ist mit feinen kupferroten Velumresten geschmückt.

Hut: 2–6 cm breit, gewölbt bis ausgebreitet, stumpf gebuckelt
Huthaut: grau- bis gelbbraun, blass silbrig, hygrophan, Rand mit faserigen, kupferroten Velumresten
Lamellen: beigebraun bis rötlich-violett, engstehend, Schneiden weißlich
Stiel: 4–10 x 0,8 cm, blassgrau bis gelbbraun, mit feinen kupferroten Velumresten, flockig-faserig gebändert, zylindrisch

Der Kupferschuppige Gürtelfuß ist an seinen rötlichen Velumflocken am Stiel zu erkennen, die bei alten Fruchtkörpern auch fehlen können.

Fleisch, Geruch: graubraun bis braungelb, Geruch unauffällig
Sporenpulver: rostbraun
Häufigkeit: zerstreut
Vorkommen: Spätsommer bis Spätherbst; in Nadel- und Bergnadelwäldern, vor allem in Mooren unter Birken
Verwechslung: Braunvioletter Dickfuß *(C. anomalus)*: Lamellen, Stiel und Fleisch mit Lilatönen, Ringzone blassgelb, ohne rötliche Velumreste. – Rostfuchsiger Dickfuß *(C. caninus)*: Hut rotbraun, Ring dünn, bräunlich

Eine kleine Gruppe Dickblättriger Erlen-Gürtelfüße in einem Voralpenmoor. Die Aufnahme entstand an einem 15. Juli. Es gibt nicht viele Schleierlinge, die schon so früh in der Saison erscheinen.

Dickblättriger Erlen-Gürtelfuss

Cortinarius helvelloides (Fr.: Fr.) Fr.

In Feuchtgebieten unter Erlen und Weiden wachsen verschiedene Arten der Untergattung *Telamonia* (Wasserköpfe und Gürtelfüße). Der Dickblättrige Erlen-Gürtelfuß ist an seinem im Verhältnis zur Hutbreite sehr langen, mit gelben Velumresten überzogenen und meist etwas verbogenen Stiel sowie an den sehr entferntstehenden Lamellen zu erkennen. Die Hutmitte weist oft einen brustwarzenförmigen kleinen Buckel auf. In Erlenbrüchen kann die Art gelegentlich in großen Scharen vorkommen, oft auch in Gesellschaft anderer kleiner Schleierlinge.

Hut: 1–4 cm breit, glockig bis ausgebreitet, ± gebuckelt, Rand wellig, eingerollt bis eingebogen
Huthaut: gelbbraun bis olivgelb, hygrophan, mit goldgelbem, zottigfaserigem Velum überzogen
Lamellen: grau- bis braunviolett, dick, entferntstehend, Schneiden heller
Stiel: 2–8 x 0,4 cm, gelb- bis rötlichbraun, schlank, hohl, zur Basis verjüngt, oft verbogen oder verdreht, unter der Schleierzone mit gelben, faserig-zottigen Velumzonen gegürtelt
Fleisch, Geruch: braungelb, Geruch unauffällig
Sporenpulver: rostbraun
Häufigkeit: ortshäufig
Vorkommen: Sommer bis Herbst; Moorwälder, bei Erlen, saure Böden, meist gesellig
Verwechslung: Erlen-Gürtelfuß *(C. alnetorum)*: dunkler, weißliche Velumreste auf Hut und Stiel. – Gürtelfüße sind generell sehr schwer bestimmbar

Spitzgebuckelter Raukopf

Cortinarius rubellus Cke.

Der durchgängig rot- bis orangebraun gefärbte, nur knapp mittelgroße Spitzgebuckelte Raukopf ist einer der gefährlichsten Giftpilze Europas und der mit der längsten Latenzzeit: Die Vergiftungserscheinungen zeigen sich erst ca. zwei Wochen nach der verhängnisvollen Mahlzeit, wenn die durch das Gift Orellanin hervorgerufene Schädigung der Nieren schon weit fortgeschritten ist. Verwechselt wurde der Pilz u. a. mit Reifpilzen (s. S. 132), Hallimaschen (s. S. 91) und sogar mit Pfifferlingen (s. S. 180 f.). Während der Spitzgebuckelte Raukopf in feuchten Nadelwäldern auf sauren Böden wächst, zieht der nicht minder gefährliche Orangefuchsige Raukopf *(C. orellanus)* trockenere Laub- und Nadelwälder vor; er ist kompakter, die Lamellen sind dicker, und die Hutmitte ist nicht spitz gebuckelt.

Hut: 3–8 cm breit, kegelig bis spitz gebuckelt
Huthaut: orangebraun bis fuchsigrotbraun, faserschuppig, Rand heller
Lamellen: orangebraun bis rotbraun, breit, dick, entferntstehend
Stiel: 6–12 x 0,5–1,5 cm, orangebraun bis gelbbraun, keulenförmig, längsstreifig, mit gelblichen Velumgürteln
Fleisch, Geruch: blassorange, Geruch schwach rettichartig
Geschmack: unauffällig
Sporenpulver: rostbraun
Häufigkeit: zerstreut; in Süddeutschland häufig
Vorkommen: Frühsommer bis Spätherbst; feuchte Nadelwäldern auf sauren Böden, oft zwischen Torfmoosen
Verwechslung: Orangefuchsiger Raukopf *(C. orellanus)*: Lamellen gelb bis orangefuchsig, Hut ohne spitzen Buckel, trockenere Laub- und Nadelwälder; lebensgefährlich giftig

Der lebensgefährliche Spitzgebuckelte Raukopf ist in den Nadelwäldern Süddeutschlands und der Alpen weit verbreitet und in manchen Jahren sehr häufig.

Sparriger Raukopf, Kegeliger Raukopf

Cortinarius humicola (Quél.) R. Mre.

Der Sparrige Raukopf ist ein ungewöhnlicher Schleierling, der sehr oft für einen Schüppling (s. S. 142 ff.) gehalten wird. Schüpplinge haben allerdings im Gegensatz zu den Schleierlingen glatte Sporen und wachsen an Holz oder anderen pflanzlichen Substanzen, während der Sparrige Raukopf, wie alle *Cortinarius*-Arten, ein Mykorrhizapilz ist. Ein gutes Merkmal des Pilzes ist der spitze Buckel, der selbst beim Aufschirmen des Hutes nicht völlig verschwindet.

Hut: 2–7 cm breit, kegelig gewölbt, in der Mitte spitz gebuckelt, nie ganz ausgebreitet
Huthaut: ockergelb mit gelbbraunen, sparrig abstehenden Schuppen
Lamellen: ockergelb, entferntstehend
Stiel: 5–10 x 0,5–1 cm, ockergelb, oben glatt, zur Basis dicht mit sparrig abstehenden, ockerbraunen Velumschuppen bedeckt, spindelig, oft gedreht
Fleisch, Geruch: weiß bis blassgelb, Geruch schwach nach Zedernholz
Sporenpulver: rostbraun
Häufigkeit: zerstreut bis selten, RL 2
Vorkommen: Sommer bis Spätherbst; Laubwälder, auf Kalk
Verwechslung: Sparriger Schüppling (s. S. 142): Hut im Alter ausgebreitet, Geruch nach Rettich, büschelig an Holz, häufig

Ein hübscher und keineswegs häufiger Pilz ist der Sparrige Raukopf, der, wie das zweite Exemplar von links zeigt, sowohl oben wie unten spitz zuläuft.

Natternstieliger Schleimfuss

Cortinarius trivialis Lge.

Dieser Pilz vertritt in diesem Buch zusammen mit der folgenden Art eine Gruppe von Schleierlingen, bei denen das Velum stark verschleimt ist (Untergattung *Myxacium*). Auf der Stieloberfläche des Natternstieligen Schleimfußes bildet es eine markante zickzack- oder ringförmige Bänderung, die beim Eintrocknen verhärtet. Auch die Huthaut ist mit einer Schleimschicht überzogen. *C. trivialis* ist eine Laubwaldart mit Vorliebe für Weichholzarten (Birke, Pappel, Weide) und kommt daher auch in Pioniervegetation wie überwachsenden Halden, an Dämmen etc. vor.

Hut: 3–12 cm breit, kegelig bis gebuckelt, Rand glatt, etwas einwärtsgebogen
Huthaut: rot- bis olivbraun, glatt, extrem schmierig-schleimig
Lamellen: blass violettbraun, engstehend, ausgebuchtet
Stiel: 5–15 x 1–2 cm, weißlich, mit bräunlichen, sehr schleimigen Velumresten genattert, Basis spindelig, bläulich
Fleisch, Geruch: grauweiß, grobfaserig, Geruch schwach honigartig
Sporenpulver: rostbraun
Häufigkeit: weitverbreitet
Vorkommen: Herbst; Laub-, seltener Nadelwälder, vor allem bei Weiden, Birken, Pappeln, Hasel, auf Kalk
Verwechslung: andere Schleimfüße haben andere Farben und andere Standortsansprüche

Natternstielige Schleimfüße mit der typischen gebänderten Stieloberfläche. Die beiden Pilze wuchsen an einem Bahndamm unter jungen Zitterpappeln.

Kleiner Schleimfuss

Cortinarius pumilus (Fr.) Lge.

Der Kleine Schleimfuß kommt vor allem in Buchenwäldern auf besseren Böden vor. Er gehört zu einer Gruppe nah verwandter Arten, von denen die meisten erheblich längere Stiele haben als *C. pumilus,* und wird von manchen Autoren auch als *C. lividoochraceus* bezeichnet. Die unterschiedlichen Ansichten der Fachleute sind meist auf die „Prioritätsregel" zurückzuführen, der zufolge die erste verfügbare Beschreibung eines Pilzes die gültige ist. Da viele dieser „Originalbeschreibungen" aus dem 18. oder 19. Jahrhundert stammen und nicht sehr aussagekräftig sind, kommt es zwangsläufig immer wieder zu unterschiedlichen Interpretationen.

Hut: 3–5 cm, gewölbt bis ausgebreitet, stumpf gebuckelt
Huthaut: hell- bis olivbraun, klebrig-schmierig, Rand radial gerunzelt, wellig
Lamellen: blassocker bis rostbraun, entfernstehend, querrunzelig, Schneiden weißlich
Stiel: 3–5 x 0,5 cm, weißlich, mit blasslila Schleimschicht, die im Alter querbändrig aufspringt, spindelförmig
Fleisch, Geruch: blassgelb, dünn, Geruch nach Honig
Geschmack: mild
Sporenpulver: rostbraun
Häufigkeit: selten
Vorkommen: Herbst und Spätherbst; Buchenwälder, saure Böden
Verwechslung: mehrere ähnliche Arten haben längere Stiele und breitere Hüte

Kleine Schleimfüße in einem moosreichen Buchenwald. Beim jungen Pilz verbindet das schleimige Velum Hutrand und Stiel.

Kupferroter Hautkopf

Cortinarius uliginosus Berk.

Die Untergattung *Dermocybe* (Hautköpfe) unterscheidet sich von den anderen Schleierlingen durch ihre besonderen Farbstoffe (Pigmente). Es gibt Hautköpfe mit dominant grünen bis olivfarbenen und solche mit roten, rostbraunen, orangefarbenen oder – wie der Zimt-Hautkopf *(C. cinnamomeus)* – zimtbraunen Tönen. Der Kupferrote Hautkopf mit rötlichem Hut und Stiel, aber olivgelben Lamellen vermittelt zwischen diesen beiden Gruppen. Er ist eine nicht allzu häufige Art, die in Weiden- und Erlenbruchwäldern auf moorigen oder sandigen Böden wächst. In Skandinavien werden Hautköpfe zur Färbung von Wolle herangezogen.

Hut: 2–8 cm breit, glockig, gewölbt, stumpf gebuckelt
Huthaut: ziegel- bis dunkel kupferrot, seidig, gelber Rand eingerollt
Lamellen: olivgelb bis rostorange, engstehend
Stiel: 3–8 x 0,5 cm, blassgelb, mit rötlichen Velumresten, faserig-flockig gebändert, Basis orange mit rosa Myzelfilz
Fleisch, Geruch: rötlichgelb, Geruch schwach nach Jod
Sporenpulver: rostbraun
Häufigkeit: zerstreut, RL 3
Vorkommen: Herbst; Moorwälder, bewachsene Dünen, vor allem bei Erlen und Weiden
Verwechslung: Orangeblättriger Hautkopf *(C. cinnamomeobadius)*: Hut kastanienbraun, Nadelwald

Die Dünen von Nord- und Ostsee haben ihre eigene, sehr artenreiche Pilzflora: Kupferrote Hautköpfe in einem Weidengebüsch unweit der dänischen Westküste.

Reifpilze im Buchenwald: Ein wichtiges Merkmal ist der weißliche Reif in der Mitte der im Alter radial aufreißenden Hüte.

Runzelschüppling, Reifpilz, Zigeuner

Rozites caperatus (Pers.: Fr.) P. Karst.

Der Reifpilz, einer der wenigen volkstümlichen Speisepilze unter den Schleierlingsverwandten, ist gut kenntlich an seinem ockergelben, trockenen Hut, dessen Mitte mit einem grauen, reifartigen Belag überzogen ist, ferner am zylindrischen, an der Basis nicht oder kaum verdickten Stiel und dem schmalen, leicht abfallenden Ring. Der Reifpilz galt lange Zeit als Charakterpilz von Nadelwäldern mit Heidelbeersträuchern auf saurem Humus, ist jedoch infolge der Übersäuerung solcher Standorte durch sauren Regen vielerorts selten geworden. Auch aus Buchenwäldern ist der Reifpilz bekannt.

Hut: 5–12 cm breit, glockig-eiförmig, gewölbt bis ausgebreitet mit gebuckelter Mitte, Rand im Alter oft radial einreißend
Huthaut: ockergelb bis honigbraun, fein radial gerunzelt, Mitte mit blassgrauen bis blasslila Velumresten als reifartigem Überzug
Lamellen: blassbraun bis tonfarben, engstehend, gerunzelt, Schneiden gesägt
Stiel: 5–15 x 1–2 cm, weißlich oder blasslila, zylindrisch, Ring weißlich, schmal, gerieft, oft unvollständig
Fleisch, Geruch: weißlich bis bräunlich, faserig, geruchlos
Geschmack: mild
Sporenpulver: hellbraun
Häufigkeit: weit verbreitet, rückläufig, RL 3
Vorkommen: Sommer bis Herbst; Laub- und Nadelwälder, meist auf sauren Böden, bei Heidelbeeren
Verwechslung: Schleierlinge *(Cortinarius spec.)*: kein Ring, rostfarbenes Sporenpulver. – Größere Risspilze *(Inocybe spec.)*: ohne Ring.

Junger Prächtiger Flämmling auf einem Eichenstumpf.

Prächtiger Flämmling, Beringter Flämmling

Gymnopilus junonius (Fr.: Fr.) P. D. Orton

Der Prächtige Flämmling bildet auffallend große und schwere Fruchtkörper mit bis zu 25 cm breiten Hüten. Er wächst am Grunde alter, geschädigter Eichen und anderer Laubbäume oder auf deren Stümpfen. In Deutschland ist er im atlantisch beeinflussten Norden und Westen verbreitet, spart aber höhere Lagen und den Südosten nahezu völlig aus. Der eindrucksvolle Pilz könnte mit Schüpplingen (s. S. 142 ff.) verwechselt werden, die aber selten solche Ausmaße erreichen und glatte Sporen besitzen.

Ältere Prächtige Flämmlinge mit ausgebreiteten und an den Rändern bereits aufgebogenen Hüten.

Hut: 5–25 cm breit, glockig-gewölbt, manchmal zentral gebuckelt
Huthaut: gelb- bis orangebraun, filzig, rotbraun radialfaserig, Rand mit Velumresten, ungerieft
Lamellen: rostgelb, später rostbraun, engstehend, angewachsen oder ausgebuchtet
Stiel: 5–30 x 2–3 cm, gelblich, sehr variabel, grob längsfaserig, keulig, Basis verdickt, Ring breit, hängend
Fleisch, Geruch: gelb, Geruch holzartig
Geschmack: bitter
Sporenpulver: rostgelb
Häufigkeit: ortshäufig
Vorkommen: Spätsommer bis Spätherbst; büschelig am Stammgrund alter Laubbäume, vor allem Eichen, selten Nadelholz
Verwechslung: Sparriger Schüppling (s. S. 142): Hut und Stiel schuppig

Gemeiner Flämmling

Gymnopilus penetrans (Fr.: Fr.) Murr.

Wenn die Nächte im Herbst und Spätherbst bereits empfindlich kühl werden und die Streuschicht der Fichtenwälder mit Helmlingen (s. S. 97 ff.) und Trichterlingen (s. S. 91 ff.) übersät ist, wächst der Gemeine Flämmling in Gruppen und kleineren Büscheln an dickeren oder dünneren Ästen, an Stümpfen und an liegenden Stämmen. Er kann um diese Jahreszeit der häufigste Nadelholz bewohnende Lamellenpilz sein. Wie die meisten Flämmlinge schmeckt er gallebitter und kommt daher als Speisepilz nicht infrage.

Der Gemeine Flämmling wird auch Geflecktblättriger Flämmling genannt, da die gelben Lamellen im Alter dazu neigen, rostbraun zu flecken.

Hut: 2–8 cm, gewölbt bis ausgebreitet, manchmal gebuckelt
Huthaut: gelbocker bis orangebraun, am Rand heller gelb, seidig-faserig, jung etwas klebrig, Rand ungerieft
Lamellen: gelblich, im Alter rostfleckig, breit am Stiel angewachsen
Stiel: 3–10 x 0,5–1 cm, gelblich-orange, oft verbogen, hohl, längsfaserig mit Cortinaresten, Basis mit weißem Myzelfilz
Fleisch, Geruch: blassgelb, geruchlos
Geschmack: bitter
Sporenpulver: rostbraun
Häufigkeit: sehr häufig
Vorkommen: Sommer bis Spätherbst; an morschem Nadelholz, Sägemehl, selten auch Laubholz, büschelig
Verwechslung: Echtes Stockschwämmchen (s. S. 145): Hut braun, bald ockerlich ausblassend, Stiel feinschuppig, vor allem an Laubholz

Risspilze *(Inocybe)*, Fälblinge *(Hebeloma)*, Ackerlinge *(Agrocybe)* und verwandte Gattungen

Von den ca. 130–150 mitteleuropäischen Risspilzen *(Inocybe)* sind die meisten nur mikroskopisch sicher bestimmbar. Etwa ein Drittel aller Arten hat eckige Sporen, der Rest glatte. Aber es gibt auch einige Risspilze, die sich durch auffällige Gerüche (z. B. nach Bittermandeln oder vergorenen Birnen), ihre Farben (rot oder rötend, grünlich, violett) oder andere besondere Kennzeichen (schuppige Hüte, gerandet-knollige Stielbasis) auszeichnen. Die meisten Risspilze sind giftig, gefährlich ist vor allem der Ziegelrote Risspilz *(I. erubescens)*.

Große Bestimmungsprobleme bereiten die Fälblinge *(Hebeloma)*. Sie sind meist unauffällig milchkaffeebraun, graubraun, trüb rotbraun oder ockerlich gefärbt. Einige haben ein faseriges Velum, andere nicht. Viele riechen nach Rettich, einige extrem süßlich, wieder andere nur schwach oder gar nicht. Man findet sie von der Küste bis ins Hochgebirge nicht nur in Wäldern, sondern auch in Pioniergesellschaften wie renaturierten Kiesgruben, Dünen und überwachsenen Halden unter Weiden, Pappeln und Birken. Mehr als 50 mitteleuropäische Arten sind bekannt.

Die Ackerlinge *(Agrocybe)* umfassen boden- oder holzbewohnende kleine bis mittelgroße Arten mit dunkel tabakbraunem Sporenpulver. Der Südliche Ackerling *(A. aegerita)* gehört zu den beliebtesten Speisepilzen des Mittelmeerraums. Von dieser und der folgenden Gattung sind je ca. 15 mitteleuropäische Arten bekannt.

Stummelfüßchen *(Crepidotus)* findet man häufig an Holz- und Pflanzenresten. Es handelt sich um kleine, halbkreis- oder ohrförmige Lamellenpilze mit stark reduziertem oder fehlendem Stiel.

Die Häublinge *(Galerina)* bilden kleine bis sehr kleine honig- bis dunkelbraune, rasch ausblassende Fruchtkörper mit durchscheinend gerieften Hüten. Sie wachsen z. T. zwischen Moosen, z. T. aber auch auf Totholz. Den Gifthäubling *(G. marginata)* muss jeder kennen, der Stockschwämmchen (s. S. 145) sammeln möchte. Ansonsten ist die Bestimmung der ca. 40 mitteleuropäischen Arten nur mit Mikroskop und internationaler Fachliteratur möglich.

Nur etwa ein halbes Dutzend Arten in Mitteleuropa umfassen die Wurzelschnitzlinge *(Phaeocollybia)*, eine Art braunsporiges Pendant zu den Rüblingen (s. S. 104 ff.). Sie zeichnen sich durch satt rotbraune bis olivgrüne, meist kegelige Hüte und wurzelnde Stiele aus.

Die unscheinbaren Trompetenschnitzlinge *(Tubaria)* fallen hauptsächlich in milden Wintermonaten auf, da zu ihnen einer der häufigsten Lamellenpilze dieser Jahreszeit *(T. hiemalis)* gehört. Sie haben glatte Sporen. Etwa zehn Arten sind bei uns bekannt.

Ziegelroter Risspilz, Mai-Risspilz

Inocybe erubescens Blytt

Der sehr giftige und unter Umständen lebensgefährliche Ziegelrote Risspilz ist ein Pilz der Vorsaison, d. h., er erscheint bereits Ende April und im Mai und ist ab Mitte Juli kaum noch zu finden. Mit Vorliebe wächst er an Weg- und Straßenrändern und -böschungen in Parkanlagen und auf Friedhöfen mit alten Laubbäumen (Buchen, Linden), vorausgesetzt der Boden ist kalkhaltig genug. Auch in Kalkbuchenwäldern kann man ihn finden. Junge Pilze sind weiß bis blassocker und können mit jungen Mairitterlingen (s. S. 89) verwechselt werden. Später rötet der Fruchtkörper in allen Teilen, wodurch das Verwechslungsrisiko erheblich verringert wird.

Hut: 3–10 cm breit, rundlich-kegelig, später ausgebreitet, stumpf gebuckelt
Huthaut: weiß bis elfenbeinfarben, auf Druck und bei Verletzungen langsam ziegelrot verfärbend, radialfaserig, rissig
Lamellen: grauweiß bis olivbraun, gerade angewachsen bis ausgebuchtet, Schneiden weiß bewimpert
Stiel: 4–12 x 1 cm, weißlich, auf Druck langsam rötend, kräftig, voll, Stielbasis knollig verdickt
Fleisch, Geruch: weißlich, im Alter, auf Druck und bei Verletzung langsam ziegelrot verfärbend; Geruch obstartig
Geschmack: muffig oder fruchtig
Sporenpulver: graubraun
Häufigkeit: verbreitet in Kalkgebieten, sonst selten oder fehlend
Vorkommen: Mai bis Juli; Waldränder, Parks, Alleen, Straßenböschungen, unter Buchen, Linden, auf kalkhaltigen Böden
Verwechslung: Mairitterling (s. S. 89): rötet nicht, Mehlgeruch. – Weißer Risspilz (s. S. 137): größer, rötet nicht. – Rötender Risspilz (*I. godeyi*): kleiner, mit gerandeter Stielknolle

Kleines Bild: Die Huthaut des Ziegelroten Risspilzes platzt im Alter auf und lässt das darunter liegende hellere Fleisch erkennen. Durch das radiale Einreißen der Huthaut entsteht eine blütenartige Silhouette.

Großes Bild: Drei Ziegelrote Risspilze am Rand eines Kalkbuchenwalds. Das linke Exemplar zeigt die typische Altersrötung.

Bittermandel-Risspilz

Inocybe hirtella Bres.

Der Bittermandel-Risspilz ist ein ziemlich unscheinbarer Pilz, der rein äußerlich mit vielen anderen kleinen Braunsporern verwechselt werden kann. Wer ihn jedoch einige Stunden in einer geschlossenen Schachtel oder einem Glas liegen lässt, wird eine Überraschung erleben: *I. hirtella* entwickelt einen kräftigen, süßlichen Anis- oder Bittermandelgeruch, der Erinnerungen an Weihnachtsplätzchen heraufbeschwört. Oft ist das Aroma sogar bereits im Wald wahrzunehmen.

Hut: 1–4 cm breit, gewölbt bis ausgebreitet, leicht gebuckelt
Huthaut: gelbocker bis fuchsigbraun, feinschuppig bis glatt, Rand radialfaserig
Lamellen: blass ockerbeige
Stiel: 2–6 x 0,3 cm, weißlich, fleischrosa überhaucht
Fleisch, Geruch: blass, starker Bittermandelgeruch
Sporenpulver: tabakbraun
Häufigkeit: häufig
Vorkommen: Sommer bis Herbst; Laub- und Nadelwälder, Parks, auf Kalk
Verwechslung: kein anderer Risspilz riecht nach Bittermandel

Der Bittermandel-Risspilz wächst in Laubwäldern auf kalkhaltigen Böden, vor allem unter Buchen.

Duftende Risspilze sind an ihrem süßlichen Geruch, der Rotbraunverfärbung und dem anfangs halbkugeligen (nicht spitzbuckeligen) Hut zu erkennen.

Duftender Risspilz

Inocybe bongardii (Weinm.) Quél.

Ähnlich wie der Bittermandel-Risspilz zeichnet sich auch der Duftende Risspilz durch einen besonderen Geruch aus: Er riecht auffallend süßlich, wie überreifes Obst, das schon angegoren ist. Der Geruch kann, besonders bei überalterten Exemplaren, penetrant und unangenehm sein. Andere Merkmale sind die rotbraune Farbe oder Verfärbung und der leicht schuppige Hut. Der Duftende Risspilz wächst vor allem in Laubwäldern auf lehmigen, nicht zu sauren Böden.

Hut: 2–8 cm breit, glockig bis gewölbt
Huthaut: weißocker bis bräunlich, mit rotbraunen Faserschüppchen, Rand eingebogen mit weißen Cortinaresten
Lamellen: weißlich bis braun, Schneiden weiß bewimpert, ausgebuchtet angewachsen
Stiel: 4–8 x 0,5–1 cm, weißlich bis rotbraun, auf Druck langsam rötend, feinflockig bis faserig, zylindrisch
Fleisch, Geruch: weißlich, an Druckstellen rötend, faserig, Geruch süßlich, aromatisch nach Birnen, alt unangenehm
Sporenpulver: tabakbraun
Häufigkeit: ziemlich häufig
Vorkommen: Sommer bis Spätherbst, Laub- und Nadelwälder, Wegränder, auf feuchten, kalkreichen Böden
Verwechslung: Bittermandel-Risspilz (s. S. 135): kleiner, feinschuppig, Geruch nach Bittermandel

Olivgelber Risspilz

Inocybe dulcamara (Alb. & Schw.: Pers.) Kumm.

Der Olivgelbe Risspilz gehört zu einer Gruppe von Risspilzen mit wollig-faserigem Velum und feinfilzig-schuppigem Hut. Er kommt unter Laub- und Nadelbäumen auf sandigen oder lehmigen Böden vor und ist, wie viele andere Risspilze, besonders entlang von Waldwegen zu finden. Der Hut reißt auch bei alten Exemplaren nicht (oder allenfalls sehr selten) radial ein. Bei jungen Fruchtkörpern sind Hut und Stiel durch weißliche Cortinareste miteinander verbunden.

Hut: 3–5 cm breit, halbkugelig bis ausgebreitet, Rand eingebogen
Huthaut: ockergelb bis hell olivbraun, wollig-filzig bis zottig
Lamellen: ockerlich bis olivbraun, engstehend, leicht bogig, kurz herablaufend
Stiel: 4–6 x 0,5 cm, ockerlich, zylindrisch, zur Basis verjüngt, wollig-faserig, mit flüchtigen Cortinaresten
Fleisch, Geruch: ockerlich, faserig, Geruch muffig
Geschmack: bitterlich
Sporenpulver: tabakbraun
Häufigkeit: häufig

Vorkommen: Sommer bis Spätherbst, Laub- und Nadelwälder, Wegränder, auf sandigen oder kiesigen Böden
Verwechslung: Ledergelber Risspilz *(I. heimii)*: fuchsig bis ocker, in Dünen

Eine Gruppe Olivgelber Risspilze am Rande eines grasigen Waldwegs. Bei den jungen Exemplaren ist die aufreißende Cortina zwischen Hutrand und Stiel zu erkennen.

Kegeliger Risspilz

Inocybe rimosa (Bull.: Fr.) Kumm.

Der Kegelige Risspilz ist vermutlich der häufigste und mit Sicherheit einer der variabelsten mitteleuropäischen Risspilze. Von Juni an kommt er in den unterschiedlichsten Laub- und Nadelwäldern vor. Junge Exemplare sind meist konisch und haben eine spitzgebuckelte Mitte. Später breitet sich der Hut aus, die Huthaut platzt auf und lässt das darunter liegende hellere Fleisch erkennen. Der Hutrand reißt dann radial ein (Name „Riss"pilz!). Wie die meisten anderen Risspilze ist auch der Kegelige muskarinhaltig und daher giftig.

Hut: 2–7 cm breit, kegelig bis ausgebreitet mit kegelig zugespitztem Buckel
Huthaut: gelbgrau bis gelbbraun, Rand bis zum Buckel radial einreißend
Lamellen: graugelb bis oliv, ausgebuchtet angewachsen
Stiel: 4–8 x 0,5 cm, weißlich, flockig bis feinfaserig
Fleisch, Geruch: blassgelb, Geruch spermatisch
Sporenpulver: tabakbraun
Häufigkeit: sehr häufig
Vorkommen: Frühsommer bis Spätherbst; Laub- und Nadelwald, Parks, oft an Wegrändern
Verwechslung: Gefleckter Risspilz *(I. maculata)*: Hut reh- bis kastanienbraun mit weißlichen Velumresten, gerandete Stielknolle. – Es gibt viele andere kleine Risspilze, die nur mikroskopisch bestimmbar sind

Kegelige Risspilze haben meist einen strohgelben Hut, der vom Rand her radial einreißt.

Weisser Risspilz

Inocybe fibrosa (Sow.) Gillet

Der Weiße Risspilz vertritt in diesem Buch die *Inocybe*-Arten mit eckigen Sporen. Er ist einer der größten Risspilze und ist, wenn man nicht auf die braune Sporenpulverfarbe achtet, leicht mit Ritterlingen *(Tricholoma)* oder Schönköpfen *(Calocybe)* zu verwechseln. Junge Exemplare können vor allem dem Mairitterling (s. S. 89) ähnlich sehen und wachsen auch an ähnlichen Standorten. Im Juni/Juli überlappen sich die Erscheinungszeiten der beiden Arten, d. h., die letzten Mairitterlinge sind noch da, wenn die ersten giftigen Weißen Risspilze auftauchen. Allerdings ist der Weiße Risspilz viel seltener als der Mairitterling und in Deutschland lediglich im Voralpenland etwas häufiger anzutreffen.

Hut: 6–15 cm breit, halbkugelig bis ausgebreitet, breit gebuckelt, Rand eingebogen
Huthaut: weiß bis gelblichweiß, feinfaserig bis glatt, feucht schmierig-glänzend
Lamellen: graugelb bis oliv, ausgebuchtet angewachsen
Stiel: 8–12 x 1–3 cm, weißlich bis gelblichweiß, bereift, zylindrisch, tief wurzelnd
Fleisch, Geruch: weißlich, unter der Huthaut zitronengelb, dick, Geruch spermatisch bis säuerlich
Sporenpulver: tabakbraun
Häufigkeit: selten
Vorkommen: Sommer bis Spätherbst, Nadel- und Mischwälder, auf Kalk
Verwechslung: Mairitterling (s. S. 89): Geruch nach Mehl, Sporenpulver weiß, essbar. – Seidiger Ritterling *(Tricholoma columbetta)*: seidig-glänzend, Sporenpulver weiß, essbar. – Ziegelroter Risspilz (s. S. 135): kleiner, auf Druck und bei Verletzung rötend, giftig

Junge Weiße Risspilze an einer moosigen Hohlwegböschung im Nadelwald, dazwischen das Hutsegment eines älteren Exemplars.

Wurzelfälbling, Marzipanfälbling

Hebeloma radicosum (Bull.: Fr.) Ricken

Der Wurzelfälbling galt lange Zeit als Besiedler unterirdischer Baumwurzeln. Erst Ende der Siebzigerjahre fand man heraus, dass er sein Myzel am Grunde des langen, unterirdischen Stielteils in den „Latrinen" von Maulwürfen und Mäusen bildet, also eher Dung- als Holzbewohner ist. Der an seinem Marzipangeruch, dem schuppigen, beringten Stiel und der schmierigen Huthaut leicht erkennbare Pilz profitiert offensichtlich vom Stickstoffgehalt der Kleinsäugerlosung bzw. des umgebenden Erdreichs.

Hut: 5–15 cm breit, halbkugelig, später flach gewölbt, Rand lange eingerollt
Huthaut: blass beigebraun, glatt, mit angedrückten Velumschüppchen, stark schmierig-schleimig
Lamellen: cremefarben bis rotbraun, engstehend, Schneiden weißflockig
Stiel: 7–12 x 1–2 cm, hellocker bis graubraun, unterer Teil wollig-schuppig, Ring dick, häutig, Basis unterirdisch verlängert
Fleisch, Geruch: weißlich, dick, Geruch nach Marzipan
Geschmack: bitterlich
Sporenpulver: mittelbraun
Häufigkeit: ziemlich häufig
Vorkommen: Sommer bis Spätherbst; Laubwälder, bei Buche, kalkliebend
Verwechslung: Andere Fälblinge (*Hebeloma* spec.) sind geruchlos oder riechen nach Kakao oder Rettich

Wurzelfälblinge im Buchenwald: Der tief im Boden wurzelnde Stiel, der schmierige Hut und der Marzipangeruch bilden eine einzigartige Merkmalskombination.

Rissiger Ackerling

Agrocybe dura (Bolt.) Sing.

Schon im Frühsommer begegnet man auf Ruderalflächen, überwachsenen Abraumhalden, auf Rindenmulch in Parks, gelegentlich auch an Waldstraßenrändern, dem Rissigen Ackerling. Seine Hutoberfläche neigt dazu, im Alter und bei Trockenheit rissig-felderig aufzuspringen. Kleine Formen können dem noch früher im Jahr an ähnlichen Standorten erscheinenden Voreilenden Ackerling *(A. praecox)* sehr ähnlich sehen, der sich jedoch durch seinen kräftigen Mehlgeruch und kleinere Sporen unterscheidet. Von oben können Rissige Ackerlinge auch an weiße Champignons erinnern, doch haben diese im Alter schwarzbraune Lamellen und meist kürzere Stiele.

Hut: 4–12 cm breit, gewölbt bis ausgebreitet
Huthaut: weiß bis blaßgelb, glatt, leicht schmierig, trocken oft felderig aufplatzend, Rand oft mit weißen Hüllresten behangen
Lamellen: weißlich bis dunkelbraun mit lila Schimmer, ausgebuchtet-angewachsen
Stiel: 8–12 x 1 cm, weiß, schlank, Ring häutig, vergänglich, Basis mit weißem Myzelfilz
Fleisch, Geruch: weiß, dick, Geruch nach Champignons
Geschmack: mild
Sporenpulver: mittelbraun
Häufigkeit: zerstreut, ortshäufig
Vorkommen: Frühsommer bis Spätherbst; Wiesen, Wegränder, Parks, Gärten, nackter Boden
Verwechslung: Frühlingsackerling *(Agrocybe praecox)*: kleiner, zarter, Geruch nach Mehl, Geschmack bitter, Sporen kleiner, im Frühjahr häufig

Großes Bild: Am Hutrand des Rissigen Ackerlings sind noch Reste der Teilhülle (Velum partiale) zu erkennen. Die Huthaut beginnt bereits felderig aufzuspringen.

Kleines Bild: Bei älteren Fruchtkörpern ist fast die gesamte Huthaut würfelig-mosaikartig aufgesprungen.

Südlicher Ackerling

Agrocybe cylindracea (DC.: Fr.) R. Mre.

Während die meisten Ackerlinge ihrem Namen Ehre machen und auf dem Erdboden wachsen, ist der Südliche Ackerling Holzbewohner. Man findet ihn vor allem in den Auwäldern der großen Flüsse an Weichhölzern wie Pappeln und Weiden. Als ausgesprochen wärmeliebende Art tritt der Pilz in Deutschland nur vereinzelt auf. Dagegen ist er in West- und Südeuropa ein seit alters her hoch geschätzter Speisepilz, der auf den ihm zusagenden Hölzern auch gezüchtet werden kann. Es gibt Anzeichen, dass sich einige mediterrane Arten im Zuge der Klimaerwärmung auch nördlich der Alpen weiter ausbreiten.

Der Südliche Ackerling wächst meist am Stammgrund oder auf Stümpfen von Pappeln, weshalb er in Italien Pioppino *genannt wird.*

Hut: 3–12 cm breit, gewölbt bis ausgebreitet, Rand eingerollt
Huthaut: weißlich bis gelbbraun, matt, gerunzelt
Lamellen: weißlich bis dunkelbraun, ausgebuchtet-angewachsen
Stiel: 5–12 x 1 cm, weiß, schwach genattert, zylindrisch, Ring häutig, dick
Fleisch, Geruch: weiß, dick, Geruch würzig
Geschmack: süßlich-mild
Sporenpulver: mittelbraun
Häufigkeit: nördlich der Alpen sehr selten, im Mittelmeergebiet häufiger
Vorkommen: Frühsommer bis Spätherbst; Flussauen, büschelig auf Holz, vor allem Pappel, Weide, Holunder; wärmeliebend
Verwechslung: Frühlingsackerling *(Agrocybe praecox)*: kleiner, zarter, Geruch nach Mehl, Geschmack bitter, Sporen kleiner, im Frühjahr, häufig

Die bei der Reife bräunlichen Lamellen des Gallertfleischigen Stummelfüßchens breiten sich von der Ansatzstelle am Holz fächerförmig aus.

Gallertfleischiges Stummelfüsschen

Crepidotus mollis (Schaeff.: Fr.) Kumm.

Das Gallertfleischige Stummelfüßchen ist ein kleiner Pilz – und doch in seiner Verwandtschaft ein Riese, denn er kann unter günstigen Bedingungen handtellergroß werden. Die muschelförmigen Fruchtkörper haben eine dehnbare, farblose Huthaut, die sie von allen anderen Arten der Gattung unterscheidet. Auch die Lamellenschneiden sind mit einem gelatinösen Fädchen gesäumt. Der Pilz wächst in Laubwäldern, Vorkommen an Nadelholz sind seltene Ausnahmen.

Hut: 1–10 cm breit, muschel- bis nierenförmig, Rand jung eingebogen, schwach gerieft; seitlich angewachsen
Huthaut: weißlich bis ockergrau, kahl, matt, Huthaut abziehbar
Lamellen: weißlich bis graubraun, breit
Fleisch, Geruch: weißlich bis hellbraun, gallertig, geruchlos
Geschmack: mild
Sporenpulver: braun
Häufigkeit: häufig
Vorkommen: Frühjahr bis Herbst; Au- und Schluchtwälder, auf totem Laubholz
Verwechslung: andere Stummelfüßchen haben keine abziehbare Huthaut

Striegeliges Stummelfüsschen

Crepidotus versutus (Peck) Sacc.

Mit Ausnahme des Gallertfleischigen Stummelfüßchens (s. o.) ist die genaue Artbestimmung in der Gattung *Crepidotus* nur mithilfe des Mikroskops möglich. Trotzdem darf man die mit bloßem Auge erkennbaren Merkmale nicht vernachlässigen, denn sie reduzieren die Verwechslungsmöglichkeiten in vielen Fällen ganz erheblich. Das Striegelige Stummelfüßchen ist lange rein weiß und an der Ansatzstelle oft feinsamtig-flaumig.

Hut: 1–1,5 cm breit, halbkreis- bis nierenförmig, Rand eingebogen, wellig; seitlich oder am Scheitel ungestielt angewachsen
Huthaut: weiß, feinsamtig
Lamellen: lange weißlich, zuletzt ockerbraun, Schneiden weiß bewimpert
Fleisch, Geruch: weiß, häutig, geruchlos
Geschmack: mild
Sporenpulver: braun
Häufigkeit: ziemlich selten, aber oft nicht erkannt
Vorkommen: Spätsommer bis Spätherbst; auf totem Laubholz, auch an Blättern
Verwechslung: Gallertfleischiges Stummelfüßchen (s. o.): Huthaut gelatinös, abziehbar

Wie alle Stummelfüßchen hat auch das Striegelige braunes Sporenpulver. Dennoch sind seine Lamellen lange Zeit rein weiß.

Ein üppiges Vorkommen des Gifthäublings in einem Nadelwald. Oft findet man auch Formen mit blasseren Hüten.

GIFTHÄUBLING

Galerina marginata (Batsch) Kühn.

Der auf Laub- und Nadelholzstümpfen weit verbreitete Gifthäubling enthält Toxine, die mit jenen der Knollenblätterpilze verwandt sind, und kann daher schwere, im schlimmsten Fall sogar tödliche Vergiftungen hervorrufen. Eine besondere Gefahr liegt darin, dass er dem beliebten Stockschwämmchen (s. S. 145) sehr ähnlich sieht und zu allem Übel auch noch an den gleichen Standorten vorkommen kann. Das Stockschwämmchen riecht allerdings im Gegensatz zum Gifthäubling nicht nach Mehl. Während der Stiel des Gifthäublings auf dunkelbraunem Grund silbrige Längsstreifen aufweist, ist die Stieloberfläche des Stockschwämmchens unterhalb des Rings schuppig-rau.

Hut: 1–5 cm breit, gewölbt bis ausgebreitet, Mitte schwach gebuckelt
Huthaut: gelb- bis rötlichbraun, beim Trocknen ockerlich ausblassend, hygrophan, glatt, schwach klebrig, Rand fein gerieft
Lamellen: hellocker bis rötlichbraun, schmal, engstehend, kurz herablaufend
Stiel: 2–7 x 0,5 cm, ockerlich bis dunkelbraun, oberhalb des vergänglichen Rings weißlich bereift, zur Basis silbrigweißlich überfasert
Fleisch, Geruch: hellocker bis braun, dünn, mehlartiger Geruch
Geschmack: mehlartig
Sporenpulver: braun
Häufigkeit: ziemlich häufig
Vorkommen: spätes Frühjahr bis Herbst; auf morschem Laub- und Nadelholz, büschelig, manchmal zwischen Stockschwämmchen
Verwechslung: Stockschwämmchen (s. S. 145): kein Mehlgeruch, meist mit Ring, Stiel sparrig-braunschuppig,essbar

SUMPFHÄUBLING

Galerina sphagnorum (Pers.: Fr.) Kühn.

Einige Häublinge haben sich auf das Leben in Mooren spezialisiert. Zu ihnen gehört der Sumpfhäubling, den man an seinem glatten Stiel vom ähnlichen, ebenfalls zwischen Torfmoosen *(Sphagnum)* vorkommenden Weißflockigen Häubling *(G. paludosa)* unterscheiden kann, dessen Stiel mit weißen Velumresten geschmückt ist. Eine dritte *Galerina*-Art im Torfmoos ist der Bereifte Häubling *(G. tibiicystis),* der aber anders als die beiden zuvor genannten Arten nicht nach Mehl riecht und auch andere mikroskopische Merkmale hat.

Hut: 1–3 cm, gewölbt bis ausgebreitet, Mitte schwach gebuckelt
Huthaut: gelbocker bis orangebraun, beim Trocknen ockerlich ausblassend, hygrophan, radialfurchig, Rand fein gezähnelt, jung mit weißen Velumresten
Lamellen: hellocker bis rötlichbraun, am Stiel angewachsen, Schneiden weißflockig
Stiel: 4–10 x 0,3 cm, gelbockerlich, glatt, seidig glänzend, weißlich längsfaserig, biegsam, kein Ring, keine Velumflocken
Fleisch, Geruch: hellocker bis braun, dünn, mehlartiger Geruch
Geschmack: mehlartig
Sporenpulver: braun
Häufigkeit: selten, oft übersehen, RL 3
Vorkommen: Sommer bis Herbst; in Mooren zwischen Torfmoosen *(Sphagnum)*
Verwechslung: Weißflockiger Häubling *(G. paludosa)*: bräunlich, Ring fransig-fetzig, Stiel mit weißen Velumflocken. – Bereifter Häubling *(G. tibiicystis)*: ohne Mehlgeruch, ohne Ring, Stiel weißflaumig bereift, andere Mikromerkmale

In einem Hochmoor wachsen Sumpfhäubling, Torfmoose und eine fleischfressende Pflanze, der Rundblättrige Sonnentau (Drosera rotundifolia), *zusammen.*

Hornstieliger Wurzelschnitzling

Phaeocollybia jennyae (P. Karst.) Heim

Wurzelschnitzlinge sind generell nicht häufig. Die wenigen mitteleuropäischen Arten kommen in Deutschland fast nur in den Bergwäldern des Südens vor und sind nicht leicht voneinander zu unterscheiden. Der Hornstielige Wurzelschnitzling ist mittelgroß und hat einen meist mit einem kleinen, spitzen Buckel versehenen, satt rotbraunen, fettig glänzenden Hut. Mikroskopisch helfen die für die Gattung sehr kleinen Sporen bei der Bestimmung. Auch der Geruch – süßlich, rettichartig oder unauffällig – spielt bei den Wurzelschnitzlingen eine wichtige Rolle, weshalb man schon im Gelände darauf achten sollte.

Hut: 2–4 cm, glockig gewölbt bis ausgebreitet, Mitte meist spitz gebuckelt
Huthaut: rötlichbraun, fettig glänzend, beim Trocknen zimtbraun ausblassend, matt, Rand glatt, scharf
Lamellen: hellocker bis rötlichocker, rotbraun fleckend, weit, schmal angewachsen, Schneiden glatt

Stiel: 4–8 x 0,5 cm, rot- bis schwarzbraun, glatt, zylindrisch, tief wurzelnd
Fleisch, Geruch: hell bis rotbraun, dünn, Geruch unauffällig
Geschmack: rettichartig bis meist bitterlich
Sporenpulver: gelbbraun
Häufigkeit: selten, RL 3
Vorkommen: Sommer bis Spätherbst; Nadelwälder, Waldränder, bei Fichte, saure Böden

Hornstielige Wurzelschnitzlinge in einem Mischwald mit Fichten und Buchen. Die glänzend rotbraunen Hüte, die gelblichen Lamellen und die wurzelnden Stiele sind kennzeichnend.

Verwechslung: Spindelsporiger Wurzelschnitzling *(Ph. christinae)*: Hut und Stiel orangerot, Sporen spindelförmig

Winter-Trompetenschnitzlinge im Frühjahr: Rechts unten ein frisches Blatt vom Schattenblümchen (Maianthemum bifolium).

Die Hüte des Winter-Trompetenschnitzlings sind fast bis zur Mitte durchscheinend gerieft.

Winter-Trompetenschnitzling

Tubaria hiemalis Romagn. ex Bon

Es gibt einige Lamellenpilze, die mit Vorliebe in milden Winterphasen oder im zeitigen Frühjahr wachsen. Dazu gehören u. a. der Winterrübling (s. S. 110), der Austernseitling (s. S. 116) und der Winter-Trompetenschnitzling. Es ist erstaunlich, wie rasch sich die kleinen, unscheinbaren Pilze an schneefreien Stellen entwickeln können. Sie wachsen unter Laub- und Nadelbäumen, auf Reisig und anderen Holzresten, gern an lichten Stellen des Waldes, in Parkanlagen und in Brombeerdickichten auf Kahlschlägen. Vom auch in der wärmeren Jahreszeit wachsenden Gemeinen Trompetenschnitzling *(T. furfuracea)* ist die Art, wenn überhaupt, nur mikroskopisch zu trennen.

Hut: 1–4 cm, flach gewölbt bis ausgebreitet, Rand alt aufgebogen
Huthaut: rötlichbraun, beim Trocknen gelbocker ausblassend, weiße, flüchtige Cortinareste, Rand gerieft
Lamellen: hellocker bis rotbraun, weit, breit angewachsen
Stiel: 2–4 x 0,4 cm, zylindrisch, hell ockerbraun, weißlich überfasert
Fleisch, Geruch: rotbraun, fest, geruchlos
Geschmack: pilz- bis rettichartig
Sporenpulver: braun
Häufigkeit: häufig
Vorkommen: Winter; Reste von Laub- und Nadelholz, büschelig und einzeln
Verwechslung: Gemeiner Trompetenschnitzling *(T. furfuracea)*: Sommer bis Herbst, Basis weißfilzig, Geruch säuerlich, möglicherweise nicht artverschieden

Schüpplinge *(Pholiota)* und Stockschwämmchen *(Kuehneromyces)*

Schüpplinge sind mittelgroße bis große, gelbe, ockerliche bis braune oder rötliche Lamellenpilze mit rostbraunem Sporenpulver, die meist büschelig an Holzsubstraten wachsen. Einige der bekanntesten Arten wie der Sparrige Schüppling *(Pholiota squarrosa)* sind durch mehr oder minder auffällige Hutschuppung gekennzeichnet. Es gibt jedoch auch eine ganze Anzahl völlig glatthütiger Arten, bei denen der deutsche Name „Schüppling“ wenig sinnvoll erscheint. Wichtig für die Artbestimmung sind neben der Beschaffenheit der Huthaut und des Stiels der Standort – manche Schüpplinge sind z. B. strikt an Nadelholz gebunden. Wer sich näher mit der Gattung beschäftigen möchte, die in Europa ungefähr 30 Arten umfasst, sei auf die ausgezeichnet bebilderte Monografie von J. Holec (2001) verwiesen.

Die nahestehende Gattung Stockschwämmchen *(Kuehneromyces)* wird von manchen Autoren mit *Pholiota* vereint, unterscheidet sich jedoch durch die unter dem Elektronenmikroskop feinwarzigen Sporen und rasch verblassende (hygrophane) Hüte.

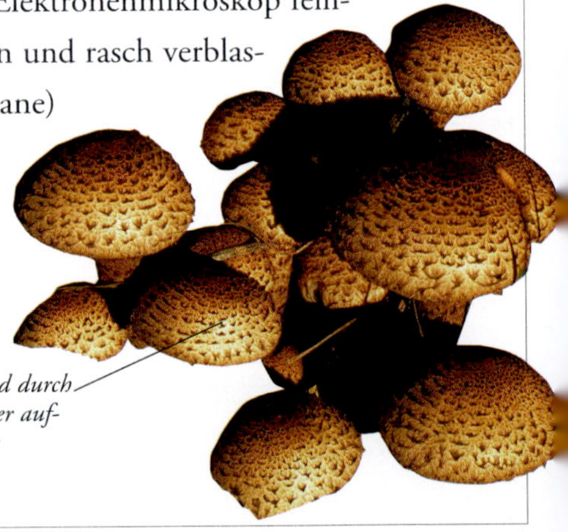

Viele Schüpplinge sind durch eine mehr oder minder auffällige Hutschuppung gekennzeichnet.

Sparriger Schüppling

Pholiota squarrosa (Weigel: Fr.) P. Kumm.

Wenn er, meist im Herbst und Spätherbst, in großen Büscheln am Grunde alter Obstbäume erscheint, z. B. an durch Verkehrsunfälle vorgeschädigten Apfel- oder Birnbäumen entlang der Landstraßen, versetzt der Sparrige Schüppling gelegentlich auch Pilzlaien in Erstaunen. Sie verwechseln ihn oft mit dem Hallimasch (s. S. 93), der sich aber am weißen Sporenpulver und den viel feineren, haarig-flockigen Hutschuppen leicht erkennen lässt. An den befallenen Bäumen und Stümpfen verursacht der Sparrige Schüppling eine Weißfäule, die das Holz im Laufe der Jahre zerstört. Es ist immer wieder versucht worden, den Sparrigen Schüppling auf die eine oder andere Weise genießbar zu machen, doch ist ihm der Durchbruch zu den Speisepilzen von Rang nie gelungen, und es wird sogar von Unverträglichkeitsreaktionen berichtet.

Junge Sparrige Schüpplinge am Grunde eines alten Apfelbaums

Hut: 10–15 cm, flach polsterförmig gewölbt
Huthaut: ockergelb, trocken, mit dunkel-braunen, aufgerichteten, sparrigen Schüppchen
Lamellen: jung hellolivgelb, später braun, engstehend
Stiel: 10–15 x 1–2 cm, zylindrisch, oft verbogen, voll, hart, unter der Ringzone schuppig, sparrig
Fleisch, Geruch: blassgelb, derbfleischig, Geruch säuerlich
Geschmack: bitter
Sporenpulver: braun
Häufigkeit: weit verbreitet
Vorkommen: Herbst und Spätherbst, büschelig am Fuß v. a. von Obst- und anderen Laubbäumen, seltener an Nadelholz
Verwechslung: Hallimasch (s. S. 93): Sporenpulver weiß, Schüppchen feiner, sehr häufig. – Sparriger Raukopf (s. S. 130): Boden bewohnend, Hut meist kegelig, selten

Grünlicher Schüppling

Pholiota gummosa (Lasch: Fr.) Sing.

Der Grünliche Schüppling kommt zwar auch in Wäldern vor, ist primär aber eine Art des offenen Geländes: Er wächst vor allem in Gärten und Parks, oft in der Nähe von Teichen oder Bächen, wo die Luftfeuchtigkeit besonders hoch ist. Dort bildet er individuenreiche Büschel, die scheinbar auf dem Boden wachsen, meist jedoch in Verbindung zu im Boden vergrabenen Laubholzresten gedeihen. Die Haupterscheinungszeit fällt in den Herbst und den Spätherbst, doch kann man ihn im atlantischen Klimabereich mit seinen feuchtmilden Wintern sogar noch im Dezember finden. Von anderen Schüpplingen unterscheidet er sich durch die grünen bis graugrünen Töne des bei Feuchtigkeit schmierigen Hutes.

Auf der Liegewiese eines Badesees wachsen diese Grünlichen Schüpplinge.

Hut: 2–8 cm breit, gewölbt bis ausgebreitet
Huthaut: stroh- bis grüngelb, angedrückte, schmutzigweißliche bis bräunliche Schüppchen, v. a. am helleren Rand; schmierig-klebrig
Lamellen: ockerbeige bis rostorange, kurz herablaufend
Stiel: 3–8 x 0,5–1 cm, blass gelbgrün, unter der schwach ausgebildeten Ringzone dichte Schuppung, Basis fuchsigbraun
Fleisch, Geruch: weißlich bis gelblich, Geruch unauffällig
Geschmack: mild
Sporenpulver: braun
Häufigkeit: zerstreut
Vorkommen: Sommer bis Spätherbst; büschelig auf Holz- und Grasabfällen; Parks, Gärten, Wälder
Verwechslung: Tonfalber Schüppling *(Ph. lenta)*: an ähnlichen Standorten, meist größer, Hut blass rotbraun, schleimig, häufig. – Ausgeblasste Exemplare des Blaugrünen Träuschlings (s. S. 147)

Ein Büschel Goldfellschüpplinge an der Schnittfläche eines gefällten Laubholzstammes.

Goldfellschüppling, Hochthronender Schüppling

Pholiota adiposa (Batsch: Fr.) P. Kumm.

Obwohl dieser Pilz stattliche, bis 15 cm breite Hüte bildet und obendrein fast immer in großen Büscheln auftritt, wird er von Sammlern, die sich auf Boden bewohnende Arten konzentrieren und daher meist leicht vornübergebeugt und mit gesenkten Köpfen durch die Wälder streifen, oft übersehen. In alten Alleen und Parkanlagen sowie in naturnahen und/oder geschützten Wäldern, in denen nicht jeder geschwächte Baum sofort herausgeschlagen wird, lohnt sich der Blick in höhere Regionen: Goldfellschüpplinge können meterhoch in Astlöchern alter Bäume wachsen. Der Hauptwirt in Mitteleuropa ist die Buche, gefolgt von anderen Laubhölzern wie Ahorn, Rosskastanie und Weide. Im Bergland sind auch Funde an alten Tannen möglich.

Der Pinselschüppling *(Ph. jahnii)* wird ähnlich groß, wächst aber meist an Stümpfen und hat dunklere Hutschuppen mit aufgerichteten Spitzen.

Hut: bis 15 cm breit, flach gewölbt
Huthaut: gold- bis rostgelb, schleimig-klebrig, mit braunen, leicht abwischbaren Schuppen, Rand glatt
Lamellen: blassgelb, im Alter rostbraun, engstehend, breit angewachsen
Stiel: 12 x 1,5 cm, gelb, meist gekrümmt, kräftig, schmierig-klebrig, dunkelbraune Schuppen, Basis rotbraun
Fleisch, Geruch: gelblich, Geruch angenehm
Geschmack: bitterlich
Sporenpulver: braun
Häufigkeit: zerstreut
Vorkommen: Sommer bis Spätherbst; büschelig an Stümpfen von Laub- und Nadelbäumen, vor allem Buchen, Ahorn und Tanne, oft in Astlöchern am Baum
Verwechslung: Pinselschüppling *(Ph. jahnii)*: meist an Buchenstümpfen. – Prächtiger Flämmling (s. S. 133): rostbraun, Hut trocken, meist an Eiche

Fettige Schüpplinge besiedeln vergrabene Holzreste am Rand eines kleinen Sägewerks.

Fettiger Schüppling

Pholiota lucifera (Lasch) Quél.

Der Fettige Schüppling gehört zu den kleinen bis mittelgroßen Vertretern der Gattung *Pholiota*. Er wächst auf meist im Boden vergrabenen Holzresten an grasigen Stellen in Gärten und auf Brachland, am Rande von Sägewerken, auf Friedhöfen und in Parks, seltener auch in lichten Wäldern. Kennzeichnend sind der wachsartig-schmierige Hut, die lebhaften Farben und der stark geschuppte Stiel. In der Größe ähnlich, aber durch den Standort an totem Nadelholz in Bergwäldern und der leuchtend goldgelben Farbe aller Teile des Fruchtkörpers gut unterscheidbar ist der Feuerschüppling *(Pholiota flammans)*.

Hut: 2–7 cm breit, gewölbt bis flach gebuckelt
Huthaut: blassgelb mit rotbraunen Schüppchen, wachsartig-schmierig
Lamellen: blassgelb, später ockerbraun
Stiel: 2–7 x 0,5–0,8 cm, blassgelb, meist gebogen, zylindrisch, zur Basis rötlichbraun schuppig, dicker
Fleisch, Geruch: blass, Geruch holzartig
Geschmack: bitter
Sporenpulver: braun
Häufigkeit: zerstreut
Vorkommen: Sommer bis Spätherbst; an vergrabenem Totholz v. a. von Pappel und Weide
Verwechslung: Feuerschüppling *(Ph. flammans)*: gold- bis rotgelb in allen Teilen, an Nadelholz

Blätter-schüppling

Pholiota oedipus (Cke.) Orton

Die Umwandlung von abgefallenem Pappellaub in Humus ist die biologische Aufgabe des Blätterschüpplings im Naturkreislauf. Die Spezialisierung auf das Substrat ist recht streng; nur selten findet man den Pilz unter anderen Laubbäumen. Ungewöhnlich ist auch seine Erscheinungszeit: Er wächst vor allem in milden, schneefreien Phasen des Winters sowie im Frühjahr, ungefähr im Zeitraum zwischen Schneeglöckchen- und Anemonenblüte. Seine systematische Position innerhalb der Gattung *Pholiota* ist noch umstritten, da ihm die typischen Gelbtöne der Schüpplinge fehlen und es auch einige mikroskopische Abweichungen gibt.

Hut: 3–5 cm breit, gewölbt bis ausgebreitet
Huthaut: ocker-olivbraun, später cremegrau, hygrophan, schmierig, Rand ± gerieft, mit abwischbaren, weißen Velumflocken gesprenkelt
Lamellen: blassgrau bis schmutzig-bräunlich, angewachsen bis leicht herablaufend
Stiel: 3–6 x 0,3 cm, ocker-olivbraun, Ring ± flüchtig, Basis heller, bisweilen verdickt
Fleisch, Geruch: blass, Geruch unauffällig
Geschmack: mild
Sporenpulver: schmutzig-bräunlich
Häufigkeit: zerstreut
Vorkommen: Sommer bis Spätherbst; an vergrabenem Totholz v. a. von Pappel und Weide
Verwechslung: Winter-Graublatt *(Lyophyllum platypus)*: ähnliche Standorte, zur gleichen Zeit, Hut ohne Velumreste, Stiel ohne Ring

Ein Winterpilz im Auwald: Blätterschüpplinge sind unter anderem an den weißlichen Velumflocken auf dem Hut zu erkennen.

Pappelschüppling

Pholiota populnea (Pers.: Fr.) Kuyper & Tjallingii

Spätherbst in einer Flussniederung: Am Rande des Auwalds lagern im Frühjahr gefällte Pappelstämme. Aus den Schnittflächen brechen große, derbe Pilzfruchtkörper hervor; die massigen Hüte erreichen bis zu 20 cm Durchmesser, ihre Oberfläche ist jung wollig-schuppig, verkahlt aber im Alter oft. Am dicken, hartfleischigen Stiel bleibt meist eine wollig-filzige Ringzone zurück. Wer sich die Standorte näher ansieht, kann oft auch die farbenprächtigen Krusten des Violetten Schichtpilzes (s. S. 214) und die ähnlich gefärbten, unregelmäßig becher- oder scheibenförmigen Fruchtkörper des Großsporigen Gallertbechers (s. S. 246) finden.

Hut: 10–20 cm breit, flach polsterförmig gewölbt
Huthaut: beige- bis graubraun, wollig-schuppig, ± flockig
Lamellen: bräunlich
Stiel: 6–10 x 2 cm, beige, schuppig
Fleisch, Geruch: blass, dickfleischig, ziemlich hart, Geruch schwach obstartig
Geschmack: bitter
Sporenpulver: schmutzig bräunlich
Häufigkeit: häufig
Vorkommen: Spätherbst bis Frühwinter; an Stümpfen und Stämmen von Pappeln, v. a. in Auwäldern
Verwechslung: Abweichender Schüppling *(Ph. heteroclita)*: an lebenden Laubbäumen (Birke, Erle, nur selten an Pappel), Geruch chemisch, gasartig

Zwei Pappelschüpplinge an der Schnittfläche eines Pappelstamms.

Echtes Stockschwämmchen

Kuehneromyces mutabilis (Scop: Fr.) Sing. & A. H. Smith

Als „Stockschwämmchen" oder – in Bayern – „Stockschwammerl" werden im Volksmund viele Pilze bezeichnet, darunter so unterschiedliche wie der Hallimasch (s. S. 93) oder sogar die Krause Glucke (s. S. 191). Das Echte Stockschwämmchen ist ein braunsporiger Lamellenpilz aus der Schüpplingsverwandtschaft. Er wächst ab April/Mai büschelig auf totem Laub- und Nadelholz.

Stockschwämmchen sind gute Speisepilze, doch wer sie sammeln möchte, muss unbedingt auch ihren Doppelgänger kennen, den Gifthäubling (s. S. 140), der gleichzeitig an demselben Baumstumpf wachsen kann. Man achte vor allem auf die feine braune Stielbeschuppung des Stockschwämmchens – die Stiele des Gifthäublings sind glatt bis fein silbrig gestreift. Außerdem fehlt dem Stockschwämmchen der Mehlgeruch des Gifthäublings.

Hut: 2–6 cm, gewölbt
Huthaut: glatt bis klebrig, zweifarbig, honigbrauner Rand und ockerliche, oft gebuckelte Mitte
Lamellen: breit, jung cremefarben, alt ockerbraun
Stiel: 3–8 cm lang, dunkelbraun, Stiel mit abstehenden dunklen Schuppen unter dem Ring, darüber glatt und heller, relativ holzig
Fleisch, Geruch: blassbraun, gut, Geruch pilzartig, nicht mehlig
Sporenpulver: braun
Häufigkeit: häufig

Echte Stockschwämmchen haben hier einen Buchenstumpf besiedelt. Die schuppigen Stiele sind ein wichtiges Kennzeichen.

Vorkommen: Frühjahr bis Spätherbst; büschelig an Laub- und Nadelholzstümpfen, v. a. Buchen
Verwechslung: Gifthäubling (s. S. 140): Geruch mehlig, Stiel glatt, sehr giftig! – Schwefelköpfe (s. S. 148): gelblich bis rötlich, schwarzbraunes Sporenpulver

Träuschlinge *(Stropharia)*, Schwefelköpfe *(Hypholoma)*, Kahlköpfe *(Psilocybe)*, Düngerlinge *(Panaeolus)*, Mistpilze *(Bolbitius)* und Faserlinge *(Psathyrella)*

Die Träuschlinge *(Stropharia)* sind kleine bis sehr große Lamellenpilze mit im Alter dunkel purpurgrauem Sporenpulver, beringtem Stiel und zum Teil recht lebhaften Hutfarben. Schwefelköpfe *(Hypholoma)* wachsen entweder büschelig auf Holz oder einzeln auf dem Boden und zwischen Moosen. Die meist noch kleineren, dünnstieligen Kahlköpfe *(Psilocybe)* findet man auf Wiesen, an gedüngten Stellen und auf verrottenden Pflanzenresten.

Trotz großer äußerlicher Unterschiede zwischen den einzelnen Arten stehen die drei Gruppen biologisch einander so nahe, dass sie neuerdings oft in einer einzigen Großgattung *(Psilocybe)* zusammengefasst werden, von der in Mitteleuropa ungefähr 50 Arten bekannt sind. Die meisten von ihnen sind bei Ludwig (2000, 2001) ausführlich in Wort und Bild dargestellt, ebenso die folgenden beiden Gattungen.

Unter den Träuschlingen und Schwefelköpfen gibt es mehrere Speisepilze. Dagegen enthalten einige Kahlköpfe, die so genannten „Magic Mushrooms" oder „Zauberpilze", das halluzinogene Gift Psilocybin.

Die Düngerlinge *(Panaeolus)* sind durch ungleichmäßig reifende schwarzbraune Sporen und daher hell bis dunkelfleckige Lamellen gekennzeichnet. Die meisten der ca. 15–20, mit einer Ausnahme *(P. semiovatus)* kleinen und zerbrechlichen mitteleuropäischen Arten sind Dungbewohner; einigen werden halluzinogene Eigenschaften zugeschrieben.

An ähnlichen Standorten findet man auch Mistpilze *(Bolbitius)*, zu denen außer dem häufigen Gold-Mistpilz *(B. titubans)* nur noch drei bis vier seltenere Arten gehören. Die Sporen der Mistpilze sind rostockerfarben, die Lamellen sehr schmal.

Die Gattung *Psathyrella* (Faserlinge, Saumpilze, Mürblinge) ist äußerst umfangreich (ca. 130 Arten in Mitteleuropa). Die meist dünnstieligen, grazilen Pilze mit grauen oder braunen, oft stark hygrophanen Hüten sind nur in Ausnahmefällen ohne Mikroskop bestimmbar. Eine intensive Beschäftigung setzt die Kenntnis der Gattungsmonografie von Kits van Waveren (1985) voraus.

Rotbraune Riesenträuschlinge (Stropharia rugosoannulata) *auf einer gedüngten Wiese.*

Rotbrauner Riesenträuschling, Kulturträuschling

Stropharia rugosoannulata Farlow

Vor etwa vierzig Jahren gehörten Funde dieses Pilzes noch zu den großen Seltenheiten, über die in pilzkundlichen Fachzeitschriften ausführlich berichtet wurde. In den Sechziger- und Siebzigerjahren des vergangenen Jahrhunderts änderte sich das Bild: Erst waren es Massenvorkommen in Maisfeldern, die von sich reden machten, dann begann man den Pilz als „Braunkappe" auf Strohsubstraten zu kultivieren. Hobbygärtner entdeckten ihn und bauten ihn auf ihren Beeten an. Solchermaßen vom Menschen gefördert, verbreitete sich der Rotbraune Riesenträuschling bald auch in der freien Natur und ist heute ziemlich häufig. Er ist ein ergiebiger Speisepilz, erreicht jedoch geschmacklich nicht die Qualität der Champignons, mit denen er oft verwechselt wird.

Hut: 5–15(–25) cm breit, gewölbt, später ausgebreitet
Huthaut: graubraun bis rotbraun, leicht schmierig, Rand eingebogen, unregelmäßig, mit Velumresten gesäumt
Lamellen: creme bis violettgrau, breit angewachsen
Stiel: 6–15 x 0,5–2,5 cm, rotbraun, glatt, zylindrisch, voll, fleischiger, gekerbter, sternförmig aufreißender Ring
Fleisch, Geruch: weiß, dickfleischig, fest, Geruch rettichartig
Geschmack: schwach rettichartig
Sporenpulver: dunkel violettgrau
Häufigkeit: häufig
Vorkommen: Frühjahr bis Sommer; gedüngte Wiesen, Maisfelder, Gärten, Zuchtpilz
Verwechslung: Champignons (s. S. 74 ff.): haben freie Lamellen

Die Lamellen des Rotbraunen Riesenträuschlings sind am Stiel angewachsen. Bei den Champignons, mit denen er oft verwechselt wird, sind sie frei.

Grünspan-Träuschlinge in der Nadelstreu eines Fichtenwaldes.

Ein Büschel Blaugrüner Träuschlinge in einem Garten. Die Hüte blassen im Alter ockerbräunlich aus.

Grünspan-Träuschling

Stropharia aeruginosa (Curtis: Fr.) Quél.

Die Farbe Grün ist bei Pilzen, die im Gegensatz zu den Höheren Pflanzen kein Blattgrün (Chlorophyll) besitzen, relativ selten und bei Speisepilzsammlern, die zu Recht den tödlich giftigen Grünen Knollenblätterpilz (s. S. 62) fürchten, eher verpönt. Auch der Grünspan-Träuschling wird aufgrund seiner „giftgrünen" Farbe oft für giftig gehalten, ist aber in Wirklichkeit ziemlich harmlos und wird nur wegen seiner schmierig-schleimigen Beschaffenheit und des wenig attraktiven Geschmacks als ungenießbar bezeichnet. Er wächst vor allem auf Holzabfällen und in der Streu der Nadelwälder. Vom nah verwandten Blaugrünen Träuschling *(S. caerulea)* unterscheidet ihn der deutliche Stielring. Der nicht oder nur andeutungsweise beringte Blaugrüne Träuschling zieht darüber hinaus Laubwälder, Parks und Gärten vor und wird im Durchschnitt etwas größer als der Grünspan-Träuschling.

Hut: 5–7 cm breit, gewölbt, später ausgebreitet
Huthaut: grünblau, später gilbend, mit weißlichen, später ockergelblichen Velumflocken, schmierig-schleimig
Lamellen: violett-graubraun mit weißen Schneiden
Stiel: 4–10 x 0,5–1 cm, oben weiß, zur Basis hin dicht weißschuppig auf grünlichem Grund, häutig-flockiger Ring
Fleisch, Geruch: grünlich, Geruch unauffällig
Geschmack: grasartig
Sporenpulver: dunkel lilabraun
Häufigkeit: weit verbreitet, häufig
Vorkommen: Sommer bis Herbst, Nadelwald auf Holzresten, zwischen Moosen, seltener auch in Laubwäldern
Verwechslung: Blaugrüner Träuschling *(s. Bild oben rechts)*: Lamellenschneiden nicht weiß, Ring rasch vergänglich oder fehlend, in Laubwäldern und Gärten, häufig

Grünblättrige Schwefelköpfe am Stammgrund einer alten Fichte. Die Hüte sind infolge längerer Trockenheit radial eingerissen.

Grünblättriger Schwefelkopf

Hypholoma fasciculare (Batsch: Fr.) Kumm.

Der Grünblättrige Schwefelkopf gehört zu den häufigsten büschelig wachsenden Holzbewohnern – nicht zuletzt deshalb, weil er bei der Substratwahl nicht wählerisch ist: Er kommt an Laub- und Nadelholz aller Art vor und befällt mitunter sogar im Freien verarbeitetes Holz wie Brückengeländer oder Trimm-Dich-Geräte. Von verwandten oder ähnlichen Arten wie dem größeren, ungenießbaren Ziegelroten Schwefelkopf *(H. lateritium),* der mitunter an den gleichen Stümpfen wächst, unterscheiden ihn seine lebhaft grünen Lamellen. Der Grünblättrige Schwefelkopf ist ein ernst zu nehmender Giftpilz; Vergiftungen sind wegen des abstoßend gallebitteren Geschmacks allerdings eher selten.

Hut: 4–8 cm breit, anfangs flach gewölbt, später trichterförmig oder wellig-verbogen; seltener sind Zwergformen (bis 0,5 cm breit)
Huthaut: schwefelgelb, Mitte orangebraun, glatt, Rand eingebogen, blassgelbe Velumreste
Lamellen: jung schwefelgelb, bald grünlich bis purpurschwärzlich, später grünlichgrau, engstehend
Stiel: 6–12 x 0,8 cm, gelb, grünliche Cortina, rotbraune Basis, Ringzone vom Sporenpulver dunkel purpurgrau gefärbt, längsfaserig, glatt
Fleisch, Geruch: gelb, geruchlos
Geschmack: sehr bitter
Sporenpulver: dunkel purpurgrau
Häufigkeit: sehr häufig
Vorkommen: Frühjahr bis Spätherbst; büschelig an Laub- und Nadelholzstümpfen, Ästen, gelegentlich sogar verbautem Holz
Verwechslung: Graublättriger Schwefelkopf (s. u.): graue bis braunviolette Lamellen ohne Grüntöne, nur an Nadelholz, essbar. – Echtes Stockschwämmchen (s. S. 145): Lamellen weiß, Fleisch hellbraun, keine Gelbtöne, Stiel braunschuppig, essbar

Graublättriger Schwefelkopf

Hypholoma capnoides (Fr.: Fr.) Kumm.

Schon im zeitigen Frühjahr lässt sich aus Graublättrigen Schwefelköpfen ein schmackhaftes Frischpilzgericht zubereiten, denn der erste „Schub“ kann bereits im April auftreten. Um Verwechslungen mit giftigen Grünblättrigen Schwefelköpfen zu vermeiden, achte man vor allem auf die Farbe der Lamellen, die keinen Grünton aufweisen dürfen. Echte Stockschwämmchen (s. S. 145) sind honig- bis ockerbraun gefärbt und haben rostbraunes Sporenpulver. Der Graublättrige Schwefelkopf kommt in Mitteleuropa nahezu ausschließlich an totem Nadelholz vor. Am gleichen Substrat wächst in Bergnadelwäldern der Wurzelnde Schwefelkopf *(H. radicosum),* der aber meist nur einzeln oder zu wenigen Exemplaren auftritt und sehr bitter schmeckt.

Hut: 3–6 cm breit, gewölbt, später ± ausgebreitet und oft wellig verbogen
Huthaut: gelbocker, Mitte orangebraun, glatt, Rand graulich mit weißen Velumresten
Lamellen: cremeweiß bis grau, später purpurgrau, engstehend
Stiel: 3–8 x 0,8 cm, blass hellgelb, Basis ockerbraun, fest, oft verbogen
Fleisch, Geruch: blassgelb, Geruch angenehm pilzartig
Geschmack: mild
Sporenpulver: purpurgrau
Häufigkeit: weit verbreitet bis ortshäufig
Vorkommen: Frühjahr bis Spätherbst; büschelig an Nadelholzstümpfen, Ästen, v. a. Fichte
Verwechslung: Grünblättriger Schwefelkopf (s. o.): gelbe bis grünlichgraue Lamellen, sehr bitter, sehr giftig. – Echtes Stockschwämmchen (s. S. 145): Lamellen weiß, Fleisch hellbraun

Graublättrige Schwefelköpfe an einem alten Fichtenstumpf.

Blauender Kahlkopf

Psilocybe cyanescens Wakefield

Der Blauende Kahlkopf wächst meist erst im Oktober und November auf Holzresten (Häckselabfällen, Nadelstreu, alten Reisighaufen etc.). Der auf den ersten Blick unscheinbare Lamellenpilz, der sich im Alter und bei Berührung an der Stielbasis und am Hutrand, später aber auch an anderen Teilen des Fruchtkörpers dunkel blaugrün verfärbt, enthält erhebliche Mengen des halluzinogenen Wirkstoffs *Psilocybin.* Verwandt ist der ebenfalls stark halluzinogene Spitzbuckelige Kahlkopf *(P. semilanceata).* Vor Experimenten mit der potenten Bewusstseinsdroge ist dringend abzuraten – nicht nur, weil Handel und Besitz strafbar sind, sondern weil Psilocybinmissbrauch zu unvorhersehbaren Verhaltensstörungen und Persönlichkeitsveränderungen führen kann. Welch dramatische Formen diese annehmen können, zeigt Martin Suter in seinem Roman „Die dunklere Seite des Mondes".

Blauende Kahlköpfe treten meist in Scharen auf. Am Hutrand der beiden mittleren Fruchtkörper ist schon die charakteristische blaugrüne Verfärbung zu erkennen.

Hut: 2–4(–6) cm breit, flach ausgebreitet, mit gewelltem, alt oft aufgebogenem Rand
Huthaut: dunkel ockerbraun, später dunkel blaugrün, glatt, bei Feuchtigkeit etwas schmierig
Lamellen: graulich bis dunkelbraun
Stiel: weißlich bis braun, später blaugrün, zäh, ohne Ring, Basis mit Myzelsträngen
Fleisch, Geruch: blass, wässrig, ohne besonderen Geruch
Sporenpulver: purpurbraun
Häufigkeit: zunehmend häufiger
Vorkommen: September bis November, gehäuft in Büscheln auf Holzhäckseln und Rindenmulch in Gärten und Parks sowie in der Laub- und Nadelstreu der Wälder
Verwechslung: zahlreiche andere, z. T. hochgiftige kleine Braunsporer ohne blaugrüne Verfärbung

Auf einer Pferdekoppel wurden diese Ringdüngerlinge entdeckt. Typisch sind der gerunzelte, schmierige Hut und der manchmal etwas schiefe Ring.

Ringdüngerling, Glockendüngerling

Panaeolus semiovatus (Sow.: Fr.) Lundell & Nannf.

Den Ringdüngerling findet man manchmal beim Pflücken von Wiesenchampignons (s. S. 76), denn er wächst wie diese auf gedüngten Wiesen und Weiden, meist direkt auf Rinder- oder Pferdemist. Da er ziemlich groß werden kann, ist er oft schon von weitem zu sehen. Der glockige Hut breitet sich, hierin dem Schopftintling (s. S. 153) vergleichbar, auch im Alter kaum aus. Unter den Düngerlingen nimmt *P. semiovatus* eine Sonderstellung ein: Als einziger Vertreter seiner Gattung trägt er einen deutlichen Ring, weshalb er oft auch in eine eigene Gattung *(Anellaria)* gestellt wird.

Hut: 3–6 cm, eiförmig bis glockig
Huthaut: weißlich bis ockergrau, schmierig-schleimig, meist runzelig, Rand bisweilen mit Velumresten
Lamellen: hellgrau bis dunkelbraun, schwarz gesprenkelt, bauchig, Schneiden weiß
Stiel: 5–20 x 0,5–1 cm, weißlich, Basis knollig verdickt, Ring aufsteigend, häutig, gerieft
Fleisch, Geruch: weißlich, Geruch schwach rettichartig
Sporenpulver: schwarzbraun
Häufigkeit: zerstreut bis selten
Vorkommen: Frühsommer bis Herbst; auf Mist, Kuhfladen, Pferdeäpfeln
Verwechslung: ähnliche Arten der Düngerlinge *(Panaeolus)*: durchwegs kleiner und Stiele ohne Ring. – Tintlinge (s. S. 153 ff.): Lamellen im Alter zerfließend

Behangener Düngerling

Panaeolus papilionaceus (Bull.: Fr.) Quél.

An den hübschen weißen Velumflocken, die den Rand des dunkelgrauen Hutes schmücken, lässt sich der Behangene Düngerling leicht erkennen. Er ist eine der häufigsten Arten der Gattung und kann überall dort gefunden werden, wo Rinder, Ziegen, Pferde und/oder Schafe grasen. Legt man einen nicht zu trockenen Pferdeapfel bei Zimmertemperatur unter eine Glasglocke, so erscheinen darauf im Laufe der Zeit zahlreiche spezialisierte Pilzarten aus den verschiedensten Gruppen, insbesondere kleine Becherlinge und Kernpilze, aber auch Tintlinge und Düngerlinge. Mit der wissenschaftlichen Beobachtung solcher Dungkulturen retten sich manche Pilzfreunde über die karge Winterzeit.

Am Rande einer Viehweide hat sich eine kleine Gruppe Behangener Düngerlinge angesiedelt. Der weißflockige Hutrand ist für die Art kennzeichend.

Hut: 0,5–5 cm, gewölbt bis kegelig-glockig
Huthaut: dunkel olivgrau bis weiß, glatt bis netzig-runzelig, Rand mit Velumresten weiß gezähnelt
Lamellen: hellgrau bis graubraun, scheckig, Schneiden weiß
Stiel: 5–15 x 0,5 cm, grau bis ocker
Fleisch, Geruch: weißlich, Geruch unauffällig
Geschmack: unauffällig
Sporenpulver: schwarzbraun
Häufigkeit: häufig
Vorkommen: Frühsommer bis Herbst; auf Mist, im Gras, selten auch auf alten Brandstellen
Verwechslung: mehrere ähnliche Düngerlinge sind nur mikroskopisch unterscheidbar

Tränende Düngerlinge im Gras am Rande eines Auwalds. Die unscheinbaren Pilze werden nur selten gefunden.

Tränender Düngerling

Panaeolus guttulatus Bres.

Dass Düngerlinge auf Dung wachsen, ist prinzipiell richtig – nur gibt es eben auch in der Pilzkunde kaum eine Regel ohne Ausnahme. Den Tränenden Düngerling findet man sowohl auf Wiesen als auch in Auwäldern, an Holzplätzen und in Parks, nach der Literatur sogar auf Brandstellen, aber so gut wie nie direkt auf Kuhfladen oder Pferdeäpfeln. Mit der Lupe erkennt man, dass die Lamellen mit kleinen Tröpfchen besetzt sind – sie „tränen". Ein häufiger, ebenfalls nicht an Dung gebundener Verwandter des Tränenden Düngerlings ist der Heuschnittpilz (*P. foenisecii*). Er kommt auf Grasland aller Art vor, sogar im gepflegten Zierrasen, und hat warzige Sporen.

Hut: 1–4 cm breit, gewölbt bis breit gebuckelt
Huthaut: dunkel olivbraun bis schwarz, matt bis fettig glänzend, hygrophan, ockerbraun bis hellgrau vom Rand her ausblassend
Lamellen: olivgrau bis schwarzbraun, scheckig, Schneiden mit milchig weißen bis gelblichen Tröpfchen
Stiel: 3–6 x 0,4 cm, braun, flockig bereift
Fleisch, Geruch: weißlich, Geruch unauffällig
Geschmack: unauffällig
Sporenpulver: schwarzbraun
Häufigkeit: selten
Vorkommen: Sommer bis Herbst; Laub- und Nadelwälder, Wegränder, alte Brandstellen
Verwechslung: andere Düngerlinge wachsen meist auf Dung

Schmieriger Düngerling

Panaeolus antillarum (Fr.) Dennis

Obwohl der Schmierige Düngerling auch in Mitteleuropa vorkommt, wird man ihm vermutlich eher auf einer Urlaubsreise in wärmere Regionen dieser Erde begegnen. Die Erstbeschreibung der Art stammt, wie der lateinische Artname verrät, aus der Karibik. Der schmierige, ungewöhnlich helle Hut und die respektable Größe sind gute Erkennungsmerkmale. Es gibt noch einige andere hellhütige Arten, doch erreichen sie kaum die Dimensionen des Schmierigen Düngerlings und haben ein anderes Verbreitungsbild. Im Zweifelsfall wird man um eine mikroskopische Untersuchung nicht herumkommen.

Hut: 2–6 cm, gewölbt bis kegelig-glockig
Huthaut: weißlich bis hellocker, klebrig-schmierig, glatt, felderig aufreißend, nicht hygrophan, Rand gerunzelt, kein Velum
Lamellen: grau, schwarz scheckig
Stiel: 6–10 x 0,5 cm, weiß bis blassocker, längsstreifig-feinflockig
Fleisch, Geruch: weißlich, Geruch unauffällig
Geschmack: würzig-pilzig
Sporenpulver: schwarzbraun
Häufigkeit: in Mitteleuropa sehr selten, häufiger im Mittelmeerraum und in den Tropen, wärmeliebend
Vorkommen: Sommer; auf Dung von Pflanzenfressern
Verwechslung: ähnliche Arten der Düngerlinge: meist kleiner, dunkler. – Schneeweißer Tintling *(Coprinus niveus)*: Hut flockig, Lamellen alt zerfließend

Schmierige Düngerlinge sind in den Tropen und Subtropen häufiger als in Mitteleuropa. Hier wachsen sie auf einem australischen Kuhfladen.

Gold-Mistpilz

Bolbitius titubans (Bull.: Fr.) Fr.

Das leuchtende Goldgelb der frischen Hüte hebt den Gold-Mistpilz deutlich von allen anderen Pilzen seiner Größenordnung ab. Er wächst auf Dung, gedüngten Wiesen, Wald- und Feldwegen, aber auch auf Sägemehlhaufen und zwischen Gräsern ohne erkennbare Bindung an Dungsubstrate. Mit der goldenen Pracht ist es allerdings rasch vorbei, denn sobald der glockige Hut aufschirmt, blasst er aus, und zum Schluss ist allenfalls noch die gebuckelte Mitte blassgelb überhaucht. Der Pilz ist im Übrigen ein äußerst zartes, zerbrechliches und leicht vergängliches Gebilde, von dem es auch eine robustere Varietät mit olivgrünem Hut gibt *(var. variicolor)*.

Hut: 1–6 cm breit, eiförmig bis glockig-gewölbt, später ausgebreitet
Huthaut: eidottergelb, vom Rand her ockerlich ausblassend, klebrig-glänzend, Rand radial gerieft bis gefaltet
Lamellen: gelb bis rostbraun, frei, schmal
Stiel: 3–12 x 0,2–0,5 cm, weiß, Spitze blassgelb, seidig-faserig, bereift, zerbrechlich, hohl
Fleisch, Geruch: weißlich, geruchlos
Sporenpulver: rostbraun
Häufigkeit: häufig
Vorkommen: Frühjahr bis Spätherbst; auf Mist- und Sägemehlhaufen, gedüngten Wiesen, Feldern, in Gärten, selten in Wäldern
Verwechslung: kaum möglich; die Kombination eidottergelber Hut und schmale, rostbraune Lamellen ist einmalig

Der häufige Gold-Mistpilz ist in seinem goldgelben Jugendstadium unverwechselbar.

Tränender Saumpilz

Psathyrella velutina (Pers.: Fr.) Konr. & Maubl.

Der Tränende Saumpilz kommt in vielen, teils fragilen, teils stämmigen Formen an Waldwegen und Straßenrändern, in Parks und Alleen, aber auch auf landwirtschaftlich genutztem Gelände vor. In seiner typischen Ausprägung hat er einen gold- bis rostbraunen, radialfaserig-filzigen, am Rand fransig-zottigen Hut. Die bläulich-opaleszierenden Tröpfchen auf den Lamellen sind für die Art typisch und bei allen Formen vorhanden. Zusammen mit dem Candoll (s. u.) ist der Tränende Saumpilz eine der wenigen Arten der Gattung, die gegessen werden können.

Hut: 3–10 cm breit, gewölbt bis ausgebreitet, flach gebuckelt
Huthaut: grau- bis gelbbraun, Mitte oft kupferfarben, faserig-schuppig, Rand fransig-zottig
Lamellen: dunkelbraun bis schwarz, Schneiden weiß gekerbt, durch milchig trübe Tröpfchen „tränend", dunkel fleckend
Stiel: 4–12 x 0,5–1 cm, blass bis schmutzig-bräunlich, faserschuppig, schmale, flüchtige Ringzone
Fleisch, Geruch: ockerbräunlich, dick, brüchig, im Stiel faserig, hohl, Geruch nach altem Holz
Geschmack: säuerlich
Sporenpulver: purpurschwarz
Häufigkeit: sehr häufig
Vorkommen: Frühjahr bis Herbst; Parks, Straßen-, Wegränder, Waldwege, nährstoffreiche, gedüngte Standorte
Verwechslung: Tintlinge (s. S. 153 ff.): Stiele ohne Ringzone, Lamellen im Alter zerfließend. – Schleierlinge (s. S. 123 ff.): Sporenpulver rostbraun

Tränende Saumpilze auf einem Waldweg. Man erkennt sie an der Hutfarbe, dem zottigen Hutrand und den dunklen, mit feinen Tröpfchen versehenen Lamellen.

Behangener Faserling, Candoll

Psathyrella candolleana (Fr.: Fr.) R. Mre.

Schon ab Mai findet man diesen zerbrechlichen, kleinen, weißlichen bis blassockerfarbenen Pilz mit den charakteristischen Velumfetzen am Hutrand an alten Stümpfen oder in deren Umgebung. Er ist in den meisten Gegenden häufig und in der Vorsaison oft einer der wenigen Pilze, die man überhaupt antrifft. Wenn er, was nicht selten vorkommt, in größeren Mengen wächst, lohnt sich das Einsammeln, denn der Candoll – so genannt nach dem italienischen Mykologen De Candolle – ergibt eine durchaus schmackhafte Suppe. Man achte aber auf die im Alter dunklen Lamellen und den „behangenen" Hutrand.

Hut: 2–9 cm breit, gewölbt bis gebuckelt, später ausgebreitet
Huthaut: ockerbraun bis elfenbeinweiß, Rand mit flockigen, weißen Velumresten „behangen", oft radial einreißend
Lamellen: weißlich, später grau lilabraun bis schwarzbraun, schmal, engstehend, fast frei
Stiel: 4–12 x 0,5 cm, weißlich, glatt, hohl, zerbrechlich
Fleisch, Geruch: weißlich, dünn, brüchig, Geruch unauffällig
Sporenpulver: dunkel violettbraun
Häufigkeit: sehr häufig
Vorkommen: Frühjahr bis Spätherbst, an morschem Holz, Gärten, Parks, Waldränder, meist büschelig
Verwechslung: andere Faserlinge: Hüte meist dunkler, nur wenige Arten büschelig an Holz

Behangene Faserlinge auf einem toten Weidenstamm. An einigen Fruchtkörpern ist der Hutrand mit weißen Velumresten beflockt.

Tintlinge *(Coprinus)*

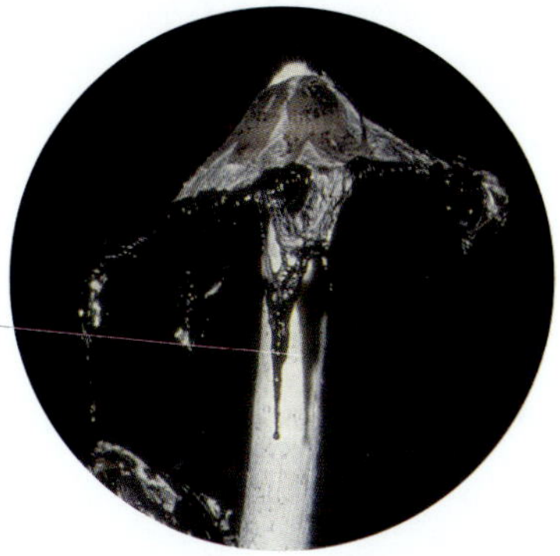

Im Alter lösen sich bei den meisten Tintlingen die Lamellen auf, wobei eine tintenartige Flüssigkeit entsteht, der die Pilze ihren Namen verdanken.

Die Tintlinge verdanken ihren Namen dem Umstand, dass sich bei den meisten Arten die Lamellen im Alter auflösen; in der dabei entstehenden, tintenartigen Flüssigkeit tropfen die schwarzen Sporen zu Boden. Die meisten der ca. 150 aus Europa bekannten Arten sind kurzlebig und klein und haben eine Vorliebe für „unappetitliche" Standorte wie Kompost- und Dunghaufen, doch gibt es auch viele Boden- und Holzbewohner. Ohne Mikroskop sind nur wenige Arten einwandfrei bestimmbar, darunter der essbare Schopftintling *(C. comatus)* und der seltenere, stattliche Spechttintling *(C. picaceus)*.

Neuere molekularbiologische Forschungen haben im übrigen die Systematik der Gattung arg durcheinandergewirbelt. Es stellte sich heraus, dass der Schopftintling näher mit den Champignons *(Agaricus)* als mit den übrigen Tintlingen verwandt ist. Konsequenterweise gibt es Mykologen, die vorschlagen, ihn in eine eigene Gattung *(Annularius)* zu stellen.

Als Speisepilze kommen nur der Schopf- und der Glimmertintling sowie – mit Einschränkungen – der Faltentintling in Frage.

Schopftintling

Coprinus comatus (O. F. Müll.: Fr.) Pers.

Straßen- und Wegränder, Sportplätze, Kiesgruben und überwachsener Erdaushub, aber auch Rasenflächen in Parks und Gärten sind die Standorte des Schopftintlings. Auch innerhalb der Wälder kommt er gelegentlich vor. In größeren Mengen – manchmal zu Tausenden! – wächst er vor allem im Herbst und Spätherbst, doch sind „Vorläufer" bereits im April und während der Sommermonate zu finden. Mit seinen weißschuppigen Hüten, die stets höher sind als breit und im Alter vom Rand her schwarz färben, ist der Schopftintling unverwechselbar. Er ist ein ausgezeichneter Speisepilz, der allerdings möglichst bald nach dem Einsammeln zubereitet werden sollte.

Eine Gruppe von Schopftintlingen verschiedener Altersstadien im spätherbstlichen Laubwald.

Hut: 4–15 cm hoch, schmal, ei- bis walzenförmig, zylindrisch
Huthaut: weiß, mit faserigen weißen Schuppen bedeckt, Mitte glatt, ockerlich, alt schwarz, zerfließend
Lamellen: jung weiß, weich, frei, sehr dicht, bei Reife schwarz, zerfließend
Stiel: 6–12 x 0,8 cm, lang, hohl, mit schmalem, verschiebbarem Ring in Stielmitte
Fleisch, Geruch: weiß, weich, zerfließend, Geruch würzig
Sporenpulver: schwarz
Häufigkeit: sehr häufig
Vorkommen: Frühjahr bis Spätherbst; Wiesen, Rasen, Parks, Waldränder

Verwechslung: Spechttintling (s. S. 155): dunkel mit weißen Hüllresten. – Grauer Faltentintling (s. S. 154): silbergrau, Hut ohne weiße Faserschuppen

Faltentintling, Grauer Tintling

Coprinus atramentarius (Bull.: Fr.) Fr.

Es gibt nur wenige Pilze, die aufgrund bestimmter Eigenschaften auch einen „Spitznamen“ haben. Zu ihnen gehört der Faltentintling. Da er über Inhaltsstoffe verfügt, die nur in Verbindung mit Alkohol giftig wirken, hat man ihn auch „Antialkoholikerpilz“ genannt. Wer also ein oder zwei Tage nach oder vor einer feuchtfröhlichen Feier Faltentintlinge zu sich nimmt, muss auf Einiges gefasst sein: Der Puls beginnt zu rasen, der Herzschlag beschleunigt sich, es kommt zu fleckigen Hautrötungen und Übelkeit.

Faltentintlinge sind Kulturfolger, also Arten, die vornehmlich in der Nähe menschlicher Siedlungen auftreten. Sie wachsen auf nährstoffreichen, gedüngten Böden und an altem Holz. Eine nahestehende Art ist der seltene Gebuckelte Faltentintling *(C. acuminatus)* mit ausgeprägtem Hutbuckel, geringerer Schuppung und schlankerem Habitus.

Der Faltentintling bricht oft in dichten Büscheln aus nährstoffreicher Gartenerde hervor.

Hut: 5–10 cm breit, eiförmig, im Alter leicht aufschirmend
Huthaut: grau bis graubraun, Mitte rotbraun, schuppig aufspringend, runzlig bis radialfaltig bis radial einreißend, vom Rand her verflüssigend
Lamellen: graulich bis rosa, alt schwarz und zerfließend, Schneiden hell, frei, engstehend
Stiel: 5–10 x 1–1,5 cm, silbrigweiß, röhrig, hohl, Ringzone, Stielbasis mit rotbraunen Fasern
Fleisch, Geruch: für die Gattung relativ fest, weiß, alt aufweichend, Geruch schwach
Geschmack: angenehm
Sporenpulver: schwarz
Häufigkeit: sehr häufig
Vorkommen: Frühjahr bis Herbst, Gärten, Parks, Straßenränder, vergrabenes Holz, büschelig, stickstoffliebend
Verwechslung: Gebuckelter Faltentintling *(C. acuminatus)*: brustwarzenförmiger Hutbuckel. – Glimmertintling (s. S. 155): kleiner, glimmrige Hutoberfläche

Gesäter Tintling

Coprinus disseminatus (Pers.: Fr.) S. F. Gray

An einer schattigen, feuchten Stelle im Garten wurde eine alte Eberesche gefällt. Zu den ersten Pilzen, die den Stumpf besiedeln, gehört der Gesäte Tintling. Zu hunderten sprießen die kleinen, zerbrechlichen grauen Pilze aus dem Holz und gehen z. T. auch auf den umgebenden Boden über. Es sind solche Massenvorkommen, die die Art zu einer auffälligen Erscheinung machen. Auch an der bemoosten Basis noch lebender älterer Laubbäume gedeiht er, und manchmal steigt die Zwergenschar sogar die Stämme hinauf. Im Alter zerfließen die Pilze nicht, weshalb man sie auch schon in eine eigene Gattung gestellt hat *(Pseudocoprinus)*. Winzige Härchen auf dem Hut, die man unter einer guten Lupe im Gegenlicht erkennt, ermöglichen die Unterscheidung vom Zwergfaserling *(Psathyrella pygmea)*, der an ähnlichen Standorten vorkommt.

Hut: 0,5–1,5 cm breit, jung eiförmig, dann glockig, radialgefurcht
Huthaut: blass ockergrau, mit winzigen farblosen Härchen (Lupe)
Lamellen: dunkelgraubraun bis purpurschwarz, entferntstehend, zerfließen bei der Reife kaum
Stiel: 2–3 x 0,15 cm, schmutzig, weißlich, glatt, relativ lang, zerbrechlich
Fleisch, Geruch: glasig weißlich, sehr dünn, Geruch angenehm
Sporenpulver: purpurschwarz
Häufigkeit: sehr häufig
Vorkommen: Frühjahr bis Spätherbst in großerZahl auf toten Baumstümpfen oder vergrabenem Holz
Verwechslung: Zwergfaserling *(Psathyrella pygmaea)*: Hut glatt, unbehaart

Zu hunderten besiedeln Gesäte Tintlinge einen alten Baumstumpf.

Das körnig-glimmerige Velum auf der Huthaut ist das wichtigste Merkmal des Glimmertintlings.

Glimmertintling

Coprinus micaceus (Bull.: Fr.) Fr.

Glimmertintlinge sind kleine bis mittelgroße, gelbbraune Pilze, die jung mit körnig-glimmerigen Hüllresten bedeckt sind. Allerdings werden diese Hüllreste vom Regen leicht abgewaschen, sodass man nicht selten auch Exemplare mit völlig kahlen Hüten findet, was die Bestimmung erheblich erschweren kann. Oft – wenn auch nicht immer – wächst die Art dicht gedrängt an alten Baumstümpfen. Verwechslungen sind möglich mit Haustintlingen *(C. domesticus)*, die keineswegs nur in Kellern und feuchten Häusern wachsen, sondern vor allem in Auwäldern und dort bereits im Frühjahr.

Hut: 3–5 cm breit, eiförmig, später glockig
Huthaut: lebhaft hell- bis orangebraun, in der Mitte dunkler, Rand blass cremefarben, radialfaltig-gefurcht, feine, körnige Velumflocken, die im Licht glitzern
Lamellen: jung weiß, später braun mit weißer Schneide, im Alter tintenschwarz.
Stiel: blass, silbrig bestäubt, hohl, brüchig, oft verbogen
Fleisch, Geruch: weiß, zart, leicht vergänglich, Geruch angenehm
Sporenpulver: schwarz
Häufigkeit: häufig
Vorkommen: April bis Spätherbst, büschelig an alten Baumstümpfen in Parks, Gärten und Wäldern
Verwechslung: Haustintling *(C. domesticus)*: auffälliger gelber Filz an der Stielbasis. – Faserlinge (s. S. 152): ohne körniges Velum, Hüte nicht radialfurchig

Spechttintling

Coprinus picaceus (Bull.: Fr.) S. F. Gray

Im Gegensatz zum Schopf- und zum Faltentintling ist der Spechttintling ein typischer Waldbewohner. Ältere Buchen- und Eichen-Hainbuchenwälder auf besseren Böden sind sein Revier. Er kann die Ausmaße eines großen Schopftintlings erreichen, ist aber durch den auf braunem Grund mit weißen Hüllresten geschmückten Hut leicht von ihm zu unterscheiden. Das Muster ähnelt verblüffend der Sprenkelung einer Buntspechtfeder. Der Spechttintling ist nicht häufig, kann jedoch von Juni bis November gefunden werden, manchmal noch kurz vor oder nach den ersten Frösten. Als Speisepilz kommt er nicht in Betracht; manche Autoren bezeichnen ihn sogar als giftig.

Hut: 6–10 cm breit, eiförmig, glockenförmig
Huthaut: dunkelbraun bis schwarzbraun mit schwarzweißer, an ein Spechtgefieder erinnernder Hutschuppung, Mitte heller
Lamellen: weiß, bald schwärzend und zerfließend, aufsteigend, engstehend
Stiel: 12–20 x 1–3 cm, weißlich, später bräunlich
Fleisch, Geruch: weißlich, Geruch anfangs schwach, im Alter teer- oder naphthalinartig
Sporenpulver: schwarz
Häufigkeit: selten, aber ortshäufig
Vorkommen: Herbst und Spätherbst; Laubbäume, v. a. Buchen, kalkhaltige, humusreiche Böden
Verwechslung: Schopftintling (s. S. 153): Hut meist noch höher, mit aufgebogenen weißen Schuppen bedeckt

Ein Spechttintling zwischen Buchenblättern. Das Foto entstand an einem sonnigen Novembertag.

Hasenpfote

Coprinus lagopus

An einem Wegrand steht zwischen den Gräsern ein kleines Pilzchen mit länglich-ovalem Hut, der mit dichten, eine nahezu geschlossene Schicht bildenden weißen Flocken bedeckt ist: Mit einiger Fantasie kann man darin eine schmale Hasenpfote erkennen. Die Pracht ist bald vorüber – entweder, weil Regen die Flocken abwischt, oder weil der natürliche Reifeprozess den grazilen Fruchtkörper bald vergehen lässt. Einige Tintlinge sind so kurzlebig, dass sie schon wenige Stunden nach dem Aufschirmen ihrer Hüte zerfließen oder verwelken. (Wer zu spät aufsteht, bekommt sie daher kaum je zu Gesicht!)

Grazil und zart ist die Hasenpfote. Junge Exemplare sind mit einem weißen Velum bedeckt, alte verkahlen und sind so leicht, dass sie sich im Wind wie Grashalme hin und her bewegen.

Hut: aufgeschirmt 2–4 cm breit, jung eiförmig bis kegelig
Huthaut: weißfilzig auf braunem Grund, später radialstreifig
Lamellen: schwärzend, aufsteigend
Stiel: 6–10 x 0,7 cm, weiß, faserig-schuppig, zylindrisch, kein Ring
Fleisch, Geruch: weiß bis grau, geruchlos
Sporenpulver: schwarz
Häufigkeit: sehr häufig, wenn auch meist einzeln und leicht übersehen
Vorkommen: einzeln, Gärten, Wiesen, Wälder
Verwechslung: Verwechselt werden könnte die Hasenpfote mit dem Rundsporigen Kohlentintling *(C. lagopides)*, der jedoch größer wird, vor allem auf alten Brandstellen vorkommt und anders geformte Sporen hat

SPRÖDBLÄTTLER

RUSSULALES

TÄUBLINGE *(Russula)* UND MILCHLINGE *(Lactarius)*

Obwohl die Täublinge *(Russula)* und die Milchlinge *(Lactarius)* ebenfalls Lamellen auf der Hutunterseite tragen, sind sie von den Blätterpilzen im engeren Sinn *(Agaricales)* morphologisch so weit entfernt, dass man sie in eine separate Ordnung *Russulales* stellt. Der Hauptunterschied ist mikroskopischer Natur, lässt sich aber auch makroskopisch nachvollziehen: Da sich das Fleisch der Sprödblättler nicht nur, wie bei den *Agaricales*, aus langgestreckten Zellen *(Hyphen)*, sondern auch aus kugeligen Zellen zusammensetzt, fasert es im Anbruch nicht auf, sondern zerbricht in unregelmäßige Stücke wie Styropor. Am deutlichsten wird dies, wenn man versucht, den Stiel von der Basis her in zwei Hälften aufzuspalten.

Täublinge und Milchlinge stehen einander sehr nahe. Ihre Sporen sind rundlich bis breitellipsoid und mit isolierten Warzen oder verbundenen Graten besetzt, die sich mit Jodreagenzien anfärben lassen *(Amyloidität)*. Der augenfälligste Unterschied ist der bei den Milchlingen an verletzten Stellen austretende weiße oder farbige Milchsaft, der bei den Täublingen fehlt. Beide Gattungen sind vom Polarkreis bis in die Tropen verbreitet und bilden Mykorrhiza-Verbindungen mit einer Vielzahl von Bäumen und Sträuchern, z. T. sogar mit krautigen Pflanzen. In Mitteleuropa ist mit annähernd 180 Täublingen und 100 bis 120 Milchlingen zu rechnen, von denen hier nur eine kleine Auswahl vorgestellt werden kann. Die Artbestimmung ist in vielen Fällen nur unter dem Mikroskop möglich. Bei den Täublingen spielt überdies die Farbe des ausgefallenen Sporenpulvers eine große Rolle, das rein weiß, cremefarben, hellgelb oder dunkelgelb sein kann.

Die Faustregel lautet: „Alle mild schmeckenden Täublinge sind essbar, die scharf schmeckenden ungenießbar oder giftig." Diese Regel gilt allerdings ausdrücklich nur für Täublinge und setzt voraus, dass man einen Täubling sicher als solchen erkannt hat! Außerdem hat auch diese Regel ihre Ausnahme, denn der milde Rotstielige Ledertäubling *(R. olivacea)* hat schon erhebliche Gesundheitsstörungen hervorgerufen.

Unter den Milchlingen dominieren jene mit scharfer, harziger oder bitterer Milch. Viele von diesen Arten werden in Ost- und Ostmitteleuropa durch verschiedene Zubereitungsmethoden (Wässern, Silieren, s. S. 18) genießbar gemacht. Sie gelten aber in Westeuropa, wo diese Methoden keine Tradition haben, als ungenießbar oder giftig, was sie ohne Vorbehandlung auch sind. Uneingeschränkt zu empfehlen sind nur wenige Arten wie der Brätling *(L. volemus)*, der Mohrenkopf *(L. lignyotus)* und die rotmilchenden Reizker (*L. deliciosus* und Verwandte).

S. 156, 157: Orangemilchlinge (Lactarius aurantiacus)

Gemeiner Weisstäubling

Russula delica Fr.

Der Gemeine Weißtäubling ist in Wäldern und Parkanlagen auf besseren Böden ziemlich häufig und kommt sogar in trockenen Sommern vor.

Äußerlich sind Gemeine Weißtäublinge kaum von großen, weißlichen Milchlingen wie dem Scharfen Wollmilchling (s. S. 167) zu unterscheiden. Dass es sich überhaupt um Täublinge handelt, kann man mit Sicherheit erst sagen, wenn das Fleisch an Bruchstellen keinen Milchsaft absondert. Der Gemeine Weißtäubling hat zudem einen Doppelgänger, den Blaublättrigen Weißtäubling *(R. chloroides)* mit enger stehenden Lamellen und einem bläulich schimmernden Stielansatz. Es ist nicht immer einfach, die beiden Arten oder Varietäten zu trennen. Alle großen weißen Täublinge und Milchlinge werden im Volksmund auch „Erdschieber" genannt, weil sie auf ihren breiten Hüten oft Erde und Humus nach oben „schieben".

Hut: 5–18 cm breit, kompakt, gewölbt, Mitte trichterförmig, Rand eingerollt

Huthaut: weiß bis schmutzigweißlich, braunfleckig, runzelig bis grubig

Lamellen: weißlich, breit, entferntstehend, oft tränend

Stiel: 2–5 x 1–3 cm, weißlich, braunfleckig

Fleisch, Geruch: weiß, hart, Geruch fruchtig, alt fischig

Geschmack: mild, Lamellen schärflich

Sporenpulver: cremeweißlich

Häufigkeit: zerstreut

Vorkommen: Sommer bis Herbst; Laub- und Nadelwälder, auf Kalk

Verwechslung: : Blaublättriger Weißtäubling *(R. chloroides)*: Lamellen weiß mit bläulichem Schimmer, engerstehend, Fleisch gelblich verfärbend. – Wolliger Milchling *(Lactarius vellereus)* und verwandte Arten: reichlich, weiße Milch, ungenießbar

Dickblättriger Schwärztäubling

Russula nigricans

Eine Gruppe von Täublingen ist dadurch gekennzeichnet, dass ihr Fleisch bei Verletzung entweder sofort schwarz anläuft oder erst rötet und danach schwärzt. Der häufigste von ihnen ist der Dickblättrige Schwärztäubling, dessen Hüte bis 25 cm breit werden können. Er kommt in Laub- und Nadelwäldern auf unterschiedlichen Böden vor. Alte Schwärztäublinge werden manchmal von kleinen Lamellenpilzen befallen, die sich auf das Aufzehren der massigen, nur langsam verfaulenden Fruchtkörper spezialisiert haben. Einer von ihnen, der Parasitische Zwitterling, ist auf S. 103 abgebildet.

Hut: 5–25 cm breit, kompakt, gewölbt oder niedergedrückt

Huthaut: weiß bis weißgrau, später bräunend bis schwärzend, glatt, alt aufplatzend

Lamellen: weiß bis blassgelb, auf Druck rötend, später schwärzend, breit, dick, entferntstehend, ungleich lang

Stiel: 2–7 x 1–3 cm, weiß, später schwärzend, hart, fest, glatt

Fleisch, Geruch: weiß, im Bruch erst rötend, dann graubraun bis schwarz, Geruch schwach fruchtig

Geschmack: mild, Lamellen schärflich

Sporenpulver: weiß

Häufigkeit: weit verbreitet, sehr häufig

Vorkommen: Sommer bis Spätherbst; Laub- und Nadelwälder

Verwechslung: es gibt mehrere Schwärztäublinge, die z. T. sofort schwärzen

Schwärztäublinge haben im Schnitt schwärzendes Fleisch. Beim Dickblättrigen Schwärztäubling geht der Schwärzung allerdings eine vorübergehende Rötung voraus.

Die Lamellen des Frauentäublings sind weich und splittern nicht.

Frauentäubling

Russula cyanoxantha (Schaeff.) Fr.

Der Frauentäubling wächst bisweilen schon Ende Mai in Laub- und Nadelwäldern und ist ein weit verbreiteter, begehrter Speisepilz.

Keine Regel ohne Ausnahme – diese Lebensweisheit gilt auch in der Gattung *Russula*: Der Frauentäubling ist der einzige Täubling, dessen Lamellen nicht splittern, sondern biegsam sind, wenn man mit dem Finger darüberstreicht. Dieses Merkmal ist nicht zuletzt deshalb besonders wertvoll, weil die Hutfarbe des Pilzes stark variiert. Man findet sowohl rein grüne wie rein violette Formen sowie sämtliche Abstufungen dazwischen. Der Frauentäubling gehört zu den Täublingen mit rein weißem Sporenpulver und mildem Geschmack, die der deutsche Mykologe Julius Schaeffer einst unter der Bezeichnung „Milde Weißsporer" zusammenfasste.

Hut: 5–15 cm breit, gewölbt, später ausgebreitet, trichterförmig
Huthaut: stahlblau, lavendelfarben, violett bis grünlichgelb, glatt, trocken bis leicht schmierig glänzend, radialfaserig, abziehbar
Lamellen: weiß, engstehend, speckig, weich, biegsam
Stiel: 6–10 x 1–2,5 cm, weiß bis trüb cremefarben, stämmig, fest, im Alter brüchig, zylindrisch ± gebogen
Fleisch, Geruch: weiß bis cremefarben, spröde, geruchlos
Geschmack: mild
Sporenpulver: weiß
Häufigkeit: häufig
Vorkommen: Sommer bis Herbst; Laubwald, Buchen, Eichen, seltener Nadelwald
Verwechslung: ähnlich gefärbte Arten wie der Grauviolette Täubling *(R. grisea)* haben spröde, gelbliche Lamellen

Speisetäubling

Russula vesca Fr.

Die Art ist, wie der Name vermuten lässt, ein guter Speisepilz. Sie ist zudem nicht schwer bestimmbar, weil es kaum andere Täublinge mit so ausgeprägt fleischroter bis fleischbrauner Huthaut gibt. Oft, wenn auch nicht immer, sieht es so aus, als sei sie am Hutrand einen halben Millimeter zu kurz geraten. Der Speisetäubling ist primär ein Pilz des Buchenwalds, kommt aber auch in Fichtenforsten mit Heidelbeer-Strauchschicht sowie in Parkanlagen vor und scheint lediglich starke Kalkböden mit geringer Oberbodenversauerung zu meiden.

Hut: 5–10 cm breit, gewölbt bis ausgebreitet, alt trichterförmig, genabelt
Huthaut: fleischrosa bis lilabraun, rostbraun gefleckt, leicht klebrig; die abziehbare, glatte Haut erreicht oft den Rand nicht
Lamellen: weißlich, engstehend, kurz herablaufend, anastomosierend, Schneiden oft braunfleckig
Stiel: 2–7 x 1–3 cm, weiß, alt oft rostfleckig, fest, zylindrisch, Basis zugespitzt
Fleisch, Geruch: weiß, oft rostfleckig, Geruch unauffällig
Geschmack: nussartig
Sporenpulver: weiß
Häufigkeit: weit verbreitet
Vorkommen: Frühsommer bis Herbst; Laub- und Nadelwälder, Parks, nicht auf Kalk
Verwechslung: der farblich ähnliche Milde Torfmoostäubling (s. S. 165) hat völlig andere Standortsansprüche

Die fleischbraunen Hüte des Speisetäublings blassen oft cremeockerlich aus. Die Lamellen sind rein weiß.

Gefelderter Grüntäubling

Russula virescens (Schaeff.) Fr.

Mit seinem grünspangrünen, graugrünen oder blaugrünen Hut, dessen Oberfläche schon bald ihr charakteristisches Würfelmuster zeigt und in der Mitte mit einem reifartigen Schorf überzogen ist, lässt sich der Gefelderte Grüntäubling kaum verwechseln. Anfänger sollten allerdings wissen, dass junge, noch geschlossene und glatthütige grüne Täublinge tödlich giftigen Grünen Knollenblätterpilzen (s. S. 62) sehr ähnlich sehen. Vermeintliche grüne Täublinge sollten daher nicht abgeschnitten, sondern sorgfältig aus dem Boden herausgedreht werden. Sie haben weder eine Knolle noch eine Scheide an der Stielbasis.

Hut: 5–15 cm breit, rundlich, später ausgebreitet mit oft niedergedrückter Mitte
Huthaut: grünspan-, blau- oder graugrün, felderig-schuppig aufbrechend, trocken, Mitte reifartig, schorfig
Lamellen: weiß, engstehend, ausgebuchtet, leicht bogig herablaufend, brüchig
Stiel: 3–8 x 1–3 cm, weiß, später rostfleckig, stämmig, zur Basis spitz zulaufend
Fleisch, Geruch: weiß, fest, Geruch unauffällig, im Alter käsig
Geschmack: mild, nussig
Sporenpulver: weißlich
Häufigkeit: weit verbreitet, aber vielerorts rückläufig, RL 3
Vorkommen: Sommer bis Spätherbst; Laubwald, unter Buchen, Eichen, saure Böden, meist nur einzeln
Verwechslung: : Grüner Knollenblätterpilz (s. S. 62): Hut nicht felderig aufspringend, Stielbasis knollig, mit Scheide; tödlich giftig. – Andere grüne Täublinge: Huthaut nicht felderig-schuppig aufspringend

Der Gefelderte Grüntäubling ist ein guter Speisepilz. Meist wächst er einzeln oder in kleinen Gruppen in Buchenwäldern.

Die Hutoberfläche des Gefelderten Grüntäublings im Detail: Der Rand zeigt die typische Felderung, die Mitte ist mit einem weißgrauen Schorf bedeckt.

Gallentäubling

Russula fellea Fr.: Fr.

Gallentäublinge sind in ihrem Auftreten zwar nicht strikt an die Buche gebunden, doch gibt es kaum einen Buchenwald, in dem sie nicht vorkommen. Es sind vergleichsweise kleine Täublinge mit ocker- bis senfgelbem Hut, einem spezifischen Geruch, der mit dem von Senfsauce oder Geranien verglichen wurde, und reif hell ockerfarben getönten Lamellen. Endgültigen Aufschluss gibt die Kostprobe eines winzigen Lamellenfragments: Es brennt im Mund fast unerträglich scharf.

Gallentäublinge im Buchenwald: Der blass cremefarbene Hutrand, die ockergelbe Mitte sind gute äußerliche Merkmale.

Hut: 3–8 cm breit, gewölbt, später flach aufschirmend, gebuckelt
Huthaut: senfgelb bis honigfarben, auf Druck leicht rostbraun fleckend, glatt, leicht klebrig, Rand leicht gerieft, Lamellen hell ockerfarben, engstehend, ausgebuchtet-angewachsen, oft tränend
Stiel: 3–6 x 1–2 cm, weißlich bis blassgelb, schlank, glatt, hohl, zerbrechlich
Fleisch, Geruch: weißlich bis cremeocker, fest, Geruch fruchtig, nach Senfsauce oder Geranien
Geschmack: brennend scharf
Sporenpulver: cremefarben
Häufigkeit: sehr häufig
Vorkommen: Sommer bis Spätherbst; Buchenwälder, saure bis neutrale Böden, seltener auch mit Fichte, Eiche
Verwechslung: Ockertäubling (s. S .162): Stiel weiß bis graulich, Hut ocker- bis grünlichgelb, geruchlos, Geschmack nur leicht scharf. – Gelber Graustieltäubling (s. S. 165): mild, Sporenpulver gelb, in Mooren unter Birken

STINKTÄUBLING

Russula foetens Pers.: Fr.

Der Stinktäubling steht hier stellvertretend für eine Gruppe von Täublingen mit gelben, ockerlichen oder braunen Farbtönen, einem kammartig gefurchten Hutrand und sehr markanten Gerüchen. Diese müssen nicht unbedingt Übelkeit erregen wie beim Stinktäubling – der äußerlich sehr ähnliche Mandeltäubling *(R. grata)* und der Morsetäubling *(R. illota)* riechen aromatisch nach Bittermandeln, der Camembert-Täubling *(R. amoenolens)* nach Käse. Der Stinktäubling ist eine der häufigsten Arten der Gruppe, da er keine besonderen Ansprüche an den Standort stellt und in den verschiedensten Wald- und Parkbiotopen vorkommt.

Stinktäublinge im Mischwald: Der höckerig geriefte Hutrand ist für diese Täublingsgruppe typisch.

Hut: 5–20 cm breit, kugelig gewölbt bis ausgebreitet, Mitte niedergedrückt
Huthaut: orangegelb bis gelbbraun, schmierig-schleimig, Rand eingebogen, warzig-höckerig, radial, kammartig gefurcht
Lamellen: cremefarben bis blassgelb, im Alter braunfleckig, engstehend, anastomosierend
Stiel: 6–15 x 2–5 cm, weiß, auf Druck bräunend, hohl, gekammert, oft deformiert
Fleisch, Geruch: weiß bis blassgelb, hart, Geruch unangenehm
Geschmack: ranzig, ölig, nach längerem Kauen brennend scharf
Sporenpulver: blass ockergelb
Häufigkeit: häufig
Vorkommen: Sommer bis Spätherbst; Laub- und Nadelwälder, Parks, ohne spezielle Standortsansprüche
Verwechslung: Morsetäubling *(R. illota)*: Hut graulila gefleckt, schwarz punktierte Lamellenschneiden, Geruch nach Bittermandel. – Mandeltäubling *(R. grata)*: kleiner, Geruch nach Bittermandel

OCKERTÄUBLING

Russula ochroleuca Pers.

Der Ockertäubling ist vermutlich der häufigste Täubling Mitteleuropas und darüber hinaus einer der häufigsten Großpilze überhaupt. In schlechten Pilzjahren ist er manchmal die einzige Art, die man in größerer Stückzahl findet. Umstritten ist sein Speisewert: Da er manchmal fast mild und manchmal deutlich scharf schmeckt, greift bei ihm die „Täublingsregel" nicht. Kleinere Mengen Ockertäublinge im Mischpilzgericht haben aber noch Niemandem geschadet. Der Gelbe Graustieltäubling (s. S. 165) hat grauendes Fleisch und einen chromgelben Hut; der Gallentäubling (s. S. 161) ist kleiner, wächst unter Buchen und schmeckt unerträglich scharf.

Hut: 4–10 cm breit, gewölbt bis ausgebreitet, Mitte niedergedrückt
Huthaut: ocker- bis olivgelb, sehr variabel, Rand wellig, kaum gerieft
Lamellen: weiß, im Alter rostfleckig
Stiel: 4–8 x 1–2 cm, weiß bis graulich, kompakt, zylindrisch, zur Basis hin verdickt
Fleisch, Geruch: blass, alt und feucht grauend, aber nicht schwärzend, geruchlos
Geschmack: fast mild bis deutlich scharf, v. a. in den Lamellen
Sporenpulver: weiß
Häufigkeit: sehr häufig
Vorkommen: Sommer bis Spätherbst; Nadel-, seltener Laubwälder, auf sauren Böden
Verwechslung: Gallentäubling (s. S. 161): honiggelb, Geruch nach Geranien, brennend scharf, Sporenpulver weiß, unter Buchen. – Gelber Graustieltäubling (s. S. 165): Fleisch grauend, mild, Sporenpulver gelb

In Fichtenwäldern auf zumindest oberflächlich versauerten Böden gehört der Ockertäubling zu den häufigsten Pilzen.

Der seltene Zierliche Birkentäubling: Hier wuchs er an einem grasigen, mit Birken gesäumten Feldweg.

Zierlicher Birkentäubling

Russula gracillima J. Schäff.

Zu einer großen Gruppe hellsporiger Täublinge mit scharfem Geschmack zählt der Zierliche Birkentäubling. Typisch für ihn sind die verwaschen graugrüne, bisweilen fast olivschwarze Hutmitte im trübroten Feld und der zumindest stellenweise rot überlaufene Stiel. Er ist an die Birke gebunden, meidet aber die vielen anderen Täublingen zusagenden feuchten bis nassen Moorstandorte. Man findet ihn eher auf grasigen Wegen in trockeneren Birkenwäldern, unter angepflanzten Birken auf Parkrasen und in Gärten sowie auf Waldweiden.

Hut: 2–7 cm breit, gewölbt bis ausgebreitet, Mitte niedergedrückt, oft gebuckelt
Huthaut: rosa, lila, oliv- bis gelbgrün, Mitte grün- bis purpurschwarz, Rand rosa, kurz gerieft, klebrig, glänzend, Huthaut abziehbar
Lamellen: weißlich bis cremegelb, dünn, kurz herablaufend, engstehend
Stiel: 3–7 x 0,5–1 cm, weißlich, grau- bis purpurrosa geflammt, weich
Fleisch, Geruch: weiß, Geruch schwach fruchtig
Geschmack: mild oder schärflich
Sporenpulver: cremeocker
Häufigkeit: selten, RL 3
Vorkommen: Sommer bis Herbst; Gärten, Parks, unter Birken, an grasigen und moosigen Standorten
Verwechslung: Stachelbeertäubling *(R. queletii)*: größer, Geruch nach Stachelbeerkompott, Nadelwald

Verblassender Täubling

Russula pulchella Borsz.

Auch der Verblassende Täubling ist Birkenbegleiter mit einer Vorliebe für offene Standorte in Parks, Gärten und Alleen. Er ist jedoch viel häufiger als der Zierliche Birkentäubling (s. o.) und gehört zu den wenigen Täublingen, die bereits Ende Mai/Anfang Juni erscheinen können. Seine Grundfarbe ist ein dunkles Rotlila, das aber schnell verblasst und manchmal nur noch andeutungsweise zu erkennen ist. Die Hüte sind dann hell cremeocker und haben oft einen Olivschimmer in der Mitte. Das Fleisch schmeckt nicht ganz so scharf wie das der Speitäublinge.

Oft genügt eine einzige Birke auf einer Wiese, um den Verblassenden Täubling auf den Plan zu rufen. Am Hutrand ist die rötliche Grundfarbe zu erkennen.

Hut: 4–10 cm breit, gewölbt bis ausgebreitet, etwas niedergedrückt
Huthaut: rotlila, purpur- bis blassrot, Mitte mit Grünschimmer, sehr schnell ockerlich ausblassend, leicht klebrig, Huthaut abziehbar, Rand glatt
Lamellen: weiß bis cremegelb, engstehend, kurz herablaufend, ausgebuchtet-angewachsen
Stiel: 3–6 x 1–3 cm, weiß, rosa überhaucht, grauend
Fleisch, Geruch: weißlich bis grau, geruchlos
Geschmack: mäßig scharf
Sporenpulver: hellocker
Häufigkeit: selten
Vorkommen: spätes Frühjahr bis Herbst; Alleen, Parks, Gärten, Wälder, unter Birken
Verwechslung: Grüner Birkentäubling *(R. aeruginea)*: Huthaut oliv- bis grasgrün, ockerlich ausblassend, Geschmack mild, gleicher Standort

Der kräftige, violett überhauchte Stiel des Gedrungenen Täublings ist ein gutes Bestimmungsmerkmal.

Gedrungener Täubling

Russula torulosa Bres.

Der Gedrungene Täubling, ein farbenprächtiger Kiefernbegleiter, ist in Mitteleuropa ziemlich selten, im Westen dagegen häufiger. Charakteristisch sind der gedrungene, dicke Stiel, die rotviolette Hutfarbe und das – im Vergleich mit ähnlichen Arten – nur leicht scharf schmeckende und fruchtig nach Äpfeln riechende Fleisch. Stachelbeergeruch kennzeichnet den häufigeren Stachelbeertäubling *(R. queletii)*, der einen schlankeren, brüchigeren Stiel hat und brennend scharf schmeckt. Der farblich ähnliche, ebenfalls sehr scharfe Tränentäubling *(R. sardonia)* hat zitronengelbe Lamellen.

Hut: 7–12 cm breit, gewölbt bis ausgebreitet
Huthaut: dunkel-purpurviolett bis karminrot, glänzend
Lamellen: ockerlich, angewachsen
Stiel: 5–8 x 1–3 cm, kurz, stämmig, rot- bis blauviolett
Fleisch, Geruch: weißlich, fest, Geruch fruchtig, nach Äpfeln
Geschmack: bitterlich und schärflich
Sporenpulver: hellgelb
Häufigkeit: sehr selten, RL 2
Vorkommen: Sommer bis Herbst; unter Kiefern über Kalk, trockene Standorte
Verwechslung: Stachelbeertäubling *(R. queletii)*: Hutmitte schwärzlich, Geruch nach Stachelbeerkompott, unter Fichten, brennend scharf. – Tränentäubling *(R. sardonia)*: zitronengelbe Lamellen, sehr scharf

Links: Flammenstieltäublinge in einem Moor in Jämtland (Schweden).

Rechts: Bluttäublinge wachsen gerne an grasigen Standorten unter Kiefern.

Flammenstiel-Täubling

Russula rhodopoda Zvara

Wie lackiert wirken die roten Hüte des Flammenstiel-Täublings. Auch die Stiele sind rot „geflammt", wie es in der Mykologensprache heißt. Der ziemlich seltene, scharf schmeckende Pilz ist eine Art bodensaurer, feuchter Kiefern- und Fichtenwälder und kommt in Skandinavien häufiger vor als in Mitteleuropa, wo man eher dem Bluttäubling *(R. sanguinea)* begegnet. Dieser ist durch trüb blut- bis purpurrote, oft stark ausblassende Hüte unterschieden und auch auf trockeneren Böden mit höherem Kalkgehalt zu finden

Hut: 5–10 cm breit, gewölbt bis ausgebreitet, Mitte oft etwas niedergedrückt
Huthaut: leuchtend blut- bis granatrot, glänzend, Mitte ± dunkelpurpurrot, Huthaut abziehbar, Rand schwach gerieft
Lamellen: weiß bis cremegelb, schwach ausgebuchtet, engstehend
Stiel: 4–10 x 1–2 cm, weiß, rot geflammt, Basis ockergelblich
Fleisch, Geruch: weiß, leicht gilbend, Geruch obstartig
Geschmack: scharf und bitter
Sporenpulver: hellocker
Häufigkeit: zerstreut bis selten
Vorkommen: Sommer bis Herbst; Nadelwälder, Moore, saure Böden
Verwechslung: Bluttäubling *(R. sanguinea)*: Hut blut- bis purpurrot, Geschmack brennend scharf, größere Standortsvielfalt. – Apfeltäubling *(R. paludosa)*: Hut schmierig, Lamellen creme- bis buttergelb, Geschmack mild, geruchlos, essbar

Kirschroter Speitäubling

Russula emetica

Der Kirschrote Speitäubling ist gewissermaßen der Prototyp einer Gruppe von Täublingen mit dominant roten Hutfarben, scharfem Geschmack und weißem Sporenpulver. In seinem Vorkommen ist er an Kiefern und Fichten an feuchten bis nassen Moorstandorten gebunden. Andere Speitäublinge wachsen z. B. unter Birken oder Buchen und kommen auch an trockeneren Stellen vor. Verwechslungen sind möglich mit anderen rothütigen Arten wie dem Apfeltäubling *(R. paludosa)*, der jedoch mild schmeckt und hell ockerfarbenes Sporenpulver besitzt. Eine nahe verwandte Art, die oberhalb der Baumgrenze bei Zwergsträuchern wächst, ist der Hochgebirgs-Speitäubling *(R. nana)*.

Kirschroter Speitäubling zwischen Torfmoosen (Sphagnum) *in einem Hochmoor.*

Der Hochgebirgs-Speitäubling ist an die rauen klimatischen Bedingungen der alpinen Hochlagen angepasst.

Hut: 3–10 cm, gewölbt bis ausgebreitet, Mitte etwas niedergedrückt
Huthaut: kirsch- bis zinnoberrot, klebrig, glänzend, Huthaut abziehbar, Rand kurz gerieft
Lamellen: weiß, engstehend, ausgebuchtet angewachsen
Stiel: 5–10 x 1–2 cm, weiß, weich, keulenförmig
Fleisch, Geruch: weiß, brüchig, Geruch nach Obst- oder Kokosflocken
Geschmack: brennend scharf
Sporenpulver: weiß
Häufigkeit: ziemlich häufig
Vorkommen: Sommer bis Herbst; Nadelwälder, in Mooren, unter Kiefern, zwischen Torfmoosen
Verwechslung: Hochgebirgs-Speitäubling *(R. nana)*: alpine Art, Geschmack mittelscharf. – Buchen-Speitäubling *(R. mairei)*: in Buchen- und Buchen-Tannenwäldern, rosa bis rot, Huthaut nur am Rand abziehbar. – Apfeltäubling *(R. paludosa)*: Rand glatt, Lamellen cremefarben, Sporen hellocker, Geschmack mild

Milder Torfmoos-Täubling

Russula sphagnophila Kauffm.

Wie der Kirschrote Speitäubling (s. S. 164) gehört der Milde Torfmoos-Täubling zu jenen Arten, deren Standorte man am besten mit Gummistiefeln aufsucht. Der Birkenbegleiter wächst ausschließlich in Mooren zwischen Torfmoosen *(Sphagnum)*. Die trüb fleischrote Hutfarbe erinnert an die des Speisetäublings (s. S. 160), der aber viel festfleischiger ist, keinen gerieften Hutrand hat und an ganz anderen Standorten wächst. Wie viele andere spezifische Moorpilze ist der Milde Torfmoos-Täubling durch Entwässerungsmaßnahmen und Torfabbau gefährdet.

Hut: 2–7 cm breit, gewölbt bis ausgebreitet
Huthaut: fleischrosa bis lilabraun, Rand höckerig gerieft
Lamellen: blass cremefarben
Stiel: 3–7 x 0,5–1,5 cm, weiß, bisweilen rosa überhaucht, sehr zerbrechlich, hohl
Fleisch, Geruch: wässrig, Geruch fruchtig
Geschmack: mild
Sporenpulver: creme
Häufigkeit: selten
Vorkommen: Sommer–Herbst; Moore, unter Birken im Torfmoos

Verwechslung: Milder Glanztäubling *(R. nitida)*: Huthaut dunkler weinrot, glänzend, an ähnlichen Standorten, essbar. – Speisetäubling (s. S. 160): festfleischig, Laub- und Nadelwälder, essbar

In einer offenen Torfmoosfläche mit einzelnen Moor- und Zwergbirken wuchsen diese Milden Torfmoos-Täublinge. Die Aufnahme entstand in Härjedalen (Schweden).

Gelber Graustieltäubling

Russula claroflava Grove

Der Pilz ist kaum verwechselbar: Die Kombination von im Alter und an verletzten Stellen grauendem Fleisch mit mildem Geschmack sowie das Vorkommen unter Birken auf sauren, torfigen Böden, wo die lebhaft zitronengelben Hüte oft zwischen den Heidelbeersträuchern hervorleuchten, ist unter den Täublingen einmalig. Andere gelbe Täublinge sind kleiner, grauen nicht, schmecken scharf oder haben andere Standortsansprüche. Speisepilzfreunde können den oft in Scharen auftretenden Gelben Graustieltäubling ohne Bedenken sammeln. Oft wachsen Birkenpilze wie der Marmorierte Birkenpilz (s. S. 54) in seiner Nähe.

Hut: 3–10 cm breit, gewölbt bis ausgebreitet
Huthaut: chrom- bis zitronengelb, glatt, anfangs matt, dann glänzend, Rand kurz radial gefurcht
Lamellen: weiß bis hellocker, engstehend, ausgebuchtet, an den Schneiden grauend
Stiel: 4–8 x 1–2 cm, grauweißlich, bei Verletzung langsam erst rötlich dann grauschwärzlich verfärbend
Fleisch, Geruch: weiß bis blassocker, an Bruchstellen grauend, Geruch angenehm
Geschmack: mild
Sporenpulver: hellocker
Häufigkeit: in Mooren noch weit verbreitet, sonst selten, RL 3
Vorkommen: Frühsommer bis Herbst; in Mooren zwischen Torfmoos unter Birken
Verwechslung: Ockertäubling (s. S. 162): Hut ocker- bis grüngelb, Fleisch nicht schwärzend; Geschmack scharf, sehr häufig, meist im Nadelwald. – Orangeroter Graustieltäubling *(R. decolorans)*: Hut orange bis kupferfarben. – Weinroter Graustieltäubling *(R. obscura)*: dunkel-purpurbraun

Weinrote Graustieltäublinge – hier in einer dunklen Form in einem flechtenreichen skandinavischen Kiefernwald.

Gelbe Graustieltäublinge im Moorbirkenwald: Oft erscheint der erste „Schub“ schon im Juni.

Goldtäublinge in einem Buchenwald: Mit ihren orangeroten Hüten und den gelben Lamellen sind die Pilze unverwechselbar.

Goldtäubling

Russula aurea Pers.

An seinen leuchtend gelben Lamellenschneiden ist der Goldtäubling meist schon am Standort zu erkennen. Der Hut ist intensiv feuerorangefarben bis scharlachrot, meist auch, zumindest stellenweise, goldgelb. Leider ist dieser mild schmeckende und sehr schöne Täubling in den vergangenen drei Jahrzehnten an vielen Stellen selten geworden oder verschwunden; er reagiert, wie viele Pilzarten, sehr empfindlich auf Schadstoffeinträge aus der Luft und aus der Landwirtschaft.

Hut: 5–10 cm breit, gewölbt bis ausgebreitet, Mitte oft niedergedrückt
Huthaut: ziegelrot bis feuerorangerot, oft gelbfleckig, klebrig, glänzend
Lamellen: gold- bis zitronengelb, engstehend, ausgebuchtet, Schneiden chromgelb
Stiel: 3–8 x 1–2 cm, weiß bis chromgelb, hart
Fleisch: weiß, unter der Huthaut zitronengelb, fest
Geschmack: mild
Sporenpulver: gelb
Häufigkeit: ortshäufig, RL 3
Vorkommen: Frühsommer bis Herbst; Laub- und Nadelwälder, auf Kalk
Verwechslung: kaum möglich, wenn man auf die lebhafte Hutfarbe und die gelben Lamellenschneiden achtet

Harter Zinnobertäubling

Russula rosea Pers.

Wer im Buchenwald einen lebhaft hellroten Täubling mit auf weißem Grund stellenweise rot überlaufenem, auffällig hartfleischigem Stiel abpflückt, hält mit großer Wahrscheinlichkeit einen Harten Zinnobertäubling in der Hand. Über seinen Geschmack schreibt der Täublingsforscher Julius Schaeffer: „... nicht scharf, aber in den Lamellen ± bitterlich, dabei ausgesprochen an gekautes Bleistiftholz erinnernd". Die Huthaut ist bei dieser Art fest angewachsen, lässt sich also nicht, wie bei vielen anderen Täublingen, ganz oder teilweise abziehen. Der verwandte Rosa Täubling hat weicheres Fleisch und eine netzflockig bereifte Stieloberfläche.

In Buchenwäldern gehört der Harte Zinnobertäubling zu den häufigeren Täublingen.

Hut: 5–14 cm breit, gewölbt bis ausgebreitet, Mitte niedergedrückt
Huthaut: hell zinnoberrot bis rosa, oft weiß bereift, matt, Rand gerieft, eingebogen, Huthaut angewachsen
Lamellen: cremefarben, ausgebuchtet-angewachsen, dick, Schneiden rot
Stiel: 3–7 x 1–3 cm, weiß, rot überlaufen, matt bereift, hart, schwach bauchig
Fleisch, Geruch: weiß, sehr hart, Geruch fruchtig, säuerlich
Geschmack: mild, nach Bleistiftholz, Lamellen bitter
Sporenpulver: cremefarben
Häufigkeit: ziemlich häufig
Vorkommen: Sommer bis Herbst; Laub- und Nadelwälder, Parks, unter Buchen
Verwechslung: Rosa Täubling *(R. aurora)*: Fleisch weicher, Stiel netzflockig bereift

Hohlstieltäublinge in einem Buchen-Tannen-Wald des Voralpenlands. Alte Fruchtkörper neigen zur Gilbung.

Hohlstiel-täubling

Russula cavipes Britz.

Der Hohlstieltäubling ist ein strenger Mykorrhizapilz der Tanne, weshalb er in Mitteleuropa vorwiegend in Gebirgsnadelwäldern oder Buchen-Tannen-Mischwäldern auftritt. Der brüchige, bald hohle Stiel und der rötlichviolette, am Rand meist blassere Hut sind weitere gute Kennzeichnen, die bei der Bestimmung helfen. Im Herbst findet man den Hohlstieltäubling oft in Standortgemeinschaft mit dem Lachsreizker (s. S. 175) und dem Orangeschneckling (s. S. 83) unter dem gleichen Baum.

Hut: 2–8 cm breit, gewölbt, flach ausgebreitet, Mitte niedergedrückt, oft gebuckelt
Huthaut: grau- bis rötlichviolett, Mitte blauviolett, Rand blasser, höckerig gerieft
Lamellen: weißlich, später gilbend, entferntstehend
Stiel: 2–8 x 0,5–3 cm, weiß, von der Basis aufwärts stark gilbend, keulig-bauchig, hohl, gekammert, sehr brüchig
Fleisch, Geruch: weiß, später gilbend, Geruch süßlich nach Honig
Geschmack: scharf
Sporenpulver: blasscreme
Häufigkeit: ortshäufig, im Flachland fehlend, RL 3
Vorkommen: Sommer bis Herbst; Bergnadel- und Mischwälder, unter Tannen
Verwechslung: Stachelbeertäubling *(R. queletii)*: Stiel purpurrot überhaucht, Geruch nach Stachelbeerkompott

Scharfer Wollmilchling

Lactarius bertillonii (Neuh. ex Z. Schaefer) Bon

Der Scharfe Wollmilchling und der ähnliche Wollige Milchling *(L. vellereus)* entsprechen bei den Milchlingen der Gruppe um den Gemeinen Weißtäubling (s. S. 159) bei den Täublingen. Sie sondern aber bei Verletzung – es genügt, mit dem Finger über die Lamellen zu streichen – eine üppige weiße „Milch" ab. Bei *L. bertillonii* schmeckt diese brennend scharf und verfärbt sich mit verdünnter Kalilauge (KOH) lebhaft gelborange, während sie bei *L. vellereus* mild ist und mit Kalilauge nicht verfärbt. Über die Verbreitung des Scharfen Wollmilchlings ist noch wenig bekannt, da er lange Zeit nicht konsequent vom Wolligen Milchling unterschieden wurde.

Der Scharfe Wollmilchling wächst vor allem in älteren Buchen- und Eichenbeständen. Seine Hüte können 20 cm Durchmesser erreichen.

Hut: 10–20 cm breit, gewölbt, später flach, trichterförmig, Rand eingerollt, lappig verbogen
Huthaut: weißlich, braunfleckig, wildlederartig, trocken
Lamellen: weiß bis blassgelb, engstehend, dick, kurz herablaufend, Milch weiß, nicht verfärbend, mit KOH gelborange
Stiel: 2–8 x 2–4 cm, weißlich, feinfilzig, trocken
Fleisch, Geruch: weiß, hart, fest, Geruch schwach säuerlich
Geschmack: brennend scharf, Milch brennend scharf
Sporenpulver: weiß
Häufigkeit: vermutlich weit verbreitet, aber meist für *L. vellereus* gehalten
Vorkommen: Sommer bis Herbst; Laub- und Nadelwälder, Parks, bei Buchen und Eichen, auf besseren Böden
Verwechslung: Wolliger Milchling *(L. vellereus)*: Milch bitter, nicht scharf; mit KOH unverändert. – Pfeffermilchling (s. u.): Lamellen sehr engstehend

Pfeffermilchling

Lactarius piperatus (L.: Fr.) Pers.

Pfeffermilchlinge treten in Buchenwäldern gelegentlich schon in den Sommermonaten in großen Scharen auf. Die großen, weißen Hüte im Falllaub und an moosigen Böschungen sind oft schon von weitem zu sehen. Auffälligstes Kennzeichen sind die sehr engstehenden Lamellen. Zur Abgrenzung dient auch die mit verdünnter Kalilauge (KOH) und beim Trocknen unveränderliche Milch. Beim frisch sehr ähnlichen Grünenden Pfeffermilchling *(L. glaucescens)* verfärbt sie sich mit Kalilauge orange und nimmt beim Eintrocknen einen blaugrünen Ton an. Wolliger Milchling und Scharfer Wollmilchling (s. o.) haben eine wildlederartige Hutoberfläche und entfernter stehende Lamellen.

Hut: 5–15 cm breit, gewölbt bis flach trichterförmig, Rand eingerollt
Huthaut: weißlich bis cremefarben, im Alter gelbbraunfleckig, trocken-feinsamtig, matt, felderig-aufreißend
Lamellen: weiß- bis blassgelb, sehr engstehend, gegabelt, kurz herablaufend, Milch weiß, beim Eintrocknen und mit KOH nicht verfärbend
Stiel: 5–8 x 1–3 cm, weiß, glatt, zur Basis verjüngt
Fleisch, Geruch: weiß, fest, brüchig, geruchlos
Geschmack: pfeffrig scharf
Sporenpulver: weiß
Häufigkeit: sehr häufig
Vorkommen: Sommer bis Spätherbst; in Buchenwäldern, selten Nadelwäldern
Verwechslung: Wolliger Milchling *(L. vellereus)*: milde Milch, Huthaut wildlederartig. – Grünender Pfeffermilchling *(L. glaucescens)*: Milch beim Eintrocknen blaugrün verfärbend, mit KOH orange; gebraten essbar

Pfeffermilchlinge im Buchenwald. Wenn man die Pilze in der Pfanne brät, weicht die Schärfe einem herb-bitterlichen Geschmack, der allerdings auch nicht jedermanns Sache ist.

Nahaufnahme der Lamellen mit Querverbindungen.

Der Queraderige Milchling wächst manchmal im hohen Gras auf Wiesen – doch die nächste Eiche steht nie weit entfernt.

Queraderiger Milchling

Lactarius acerrimus Britz.

Parkanlagen mit alten Eichen über schweren, tonigen Böden sind die bevorzugten Standorte des Queraderigen Milchlings. Auch unter einzelnen Eichen an Waldrändern oder am Rande von Viehweiden sowie in lichten Eichen-Hainbuchenwäldern kann man ihn finden. Der lateinische Artname *acerrimus* bezieht sich auf die sehr scharfe Milch, der deutsche Name auf die oftmals querverbundenen Lamellen. Eine nur mikroskopisch erkennbare Besonderheit sind die zweisporigen Basidien.

Hut: 6–18 cm breit, anfangs gewölbt, sehr bald trichterförmig
Huthaut: creme bis blassocker, orange gezont, schmierig-klebrig, Mitte glatt, Rand oft wellig, kurzhaarig, fleckig
Lamellen: blassgelb bis fleischocker, engstehend, queraderig verbunden, anastomosierend, Milch weiß
Stiel: 1–5 x 1–3 cm, weißlich, grubig, kurz, dick, oft ± exzentrisch
Fleisch, Geruch: weißlich, Geruch fruchtig
Geschmack: Milch brennend scharf
Sporenpulver: hellocker
Häufigkeit: zerstreut in Süddeutschland, sonst selten, RL 3
Vorkommen: Spätsommer bis Herbst; Laubwälder, Parks, v. a. unter alten Eichen, auf Kalkböden
Verwechslung: Blasser Zonenmilchling *(L. zonarius)*: Hut nicht gezont, Lamellen nicht anastomosierend

Lärchen-Milchling

Lactarius porninsis Roll.

Ähnlich wie die Röhrlinge und die Täublinge sind auch viele Milchlinge an bestimmte Baumarten gebunden, mit denen sie eine Lebensgemeinschaft bilden. So wächst der Lärchenmilchling ausschließlich unter Lärchen. Am häufigsten findet man ihn im Gebirge, dem natürlichen Verbreitungsgebiet der Europäischen Lärche, doch wird er auch unter angepflanzten Lärchen in tieferen Lagen beobachtet. Äußerlich erinnert er an die Reizker (s. S. 175), doch hat er keine rote, sondern unveränderlich weiße Milch.

Hut: 3–10 cm breit, gewölbt, Mitte niedergedrückt
Huthaut: orangerot bis ockerorange, geflammt oder gezont, wasserfleckig, klebrig-schleimig
Lamellen: ockerblass bis ockerorange, engstehend, Milch weiß
Stiel: 3–6 x 0,5–1 cm, orange, bisweilen fleckig, zylindrisch
Fleisch, Geruch: weißlich bis orangeocker, Geruch fruchtig aromatisch
Geschmack: Milch erst mild, später leicht bitter
Sporenpulver: hellocker
Häufigkeit: zerstreut bis selten, im Gebirge häufiger
Vorkommen: Frühsommer bis Herbst; unter Lärchen, v. a. in Bergnadelwäldern
Verwechslung: Orangemilchling (s. S. 173): kleiner, unter Fichten. – Verschiedene Reizkerarten (s. S. 175): Milch rot, unter Kiefern, Fichten, Tannen

Als Lärchenbegleiter wächst der Lärchenmilchling oft in Begleitung verschiedener Lärchenröhrlinge wie dem Goldröhrling (s. S. 51), mit dem er auch die Hutfarbe teilt.

In einem Fichtenwald, dessen Boden mit Bäumchenmoos (Thuidium tamariscinum) *bedeckt ist, wachsen diese Grubigen Milchlinge.*

Grubiger Milchling

Lactarius scrobiculatus (Scop.: Fr.) Fr.

Zu den auffälligsten Pilzen im Gebirgsfichtenwald zählt der Grubige Milchling. Die trichterförmigen Fruchtkörper können bis zu 20 cm breit werden und wachsen oft in großen Gruppen. Der gelbe, schmierige, gezonte Hut hat einen filzig-verklebten Rand; die anfangs weiße Milch verfärbt sich bei Luftzutritt schnell schwefelgelb. In Tannenwäldern hat der Grubige Milchling einen Doppelgänger, den Grubigen Tannenmilchling. Dieser Pilz ist jedoch heller, und sein Hut nicht oder nur sehr schwach gezont.

Hut: 6–20 cm breit, gewölbt bis ausgebreitet, Mitte trichterförmig vertieft
Huthaut: stroh- schwefelgelb, gelbbraun gezont oder gefleckt, glänzend, schmierig-klebrig, Rand eingerollt, zottig-filzig
Lamellen: blass bis cremeocker, entferntstehend, Milch weiß, schnell gelb verfärbend
Stiel: 3–7 x 2–4 cm, weißlich bis cremeocker, mit gelbbraunen Grübchen oder Flecken, hohl
Fleisch, Geruch: blassgelb, fest, im Schnitt zitronengelb, Geruch intensiv fruchtig
Geschmack: brennend scharf, Milch erst mild, dann bitter-scharf
Sporenpulver: weiß
Häufigkeit: in Bergnadelwäldern häufig, im Flachland selten oder fehlend
Vorkommen: Spätsommer bis Herbst; Fichtenwälder, auf Kalk
Verwechslung: Grubiger Tannenmilchling *(L. intermedius)*: Hut heller, ungezont, Stiel ohne Grübchen, unter Tanne. – Violettmilchender Zottenmilchling *(L. repraesentaneus)*: äußerlich sehr ähnlich, Milch violett verfärbend; Fichtenwälder, nordische Art

Goldflüssiger Milchling

Lactarius chrysorrheus Fr.

Die Tropfen auf den Lamellen dieser Goldflüssigen Milchlinge haben sich bereits goldgelb verfärbt.

Die anfangs weiße, an der Luft dann aber schnell goldgelbe Milch verbindet den ausgesprochen attraktiven Goldflüssigen Milchling – der ungewöhnliche deutsche Name ist eine wörtliche Übersetzung des lateinischen Namens – mit dem Grubigen Milchling (s. o.). Damit erschöpfen sich aber auch schon die Gemeinsamkeiten. Der fleischocker- bis ziegelorangefarben gezonte Hut und das Vorkommen in vergleichsweise trockenen Laubmischwäldern, vor allem unter Eichen, schließen eine Verwechslung aus. Aus Südeuropa sind auch Funde aus Kiefernwäldern bekannt geworden.

Hut: 4–10 cm breit, gewölbt bis ausgebreitet, Mitte eingetieft, Rand wellig verbogen
Huthaut: ockergelb, fleischockerfarben zoniert oder gefleckt, glatt, klebrig-schmierig
Lamellen: cremefarben, später blass fleischockerlich, kurz herablaufend, Milch weiß, schnell hell goldgelb verfärbend, reichlich
Stiel: 2–5 x 1–2 cm, weiß bis blass cremefarben, bei Verletzung rasch schwefelgelb verfärbend, zylindrisch, glatt
Fleisch, Geruch: weißlich, fest, Geruch unauffällig
Geschmack: Fleisch und Milch erst mild, dann bitter und brennend scharf
Sporenpulver: hellocker
Häufigkeit: zerstreut bis ortshäufig, kalkmeidend
Vorkommen: Sommer bis Herbst; Laubwälder, unter Eichen, Edelkastanien, seltener Kiefern, auf sauren Böden
Verwechslung: Eichenmilchling (s. S. 174): Hut matter rotbraun, Milch nur schwach gilbend

Olivbrauner Milchling

Lactarius plumbeus (Bull.: Fr.) S. F. Gray

Der dunkel olivbraune, stellenweise fast schwarze, zumindest in der Mitte schmierig-klebrige Hut des Olivbraunen Milchlings erweist sich im dunklen Fichtenwald als gute Tarnung. Haben sich die Augen aber erst einmal auf die Umgebung eingestellt, so wird man den düsteren Pilzen mit den an verletzten Stellen bräunenden Lamellen öfter begegnen, denn die Art gehört in feuchten Nadel- und Mischwäldern auf sauren Böden zu den häufigsten Milchlingen. Sie ist auch unter den lateinischen Namen *L. necator* („Mörder-Milchling“) und *L. turpis* („Schandhafter Milchling“) bekannt. Beide Attribute beziehen sich auf den brennend scharfen Geschmack von Milch und Fleisch.

Gut getarnt in einem Mischwald mit Fichten, Eichen, Buchen und Birken wächst der Olivbraune Milchling. Die hellen Lamellen bilden einen starken Kontrast zum düsteren Hut.

Hut: 7–15 cm breit, gewölbt, Mitte niedergedrückt
Huthaut: dunkel olivbraun bis fast schwarz, klebrig-schmierig, matt, Rand eingerollt, filzig-samtig
Lamellen: gelblichweiß, dünn, engstehend; Schneiden schwarzgrau; Milch weiß, olivgrau eintrocknend
Stiel: 3–6 x 1–2 cm, dunkel olivgrün, glatt, oft mit Grübchen, hohl
Fleisch, Geruch: blassgelb, fest, Geruch unauffällig
Geschmack: brennend scharf
Sporenpulver: cremegelblich
Häufigkeit: sehr häufig
Vorkommen: Sommer bis Herbst; Laub- und Nadelwälder, unter Birken, Fichten, v. a. auf sauren Böden
Verwechslung: Graugrüner Milchling *(L. blennius)*: Hut deutlich gezont, Rand nicht filzig, unter Buchen. – Blassrandiger Milchling (s. S. 171): Hutrand oft weißlich, nicht filzig

Den Flaumigen Milchling erkennt man am flaumig-filzigen Hutrand, den sehr engstehenden Lamellen, der blassen Hutfarbe und seinem Vorkommen unter Birken.

Flaumiger Milchling

Lactarius pubescens Fr.

An Wegrändern in Birkenmooren, aber auch unter angepflanzten Birken an Straßenrändern und Wegböschungen, in Gärten und Parks kann der Flaumige Milchling in den Herbstmonaten in großen Mengen erscheinen, oft in Begleitung des Verblassenden Täublings (s. S. 163). Nah verwandt ist der ebenfalls scharf schmeckende Birkenmilchling *(L. torminosus)* mit noch stärker filzigem, fleisch- bis ziegelrotem, gezontem Hut, der auch Birkenbegleiter ist und als giftig gilt.

Hut: 4–10 cm breit, gewölbt bis ausgebreitet, Mitte trichterförmig vertieft
Huthaut: weißlich bis blassrosa, ungezont, trocken, Rand eingerollt, zottig-filzig (Haare bis 5 mm lang)
Lamellen: weißlich bis blassrosa, sehr engstehend, herablaufend, Milch unveränderlich weiß
Stiel: 3–7 x 1–2 cm, blassrosa bis lachsrosa gefleckt
Fleisch, Geruch: weißlich bis blassrosa, fest, Geruch fruchtig
Geschmack: sofort scharf, Milch scharf
Sporenpulver: blass cremefarben
Häufigkeit: häufig
Vorkommen: Sommer bis Herbst; Gärten, Parks, Alleen, Moorwälder, unter Birken
Verwechslung: Birkenmilchling *(L. torminosus)*: ziegelrot gezont, filzig, Geschmack scharf, an ähnlichen Standorten, giftig

Blassrandiger Milchling

Lactarius fluens Boud.

Der Blassrandige Milchling ist ein häufiger Buchenwaldpilz, der aber sehr oft nicht erkannt wird. Der Grund dafür liegt darin, dass der ebenso häufige Graugrüne Milchling *(L. blennius)* in den gleichen Wäldern (und manchmal unter dem gleichen Baum) wächst und dem Blassrandigen Milchling sehr ähnlich sieht. Der Graugrüne Milchling hat jedoch deutlichere Grün- oder Olivtöne im Hut und keinen hellen Rand. Die scharfe weiße Milch graut beim Eintrocknen. In der Nähe der beiden Arten kommt oft auch noch der Blasse Milchling mit schleimig-klebriger Hutoberfläche und milder Milch vor.

Hut: 4–17 cm breit, gewölbt bis ausgebreitet, Mitte meist niedergedrückt
Huthaut: graubraun bis grauviolett, selten mit Olivtönen, deutlich gezont, leicht schmierig, Rand weißlich
Lamellen: cremefarben, rotbraun gefleckt, engstehend, Milch weiß, reichlich, olivgrau verfärbend
Stiel: 4–8 x 1–3 cm, weißlich bis graulich, auf Druck rotbraun verfärbend, zylindrisch
Fleisch, Geruch: weißlich, Geruch schwach fruchtig
Geschmack: erst mild, später bitter bis scharf, Milch schärflich
Sporenpulver: cremefarben
Häufigkeit: weit verbreitet
Vorkommen: Sommer bis Herbst; vor allem in Buchenwäldern auf Kalk
Verwechslung: Graugrüner Milchling *(L. blennius)*: kleiner, Hut mit deutlicheren Grüntönen, schmierig, Milch brennend scharf, beim Eintrocknen grauend. – Blasser Milchling *(L. pallidus)*: Hut blassgelb, schleimig-schmierig, Milch weiß, mild, nicht grauend

Blassrandige Milchlinge in einem Laubmischwald unter Buchen.

Nordischer Milchling

Lactarius trivialis (Fr.: Fr.) Fr.

„Trivial" ist *L. trivialis* in den feuchten Wäldern Skandinaviens, wo er vom „Gründervater" der modernen Mykologie, dem Schweden Elias Magnus Fries (1794–1878), beschrieben wurde, sowie in Birken-Kiefern-Mooren und Birken-Fichten-Wäldern mit Heidelbeeren auf torfigen Böden. An diesen Standorten kann der Nordische Milchling sehr zahlreich auftreten. Gute Merkmale sind auch die grauviolette bis braunviolette Hutfarbe sowie die mitunter beachtliche Größe. Die brennend scharfe weiße Milch verfärbt sich mit verdünnter Kalilauge orangegelb.

Hut: 6–20 cm breit, gewölbt bis ausgebreitet, Mitte niedergedrückt
Huthaut: grau- bis braunviolett gezont oder gefleckt, später graugelb bis fleischrosa ausblassend, ungezont, schmierig-klebrig
Lamellen: blass bis cremeocker, engstehend, durch eingetrocknete Milch graugrünlich gefleckt, Milch weiß, mit KOH orangegelb
Stiel: 5–13 x 1–4 cm, weißlich bis cremeocker, lang, hohl, oft wasserdurchtränkt, keulig verdickt
Fleisch, Geruch: weiß, brüchig, Geruch obstartig
Geschmack: brennend scharf, Milch brennend scharf
Sporenpulver: weiß
Häufigkeit: zerstreut, in Mooren bisweilen häufig, RL 3
Vorkommen: Spätsommer bis Herbst; feuchte Nadelwälder, Moore, bei Birken, Kiefern
Verwechslung: Graugrüner Milchling *(L. blennius)*: kleiner, grau- bis olivgrün, Milch grauend, bei Buche. – Klebriger Milchling (s. S. 172): kleiner, Huthaut sehr klebrig, Geschmack sehr scharf, Gebirgsnadelwälder

Eine häufiger Großpilz im Moorwald: der Nordische Milchling. An seinen Standorten bekommt man leicht nasse Füße.

Klebriger Milchling

Lactarius albocarneus Britz.

Seine spezifischen Standortsansprüche bringen es mit sich, dass der Klebrige Milchling nur in einem kleinen Areal vorkommt: Er wächst hauptsächlich unter Tannen und Fichten in Gebirgswäldern, also im natürlichen Verbreitungsgebiet dieser Baumarten, und folgt ihnen kaum in tiefere Lagen. Das wichtigste Merkmal des farblich unscheinbaren Pilzes ist die auffallend dicke, an zähflüssigen Klebstoff erinnernde Schleimschicht auf der Hutoberfläche, die sich beim Eintrocknen in eine wachsartige, abblätternde Substanz verwandelt.

Hut: 3–7 cm breit, flach gewölbt, Mitte flach trichterförmig
Huthaut: blassgrau bis braunviolett, ungezont, mit sehr dicker, klebriger Schleimschicht, Rand weißlich, fein-flaumig, runzelig
Lamellen: weißlich bis ockergelb, entferntstehend, kurz herablaufend, Milch weißlich, gelbbraun verfärbend, reichlich
Stiel: 3–6 x 0,5–1 cm, weißlich, rotbraun gefleckt, schleimig, oft verbogen, längsrinnig
Fleisch, Geruch: weißlich, auf Druck langsam schwefelgelb verfärbend, Geruch fruchtig
Geschmack: sehr scharf, Milch erst bitter, dann brennend scharf
Sporenpulver: blass gelblich
Häufigkeit: zerstreut, im Flachland fehlend, RL 2
Vorkommen: Sommer bis Herbst; Gebirgswälder, bei Tanne
Verwechslung: Nordischer Milchling (s. S. 171): größer, grauviolett, nicht so schleimig, in Moorwäldern

Der blassgraue Hut des Klebrigen Milchlings ist mit einer farblosen Schleimschicht überzogen, die am Rand des linken Exemplars dicke Tropfen bildet.

Maggipilz, Filziger Milchling

Lactarius helvus (Fr.: Fr.) Fr.

Bei Trockenheit ist es schwer, den Maggipilz überhaupt als Milchling zu erkennen, denn der ohnehin spärliche, wässrige Milchsaft des Pilzes ist dann meist gar nicht mehr vorhanden. Im Zweifelsfall wird man den Pilz aber an seinem Geruch nach Maggiwürze bestimmen können, der beim Trocknen noch intensiver ist als im frischen Zustand. Der Filzige Milchling wächst im Sommer und Herbst in feuchten Wäldern unter Kiefern, Fichten und Birken und kann in Heiden und Moorwäldern über Torf sowie in den flechtenreichen Kiefernwäldern Skandinaviens in großen Mengen auftreten. Obwohl seine Milch mild schmeckt, kann der Genuss des Pilzes erhebliche Magen-Darm-Störungen hervorrufen.

Maggipilze im Fichtenwald am Rande eines Hochmoors. Die Heidelbeersträucher zeigen an, dass der Boden sauer ist.

Hut: 4–15 cm breit, gewölbt bis ausgebreitet, leicht trichterförmig, mit zentralem Buckel, Rand jung eingerollt
Huthaut: ockerrötlich bis ockerbraun, trocken, matt bereift, feinfilzig-zottig
Lamellen: ockergelb, schwachrosa überhaucht, engstehend, schwach ausgebuchtet, herablaufend, brüchig, an Druckstellen fleckend, Milch trübweiß, wässrig, spärlich
Stiel: 4–13 x 1–2 cm, ockerrötlich bis ockerbraun, glatt, brüchig, gekammert oder hohl
Fleisch, Geruch: blass- bis falbbraun, brüchig, Geruch v. a. beim Trocknen nach Maggiwürze
Geschmack: Milch mild
Sporenpulver: rahmgelblich
Häufigkeit: häufig
Vorkommen: Sommer bis Herbst; in Mooren zwischen Torfmoosen, unter Birken, Fichten, Kiefern, saure Böden
Verwechslung: Kahler Krempling (s. S. 56): breiter, niedergedrückter Hut, weiche, gelbliche, auf Druck bräunende Lamellen; Rand eingerollt, kein Maggigeruch, keine Milch

Rotbrauner Milchling

Lactarius rufus (Scop.: Fr.) Fr.

Milchlinge mit rotbraunen, orangebraunen oder ziegelroten Farben gibt es mehrere, und ihre Bestimmung ist selbst für erfahrene Mykologen oft nicht einfach. Der häufige Rotbraune Milchling lässt sich jedoch gut an seiner stets mit einem kleinen spitzen Buckel versehenen Hutmitte, der brennend scharfen, unveränderlich weißen Milch und an seinem Vorkommen in Nadelwäldern auf sauren Böden erkennen.

Hut: 3–11 cm breit, flach gewölbt, Mitte trichterig vertieft mit kleinem, spitzen Buckel, Rand leicht eingerollt
Huthaut: rotockerlich bis rotbraun, trocken, feinfilzig-samtig, glänzend, nie schmierig
Lamellen: cremefarben bis bräunlich, engstehend, herablaufend, schwach ausgebuchtet, Milch unveränderlich weiß, reichlich
Stiel: 3–10 x 1–2 cm, rötlichbraun, bereift, zylindrisch
Fleisch, Geruch: weißlich, brüchig, Geruch leicht harzig
Geschmack: brennend scharf
Sporenpulver: schmutzig weißlich
Häufigkeit: sehr häufig
Vorkommen: Frühsommer bis Herbst; Nadelwälder, unter Kiefern und Birken, auf sauren Böden
Verwechslung: andere rotbraune Milchlinge haben unterschiedliche Standortsansprüche und riechen anders. Einige sind nur mikroskopisch zu differenzieren

Rotbraune Milchlinge sind Nadelwaldbewohner. Typisch ist der spitze Buckel in der Hutmitte.

Frische Orangemilchlinge im Fichtenwald: An den verletzten Lamellen des linken Exemplars quellen Milchtropfen hervor.

Orange-milchling

Lactarius aurantiacus (Pers.: Fr.) S. F. Gray

Die kleinen, ungezonten, orangefarbenen Hüte des Orangemilchlings leuchten geradezu aus dem dunkelgrünen Moos der Fichten- und Tannenwälder hervor. Im Gegensatz zu den meisten anderen Milchlingen hat er milde oder allenfalls bitterliche Milch. Ob der Milde Milchling *(L. mitissimus)*, eine Laubwaldart, identisch ist oder nicht, wird bis in die jüngste Zeit kontrovers diskutiert. Der farblich ähnliche Lärchenmilchling (s. S. 168) ist meist erheblich größer und streng an die Lärche gebunden.

Hut: 2–6 cm breit, gewölbt bis ausgebreitet mit niedergedrückter Mitte, manchmal gebuckelt
Huthaut: orange- bis gelbbraun, glatt etwas schmierig
Lamellen: weißlich bis rotgelb schimmernd, kurz herablaufend, Milch weiß, unveränderlich
Stiel: 3–6 x 1 cm, orange bis orangebraun, zylindrisch, glatt
Fleisch, Geruch: blassgelb bis blassorange, zerbrechlich, Geruch unauffällig
Geschmack: süßlich-mild mit bitterlichem Nachgeschmack, Milch mild
Sporenpulver: cremefarben
Häufigkeit: ziemlich häufig
Vorkommen: Spätsommer bis Spätherbst; Laub- und Bergnadelwälder, unter Fichten
Verwechslung: es gibt mehrere andere orange- bis rotbraune Milchlinge, deren Unterscheidung nicht einfach ist. Die meisten haben jedoch scharfe Milch oder spezifische Gerüche

Süsslicher Buchenmilchling

Lactarius subdulcis (Pers.: Fr.) S. F. Gray

Unter den zahlreichen Milchlingen mit mehr oder minder rotbraunen Tönen ist der Süßliche Buchenmilchling sicher einer der häufigsten. Er wächst im Spätsommer und Herbst in großen Scharen in Buchenwäldern, fällt dort aber oft nicht auf, weil er sich farblich gut an das Falllaub in seiner Umgebung anpasst. Seine Milch ist nur bei ganz frischen Pilzen reichhaltig und wässrig-weißlich; bei älteren Fruchtkörpern ist sie meist eingetrocknet.

Süßliche Buchenmilchlinge im Buchenwald: Die Lamellen bleiben lange hell, der Hutrand kann im Alter leicht gekerbt sein.

Hut: 3–7 cm breit, gewölbt bis ausgebreitet, Mitte niedergedrückt, manchmal mit kleinem Buckel
Huthaut: rot- bis lederbraun, kleinfleckig ausblassend, matt, Rand gekräuselt
Lamellen: weißlich bis rötlichgelb, auf Druck rostbraun fleckend, kurz herablaufend, Milch wässrig-weiß, nicht gilbend
Stiel: 3–7 x 1 cm, creme-gelblich, zur Basis hin rotbräunlich
Fleisch, Geruch: weißlich, Geruch wanzenartig
Geschmack: mild bis bitterlich
Sporenpulver: rahmgelb
Häufigkeit: weit verbreitet, häufig
Vorkommen: Sommer bis Spätherbst; in Buchenwäldern, auch an Stümpfen
Verwechslung: Eichenmilchling (s. S. 174): Milch blassgelb, unter Eichen. – Mehrere andere rotbraune Milchlinge riechen anders und haben andere Standortsansprüche

Eichenmilchling

Lactarius quietus (Fr.: Fr) Fr.

Nah verwandt mit dem Süßlichen Buchenmilchling (s. S. 173), aber an die Eiche gebunden ist der Eichenmilchling. Er hat meist etwas kräftigere Stiele und einen sehr spezifischen, säuerlichen Geruch nach Blattwanzen. Die weiße Milch färbt sich an der Luft langsam gelblich. Der Eichenmilchling ist vermutlich der häufigste Mykorrhizapilz der Eiche; er folgt seinem Baumpartner unabhängig von der Bodenart in alle Biotope.

Der Eichenmilchling ist einer der häufigsten Mykorrhizapilze der Eiche. Oft wächst er direkt am Stammgrund.

Hut: 3–8 cm breit, gewölbt bis ausgebreitet, später niedergedrückt, Rand eingerollt, oft gerunzelt
Huthaut: rötlich- bis graubraun, mit blasseren, bereiften, konzentrisch angeordneten Zonen, schwach klebrig, stumpf glänzend
Lamellen: weißlich bis rötlichbraun, engstehend, herablaufend, Schneiden rostbraun fleckend, Milch weiß, blassgelb verfärbend
Stiel: 3–7 x 1 cm, rötlich, zur Basis hin dunkler weinbraun, glatt, zylindrisch
Fleisch, Geruch: weißlich bis blassbraun, fest, brüchig, Geruch nach Blattwanzen
Geschmack: bitter bis schärflich
Sporenpulver: rahmgelblich
Häufigkeit: sehr häufig, überall wo der Partnerbaum vorkommt
Vorkommen: Sommer bis Herbst; Wälder, Parks, unter Eichen, in großen Gruppen
Verwechslung: Süßlicher Buchenmilchling (s. S. 173): Milch wässrig weiß, nicht gilbend, Geschmack mild bis bitter, unter Buchen, häufig. – Maggipilz (s. S. 172): Milch wässrig-klar, Geruch nach Maggi, in Moorwäldern. – Goldflüssiger Milchling (s. S. 169): Hut fleischocker- bis ziegelorange gezont, Milch an der Luft rasch schwefelgelb verfärbend

Mohrenkopf

Lactarius lignyotus Fr.

Der Mohrenkopf hat ein Merkmal, das ihn von allen anderen europäischen Milchlingen unterscheidet: Der Stiel ist am oberen Ende in direkter Fortsetzung der Lamellen auf ungefähr 0,5 cm Länge senkrecht gefurcht. Aber auch der auffallende Kontrast zwischen dem Weiß der Lamellen und dem Dunkelbraun von Hut und Stiel, die milde Milch, die ungeriefte, runzelige Hutoberfläche und der schlanke Stiel sind Eigenschaften, die den Mohrenkopf so gut wie unverwechselbar machen.

Hut: 3–10 cm breit, gewölbt bis ausgebreitet, Mitte niedergedrückt, deutlich gebuckelt
Huthaut: schwarzbraun, trocken, samtig, glatt oder leicht gerunzelt, Rand gekräuselt
Lamellen: weiß bis blassocker, entferntstehend, kurz herablaufend, Milch weiß, langsam blassrosa verfärbend
Stiel: 5–12 x 1–1,5 cm, schwarzbraun, schlank, am Lamellenansatz längsrillig, feinfilzig
Fleisch, Geruch: weißlich, auf Druck langsam rötend, Geruch angenehm
Geschmack: mild bis schärflich, Milch mild
Sporenpulver: cremefarben
Häufigkeit: ortshäufig
Vorkommen: Sommer bis Herbst; Bergnadelwälder, unter Fichten und Tannen, saure Böden
Verwechslung: Pechschwarzer Milchling *(L. picinus)*: Hut ohne Buckel, Lamellen gelblich, Stielspitze nicht gerillt, Fleisch rotorange verfärbend, ungenießbar

An der gefurchten Stielspitze und dem Farbkontrast zwischen Hut und Lamellen ist der Mohrenkopf leicht zu erkennen.

„Gibt es den Brätling denn überhaupt noch?", wird der Pilzberater oft gefragt. Die Antwort lautet: „Ja, aber er ist viel seltener geworden."

Brätling

Lactarius volemus (Fr.) Fr.

Neben den rotmilchenden Reizkern (s. u.) ist der Brätling sicher der populärste Speisepilz unter den Milchlingen. In einem Pilzbuch aus dem Jahr 1896 heißt es über ihn: „Er wird vielfach roh gegessen und giebt besonders eine ganz vorzügliche Speise, wenn er gerieben und dann gebacken wird." In Süddeutschland werden Brätlinge, deren fischartiger Geruch vielen Sammlern das Wasser im Mund zusammenlaufen lässt, entweder in der Pfanne gebraten oder tatsächlich roh aufs Butterbrot gelegt – eine große Ausnahme in der Pilz-Küche, denn sehr viele Pilze sind roh unbekömmlich oder sogar lebensgefährlich giftig. Durch Umweltschadstoffe ist der Brätling leider, wie viele andere Pilze, in jüngster Zeit seltener geworden.

Hut: 8–15 cm breit, gewölbt bis ausgebreitet, Mitte leicht vertieft
Huthaut: orange- bis rotbraun, trocken, wildlederartig matt, am eingerollten Rand ± blasser und rissig aufgesprungen
Lamellen: cremefarben bis gelblich, bei Verletzung braunfleckig, engstehend, schräg, am Stiel breit angewachsen, im Alter herablaufend, Milch weiß, bräunlich verfärbend, sehr reichlich
Stiel: 4–10 x 1–3 cm, cremeorange, rotbraun fleckend, zylindrisch, Basis fein samtig bereift
Fleisch, Geruch: weißlich, fest, Geruch nach Fisch bzw. Krabben
Geschmack: mild
Sporenpulver: weißlich
Häufigkeit: weit verbreitet, aber stark rückläufig, RL 3
Vorkommen: Sommer bis Spätherbst, Laub- und Nadelwälder
Verwechslung: Rotbrauner Milchling (s. S. 173): schlanker, trüb rotbraun, Hutmitte mit Papille, Milch brennend scharf, kein Fischgeruch

Edelreizker

Lactarius deliciosus (L.: Fr.) S. F. Gray

Milchlinge mit von Anfang an roter Milch werden als Reizker bezeichnet und sind als Speisepilze sehr begehrt. Alle rotmilchenden Reizker bilden Mykorrhizaverbindungen mit Nadelbäumen. Der Edelreizker wächst unter Kiefern und Wacholder, hat einen orangeroten Hut und orangerote, unveränderliche Milch. Ebenfalls unter Kiefern wachsen der Grünende Kiefernreizker *(L. semisanguifluus)*, der Graue Kiefernreizker *(L. quieticolor)* und der Weinrote Kiefernreizker *(L. sanguifluus)*. Vielerorts der häufigste Reizker ist der Fichtenreizker *(L. deterrimus)*, und im Gebirge kann man unter Tannen den Lachsreizker *(L. salmonicolor)* finden.

Hut: 5–12 cm breit, gewölbt, später flach trichterförmig, Rand lange eingerollt, verbogen, wellig
Huthaut: ockerorange bis lachsrot, rotgelb konzentrisch gezont oder getropft, schwach grünfleckig, schwach klebrig bis bereift
Lamellen: blass orangegelb, grünspanfleckig, engstehend, herablaufend, breit, brüchig, Milch karottenrot, graugrün eintrocknend
Stiel: 3–7 x 1–3 cm, lachsorange, dunkelorange Grübchen, hohl oder gekammert, zylindrisch
Fleisch, Geruch: orange, fest, brüchig, Geruch fruchtig
Geschmack: mild
Sporenpulver: hellocker
Häufigkeit: weit verbreitet, in Gebieten mit sauren Böden fehlend
Vorkommen: Sommer bis Herbst; Nadelwälder, Parks, unter Kiefern, Wacholder, kalkhaltige Böden
Verwechslung: Fichtenreizker *(L. deterrimus)*: Fleisch blass, erst karottenrot, dann weinrot, zum Schluß grünend, keine Grübchen am Stiel, unter Fichten, essbar. – Lachsreizker *(L. salmonicolor)*: schwächer gezont, Fleisch weinrot verfärbend, unter Tannen, essbar

Oben: Junger Lachsreizker im Schnitt: Die austretende Milch hat das Fleisch rotorange gefärbt.

Links: Der orangefarbene Edelreizker zwischen abgefallenen Nadeln der Waldkiefer oder Föhre.

NICHTBLÄTTERPILZE

APHYLLOPHORALES S. L.

Die Bezeichnung „Nichtblätterpilze“ ist, rein botanisch gesehen, nicht mehr als ein Notbehelf, um eine große Anzahl äußerst unterschiedlicher Pilze in eine auch für den Laien halbwegs durchschaubare Gliederung zu zwängen. Allen in diesem Abschnitt vorgestellten Arten ist gemeinsam, dass sie a) *Basidiomyceten* sind, ihre Sporen also an sporentragenden Zellen (Basidien) bilden, und dass b) die sporenbildenden Organe nicht auf der Oberfläche von Lamellen entstehen. Natürlich hat auch diese Regel ihre Ausnahmen, denn unter den Porlingen gibt es einige „Blättlinge“ (s. S. 206), die durchaus lamellenartige Strukturen besitzen, und die Leisten des Pfifferlings und seiner Verwandten sehen echten Lamellen zumindest sehr ähnlich.

Gleichsam „klassische“ *Aphyllophorales* sind Porlinge und Rindenpilze, Korallen, Keulen und Erdwarzenpilze. Die Bauchpilze – Stäublinge, Boviste, Erdsterne, Teuerlinge und Rutenpilze – sowie die Gallertpilze hätten aus systematischer Sicht eigene Abschnitte verdient, wurden aber aus organisatorischen Gründen in diesem Buch ebenfalls bei den *Aphyllophorales* subsumiert – kritische Systematiker seien um Nachsicht gebeten!

Während der Natur- und Pilzfreund ohne kulinarische Motivation bei den Nichtblätterpilzen ein reiches Betätigungsfeld findet, kommt der reine Speisepilzsammler bei den *Aphyllophorales* etwas zu kurz. Ein panierter Riesenbovist kann allerdings eine Delikatesse sein, und es gibt Pilz-Gourmets, die auf gebratene Schwefelporlinge und Carpaccio aus Leberreischlingen stehen. Freunde der chinesischen Küche lieben das Judasohr, einen Gallertpilz. Bei den Korallenpilzen trüben die Existenz von „Bauchwehkorallen“ und vernunftbestimmte Appelle zu naturschutzbedingter Abstinenz das Vergnügen.

Semmelstoppelpilz
(Hydnum repandum)

Ochsenzunge
(Fistulina hepatica)

Abbildung S. 176–177:
Knotiger Schillerporling
(Inonotus nodulosus)

Pfifferlinge und Trompeten *(Cantharellaceae)*, Schweinsohr *(Gomphus)*, „Stachelpilze“ im weiteren Sinn

Die Familie der Leistlinge, zu der die Pfifferlinge *(Cantharellus)*, Trompeten *(Craterellus)* und die nah verwandte Gattung *Pseudocraterellus* gehören, ist in Mitteleuropa mit nur ca. 15–20 Arten vergleichsweise spärlich vertreten. Das Hymenium besteht aus stumpfen, oftmals verzweigten, lamellenähnlichen Leisten, die gleichsam aus dem Hutfleisch herausgestanzt und bei den Trompeten auf kaum hervortretende Runzeln reduziert sind. Lange galten auch die Schweinsohren *(Gomphus)* als Leistlinge; inzwischen stellt man sie jedoch in eine eigene Familie. Alle Leistlinge und Trompeten sowie das Schweinsohr sind in besonderem Maße vom umweltbedingten Artenrückgang betroffen.

Unter dem Begriff „Stachelpilze“ werden jene Arten zusammengefasst, deren Hymenophor sich aus Stacheln oder Stoppeln zusammensetzt. Systematisch gesehen gehören sie z. T. sehr unterschiedlichen verwandtschaftlichen Gruppen an. Aus praktischen Gründen werden die hutbildenden „Stachelpilze“ im weitesten Sinne in diesem Kapitel gemeinsam präsentiert.

Sehr eindrucksvolle Pilzgestalten, die es an Größe und Gewicht mit den Glucken (s. S. 191) aufnehmen können, sind die Stachelbärte *(Hericium, Creolophus)*, von denen nur vier mitteleuropäische Arten bekannt sind, denen indessen als Bioindikatoren für schützenswerte Altholzbestände eine nicht zu unterschätzende Bedeutung zukommt.

Die Stoppelpilze *(Hydnum)* werden oft mit den Pfifferlingen verwechselt, haben jedoch auf der Hutunterseite keine Leisten, sondern kleine, brüchige Stacheln oder Stoppeln. Nur vier Arten sind aus Mitteleuropa bekannt, darunter kein Giftpilz. In Gebieten, in denen es nach der Reaktorkatastrophe von Tschernobyl zu Niederschlägen kam, kann die radioaktive Belastung der Stoppelpilze nach wie vor überdurchschnittlich hoch sein.

Ebenfalls ein stacheliges Hymenophor haben die etwa zehn europäischen Fleischstachelinge *(Sarcodon)*, von denen lediglich der Habichtspilz *(S. imbricatus)* so verbreitet ist, dass er für den Speisepilzsammler eine Rolle spielt. Raritäten geworden sind auch die Kork- und Duftstachelinge *(Hydnellum, Phellodon)*, die systematisch den Erdwarzenpilzen (s. S. 218) angehören.

Eine Sonderstellung nimmt der häufige Ohrlöffelstacheling *(Auriscalpium vulgare)* ein.

Echter Pfifferling, Eierschwamm, Reherl

Cantharellus cibarius (L.) Fr.

In der Rangliste der beliebtesten Speisepilze nimmt der Pfifferling einen Spitzenplatz ein. Viele Sammler verbinden mit ihm jedoch nur noch nostalgische Erinnerungen, denn die Erträge sind seit ca. vierzig Jahren drastisch zurückgegangen. In der „Pilzflora Baden-Württembergs" heißt es dazu: „Über den Rückgang des Pfifferlings in weiten Teilen West- und Mitteleuropas liegt ausreichend Literatur aus mehreren Staaten vor. Es stellte sich heraus, dass der Pilz in allen Gebieten, in denen ein durch Luftbelastung bewirkter starker Rückgang des Flechtenwuchses festzustellen ist, ebenfalls weithin als selten, regional sogar als bereits ausgerottet anzusehen ist. Wie Freiland- und Laborversuche ergaben, reagiert das Myzel des Pfifferlings bereits auf geringste Mengen schwefeliger Säure hochempfindlich."

Großes Foto: Den Pfifferling erkennt man an den herablaufenden, stumpfen Leisten, der eidottergelben Farbe und seinem feinen Mirabellengeruch.

Kleines Foto: In Buchenwäldern findet man oft blassere, fleischigere Pfifferlinge als im Fichtenwald. Ihre genaue Bestimmung ist nicht einfach, doch gute Speisepilze sind sie allesamt.

Hut: 3–12 cm breit, rundlich gewölbt, später trompetenförmig eingesenkt, Rand unregelmäßig oder wellig, gelappt
Huthaut: ei- bis goldgelb, glatt, Unterseite rotgolden
Leisten: hell- bis dottergelb, matt, lamellenförmig, stumpf, gegabelt, anastomosierend, herablaufend
Stiel: 3–10 cm, gelb, kurz, zur Basis zugespitzt, heller
Fleisch, Geruch: weiß- bis blassgelb, faserig, am Rand brüchig, manche Formen bei Verletzung rotorange, Geruch nach Aprikosen
Sporenpulver: blassgelb
Häufigkeit: weit verbreitet, vielerorts stark rückläufig, RL 3
Vorkommen: Frühsommer bis Spätherbst, Laub- und Nadelwälder, saure bis neutrale Böden
Verwechslung: Amethystpfifferling *(C. amethysteus)*: violettschuppiger Hut. – Falscher Pfifferling (s. S. 96): gegabelte Lamellen, auf Holz, ungenießbar

Trompetenpfifferling

Cantharellus tubaeformis (Bull.: Fr.) Fr.

Weit weniger auffällig als der Echte Pfifferling (*C. cibarius*, s. o.) ist der Trompetenpfifferling – doch hat man die ersten Exemplare im moosreichen Fichten- oder Kiefernwald entdeckt, bestehen gute Aussichten auf eine reichhaltige Ernte. Der Pilz tritt nämlich stets gesellig und nicht selten in so großen Scharen auf, dass sich das Einsammeln lohnt. Verwechslungen wären möglich mit dem Goldstieligen Leistling (s. S. 181) und dem Grauen Pfifferling (s. S. 181), die jedoch ebenfalls ungiftig sind.

Hut: 2–6 cm breit, anfangs flach, bald tief genabelt bis trichterig durchbohrt, Rand kraus bis wellig
Huthaut: gelb- bis graubraun, feinfaserig, filzig
Leisten: gelblich bis gelbgrau, herablaufend, gegabelt, aderig verbunden
Stiel: 4–8 cm, gelb- bis braungelb, hohl, oft längsgefurcht
Fleisch, Geruch: gelblich, Geruch angenehm
Geschmack: mild
Sporenpulver: blassgelb
Häufigkeit: verbreitet
Vorkommen: Herbst; Laub- und Nadelwälder, v. a. unter Fichten und Tannen
Verwechslung: Goldstieliger Leistling (s. S. 181): Stiel goldgelb, Leisten schwach ausgeprägt, Bergnadelwälder, essbar. – Grauer Pfifferling (s. S. 181): Stiel grau bis graubraun, Leisten grauweißlich, v. a. in Buchenwäldern, zerstreut, essbar

Trompetenpfifferlinge im Kiefernwald: Ein wichtiges Merkmal sind die blassen, gut ausgeprägten, aderig verbundenen Leisten auf der Hutunterseite.

Goldstieliger Leistling

Cantharellus aurora (Batsch) Kuyper

Goldstielige Leistlinge sind seltener als die ähnlichen und nah verwandten Trompetenpfifferlinge, mit denen sie in Nadelwäldern auf Kalkboden bisweilen den Standort teilen. Die Außenseite mit der Fruchtschicht ist anfangs glatt; die runzelartigen Leisten entwickeln sich erst spät. Der Stiel ist eher gold- als olivgelb.

Hut: 3–8 cm breit, trompetenförmig bis trichterig durchbohrt, Rand kraus, faserig-gelappt
Huthaut: orange- bis gelbbraun, später grau- bis schwarzbraun, feinfilzig
Leisten: lachsorange bis rotgelb, alt weißlich bereift, entferntstehend, herablaufend, runzelig geadert, zum Teil nur schwach ausgebildet
Stiel: 3–10 x 0,5–1 cm, gelborange, hohl, glatt
Fleisch, Geruch: gelblich, Geruch fruchtig
Geschmack: mild
Sporenpulver: blassgelb

Goldstielige Leistlinge im Bergnadelwald. Die Aufnahme entstand in den Salzburger Alpen.

Häufigkeit: verbreitet, v. a. über Kalk
Vorkommen: Sommer bis Herbst; Nadelwälder, Bergwald, Moorränder
Verwechslung: Trompetenpfifferling (s. S. 180): gelblich- bis orangegraue, gut ausgeprägte, lamellenartige Leisten, geruchlos. – Amethystpfifferling *(C. amethysteus)*: violettschuppiger Hut

Nur etwa 1,5 cm hoch ist das größte hier dargestellte Exemplar der Krausen Kraterelle, für die der oft unregelmäßig gekräuselte Hutrand und das hellgraue Hymenium typisch sind.

Links: Der Graue Pfifferling ist von oben im Falllaub nur schwer zu erkennen. Die hellgrauen Leisten auf der Unterseite und die schwarzgrauen Stiele erleichtern die Bestimmung.

Grauer Pfifferling

Cantharellus cinereus (Pers.: Fr.) Pers.

Auf den ersten Blick können die düsteren Hüte des Grauen Pfifferlings der Totentrompete (s. S. 182) sehr ähneln. Bei genauerem Hinsehen ist die Unterscheidung aber nicht schwer: Hut und Stiel der Totentrompete gehen nahtlos ineinander über und bilden einen echten Trichter.

Beim Grauen Pfifferling kann die Hutmitte zwar trichterförmig vertieft sein, bleibt aber geschlossen. Außerdem hat der Graue Pfifferling im Gegensatz zur Totentrompete echte Leisten und einen deutlich abgesetzten Stiel.

Beide Arten können gemeinsam in Buchen- und Laubmischwäldern vorkommen – und oft gibt es dort auch noch die Krause Kraterelle *(Pseudocraterellus sinuosus)*, die meist deutlich kleiner bleibt und ebenfalls nur eine reduzierte Leistenbildung aufweist.

Fruchtkörper: 2–6 cm breit, trichterförmig, Rand unregelmäßig wellig verbogen
Haut: dunkelgrau bis schwarz, feinschuppig bis kahl
Leisten: grau, weiß bereift, lamellenähnlich, gegabelt herablaufend
Stiel: 3–8 x 0,5–1 cm, schwarz bis graubraun, hohl
Fleisch, Geruch: graubraun bis schwärzlich, dünn, Geruch fruchtig
Sporenpulver: cremegelblich
Häufigkeit: zerstreut, RL 3
Vorkommen: Sommer bis Herbst; Laubwald, nährstoffreiche Böden v. a. unter Buchen, Eichen
Verwechslung: Totentrompete (s. S. 182): größer, keine oder nur schwach runzelige Leisten, Hymenium glatt bis längsaderig

Totentrompete, Herbsttrompete

Craterellus cornucopioides (L.: Fr.) Pers.

Mit getrockneten und gemahlenen Totentrompeten gewürzte Saucen gehören zu den kulinarischen Höhepunkten der Pilzküche. Auch frische Trompeten sind nicht zu verachten (s. Rezept S. 17). Die Sache hat nur einen Haken: Bevor das edle Gewächs verarbeitet wird, muss es gefunden werden – und das ist gar nicht so einfach, denn die Totentrompete gehört zu den am besten getarnten Pilzen unserer Wälder: Je nach Feuchtigkeitsgehalt hell- oder dunkelgrau bis fast schwarz und oft im tiefen Falllaub versteckt, führt sie ein ziemlich verborgenes Dasein. In Buchen-Hangwäldern in klimatisch geschützter Lage ist sie – trotz umweltbedingter Rückgangstendenzen – gelegentlich noch in größeren Mengen zu finden.

Die Herbst- oder Totentrompete hat im Gegensatz zu den Pfifferlingen keine echten Leisten, sondern nur eine unregelmäßig gerunzelte Außenseite.

Hut: 3–12 cm breit, trichter-, tüten- bis trompetenförmig, Rand unregelmäßig wellig verbogen, gekerbt
Oberseite: dunkel grau- bis schwarzbraun, feinschuppig bis feinsamtig
Leisten: weißlichgrau bis schwarzbraun, bereift, meist nur schwach längsaderig ausgeprägt
Stiel: 3–10 cm, schwarzbraun, kurz, hohl, Hut und Stiel ineinander übergehend
Fleisch, Geruch: graulich, sehr dünn, zäh, Geruch aromatisch
Geschmack: mild bis pfeffrig
Sporenpulver: weiß
Häufigkeit: ortshäufig
Vorkommen: Sommer bis Herbst; Laubwälder, v. a. unter Buchen, Eichen, auf Kalk
Verwechslung: : Grauer Pfifferling (s. S. 181): kleiner, mit lamellenähnlichen Leisten. – Krause Kraterelle (s. S. 181): kleiner, heller, an ähnlichen Standorten; essbar

Schweinsohr

Gomphus clavatus (Pers.: Fr.) S. F. Gray

Das unverwechselbare, im Jugendzustand schön blauviolette Schweinsohr ist im Alpenraum mancherorts noch verbreitet und wird dort nach wie vor als Speisepilz gesammelt. Außerhalb der europäischen Hoch- und Mittelgebirge ist die Art jedoch äußerst selten geworden und in vielen Gebieten, in denen sie früher gut vertreten oder zumindest sporadisch vorhanden war, ausgestorben. Schuld daran sind nicht die Sammler, sondern die immense Belastung der Waldböden durch Eutrophierung und sauren Regen.

Hut: 3–12 x 6–10 cm, kreisel- bis trichterförmig, rundlich, höckerige Mitte, „wie abgebissen“, Rand wellig-verbogen
Hymenium: jung violett, bald ockergelb bis rosalila, feinsamtig, matt
Leisten: gelblichlila, mehrfach gegabelt, netzig-runzelig
Stiel: blasslila, kurz, kompakt, zur Basis spitz zulaufend
Fleisch, Geruch: weißlich marmoriert, fest, fleischig, geruchlos
Geschmack: süßlich
Sporenpulver: ockergelb
Häufigkeit: sehr selten, im Gebirge stellenweise noch verbreitet, RL 2
Vorkommen: Sommer bis Herbst; Laub- und Bergnadelwälder, unter Buchen, kalkreiche Böden, in Hexenringen
Verwechslung: Abgestutzte Keule *(Clavariadelphus truncatus)*: gelblich, keulenförmig, Geschmack süß. – Amethystpfifferling *(Cantharellus amethysteus)*: gelb, mit violetten Schüppchen, deutlich vom Hut abgesetzter Stiel

Schweinsohren im Bergnadelwald. Die anfangs blauvioletten Fruchtkörper blassen im Alter ockerbräunlich aus.

An einem Stumpf in einem Altbuchenbestand wuchs dieser prächtige Dornige Stachelbart.

Die spitzwarzige Oberfläche des Dornigen Stachelbarts.

Dorniger Stachelbart

Creolophus cirrhatus (Pers.: Fr.) P. Karst.

Der Dornige Stachelbart ist ein ziemlich seltener Pilz, der in Mitteleuropa fast nur an altem Buchenholz wächst, und zwar sowohl an Totholz wie an Stammwunden noch stehender, geschädigter Bäume. Er bildet unregelmäßig klumpig-verwachsene, oft dachziegelig übereinander stehende, seltener auch regelmäßig halbkreisförmige Hüte mit spitzwarziger Oberfläche und langen, weißen, brüchigen Stacheln auf der Unterseite. Bei Berücksichtigung dieser Merkmale ist eine Verwechslung mit anderen Arten praktisch unmöglich.

Fruchtkörper: 5–15 cm breit, muschel- oder halbkreisförmig, oft dachziegelig bis klumpig zusammengewachsen
Huthaut: weißlich bis hellocker, spitzwarzig, höckerig, Randzone oft mit feinen sterilen Stacheln
Stacheln: weißlich bis cremeocker, 1–1,5 cm lang, brüchig, dichtstehend
Stiel: 3–8 x 1–3 cm, weißlich bis blassgelb, zentral oder seitenständig, unregelmäßig verwachsen
Fleisch, Geruch: weißlich, weich, dick, Geruch angenehm
Geschmack: mild
Sporenpulver: weiß
Häufigkeit: selten
Vorkommen: Spätsommer bis Herbst; auf Stümpfen und toten Stämmen, v. a. von Buche; sehr selten an Nadelholz
Verwechslung: kaum möglich; andere Stachelbärte (s. u.) sind viel stärker verästelt

Ästiger Stachelbart

Hericium coralloides (Scop.: Fr.) S. F. Gray

„Die Schönheit dieses seltenen Pilzes ist so überwältigend, dass man ihn nur schweigend bestaunt, wenn man das Glück hat, ihn zu finden. Man glaubt ein Gebilde aus Eiskristallen mit zahllosen herabhängenden Eisnadeln zu sehen." So beschreibt der bekannte deutsche Mykologe Hermann Jahn (1911–1987) den Ästigen Stachelbart. Da der Pilz nur auf sehr altem Totholz von Buchen und Eichen gedeihen kann, ist er heutzutage fast ausschließlich in Naturschutzgebieten zu finden. Er gilt auch als Indikator für die Schutzwürdigkeit noch auszuweisender Naturwaldreservate. Verwandt ist der Tannen-Stachelbart *(H. flagellum)*, der in Gebirgswäldern an alten Tannen gedeiht.

Fruchtkörper: 5–40 cm breit, korallenartige, mehrfach verzweigte, aus einem Strunk herauswachsende Äste mit hängenden, feinen Stacheln
Äste: weißlich bis hellocker, 0,5–1 cm dick, schmal, flach, kantig, aufwärtsgerichtet
Stacheln: weißlich bis cremeocker, 1–1,5 cm lang, engstehend, reihig
Strunk: 1–4 cm, weißlich, weich bis zäh
Fleisch, Geruch: weißlich, fleischig, brüchig; alt zäh, Geruch unauffällig
Geschmack: rettichartig
Sporenpulver: weiß
Häufigkeit: sehr selten, fast nur noch in Naturschutzgebieten
Vorkommen: Sommer bis Herbst; auf sehr altem Totholz v. a. von Buche, Eiche
Verwechslung: Tannen-Stachelbart *(H. flagellum)*: in Gebirgswäldern an alten Tannen, selten, zu schonen

Aus tausenden von Stacheln und hunderten von kleineren und größeren Verzweigungen setzt sich ein Fruchtkörper des Ästigen Stachelbarts zusammen.

Semmelstoppelpilze sind beliebte Speisepilze, die vor allem im Buchenwald wachsen. Sie kommen aber auch in Nadelwäldern vor, insbesondere unter Fichten.

SEMMELSTOPPEL-PILZ

Hydnum repandum L.: Fr.

Blasse Pfifferlinge (s. S. 180) und Semmelstoppelpilze können nebeneinander im gleichen Buchenwald vorkommen und von oben völlig gleich aussehen. Der Blick auf die Hutunterseite zeigt dann, ob man es mit einem Leistenpilz (Pfifferling) oder einem Stoppelpilz zu tun hat. Bei älteren Semmelstoppelpilzen ist das Verwechslungsrisiko geringer, weil sie meist erheblich größere Dimensionen erreichen als ausgereifte Pfifferlinge.

Semmelstoppelpilze treten oft in Scharen auf, sind aber leider oft von Insektenlarven befallen. Der Weiße Stoppelpilz *(H. albidum)* ist viel seltener und hat kleinere Sporen.

Hut: 5–20 cm breit, gewölbt bis wellig verbogen, gelappt, oft miteinander verwachsen, Rand eingebogen
Oberfläche: weißlich bis semmelgelb, feinsamtig-matt, oft fein gerunzelt
Stacheln: cremeocker bis gelbbraun, 0,4–0,6 cm lang, herablaufend, brüchig, engstehend
Stiel: 3–8 x 1–3 cm, weißlich bis blassgelb, zentral oder seitenständig, unregelmäßig verwachsen
Fleisch, Geruch: weißlich, fest, dick, Geruch unauffällig, manchmal süßlich
Geschmack: jung mild, alt bitter
Sporenpulver: braun
Häufigkeit: häufig
Vorkommen: Spätsommer bis Herbst; Laub- und Nadelwälder, v. a. bei Buche, gesellig
Verwechslung: Rötlicher Stoppelpilz (s. u.): kleiner, rostorange. – Pfifferling (s. S. 180): Hutunterseite mit Leisten statt Stacheln

RÖTLICHER STOPPELPILZ

Hydnum rufescens Schaeff.: Fr.

Der Rötliche Stoppelpilz ist kleiner und dünnstieliger als der Semmelstoppelpilz.

Der „kleine Bruder" des Semmelstoppelpilzes (s. o.) ist intensiver rotgelb bis rostocker gefärbt, wird ausgereift nur ungefähr halb so groß und hat meist dünnfleischigere, brüchigere Hüte. Erst vor kurzer Zeit fanden bayerische Forscher heraus, dass der Rötliche Stoppelpilz einen Doppelgänger hat, der sich vor allem durch seine größeren, ellipsoiden Sporen unterscheidet. Sie nannten ihn daher *H. ellipsosporum* – den „Elliptischsporigen Stoppelpilz". Dieser Pilz ist offenbar in den Bundesländern Thüringen, Hessen und Bayern weit verbreitet. Obwohl sich über seine Inhaltsstoffe bisher keine konkreten Aussagen machen lassen, kann man davon ausgehen, dass er schon oft als „Stoppelpilz" gesammelt und ohne nachteilige Folgen gegessen wurde.

Hut: 3–7 cm breit, gewölbt bis wellig verbogen, gelappt, oft miteinander verwachsen, Rand eingebogen
Huthaut: rotgelb bis rostocker, feinsamtig-matt, oft fein gerunzelt
Stacheln: weißlich bis blass rötlichgelb, meist nicht herablaufend, brüchig, engstehend
Stiel: 2–7 x 1 cm, rotgelb, zentral
Fleisch, Geruch: weißlich, brüchig, Geruch unauffällig
Geschmack: jung mild, alt bitter
Sporenpulver: braun
Häufigkeit: häufig
Vorkommen: Spätsommer bis Herbst; Laub- und Nadelwälder, v. a. bei Buche, gesellig
Verwechslung: Semmelstoppelpilz (s. o.): größer, weißlich bis semmelgelb. – Pfifferling (s. S. 180): Hutunterseite mit Leisten statt Stacheln

Habichtspilz, Habichtsstacheling

Sarcodon imbricatus (L.: Fr.) P. Karst.

Die großen, braunschuppigen Hüte des Habichtspilzes sind auch im düsteren Bergnadelwald nicht zu übersehen. Der Stiel ist meist nur recht kurz. Über die Verwendbarkeit als Speisepilz gibt es widersprüchliche Aussagen: Frisch gesammelte Pilze schmecken, vor allem wenn sie schon etwas überaltert sind, ziemlich bitter. Getrocknet und zu Pilzpulver zermahlen, wird die Art dagegen als Gewürzpilz empfohlen. In Skandinavien gewinnt man aus Habichtspilzen einen blauen bis blaugrauen Farbstoff. Verwechslungen wären allenfalls möglich mit dem sehr seltenen Gallenstacheling *(S. scabrosus)*, dessen Fleisch von Anfang an stark bitter schmeckt.

Hut: 5–20 cm breit, flach gewölbt, trichterförmig vertieft
Huthaut: weißlich mit mittelbraunen bis schwarzbraunen, spitzen, aufgerichteten Schuppen
Stacheln: blass- bis graubraun, 0,1–1 cm lang, brüchig
Stiel: 5–10 x 1–3 cm, blassbraun, alt hohl, Basis weiß
Fleisch, Geruch: weißlich, brüchig, Geruch alt nach Maggi
Geschmack: mild bis bitterlich
Sporenpulver: braun
Häufigkeit: ortshäufig
Vorkommen: Spätsommer bis Herbst; Fichten- und Kiefernwälder, saure Böden; oft in Reihen oder Hexenringen
Verwechslung: Gallenstacheling *(S. scabrosus)*: Stielbasis blaugrün, gallebitter, selten

Die kontrastreiche Hutoberfläche des Habichtspilzes erinnert an das Gefieder des gleichnamigen Greifvogels – daher der Name.

Rostbraune Korkstachelinge mit „ausgeschwitzten“ roten Tropfen.

Rostbrauner Korkstacheling

Hydnellum ferrugineum (Fr.: Fr.) P. Karst.

Der Rostbraune Korkstacheling vertritt eine Gruppe von Stachelingen mit korkig-zähen, ziemlich dauerhaften Fruchtkörpern, die vor allem in naturnahen Nadel- und Gebirgswäldern zu finden sind. An geeigneten Standorten können drei oder vier Arten nebeneinander wachsen. Der Rostbraune Korkstacheling scheidet frisch blutrote Tröpfchen aus, ebenso wie sein Doppelgänger, der Scharfe Korkstacheling. Dieser unterscheidet sich jedoch durch seinen brennend scharfen Geschmack. Obwohl weder die Kork- noch die nahestehenden Duftstachelinge als Speisepilze infrage kommen, sind die meisten Arten akut vom Aussterben bedroht.

Fruchtkörper: 5–10 cm breit, flach ausgebreitet, kreisel- bis trichterförmig
Huthaut: jung weißlich bis rosa, mit blutroten Guttationströpfchen; alt rot- purpurbraun, filzig-höckerig, Rand weißlich, wellig
Stacheln: weiß bis rosa, später purpurbraun mit weißen Spitzen, 0,4–0,6 cm lang, herablaufend
Stiel: 1–5 x 1–3 cm, rot- bis purpurbraun, dick, angeschwollen
Fleisch, Geruch: rost- bis purpurbraun, im Stiel gefleckt, korkig-zäh, Geruch mehlig
Geschmack: mild
Sporenpulver: bräunlich
Häufigkeit: selten, RL 2
Vorkommen: Sommer bis Herbst; Gebirgsnadelwälder
Verwechslung: Scharfer Korkstacheling *(H. peckii)*: schlanker, dünner, Fleisch heller braun, Geschmack brennend scharf, ungenießbar, RL 2

Ohrlöffel-Stacheling

Auriscalpium vulgare S. F. Gray

Dieser unverwechselbare, in Kiefernwäldern stellenweise recht häufige Pilz weicht in so vielen Merkmalen von anderen Stachelingen ab, dass er in eine eigene Familie, die *Auriscalpiaceae*, gestellt wurde. Er wächst an im Boden vergrabenen Kiefernzapfen. Sein Hut sitzt dem Stiel seitlich (lateral) an; nur sehr selten findet man auch Formen mit zentralem Stiel. Junge Ohrlöffelstachelinge sind hellbraun und haben weißliche Stacheln, alte Exemplare dunkeln nach, verfaulen aber nur sehr langsam, sodass der Fruchtkörper monatelang erhalten bleibt und nicht selten sogar überwintert.

Hut: 1–2 cm breit, rundlich bis nierenförmig
Huthaut: hell- bis rötlichbraun, haarig bis filzig, Rand blasser
Stacheln: weißlich bis graubraun, 0,2–0,3 mm, zugespitzt, angewachsen, entferntstehend
Stiel: 5–10 x 0,2 cm, dunkel- bis schwarzbraun, samtig-filzig, seitlich ansitzend
Fleisch, Geruch: braun, lederig-zäh, Geruch unauffällig
Geschmack: schärflich
Sporenpulver: weiß
Häufigkeit: häufig
Vorkommen: ganzjährig; auf vergrabenen Kiefernzapfen
Verwechslung: kaum möglich; auf Zapfen wächst auch der Mäuseschwanz *(Baeospora myosura)*, ein kleiner Lamellenpilz

Mit einem „Ohrlöffel“ pflegten Ärzte früher Ohrenschmalzansammlungen aus dem Gehörgang ihrer Patienten zu entfernen. Der Name „Ohrlöffelstacheling“ ist von diesem Instrument abgeleitet.

Korallen *(Ramaria)*, Keulenartige *(Clavariaceae)* und verwandte Gattungen, Glucken *(Sparassis)*

Wesentlich artenreicher als die Pfifferlinge und Leistenpilze präsentieren sich in Mitteleuropa – und weit darüber hinaus – die Familien der Keulenartigen *(Clavariaceae)* und der Korallen *(Ramariaceae)*.

Der Volksmund kennt die Korallenpilze unter Namen wie „Ziegenbärte", „Hahnenkämme" und „Bärentatzen". Die alte Faustregel, dass goldgelbe Arten essbar seien, während man von fleischbraunen, lachs- und ockerfarbenen besser die Finger lasse, hat unangenehme Überraschungen mit „Bauchwehkorallen" meist verhindert – eine exakte Bestimmung der einzelnen, einander oft sehr ähnlich sehenden und bisweilen sogar an den gleichen Standorten vorkommenden Arten gewährleistet sie nicht. Während die Keulenartigen relativ gut erforscht sind, sind bei den Korallen genaue Angaben über die Artenzahl gegenwärtig kaum möglich. Dank neuerer, präziserer Forschungsmethoden, zu denen u. a. die mikroskopische Untersuchung des Myzels gehört, werden in Europa nach wie vor neue Arten entdeckt und beschrieben.

Die Glucken *(Sparassis)* sind in Mitteleuropa nur mit zwei Arten vertreten, der Krausen Glucke *(S. crispa)* und der Breitblättrigen Glucke *(S. spathulata)*. Beide bilden eindrucksvolle, oft mehrere Pfund schwere, lappig verzweigte Fruchtkörper an Stümpfen und Stämmen.

Eine reich verzweigte Schwefelgelbe Koralle im Buchenwald. Strunk und Fleisch sind weiß und verfärben sich an Druckstellen nicht.

Schwefelgelbe Koralle

Ramaria flava (Schaeff.: Fr.) Quél. ss. Schild

Die bis zu 25 cm hohen Fruchtkörper der Schwefelgelben Koralle unterscheiden sich von den verschiedenen gold- oder orangefarbenen Korallen durch kühlere, schwefel- bis neapelgelbe oder sogar grünlichgelbe Farbtöne. Bei frischen Exemplaren kann auf Druck eine vorübergehende Bräunung eintreten. Die Schwefelgelbe Koralle riecht säuerlich oder rettichartig. Sie wächst in Buchenwäldern, manchmal in Standortgemeinschaft mit anderen gelben Korallen; im Bergnadelwald kommt die seltene Varietät *pinicola* vor.

Fruchtkörper: 10–28 x 10–25 cm, dicht verzweigt
Äste: unten weißlich, nach oben blass- bis leuchtendgelb, auf Druck vorübergehend bräunend
Strunk: weiß, kompakt, Basis mit weißem Myzelfilz und weißen Rhizomorphen
Fleisch, Geruch: weiß, fest, Geruch säuerlich bis rettichartig
Geschmack: mild, Astenden bitter
Sporenpulver: gelblich
Häufigkeit: selten
Vorkommen: Herbst; Laubwälder unter Buchen, auf Erde
Verwechslung: andere große gelbe *Ramaria*-Arten: nur mikroskopisch bestimmbar

Orangefarbene Gebirgskoralle

Ramaria largentii Marr & Stuntz

Die Orangefarbene Gebirgskoralle gehört in Bergnadelwäldern unter Fichten sicher zu den häufigeren *Ramaria*-Arten. Junge Exemplare sind blumenkohlartig-kompakt. Später strecken sich die mehrfach verzweigten Äste bis zu einer Gesamthöhe von ± 20 cm. Alte Fruchtkörper blassen stark aus, was die Abgrenzung zu anderen Korallen erschwert, und riechen beim Eintrocknen nach Gummi oder Zahnarztpraxis. Die ähnliche Goldgelbe Koralle *(R. aurea)* wächst in Laubwäldern und kann im Zweifelsfall an den kleineren Sporen unterschieden werden.

Orangefarbene Gebirgskoralle im Bergnadelwald: Aus einem breiten Strunk entwickeln sich zahlreiche Äste, deren obere Enden mehrfach gegabelt sind.

Korallen wachsen oft gesellig und bilden manchmal sogar Hexenringe. Auch bei dieser Gruppe Orangefarbener Gebirgskorallen ist kreisförmiges Wachstum angedeutet.

Fruchtkörper: 10–18 x 15–21 cm, ausladend mehrfach verzweigt
Äste: goldgelb, orange bis orangegelb, schmutziggelb ausblassend, glatt bis runzelig, rund
Strunk: 1–2 x 2 cm, unten weiß, oben gelb, kräftig, glatt bis knorrig verwachsen, Rhizomorphen zart, weiß
Fleisch, Geruch: weiß, fest, Geruch gummiartig oder nach Zahnarztpraxis
Geschmack: süßlich-mild, Astenden bitter
Sporenpulver: ockerbräunlich
Häufigkeit: zerstreut, ortshäufig
Vorkommen: Herbst; Bergnadelwälder auf Kalk, unter Fichten
Verwechslung: Goldgelbe Koralle *(R. aurea)*: goldgelb, in Laubwäldern, essbar

Rotfleckende Koralle

Ramaria sanguinea (Pers.) Quél.

Die Rotfleckende Koralle ähnelt der Schwefelgelben (s. S. 186), erreicht aber nicht deren Größe und verfärbt an verletzten Stellen und auf Druck blut- bis weinrot.

Dort, wo Korallen inzwischen selten sind, sollte auf ihren Genuss verzichtet werden. Wer jedoch das Glück hat, in seinen Sammelgebieten noch viele Korallenpilze zu finden, muss wissen, dass zumindest die Schöne oder Dreifarbige Koralle und die Blasse Koralle erhebliche Störungen im Magen-Darm-Trakt hervorrufen können. Die Schöne Koralle hat frisch einen weißen Strunk, lachsrosa bis lachsorangefarbene Äste und gelbe Astspitzen. Die Blasse Koralle – auch „Bauchwehkoralle" genannt – ist blassockerfarben mit oft rötlich oder violettbraun getönten Astspitzen.

Fruchtkörper: 10–15 x 5–10 cm, dicht, blumenkohlähnlich verzweigt
Äste: unten weißlich, nach oben zitronengelb, auf Druck blutrot fleckend, rundlich, Spitzen stumpf
Strunk: 3–5 cm, weiß bis blassgelb, dick, bei Verletzung blut- bis weinrot fleckend
Fleisch, Geruch: weiß, weich, faserig, geruchlos
Geschmack: mild
Sporenpulver: gelb
Häufigkeit: selten
Vorkommen: Herbst; Laub- und Nadelwälder, bei Buche, auf Kalk
Verwechslung: Schöne Koralle *(R. formosa)*: Stiel weiß, Äste: lachsrosa bis -orange, Spitzen gelb, auf Druck nicht verfärbend, Geschmack schwach säuerlich; giftig. – Blasse Koralle *(R. pallida)*: blassocker, Astspitzen rötlich oder violettbraun, Geruch erdartig; giftig

Für die Rotfleckende Koralle ist die rötliche Fleischverfärbung am Strunk charakteristisch. Das Bild entstand in den Dolomiten.

Steife Koralle

Ramaria stricta (Pers.: Fr.) Quél.

Einer der wenige Korallenpilze, die an Holz wachsen, ist die häufige Steife Koralle. Man findet sie primär an Laubholzstümpfen (Nadelholzfunde sind sehr selten) sowie in der umgebenden Streu, in der Ästchen, Laub und Wurzeln von dichtem weißem Myzelfilz umschlossen werden. Auffallend sind die nur an der Basis gekrümmten, parallel nach oben strebenden, ockerfarbenen Äste mit heller gelben bis grünlichgelben Spitzen.

Eine Steife Koralle an einem Laubholzast. Am ehesten findet man die Art an Totholz von Buche, Hainbuche und Eiche.

Fruchtkörper: 2–7 x 5–10 cm, stark verzweigt
Äste: gelbocker bis zimtbraun, zylindrisch bis flachgedrückt, steif, senkrecht, Enden gegabelt, Spitzen blass creme- bis grünlichgelb, stumpf
Strunk: 1–4 x 1 cm, ocker bis zimtfarben, dünn, glatt, zäh, auf Druck weinrotbraun bis grauviolett verfärbend, Basis mit weißlichem Myzelfilz
Fleisch, Geruch: weißlich, auf Druck rotbraun verfärbend, zäh, Geruch säuerlich
Geschmack: Astenden bitter
Sporenpulver: ockerbräunlich
Häufigkeit: zerstreut
Vorkommen: Herbst, auf morschem Laubholz, selten Nadelholz
Verwechslung: Grünspitzige Koralle *(R. apiculata)*: Astspitzen grün, auf Holz und Nadelstreu. – Ockergelbe Kiefernkoralle *(R. corrugata)*: in Nadelwäldern, aber nicht auf Holz; Sporen stachelig

Rotbraune Koralle

Ramaria rubella (Schaeff.: Krombh.) Petersen

Meist ist die Rotbraune Koralle schon an ihrem Standort zu erkennen: Sie wächst nur an Nadelholzstümpfen sowie gelegentlich an umgestürzten Nadelholzstämmen. Die engstehenden, rot- bis violettbraunen Äste sind schlank und an den weißlichen Spitzen ein- bis zweifach gegabelt. Der Pilz gilt allgemein als sehr selten, ist aber vermutlich in manchen Gebieten bisher übersehen worden. In den Nadelwäldern des Voralpenlands ist die Rotbraune Koralle stellenweise verbreitet.

Fruchtkörper: 4–10 x 4–15 cm, handflächenförmig, gefingert
Äste: fleischrot bis violettbraun, auf Druck dunkler, im Alter hell rosabraun bis cremerosa ausblassend, Spitzen weißlich, sehr ungleichmäßig geformt, gefurcht bis kantig, anastomosierend verwachsen
Strunk: 0,5–1 x 0,3 cm, fleischrotbraun, gummiartig-zäh, Basis mit weißem Myzelfilz
Fleisch, Geruch: cremeweiß, elastisch-zäh, Geruch säuerlich herb
Geschmack: mild, Astenden herb
Sporenpulver: cremeocker
Häufigkeit: selten
Vorkommen: Sommer bis Herbst; Laub- und Nadelwälder, morsche Nadelholzstümpfe
Verwechslung: Grünspitzige Koralle *(R. apiculata)*: ockerbraun, Astenden grünlich, auf Nadelholz und -streu

Eine Rotbraune Koralle wächst seitlich aus einem Kiefernstumpf hervor.

Flechtenkeule

Multiclavula mucida (Pers.: Fr.) Petersen

Flechten sind Symbiosen aus Algen und Pilzen. Sie haben sich im Laufe der Evolution so sehr aneinander angepasst, dass der eine Partner ohne den anderen nicht existieren kann. Da die Flechtenkeule eine enge Lebensgemeinschaft mit Grünalgen aus der Gattung *Coccomyxa* bildet, ist auch sie ein „lichenisierter" Pilz (nach der wissenschaftlichen Bezeichnung *Lichenes* für „Flechten"). Sie ist nicht häufig, wächst aber an ihren Standorten auf totem Laubholz in feuchten Au- und Schluchtwäldern oft in großen Scharen.

Auf einem feucht liegenden Pappelstamm in einem Auwald haben sich Grünalgen und die Flechtenkeule angesiedelt.

Fruchtkörper: 0,5–1 x 0,1 cm, keulenförmig bis spindelig, manchmal gegabelt, spitz
Fleisch: weißlich, zäh
Sporenpulver: weiß
Häufigkeit: weit verbreitet, aber selten, RL R
Vorkommen: Sommer bis Herbst; feuchte Au- und Schluchtwälder, auf morschem Laubholz in Symbiose mit Grünalgen
Verwechslung: Erd-Flechtenkeule *(M. vernalis)*: blassgelb bis rötlich, Kopfteil weiß, auf dem Erdboden; sehr selten

Röhrige Keule

Macrotyphula fistulosa (Holmskj.: Fr.) Petersen

Wie kleine Fahnenstangen stehen die Röhrigen Keulen im Herbstlaub - und schwanken zum Leidwesen derer, die sie fotografieren wollen, beim geringsten Luftzug hin und her. Obwohl sie über 20 cm hoch werden können, sind die langen, schlanken Pilze leicht zu übersehen, weil man sie für kleine Zweige oder verholzte Stängel hält. Von der Röhrigen Keule gibt es eine kleine, blasenförmige Varietät *contorta*, die nicht nur auf abgefallenen Ästen, sondern in einigen Metern Höhe an abgestorbenen, aber noch ansitzenden Ästen von Auwaldbäumen wächst.

Fruchtkörper: 10–20 x 0,5 cm, faden- bis keulenförmig, stumpf, hohl, gelbbraun bis schmutzigbräunlich
Stiel: 1–10 cm, gelbbraun, zur Basis verschmälert
Fleisch: gelbbraun, zäh
Sporenpulver: weiß
Häufigkeit: weit verbreitet
Vorkommen: Herbst; Laubwälder, auf vergrabenen Äste
Verwechslung: *M. fistulosa* var. *contorta*: 3–5 cm hoch, büschelig, auf Erle und Hasel, manchmal an noch ansitzenden Äste. – Binsen-Röhrenkeule *(M. juncea)*: 5–10 cm lang, fädig, auf Laub

Dieses „Suchbild“ zeigt die Röhrige Keule an ihrem natürlichen Standort in einem Laubwald.

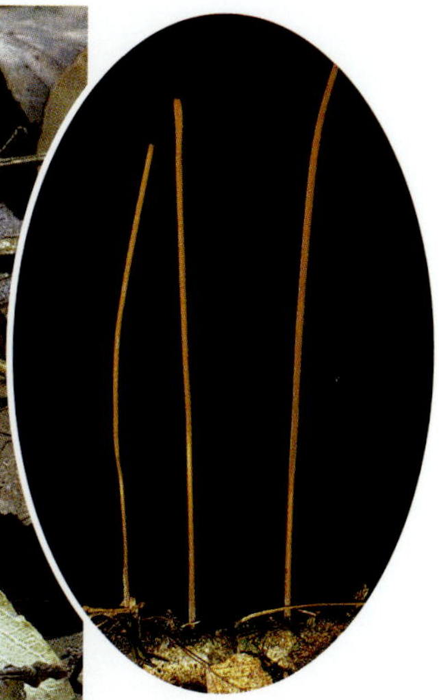

Vor dem dunklen Hintergrund heben sich die Röhrigen Keulen besser ab. Die Fruchtkörper wachsen auf abgefallenen Zweigen.

In einem dunklen Laubmischwald wuchs diese Kammkoralle. Ähnliche Lebewesen sind aus Korallenriffen bekannt – daher der Name!

Kammkoralle

Clavulina coralloides (L.: Fr.) Schröt.

Die Kammkoralle ist ein vielfach verästeltes, rein weißes, filigranes Gebilde von großer Zerbrechlichkeit. Man findet den sehr variablen und häufigen Pilz in Wäldern aller Art, oft an moosigen oder grasigen Stellen entlang der Wege, aber auch an vegetationsarmen Stellen im Inneren des Waldes. Von echten Korallen aus der Gattung *Ramaria* unterscheidet sich die Kammkoralle vor allem durch mikroskopische Merkmale: Die Basidien (Sporenständer) sind nur zweisporig und die Sporen rundlich und glatt.

Fruchtkörper: 3–10 x 3–4 cm, reich verzweigt, einzeln oder büschelig
Äste: weiß bis graulich, keulig bis flachgedrückt, glatt, Spitzen kammförmig verzweigt
Fleisch, Geruch: weiß, weich, brüchig, geruchlos
Geschmack: mild
Sporenpulver: weiß
Häufigkeit: häufig
Vorkommen: Sommer bis Herbst; Laub- und Nadelwälder, auf dem Erdboden, manchmal in Hexenringen
Verwechslung: Echte Korallen (s. S. 186 ff.): viele Arten meist größer, gelb oder blassocker, nur mikroskopisch unterscheidbar. – Graue Koralle *(C. cinerea)*: korallenartig, Äste dicker, nur schwach verzweigt, grau mit Lilaton, häufig

Herkuleskeule

Clavariadelphus pistillaris (L.: Fr.) Donk

Es gehört nicht viel Fantasie dazu, sich die Herkuleskeule vergrößert und aus Holz in den Händen eines kühnen Recken aus der griechischen oder neogallischen Mythologie vorzustellen. Sie wächst nahezu ausschließlich in Buchenwäldern auf Kalkböden. Verwechselt werden kann sie mit der Abgestutzten Keule, die in Bergnadelwäldern vorkommt und einer der ganz wenigen Pilze mit süßem Geschmack ist. Die kleinere und schlankere Zungenkeule wächst in der Nadelstreu der Fichtenwälder, ist aber ziemlich selten.

Drei Herkuleskeulen im Buchenwald. Das Bild zeigt eine schlanke Form; oft ist der obere Teil des Fruchtkörpers deutlicher keulenförmig.

Fruchtkörper: 10–30 x 1–5 cm, keulenförmig, Spitze abgerundet, fertil
Huthaut: gelbbraun bis rötlichocker, bei Verletzung bräunlich verfärbend, glatt bis längsrunzelig
Stiel: gelbbraun, manchmal violett oder rosalila überlaufen, feinflaumig, zur Basis verschmälert
Fleisch, Geruch: weiß, schwammig, auf Druck langsam bräunend, Geruch unauffällig
Geschmack: pfeffrig bis bitterlich
Sporenpulver: blassgelb
Häufigkeit: weit verbreitet, rückläufig, RL 3
Vorkommen: Sommer bis Herbst, Laubwälder, v. a. Buchen, auf Kalk
Verwechslung: Abgestutzte Keule *(C. truncatus)*: Nadelwälder im Gebirge; Scheitel flach, Geschmack süß, RL 3. – Zungenkeule *(C. ligula)*: kleiner, schlanker, Fichtenwald, selten

Goldgelbes Wiesenkeulchen

Clavulinopsis helvola (Pers.: Fr.) Corner

Ungedüngte, kurzgrasige Wiesen mit hohem Moosanteil sind ein Paradies für Hunderte von Pilzarten, darunter vielen Saftlingen (s. S. 78 ff.), Rötlingen (s. S. 118 ff.), Helmlingen (s. S. 98 ff.) und Häublingen (s. S. 140). Unter den Nichtblätterpilzen sind es vor allem kleine Korallen und Keulen, die in diesen durch Gülledüngung, Entwässerungsmaßnahmen und Überbauung hochgradig gefährdeten Biotopen wachsen. Es ist manchmal nicht leicht, sie im dichten Gras aufzuspüren. Von ähnlichen Arten ist das Goldgelbe Wiesenkeulchen mikroskopisch durch die stacheligen Sporen zu unterscheiden.

Fruchtkörper: 1–6 x 0,5 cm, faden- bis schlank keulenförmig, wellig verbogen, unverzweigt, Ende spitz
Huthaut: dottergelb, glatt
Stiel: blasser gelb, voll
Fleisch, Geruch: blassgelb, faserig, fest, geruchlos
Geschmack: bitterlich
Sporenpulver: weißlich, stachelig
Häufigkeit: selten, RL 3
Vorkommen: Sommer bis Herbst, Wiesen, Waldwiesen, im Moos
Verwechslung: Gelbe Wiesenkoralle *(C. corniculata)*: verzweigt, Spitzen eingebogen, RL 3. – Spindelförmige Wiesenkeule *(C. fusiformis)*: in dichten Büscheln, selten

Verborgene Miniaturen der Natur: Goldgelbe Wiesenkeulchen in einem moosreichen Zierrasen.

Eine Breitblättrige Glucke im Bergnadelwald unter einer Tanne.

Breitblättrige Glucke

Sparassis spathulata Schw.: Fr.

Die Breitblättrige Glucke galt lange Zeit als äußerst seltene Art, die alle Jubeljahre mal am Grunde einer alten Eiche („Eichenglucke") oder Tanne („Tannenglucke") gefunden wird. Funde an Eiche sind nach wie vor sehr rar. An alten Tannen in den Mittelgebirgen, den Alpen und dem Voralpenland wird sie dagegen häufiger beobachtet; sie dürfte ein Indikator für den schlechten Allgemeinzustand der Tanne in diesen Gebieten sein. An den stärker abgeflachten, weniger gekräuselten, zäheren Lappen ist sie leicht zu erkennen. Als Speisepilz kommt sie im Gegensatz zur Krausen Glucke (s. u.) nicht infrage.

Fruchtkörper: 10–40 x 10–30 cm, kissenförmig, rundlich
Äste: cremeweiß bis ocker, wellig, blattartig, aufrechtstehend
Strunk: 0,5–1 x 0,3 cm, weißlich, kurz, dick, fleischig
Fleisch, Geruch: cremeweiß, zäh, Geruch angenehm pilzartig
Geschmack: mild
Sporenpulver: weiß
Häufigkeit: selten, RL 2
Vorkommen: Sommer bis Herbst; an Stümpfen von Tannen und Eichen, Gebirgsnadelwälder
Verwechslung: Krause Glucke (s. u.): Äste dichter, stärker gekräuselt, an Kiefern, essbar. – Klapperschwamm *(Grifola frondosa)*: Hutunterseite mit Poren, meist an Eiche

Krause Glucke

Sparassis crispa (Wulf. in Jacquin) Fr.

Mit einer großen Krausen Glucke lässt sich der Pilzkorb füllen und eine fünfköpfige Familie sättigen – vorausgesetzt, man findet auch die Zeit, das blumenkohlartige Gebilde von Zweigen, Nadeln und Humuspartikeln zu reinigen, die sich im Strunk und den zahllosen krausen Einzelästen verfangen haben. Krause Glucken wachsen an Kiefernstümpfen sowie am Stammgrund alter Kiefern. Wenn man einen befallenen Baum kennt, lohnt es sich, ihn in den kommenden Jahren wieder aufzusuchen. Sofern die Witterung mitspielt, wird die Glucke wieder erscheinen – nicht jedes Jahr, aber doch gelegentlich.

Fruchtkörper: 10–40 x 10–30 cm, im Extremfall bis 14 kg schwer, rundlich, blumenkohlartig verzweigt
Äste: cremeweiß bis ocker, brüchig, breit, blattartig gekräuselt, engstehend, anastomosierend verwachsen, Rand im Alter dunkler bräunlich verfärbend
Strunk: 0,5–1 x 0,3 cm, weißlich, kurz, dick, tief wurzelnd
Fleisch, Geruch: cremeweiß, Geruch angenehm pilzartig
Geschmack: mild, nussig
Sporenpulver: weiß
Häufigkeit: weit verbreitet, in Kiefernwäldern ortshäufig
Vorkommen: Sommer bis Herbst; an Kiefernstümpfen und -stämmen, sehr selten an Fichte
Verwechslung: Breitblättrige Glucke (s. o.): Äste breiter, unter Tannen, Gebirgsnadelwälder, RL 2. – Klapperschwamm *(Grifola frondosa)*: Hutunterseite mit Poren, meist an Eiche

Hier haben sich drei Krause Glucken an einer Kiefernwurzel angesiedelt.

Eine Krause Glucke am Stammgrund einer alten Kiefer: Exemplare dieser Größenordnung sind oft schon von weitem zu erkennen.

Lackporlinge *(Ganoderma)*, Schiller-, Filz- und Dauerporlinge *(Inonotus, Onnia, Coltricia)* Feuerschwämme, Zunderschwamm und Schichtporlinge *(Phellinus, Fomes, Fomitopsis)*

Die unter dem Begriff „Porlinge" zusammengefassten Arten gliedern sich in viele Familien und Gattungen, deren Beziehungen untereinander in der Fachliteratur sehr widersprüchlich dargestellt werden. In jüngerer Zeit sind es vor allem Erkenntnisse aus der Molekularbiologie, die alte systematische Vorstellungen ablösen und neue Einblicke in die verwandtschaftlichen Verhältnisse im Reich der Pilze gewähren. Diese Entwicklungen im Rahmen des vorliegenden Buches zu berücksichtigen, ist unmöglich; die Anordnung der Gattungen und die Auswahl der Arten folgt hier rein praktischen Erwägungen.

Einige Porlinge – z. B. junge Schwefelporlinge (s. S. 208) – können gegessen werden. Andere, wie der Echte Zunderschwamm (s. S. 200), wurden früher zu Kleidungsstücken verarbeitet, dienten zum Feuermachen und/oder fanden in der Naturheilkunde Verwendung.

Die Lackporlinge *(Ganoderma)* sind eine weltweit verbreitete Gattung mit ein- oder mehrjährigen Fruchtkörpern. In Mitteleuropa sind ca. ein halbes Dutzend Arten bekannt, von denen allerdings nur der Flache und – im atlantischen Klimabereich – der Wulstige Lackporling (*G. lipsiense* und *G. australe*) häufig sind.

Die Schillerporlinge *(Inonotus)* sind einjährige Porlinge, die teils halbkreisförmig-hütige (pileate), teils krustenförmige (resupinate), teils treppchenförmige (effuso-reflexe) Fruchtkörper mit im Auflicht schillernden Poren bilden. Ihnen sehr nahe stehen die Filzporlinge *(Onnia)*. Insgesamt sind ca. 15 Arten in Mitteleuropa nachgewiesen.

Die Dauerporlinge *(Coltricia)* beschränken sich in Mitteleuropa auf vier Arten, darunter den auf sauren Sandböden häufigen Gemeinen Dauerporling (s. S. 197). Die anderen drei Arten sind sehr selten.

Einige Feuerschwämme *(Phellinus)* können fünfzig und mehr Jahre alt werden. Sie wachsen meist an alten, noch stehenden Bäumen, manchmal bis in die Kronenregion hinauf, kommen aber auch an Totholz und sogar an verbautem Holz vor. Die Gattung, die hier in weiterem Sinne verstanden wird, umfasst ca. 25 mitteleuropäische Arten, darunter sowohl hutbildende als auch rein krustenförmige.

Die Gattung *Fomes* enthält nur eine Art, den Echten Zunderschwamm (s. S. 200). Das Kapitel endet mit dem häufigsten der mehrjährigen Großporlinge, dem Rotrandigen Schichtporling (s. S. 200).

Flacher Lackporling, Malerpilz

Ganoderma lipsiense (Batsch: Pers.) Atkinson

Der Flache Lackporling ist nahezu überall vorhanden, wo es alte Laubholzstümpfe gibt oder tote Laubholzstämme in nicht zu trockener Lage verrotten. Seltener beobachtet man ihn auch an Nadelholz und an Stammwunden noch stehender, geschädigter Bäume. Die schneeweißen Poren auf der Unterseite verfärben sich bei Berührung dauerhaft braun, weshalb man mit einem kleinen Ästchen oder einem anderen hartkantigen Gegenstand darauf zeichnen kann („Malerpilz") – eine vor allem bei Kindern sehr willkommene Abwechslung auf Wanderungen. Manchmal sind die Poren des Flachen Lackporlings allerdings von den urnenförmigen Gallen der Zitzengallenfliege *(Agathomyia wankowiczi)* deformiert.

Fruchtkörper: 10–50 x 1–5 cm, flach, konsolen- bis tellerförmig, breit angewachsen, oft dachziegelig
Oberfläche: rotbraun bis braungrau, buckelig bis höckerig, kahl, konzentrisch gefurcht, mit fester, matter Kruste, die oft mit dem eigenen Sporenstaub bedeckt ist. Rand weiß, wulstig, abgeflacht
Poren, Röhren: 4–6 pro mm, rund, weißlich, auf Druck dunkelbraun; Röhren 5–10 mm lang, braun, geschichtet
Trama, Geruch: rotbraun mit weißlichen Streifen, korkig-wattig, Geruch holzartig
Sporenpulver: rostbraun
Häufigkeit: sehr häufig
Vorkommen: mehrjährig; Laub- und Nadelwälder, Gärten, an Stümpfen und lebenden Stämmen von Laub- und seltener Nadelholz
Besonderheit: Schwäche- und Wundparasit, Weißfäule-Erreger, „Malerpilz"
Verwechslung: Harziger Lackporling (s. u.): Kruste weich, meist nur einjährig, an Eiche, sehr selten

Flache Lackporlinge an einem alten Buchenstumpf. Die ausgefallenen Sporen überziehen die Umgebung mit einer braunen Staubschicht.

Harziger Lackporling

Ganoderma resinaceum Boud. in Pat.

Erheblich seltener als der Flache ist der Harzige Lackporling. Er wächst primär als Schwächeparasit am Stammgrund alter Eichen und hat eine Vorliebe für Allee- und Straßenbäume, sodass man ihm eher innerhalb geschlossener Ortschaften als außerhalb derselben begegnet. Die meist nur einjährigen Fruchtkörper sind sehr raschwüchsig. Ein gutes Artkennzeichen ist die weiche, eindrückbare Kruste auf der Fruchtkörperoberseite.

Fruchtkörper: 10–35 x 4–8 cm, knollig, bald konsolen- bis tellerförmig, bisweilen gestielt, sehr leicht
Oberfläche: jung mattgelb, später kupfer- bis dunkelrotbraun, wellig, breit gezont, Kruste weich, harzig, abkratzbar, darunter gelblich; Rand gelb, wulstig
Poren, Röhren: 3 pro mm, rund, weißlich, auf Druck bräunlich verfärbend; Röhren 8–10 mm lang, braun
Trama, Geruch: hellbraun, korkig-weich, Geruch würzig, Saft erstarrt innerhalb von Minuten zu harziger Masse
Sporenpulver: rostbraun
Häufigkeit: nördlich der Alpen ziemlich selten, RL 2
Vorkommen: einjährig; Straßenbäume, Parks, Alleen, seltener Wälder, am Fuß alter Eichen, wärmeliebend
Besonderheit: Schwächeparasit, Weißfäule-Erreger; die harzige Kruste schmilzt bei Hitzeeinwirkung
Verwechslung: Flacher Lackporling (s. o.): Kruste härter, an Laub- und Nadelholz, häufig, mehrjährig

Unten links: Die Aufnahme dieser jungen Exemplare des Harzigen Lackporlings am Grund einer alten Eiche entstand am 28. Juni 1997.

Unten rechts: Nur sieben Wochen später, am 16. August, hatten sich aus den gelblichen Knollen reife, konsolenförmige Fruchtkörper entwickelt.

Glänzender Lackporling

Ganoderma lucidum (Curtis: Fr.) P. Karst.

Unter Pilzsammlern wird der Glänzende Lackporling wegen seiner oft eigentümlich gedrechselten Stiele und der wie lackiert aussehenden Oberfläche meist als ein Kuriosum betrachtet. Auf dem Umweg über die fernöstliche Naturheilkunde, in der er seit Jahrhunderten eine wichtige Rolle spielt, hat sich der *Reishi* der Japaner inzwischen auch in Bevölkerungskreisen einen Namen gemacht, die sich für Pilze sonst kaum interessieren. Ohne genaue Kenntnis der asiatischen Medizin und ihrer Traditionen sind Aussagen über die „Heilkräfte" des *Reishi* aber kaum möglich.
Der Dunkle Lackporling *(G. carnosum)* ist ein Nadelholzbewohner mit besonderer Vorliebe für die Tanne. Typische Formen haben eine dunkel rotbraune bis schwarzbraune, glänzende Kruste und eine weißliche Zuwachskante.

Der Glänzende Lackporling ist sehr vielgestaltig. Neben gestielten Exemplaren gibt es auch solche mit nur rudimentärer Stielbildung. Der „Lack" ist allen Formen gemeinsam.

Fruchtkörper: 8–25 cm breit, flach, nieren- bis halbkreisförmig, mit lateralem, 5–20 cm langem Stiel
Oberfläche: jung zitronengelb, bald blut- bis braunrot, glatt, lackartig glänzend, wellig bis höckerig, konzentrisch furchig gezont; Kruste eindrückbar, Zuwachskante schmal, wellig, weiß
Poren, Röhren: 3–4 pro mm, rund, weißlich, Röhren blassbräunlich
Trama, Geruch: weiß, später bräunlich, korkig, zäh, Geruch unauffällig
Sporenpulver: hellbraun
Häufigkeit: selten, nördlich der Alpen weit verbreitet
Vorkommen: Spätsommer bis Herbst; einjährig; an Stümpfen und Stämmen von Buchen, Eichen, Obstbäumen, seltener auch an Nadelholz
Besonderheit: Schwächeparasit und Saprobiont, Weißfäule-Erreger; wird in der asiatischen Medizin verwendet
Verwechslung: Dunkler Lackporling *(G. carnosum)*: dunkelrot bis schwarzbraun, an Nadelholz, v. a. Tanne, im Gebirge

Tropfender Schillerporling

Inonotus dryadeus (Pers.: Fr.) Murr.

Im Anfangsstadium ist dieser Pilz kaum als Porling erkennbar: Er bricht als rundliche oder unregelmäßige Knolle am Stammgrund alter Eichen hervor und ist über und über mit bernsteinfarbenen, im Sonnenlicht schillernden Tröpfchen bedeckt. Die Fruchtkörper können über einen halben Meter breit werden. Einzeln stehende Eichen werden ebenso befallen wie solche in Wäldern oder Parkanlagen. Sehr selten findet man den Tropfenden Schillerporling auch an anderen Bäumen.

Frische Tropfende Schillerporlinge mit den charakteristischen bernsteinfarbenen Tropfen auf der Oberseite. Hier ein ungewöhnliches Vorkommen an Tanne.

Fruchtkörper: 15–50 x 5–15 cm, knollig bis dick konsolenförmig, schwer
Oberfläche: jung weißlich bis braungelb, filzig, rötlichgelbe, bernsteinfarbene Guttationstropfen, alt gelb- bis rostbraun gezont, höckerig, Rand stumpf
Poren, Röhren: weißgrau bis gelbbraun, 3–4 pro mm, rundlich, Röhren 5–20 mm lang
Trama, Geruch: braunrot, weich, zäh, fleischig, Geruch unangenehm
Geschmack: mild bis säuerlich
Sporenpulver: weiß
Häufigkeit: zerstreut bis selten, rückläufig, RL 3
Vorkommen: Sommer bis Herbst; Parks, Alleen, am Fuß alter, lebender Eichen, sehr selten an anderen Bäumen (Tanne, Edelkastanie)
Besonderheit: Schwächeparasit und Saprobiont, Weißfäule-Erreger
Verwechslung: Eichen-Schillerporling *(I. dryophilus)*: meist höher am Baum, an alten Eichen, sehr selten, RL 3. – Erlen-Schillerporling (s. S. 195): viel kleiner, reif dunkler, konsolenförmig, meist auf Erle, in Feuchtgebieten

Erlen-Schillerporling

Inonotus radiatus (Pers.: Fr.) Murr.

Bernsteinfarbene Guttationstropfen auf der Hutoberfläche sind als Kennzeichen des Tropfenden Schillerporlings (s. S. 194) bekannt. Sie können aber gelegentlich auch bei dem viel kleineren Erlen-Schillerporling auftreten. Der Pilz ist, wie der Name bereits vermuten lässt, vor allem auf Erlenholz spezialisiert. Er gehört zu den häufigsten Porlingen in Feuchtgebieten wie Bachniederungen und Erlenbrüchen.

Auch diese frischen, noch im Wachstum begriffenen Erlen-Schillerporlinge sind mit Guttationstropfen besetzt.

Fruchtkörper: 5–10 cm, konsolen- bis halbkreisförmig, dachziegelig
Oberfläche: jung gelb, bald rostbraun, später schwärzend, erst haarig-filzig, alt kahl, radial gerunzelt, Rand gelborange
Poren, Röhren: 2–4 pro mm, eckig, hellbraun, silbrig schimmernd, frisch mit braunen Guttationstropfen, Röhren weit herablaufend
Trama, Geruch: zimtbraun, weich, faserig, saftig, später hart, Geruch unauffällig
Sporenpulver: weiß
Häufigkeit: häufig
Vorkommen: Spätsommer bis Winter; in Feuchtgebieten, auf sterbenden und toten Laubbäumen, v. a. Erle, Birke, Hasel
Besonderheit: Weißfäule-Erreger
Verwechslung: Knotiger Schillerporling (s. u.): kleine, knotige Hütchen, an Buche. – Tropfender Schillerporling (s. S. 194): Hut mit gelblichem Flaum, rostbraune Guttationstropfen, dickfleischig, bis 50 cm breit, am Stammgrund von Eichen

Knotiger Schillerporling

Inonotus nodulosus (Fr.) P. Karst.

Der Knotige Schillerporling ist regelmäßig in älteren Buchenbeständen zu finden, wo er sowohl an abgefallenen größeren Ästen als auch an toten, aber noch stehenden Stämmen wächst. Er bildet am oberen Rand meist kleine, „knotige" Hutkanten aus und stellt somit einen Übergang von den rein krustenförmigen (resupinaten) Arten zu jenen mit deutlicher Hutausbildung dar.

Fruchtkörper: 1–3 cm, knotige Hutkanten, Hütchen im Querschnitt dreieckig, rasig wachsend
Oberfläche: jung gelb- bis rostbraun, feinfilzig, später schwarzbraun, kahl, trocken, Rand scharf, heller
Poren, Röhren: 3–4 pro mm, eckig, schräg abwärts gerichtet, zimtbraun, silbrig schimmernd; Röhren 5–6 mm lang
Trama, Geruch: bis 1 cm dick, cremefarben bis rostbraun, sehr hart, zäh, Geruch unauffällig
Sporenpulver: weiß
Häufigkeit: häufig
Vorkommen: Sommer bis Herbst; an geschädigten oder toten Buchen, oft hoch am Stamm
Besonderheit: Schwächeparasit und Saprobiont, Weißfäule-Erreger
Verwechslung: Erlen-Schillerporling (s. o.): dunkler, konsolenförmig, auf Erle

Ein Knotiger Schillerporling auf einem dicken Buchenast: Am oberen Fruchtkörperrand sind die gelben Hutkanten sichtbar.

Zottiger Schillerporling

Inonotus hispidus (Bull.: Fr.) P. Karst.

Da sie sehr schnell wachsen und beachtliche Dimensionen erreichen, erregen Zottige Schillerporlinge bisweilen große Aufmerksamkeit, insbesondere wenn sie in Obstgärten an Apfel- oder Walnussbäumen oder an Alleebäumen erscheinen. Der Pilz ist ausgesprochen wärmeliebend, d. h., er ist gehäuft in klimatisch begünstigten Flussniederungen und sonnenexponierten Hanglagen des Hügellands zu finden. Nicht ganz so groß und vor allem nicht so dick wird der Flache Schillerporling, der hauptsächlich an Buchen vorkommt.

Fruchtkörper: 10–30 x 10 cm, halbkreis- bis konsolenförmig, einzeln
Oberfläche: gelb- bis rotbraun, filzig-zottig, wellig-höckerig, Rand gelborange
Poren, Röhren: 2–3 pro mm, eckig, hell, silbrig schimmernd, später rostbraun, Röhren braun, bis 7 cm lang, mit Guttationstropfen
Trama, Geruch: 1–7 cm dick, rostbraun, weich, schwammig, saftig, Geruch säuerlich
Geschmack: mild
Sporenpulver: braun
Häufigkeit: häufig
Vorkommen: Sommer bis Herbst; an lebenden Laubbäumen, v. a. Esche, Apfel, Walnuss, hoch am Stamm, wärmeliebend
Besonderheit: Weißfäule-Erreger
Verwechslung: Flacher Schillerporling *(I. cuticularis)*: orange bis rötlichbraun, Hut flach, meist an Buchen, Hutfilz mit hakenförmigen Seten

Ein junger Zottiger Schillerporling erscheint als faustgroße, rotbraune Knolle am Stamm seines Wirtsbaums.

Ausgewachsene Fruchtkörper werden bis 40cm breit. Am häufigsten findet man sie in alten Obstgärten.

An der noch lebenden Moorbirke erscheint nur die sterile Form vom Schiefen Schillerporling, die an eine krebsartige Wucherung erinnert.

Schiefer Schillerporling (sterile Form)

Inonotus obliquus (Pers.: Fr.) Pilát

An alten Birken findet man manchmal schwarze, trockene, an den Rändern zerbröckelnde Gebilde, die wie eine Krebserkrankung des Holzes aussieht. Sie können mehrere Jahre alt werden. Es handelt sich um eine sterile Form des Schiefen Schillerporlings, die wesentlich häufiger ist als die fertile (= Sporen bildende) Form. Letztere bildet sich meist erst, wenn die Birke abgestorben ist, und formt unter der Rinde ausgedehnte krustenförmige Überzüge mit braunen, silbrig schimmernden Poren. – Die sterile Form wird in der Naturheilkunde als Mittel gegen Tumore eingesetzt; eine Tradition, die ihren Ursprung in Nordrussland und Sibirien hat und bereits in Alexander Solschenizyns Roman „Krebsstation" Erwähnung findet.

Fruchtkörper: 1. Hauptfruchtform: 0,5–1 cm dick, bis über 1 m lang, resupinat;
2. sterile Nebenfruchtform: 10–40 cm breit, knollig
Oberfläche: 1. blassbraun bis schwarz, silbrig schimmernd, langgestreckt, Tramavorsprünge „Stemmleisten" sprengen die Rinde der befallenen Bäume, und der Fruchtkörper wird sichtbar;
2. schwarz, unregelmäßig, rissig-bröckelig, schollig
Poren, Röhren: 3–5 pro mm, eckig bis länglich, blassbraun, silbrig schimmernd. Röhren bis 1 cm lang
Trama, Geruch: zimtbraun mit weißen Flecken, holzkohleartig, sehr hart, zäh, geruchlos
Sporenpulver: weiß
Häufigkeit: Hauptfruchtform sehr selten, Nebenfruchtform zerstreut
Vorkommen: Sommer bis Herbst; an lebenden Laubbäumen, v. a. Birken, seltener an Buchen, Erlen; fertile Form am abgestorbenen Baum
Besonderheit: Weißfäule-Erreger; in der Naturheilkunde als Mittel gegen Magen- und Lungentumore verwendet („tschaga")
Verwechslung: 1. mit resupinaten Feuerschwämmen, z. B. Birken Feuerschwamm *(Phellinus laevigatus)*;
2. mit Krebswucherungen nicht pilzlichen Ursprungs

Die Hüte des Gestielten Filzporlings sind nicht oder nur andeutungsweise gezont.

Gestielter Filzporling

Onnia tomentosa (Fr.) P. Karst.

Nahe verwandt mit den Schillerporlingen und von einigen Mykologen ihnen bereits zugeordnet, sind die Filzporlinge. Der Gestielte Filzporling wächst meist in Gruppen an und um alte Nadelholzstümpfe und kann mit dem Dauerporling (*Coltricia perennis*, s. u.) verwechselt werden, der deutlicher gezonte Hüte hat. Von oben betrachtet, können auch verschiedene Korkstachelinge (*Hydnellum*, *Phellodon*, s. S. 185) dem Gestielten Filzporling ähnlich sehen, doch haben sie auf der Hutunterseite keine Poren, sondern Stacheln.

Hut: 3–10 cm breit, rundlich, flach, trichterig
Oberfläche: grau- bis zimtbraun, ungezont, Zuwachszone blassgelb, fein behaart, höckerig, Rand wellig
Poren, Röhren: Poren weißlich bis rostbraun, eckig, 2–4 pro mm, Röhren herablaufend, bis 5 mm lang, behaart (Lupe!)
Stiel: 3–4 x 1–2 cm, rostbraun, filzig-zottig
Trama, Geruch: zweischichtig: oben gelb- bis rostbraun, schwammig; unten messinggelb, lederig, Geruch nach Curry
Geschmack: mild
Sporenpulver: gelblich
Häufigkeit: selten
Vorkommen: einjährig; Nadelwälder, unter Fichten, Kiefern
Besonderheit: Basaler Weißfäule-Erreger, über Wurzeln
Verwechslung: Gemeiner Dauerporling (s. u.): ockerbraun, rostbraun gezont, Röhreninnenseite unbehaart (Lupe!). – Zimtfarbener Dauerporling *(Coltricia cinnamomea)*: kleiner, zimt- bis rotbraun, glänzend, unter Eiche und Buche, sehr selten

Gemeiner Dauerporling

Coltricia perennis (L.: Fr.) Murr.

Der Dauerporling ist ein Charakterpilz bodensaurer, trockener Nadelwälder und zählt z. B. in den sandigen Kiefernwäldern Skandinaviens – zu den häufigsten bodenbewohnenden Pilzarten überhaupt. Oft wächst er an Wegrändern und -böschungen. Auf Umweltveränderungen reagiert er allerdings ebenso empfindlich wie die mitunter an ähnlichen Standorten stehenden Korkstachelinge (s. S. 185). Durch Stickstoffemissionen aus der Landwirtschaft und die Kalkung der Wälder ist er in dichter besiedelten Gebieten Mitteleuropas vielerorts sehr selten geworden oder bereits ausgestorben.

Hut: 2–10 cm breit, kreiselförmig, flach, Mitte trichterig oder genabelt, dünn
Oberfläche: ockerbraun, rostbraun gezont, feinsamtig, Rand wellig
Poren, Röhren: Poren grau- bis gelbbraun, eckig, 2–4 pro mm, Röhren herablaufend, bis 2 mm lang, unbehaart (Lupe!)
Stiel: 2–7 x 0,5–1 cm, rostgelb, samtig, zentral
Trama, Geruch: weißlich, korkig, zäh, dünn, geruchlos
Geschmack: mild
Sporenpulver: goldbraun
Häufigkeit: früher sehr häufig, stark rückläufig
Vorkommen: Sommer bis Herbst, einjährig; Laub- und Nadelwälder, Brandstellen, sandige Böden, kalkmeidend
Verwechslung: Zimtfarbener Dauerporling *(C. cinnamomea)*: kleiner, zimt- bis rotbraun, glänzend, unter Eiche und Buche, sehr selten, RL R. – Gestielter Filzporling (s. o.): grau- bis zimtbraun, ungezont, Röhreninnenseite behaart (Lupe!)

Die Hüte des Dauerporlings sind regelmäßig konzentrisch gezont.

Polsterförmiger Feuerschwamm

Phellinus punctatus (P. Karst.) Pilát

Die Fruchtkörper des Polsterförmigen Feuerschwamms passen sich farblich dem befallenen Holz an und sind daher gut getarnt. Der Pilz fehlt in kaum einem Erlen-/Weidenbruch im Uferbereich stehender oder fließender Gewässer und ist auch in älteren Haselgebüschen regelmäßig zu beobachten. Die winzigen Poren sind mit bloßem Auge kaum zu erkennen. Ähnlich klein sind sie beim Glatten Feuerschwamm, dessen Fruchtkörper sich jedoch nicht polsterförmig aufwölben; außerdem ist der Glatte Feuerschwamm an die Birke gebunden.

In der Astgabel einer alten Weide wächst ein Polsterförmiger Feuerschwamm.

Fruchtkörper: 1–3 cm dick, flächig, polsterförmig
Oberfläche: fertile junge Schicht braun, ältere, nicht mehr fertile Schicht graubraun
Poren, Röhren: 5–6 pro mm, rund, graubraun, bis zu 10 Röhrenschichten (2–3 mm dick) übereinander
Trama, Geruch: hart, holzig, Geruch unauffällig
Sporenpulver: weiß
Häufigkeit: häufig
Vorkommen: Au- und Laubwälder, Gebüsche, auf alten absterbenden und toten Erlen, Weiden, Hasel; mehrjährig (10–15 Jahre)
Besonderheit: Schwächeparasit, Weißfäule-Erreger
Verwechslung: Glatter Feuerschwamm *(Ph. laevigatus)*: grau- bis grauschwarz, Oberfläche rissig, höckerig, knotig. – Muschelförmiger Feuerschwamm *(Ph. conchatus)*: dunkelbraun, polster- bis konsolenförmige, an Weide, oft von Moosen bewachsen

Falscher Zunderschwamm

Phellinus igniarius (L.: Fr.) Quél. s. l.

Große, schwere, mehrjährige Porlinge mit grauer bis schwarzer, oft rissig aufplatzender Kruste und hell- bis dunkelbraunen Poren werden als „Graue“ oder „Schwarze Feuerschwämme“ bzw. „Falsche Zunderschwämme“ bezeichnet oder einfach nach ihrem jeweiligen Wirtsbaum benannt („Weiden-“, „Erlen-“, „Apfelbaum-Feuerschwamm“ etc.). Am häufigsten findet man Falsche Zunderschwämme in Weidengebüschen an Seeufern, wo auch der Polsterförmige Feuerschwamm (s. o.) verbreitet ist.

Fruchtkörper: 15–25 x 8–15 cm, jung knollig, bald hufförmig
Oberfläche: grau, später schwärzend, konzentrisch gefurcht, oft rissig, feinflaumig bis glatt, manchmal durch Algen grün, Rand wulstig
Poren, Röhren: 4–6 pro mm, rund, grau- bis rotbraun, Röhren geschichtet
Trama, Geruch: rotbraun, seidig schimmernd, hart, Geruch unauffällig
Sporenpulver: weiß
Häufigkeit: ziemlich häufig
Vorkommen: an Laubholz, v. a. Weiden und Obstbäumen; mehrjährig (10–15 Jahre)
Besonderheit: Weißfäule-Erreger

Ein mehrere Jahre alter Falscher Zunderschwamm an einer Salweide in Oberösterreich.

Verwechslung: Echter Zunderschwamm (s. S. 200): Trama weicher, heller, nicht so fest angewachsen. – Rotrandiger Baumschwamm (s. S. 200): Zuwachszone orangerot bis gelb, Rand weiß

Stachelbeerporling, Strauchporling

Phellinus ribis (Schum.: Fr.) Ryv.

Wer alte Stachel- oder Johannisbeersträucher im Garten hat, kann die Probe aufs Exempel machen und nachsehen, ob sie vom Stachelbeerporling befallen sind, der ein verstecktes Dasein am Grund der Sträucher führt. Da der Pilz auch auf anderen Sträuchern wie dem Pfaffenhütchen *(Euonymus europaeus)* vorkommt, wird er auch „Strauchporling" genannt. In Auwäldern wächst an alten Weiden der sehr ähnlich aussehende Muschelförmige Feuerschwamm. Die Hutoberfläche beider Arten ist meist wie zur Tarnung mit Moosen bewachsen.

Fruchtkörper: 3–15 x 0,5–2 cm, konsolen- bis tellerförmig, mehrere Fruchtkörper nebeneinander, Zweige umwachsend
Oberfläche: rost- bis schwarzbraun, jung behaart, glatt bis höckerig, wulstig, konzentrisch gezont, oft durch Algen- und Moosbewuchs grün; Rand gelb, zimt- bis rötlichbraun, wellig, dünn
Poren, Röhren: Poren 6–7 pro mm, rund, zimt- bis rötlichbraun; Röhren 1–3 mm lang, geschichtet (1–3 mm dick), mit feiner, dunkler Trennlinie
Trama, Geruch: rostbraun, korkig, zäh, ziemlich dünn, Geruch unauffällig
Sporenpulver: gelblich
Häufigkeit: relativ selten
Vorkommen: mehrjährig; Gärten, an der Basis lebender Johannis- und Stachelbeersträucher, auch an Pfaffenhütchen, v. a. in Auwäldern

Nur wenn der Stachelbeerporling zu Beginn der Wachstumsperiode eine lebhaft gelbe Zuwachskante ausbildet, ist er relativ leicht zu erkennen.

Besonderheit: Schwächeparasit, Weißfäule-Erreger
Verwechslung: Muschelförmiger Feuerschwamm *(Ph. conchatus)*: sehr ähnlich; an alten Weiden in Auwäldern, mikroskopisch an den dornartigen Seten im Hymenium erkennbar

Tannen-Feuerschwamm

Phellinus hartigii

An alten Tannen und Fichten bildet der Tannen-Feuerschwamm seine Fruchtkörper, die mehrere Jahrzehnte alt werden können. Wie andere Großporlinge befällt er keine gesunden Bäume, sondern nur jene, die sich ihrer natürlichen Altersgrenze nähern oder durch mechanische Verletzungen (Blitzschlag, Sturm, Fahrzeuge usw.) bzw. Beeinträchtigungen am Standort (saurer Regen, Trockenjahre) vorgeschädigt sind.

Dieser Tannen-Feuerschwamm wuchs an einem in ca. 2 m Höhe durch Blitzschlag abgeknickten Tannenstamm, direkt unterhalb der Bruchstelle. Die Oberseite ist von Algen grün gefärbt.

Fruchtkörper: 5–20 x 5–20 cm, jung knollig bis polsterförmig, bald konsolen- bis hufförmig, auch als „Astkriecher"
Oberfläche: grau bis dunkelbraun, matt glänzend, glatt, wellig, konzentrisch gezont, Rand weißlich bis ockerbraun
Poren, Röhren: 4–6 pro mm, rund, grau- bis rostbraun, Röhren 3–5 mm lang, undeutlich geschichtet
Trama, Geruch: gelbbraun, holzig, sehr hart, geruchlos
Sporenpulver: weiß
Häufigkeit: weit verbreitet, relativ selten
Vorkommen: an Tanne, selten an Fichte, mehrjährig (10–15 Jahre)
Besonderheit: Schwächeparasit und Saprobiont, Weißfäule-Erreger
Verwechslung: Rotrandiger Schichtporling (s. S. 200): Zuwachskante gelblich bis orangerot, Geruch säuerlich. – Eichen-Feuerschwamm *(Ph. robustus)*: an alten Eichen

Verwandt sind der Eichen-Feuerschwamm, der an alten Eichen oft hoch im Kronenbereich wächst, so dass man ihn mit dem Fernglas suchen muss und der Sanddorn-Feuerschwamm *(Ph. hippophaëcola)*, den man bei uns nur dort findet, wo es alte Sanddorngebüsche gibt, also vor allem an der Küste und in süddeutschen Flussniederungen.

An der Nord- und Ostseeküste ist der Sanddorn-Feuerschwamm weit verbreitet.

Echter Zunderschwamm

Fomes fomentarius (L.: Fr.) Kickx

Mehrjährige, konsolenförmige „Baumschwämme" werden oft verwechselt, da die meisten Menschen mit ihnen nicht viel anfangen können. Früher war das anders: Der Echte Zunderschwamm war ein begehrter Rohstoff. Aus der Trama, dem wergartigen „Fleisch" zwischen der harten Kruste und dem rundlichen Myzelialkern, wurde der leicht entzündbare Zunder gewonnen, den bereits der „Ötzi" zum Feuermachen dabei hatte. Auch Jacken und Mützen wurden aus Zunder hergestellt. Mit dem Siegeszug des Zündholzes und dem Vormarsch der modernen Textilindustrie starb die „Zundelmacherei" in Mitteleuropa aus. Heutzutage gibt es lediglich in den Balkanländern noch Menschen, die sich auf dieses alte Handwerk verstehen.

Hauptwirt des Echten Zunderschwamms ist die Buche. Man findet ihn aber auch in Mooren an alten Birken.

Fruchtkörper: 5–30 (–50) x 10–25 cm, konsolen- bis hufförmig
Oberfläche: jung lehm- bis rotbraun, bald grau bis schwärzlich, krustenförmig, hart, kahl; konzentrisch gefurchte „Jahresringe", Zuwachszone bräunlich, Rand weißlich, abgerundet
Poren, Röhren: 2–4 pro mm, rund, weißlich bis bräunlich, Röhren 2–5 mm lang, geschichtet
Trama, Geruch: hellbraun, weich, lederartig, seidig glänzend, gezont, mit marmoriertem Myzelialkern, Geruch nach frischem Holz
Geschmack: bitterlich
Sporenpulver: weiß
Häufigkeit: weit verbreitet, in Naturwaldreservaten häufig
Vorkommen: mehrjährig; Laubwälder, an Buche, Birke
Besonderheit: Schwäche- und Wundparasit, Weißfäule-Erreger; Hutkruste verkohlt bei Hitze, aus der Trama wird Zunder gewonnen
Verwechslung: Rotrandiger Schichtporling (s. u.): Zuwachszone orangerot bis gelb oder weißlich, an Buche, Erle, Fichte, Birke. – Falscher Zunderschwamm (s. S. 198): Trama hart, rotbraun

Ein mehrjähriger Fruchtkörper des Rotrandigen Schichtporlings: Die neue Zuwachskante ist weißlich, darüber bildet sich die orangerote Kruste.

Rotrandiger Schichtporling

Fomitopsis pinicola (Schwartz: Fr.) P. Karst.

Der deutsche Name dieses Pilzes ist unglücklich gewählt, da der Rand nur vorübergehend rot oder orange gefärbt ist. Alte Fruchtkörper sind grau und können dem Echten Zunderschwamm (s. o.) täuschend ähnlich sehen. Zur Unterscheidung dienen die gelblichen Poren und der säuerliche Geruch; im Zweifelsfall auch das Fehlen eines Myzelialkerns in der Trama. Wenn keine Waldbrandgefahr besteht, kann man auch den „Zündholztest" versuchen: Beim Schichtporling schmilzt die Kruste in der Flamme, während sie beim Zunderschwamm verkohlt. *F. pinicola* ist auf Laub- und Nadelholz gleichermaßen häufig, besonders in Fichten- und Tannenwäldern sowie in Auwäldern an Erle.

Fruchtkörper: 5–30 x 3–15 cm, konsolen- bis hufförmig
Oberfläche: grau bis schwärzlich, glatt, buckelig bis höckerig, harzige, rissige Kruste, konzentrisch gezont, frische Kruste breit, glänzend, orangerot bis gelb, Rand weiß, abgerundet, wellig, klare Guttationstropfen abscheidend
Poren, Röhren: 3–4 pro mm, rund, cremefarben bis gelblich, Röhren blassgelb, geschichtet
Trama, Geruch: bis 4 cm dick, creme- bis ockerfarben, hart, zäh, ohne Myzelialkern; Geruch kräftig säuerlich
Geschmack: bitter
Sporenpulver: weiß
Häufigkeit: sehr häufig
Vorkommen: mehrjährig; Laub- und Nadelwälder, in Auen, Gärten, an Buche, Erle, Fichte, Birke, Apfelbaum etc.
Besonderheit: Wundparasit, Braunfäule-Erreger; harzige Hutkruste schmilzt bei Hitze
Verwechslung: Echter Zunderschwamm (s. o.): Hutkruste verkohlt bei Hitze, Zuwachszone bräunlich, Trama weicher, mit Myzelialkern

Trameten *(Trametes)* und verwandte Gattungen, Wurzelschwamm *(Heterobasidion)*, Fenchelporling und Blättlinge *(Gloeophyllum)*

Die „Trameten“ im weiteren Sinne umfassen mehrere Gattungen der Porlinge. Die meisten von ihnen sind einjährige, dünnfleischige, stiellose, korkigzähe Schwächeparasiten oder Saprobionten an verschiedenen Laub- und Nadelhölzern. Die Aufgabe dieser Pilze im Naturhaushalt besteht darin, dass sie tote oder geschwächte organische Materie abbauen, mithilfe ihrer Enzyme und unterschiedlicher Fäulnisprozesse in Humus verwandeln und sie somit wieder zur Nahrungsgrundlage für andere pflanzliche und tierische Organismen machen. Obwohl die Artenzahlen längst nicht so groß sind wie bei den Lamellenpilzen, ist es für den Laien oft nicht einfach, sich in der verwirrenden Formen- und Farbenvielfalt der Trameten zurechtzufinden. Die folgende Übersicht über die in diesem Buch dargestellten Arten ermöglicht einen ersten „Einstieg“:

Zinnobertramete (Pycnoporus cinnabarinus)

Mit auffallendem Anis- bzw. Fenchel- oder Obstgeruch:
- Fruchtkörper weiß, grau oder hellbraun, an Weide: Anistramete (s. S. 203)
- Fruchtkörper mit orangegelber Zuwachskante, nur an alten Fichtenstümpfen: Fenchelporling (s. S. 206)

Ganzer Fruchtkörper rot:
- Zinnobertramete (s. S. 205)

Poren klein, auf Druck ziemlich rasch schwärzend:
- Angebrannter Rauchporling (s. S. 204)

Trama („Fleisch“) weiß bis hell holzfarben, Fruchtkörper hutbildend; Oberfläche oft filzig oder samtig, manchmal bunt gezont:
- Poren rundlich oder eckig: Trameten im engeren Sinn *(Trametes)* und Blasse Borstentramete (s. S. 204)
- Poren radial verlängert, Hut oft von Algen grün gefärbt, meist an Buche: Buckeltramete (s. S. 203)
- „Poren“ rein lamellig: Laubholzblättling (s. S. 203)
- Poren verlängert oder lamellig, frisch auf Druck rötend, Hut rotbraun, alt nicht grün: Rötende Tramete (s. S. 204)
- Poren rundlich, Pilz mit brauner Kruste, hart, meist an Nadelholzwurzeln, parasitisch: Wurzelschwamm (s. S. 206)

Trama weiß oder gelblich, Fruchtkörper zumindest im unteren Teil krustenförmig (resupinat):
- mit schmalen Hüten an der Oberkante: Reihige Braunfäuletramete (s. S. 205)

Trama grau, graubraun, dunkelbraun, rotbraun:
- Poren rundlich bis eckig, Hutoberfläche grob borstig, meist an Esche: Dunkle Borstentramete (s. S. 204)
- Poren gelb- bis rotbraun, weit, annähernd sechseckig; wärmeliebende Art an Steineiche im Mittelmeerraum: Mediterrane Wabentramete (s. S. 205)
- Poren oft lamellig, gern an verbautem Holz (Geländer, Balken): Blättlinge (s. S. 206)

Schmetterlings-tramete, Schmetterlings-porling

Trametes versicolor (L.: Fr.) Pilát

Die Schmetterlingstramete ist die vermutlich häufigste Porlingsart in Mitteleuropa. Sie kommt auf Laubholz aller Art in Wäldern, Bachtälern, Gärten und Parks vor, ist aber auch an Nadelholz zu finden. Lediglich in Flussauen begegnet man ihr nicht ganz so häufig; sie wird dort zumindest stellenweise durch andere, auf Auen-Weichhölzer spezialisierte Arten ersetzt. Die gezonten, fächer- oder rosettenförmigen Hüte können schwarze, braune, blaue, ockerfarbene, rötliche, im Alter durch Algenbewuchs sogar grüne Farbtöne aufweisen und haben meist weiße Zuwachskanten.

Auf liegenden Stämmen oder der Schnittfläche von Baumstümpfen gruppieren sich die zusammenfließenden Fruchtkörper der Schmetterlingstramete oft in Rosettenform.

Fruchtkörper: 3–10 x 0,1–0,3 cm, nieren- bis fächerförmig, rosettig, oft gesellig neben- und übereinander, Rand dünn, scharf, wellig
Oberfläche: bräunlich, bläulich, rötlich, schwarz, schillernd, auffällig gezont, seidig glänzend, feinsamtig
Poren, Röhren: 2–5 pro mm, eckig, weiß bis cremefarben
Trama, Geruch: weiß, sehr dünn (2 mm), zäh, Geruch aromatisch
Sporenpulver: weiß
Häufigkeit: weit verbreitet, sehr häufig
Vorkommen: ganzjährig; an Stämmen und Stümpfen von Laub- und Nadelholz
Besonderheit: wichtiger Holzabbauer, Weißfäule-Erreger, manchmal Wundparasit
Verwechslung: Zonentramete (s. u.): gelb- bis rotbraun, keine schwarzen Farbtöne, dickfleischiger, im Alter kahl; an Birken, Pappeln, Weiden, seltener

Zonentramete

Trametes multicolor (Schaeff.) Jülich s. str.

In der Gestalt erinnert die Zonentramete an den Schmetterlingsporling (s. o.), ist jedoch im Normalfall an der stärker höckerigen Ansatzstelle und der nicht „bunten“, sondern meist einfarbig ocker- bis rotbraunen Hutfarbe zu erkennen. Der Unterschied fällt besonders ins Auge, wenn beide Arten, was gelegentlich vorkommt, zusammen am gleichen Substrat auftreten. Hauptwirt der Zonentramete ist in Mitteleuropa die Birke. Übergangsformen, die Merkmale beider Arten zumindest teilweise vereinen, sind manchmal schwer zu bestimmen, da es auch mikroskopisch kaum gute Unterscheidungskriterien gibt.

Fruchtkörper: 3–10 x 0,5–1 cm, muschel- bis tellerförmig, rosettig, Rand dünn, scharf, wellig
Oberfläche: ockerbraun, orangegelblich, hell rotbraun gezont, feinsamtig, filzig, an der Anwachsstelle höckerig
Poren, Röhren: 3–4 pro mm, eckig, weiß bis cremefarben, Röhren 1–4 mm lang
Trama, Geruch: weiß, zäh, Geruch schwach säuerlich
Geschmack: mild
Sporenpulver: weiß
Häufigkeit: weit verbreitet, viel seltener als die Schmetterlingstramete
Vorkommen: ganzjährig; an Stümpfen von Laubholz, v. a. Birken, seltener Nadelholz
Besonderheit: Weißfäule-Erreger
Verwechslung: Schmetterlingstramete (s. o.): sehr farbvariabel, schillernd, am Ansatz dünnfleischiger, sehr häufig. – Striegelige Tramete (s. S. 203): stark striegelig behaart, heller, schwach gezont

Auf der Schnittfläche eines Moorbirkenstumpfs wuchs diese prächtig entwickelte Zonentramete. Gut ausgeprägt ist die höckerige Ansatzstelle.

Striegelige Tramete

Trametes hirsuta (Wulf.: Fr.) Pilát

Kennzeichnend für die Striegelige Tramete ist ihre Vorliebe für trockenes Holz, das viele andere Porlinge nicht besiedeln können. Ihr Revier sind Kahlschläge, Holzlagerplätze, Brombeergebüsche, lichte Wälder, Dämme – überall dort, wo relativ frisches Totholz starker Sonnenbestrahlung ausgesetzt ist. An Reisig ist sie ebenso zu finden wie an Stümpfen und Stämmen. Die Striegelige Tramete hat einen Doppelgänger, den Laubholz-Blättling, der an den gleichen Standorten vorkommen kann, aber eine rein lamellige Unterseite besitzt. Von oben fällt es selbst Fachleuten manchmal schwer, die beiden Arten auseinander zu halten.

Striegelige Trameten sind frisch in verschiedenen Braun- und Grautönen gezont. Ältere Exemplare werden von Algen „begrünt".

Fruchtkörper: 3–10 x 0,5–1 cm, halbkreis- bis nierenförmig, oft in Rosetten
Oberfläche: weiß bis grauweiß, striegelig-filzig, wellig gezont, Rand wellig bis gekerbt, jung braun; oft durch Algenbewuchs grün
Poren, Röhren: Poren 2–4 pro mm, rundlich bis eckig, weißlich bis gelbgrau, Röhren 1–4 mm
Trama, Geruch: 2–6 cm, weißlich, zäh, Geruch schwach nach Anis
Geschmack: bitter
Sporenpulver: weiß
Häufigkeit: sehr häufig
Vorkommen: Herbst bis Frühjahr; an Stümpfen und toten Stämmen von Laubholz, selten Nadelholz
Besonderheit: Weißfäule-Erreger
Verwechslung: Laubholz-Blättling *(Lenzites betulina)*: Unterseite mit weißlichen, anastomosierenden Lamellen. – Samtige Tramete *(T. pubescens)*: rein weiß, feinsamtig, meist kleiner, sehr kurzlebig, an Laubholz, seltener

Buckeltramete

Trametes gibbosa (Pers.: Fr.) Fr.

Ein großer Baumstumpf im Buchenwald, über und über mit Buckeltrameten bewachsen, ist oft schon weitem zu erkennen. Der Pilz kann in der „Optimalphase" der Holzzersetzung dutzende von stattlichen, fächerförmigen Fruchtkörpern ausbilden. Die weiße Grundfarbe wird schon bald vom Grün der Algen überlagert, die sich auf der Hutoberseite ausbreiten. Das wichtigste Bestimmungsmerkmal sind die in charakteristischer Weise radial verlängerten weißen Poren. Es sieht so aus, als sei der Pilz in der Evolution vom Poren- zum Lamellenpilz (oder umgekehrt) auf halbem Wege stehen geblieben.

Fruchtkörper: 5–20 cm, fächer- bis halbkreisförmig
Oberfläche: weiß- bis blassocker, gezont, durch Grünalgen grün gefärbt, jung samtig, alt kahl, höckerig
Poren, Röhren: 1–5 mm lang, radial verlängert (nie rund), weißlich
Trama, Geruch: 1–4 cm, weiß, korkig, Geruch säuerlich
Geschmack: bitterlich
Sporenpulver: weiß
Häufigkeit: weit verbreitet, sehr häufig
Vorkommen: Herbst bis Frühjahr; an Stümpfen und abgestorbenen Stämmen von Laubholz, v. a. Buche
Besonderheit: Weißfäule-Erreger
Verwechslung: Striegelige Tramete (s. o.): weiß, striegelig behaart, gezont, 2–4 Poren pro mm, weiß bis grau. – Laubholz-Blättling *(Lenzites betulina)*: striegelig filzig, unterseits mit anastomosierenden Lamellen, an totem Laubholz

Grünalgen haben sich auf der Hutoberfläche breit gemacht; nur noch die Randzone zeigt die weiße Grundfarbe.

Anistramete

Trametes suaveolens (L.: Fr.) Fr.

Meist erst im Herbst entwickeln sich an geschädigten oder bereits abgestorbenen Weidenstämmen und -ästen die weißen oder hell graubraunen Fruchtkörper der Anistramete. Frisch strömen sie einen sehr intensiven Anisgeruch aus, der auch noch in einigen Metern Entfernung wahrgenommen werden kann, sodass man mitunter erst durch ihn auf den Pilz aufmerksam wird. Lediglich im hohen Norden und Nordosten Europas gibt es noch einen anderen Porling mit vergleichbarem Duft, den Nordischen Anisporling *(Haploporus odorus)*.

Ein Weidenstumpf mit Stockausschlägen ist von der Anistramete besiedelt.

Fruchtkörper: 2–12 x 1–4 cm, halbkreis- bis konsolenförmig, oft dachziegelig übereinander, Rand scharf
Oberfläche: weiß bis grauweiß oder hellgraubraun, feinfilzig bis kahl
Poren, Röhren: 1–2 pro mm, rundlich bis eckig, weiß bis cremefarben, später braun, Röhren 10–15 mm lang
Trama, Geruch: weiß, zäh, Geruch nach Anis
Sporenpulver: weiß
Häufigkeit: zerstreut, in Gewässernähe ortshäufig
Vorkommen: ganzjährig; in Auwäldern, an Bachläufen etc., an Stümpfen und alten Stämmen von Weiden und Pappeln
Besonderheit: Weißfäule-Erreger
Verwechslung: aufgrund des Anisgeruchs, der weißen Farbe und des Vorkommens an Weide nicht zu verwechseln

Etwa einen Meter hoch am vorgeschädigten Stamm einer alten Esche wachsen mehrere Dunkle Borstentrameten.

Dunkle Borstentramete

Coriolopsis gallica (Fr.) Ryv.

Die den echten Trameten nahestehenden Borstentrameten sind nördlich der Alpen vor allem in wärmebegünstigten Flussauen zu finden; es ist aber gut möglich, dass sie sich im Zuge der Klimaerwärmung auch in anderen Gebieten weiter ausbreiten. Es gibt lediglich zwei Arten: die vorwiegend an Esche wachsende Dunkle Borstentramete mit dunkelbrauner, bei Benetzung mit Kalilauge (KOH) schwärzender Trama, und die Blasse Borstentramete mit hell holzbrauner Trama, deren Hauptwirt die Pappel ist.

Fruchtkörper: 10–15 x 1–3 cm, halbrund bis konsolenförmig, oft reihig, resupinat, Rand dünn, scharf, wellig
Oberfläche: rost- bis dunkelgraubraun, gezont, steif striegelig-behaart, feinsamtig, filzig, an der Ansatzstelle ziemlich breit, unregelmäßig
Poren, Röhren: 1–3 pro mm, rundlich-eckig, ocker- bis dunkelbraun, Röhren bis 10 mm lang
Trama, Geruch: braun, korkig, zäh, mit KOH schwarz, Geruch unauffällig
Sporenpulver: weiß
Häufigkeit: selten, in süddeutschen Flußauen häufiger, RL 3
Vorkommen: ganzjährig; Auwälder, an Stümpfen von Laubholz, v. a. an Eschen, wärmeliebend
Besonderheit: Weißfäule-Erreger
Verwechslung: Blasse Borstentramete *(C. trogii)*: Trama heller, keine KOH-Reaktion, meist an Pappel. – Rötende Tramete (s. u.): Fruchtkörper flacher, frische Poren auf Druck rötend, ohne Hutfilz, häufig, an Laubholz aller Art

Rötende Tramete

Daedaleopsis confragosa (Bolt.: Fr.) Schroet.

Die Rötende Tramete ist zumindest in Fluss- und Bachauen, in Erlenbrüchen und anderen Feuchtgebieten einer der häufigsten Porlinge, kommt aber auch an trockeneren Standorten vor. Sie wäre leicht bestimmbar, wenn das namensgebende Merkmal bei allen Exemplaren, die man findet, gut ausgeprägt wäre – nur ist das leider nicht immer der Fall: Zur charakteristischen Rosaverfärbung der Poren auf Druck kommt es nur bei frisch gewachsenen Exemplaren im Herbst. Nicht selten findet man auch eine rothütige Form, die auf der Unterseite keine Poren, sondern Lamellen hat.

Fruchtkörper: 5–15 cm, halbkreisförmig
Oberfläche: hellbraun bis dunkelrot, gezont und gefurcht, jung feinsamtig, alt kahl, uneben, krustig verhärtet
Poren, Röhren: eckig, radial verlängert bis labyrinthisch-lamellig (var. *tricolor* rein lamellig), weiß bis ockerrosa, frisch auf Druck dunkelrosa bis weinrot fleckend
Trama, Geruch: 2–6 cm, blass bräunlich, korkig, zäh, Geruch säuerlich, alt geruchlos
Sporenpulver: weiß
Häufigkeit: sehr häufig
Vorkommen: Herbst bis Frühjahr; Auwälder, an totem, stehendem Laubholz, v. a. Erle, Weide, Birke
Besonderheit: Weißfäule-Erreger, Charakterpilz der Auwälder
Verwechslung: Blasse Borstentramete *(Coriolopsis trogii)*: Oberfläche zottig-filzig, Poren nicht verlängert, Fruchtkörper dick; Auwälder, v. a. an Pappel, seltener

Die radial verlängerten Poren der Rötenden Tramete verfärben sich auf Druck rosa.

Angebrannte Rauchporlinge haben von einem Buchenstumpf Besitz ergriffen. Die eingeschlossenen Efeublätter wachsen nicht etwa durch den Pilz hindurch, sondern werden von diesem umwachsen.

Angebrannter Rauchporling

Bjerkandera adusta (Willd.: Fr.) P. Karst.

Ähnlich häufig wie die Schmetterlingstramete (s. S. 202) ist der Angebrannte Rauchporling. Beide sind nicht wählerisch in der Wahl ihres Substrats und kommen manchmal sogar am gleichen Stamm vor. Auf Druck verfärben sich die winzigen grauen Poren des Rauchporlings rasch schwarz. Beim verwandten Gelbbraunen Rauchporling, der vorzugsweise an Weidenholz wächst, schwärzen die Poren nicht, doch sind bei ihm Röhren und Trama durch eine sehr typische dunkelbraune Linie voneinander getrennt.

Fruchtkörper: 2–10 cm breit, halbkreis- bis muschelförmig, dachziegelig übereinander, oft krustenförmig
Oberfläche: ocker- bis graubraun, gezont, feinsamtig, runzelig, Randzone weiß, im Alter grauschwarz
Poren, Röhren: 4–6 pro mm, grau- bis grauschwarz, auf Druck schwärzend, Röhren weit herablaufend, mit grauschwärzlicher Linie von der weißen Trama getrennt
Trama, Geruch: weißlich, dünn, lederig, zäh, Geruch säuerlich, nach feuchtem Holz
Geschmack: zusammenziehend
Sporenpulver: weiß
Häufigkeit: häufig
Vorkommen: einjährig, an Laub- und Nadelholz, v. a. Buche
Besonderheit: Weißfäule-Erreger
Verwechslung: Graugelber Rauchporling *(B. fumosa)*: Poren weißlichgelb, auf Druck schwach bräunend, Trama dicker, in Auwäldern, v. a. an Weiden

Zinnobertramete

Pycnoporus cinnabarinus (Jacqu.: Fr.) P. Karst.

Eigentlich ist es ein Paradox, dass man einen xerophilen („trockenheitliebenden") Pilz vor allem in Feuchtgebieten findet. Die Zinnobertramete profitiert jedoch von der hohen Sonneneinstrahlung auf Moorflächen und in lichten Auwäldern, wo sie gerne totes Birken- und Erlenholz besiedelt, bisweilen aber auch als Wundparasit an noch lebenden Stämmen auftritt. Man erkennt sie sofort an der roten Farbe in allen Teilen des Fruchtkörpers; selbst das Myzel ist rot und färbt stellenweise sogar das befallene Holz.

Die Zinnobertramete war einer der wenigen Pilze, die von der großen Trockenheit 2003 profitierten.

Fruchtkörper: 3–10 cm, konsolenförmig, meist einzeln
Oberfläche: ziegel-, zinnober- oder blutrot, fast kahl, Rand scharf
Poren, Röhren: 2–3 pro mm, eckig bis rundlich, zinnoberrot
Trama, Geruch: 0,5–2 cm, zinnoberrot, zäh, faserig, geruchlos
Sporenpulver: weiß
Häufigkeit: weit verbreitet, aber nicht überall, in heißen Jahren häufiger
Vorkommen: einjährig; sonnenexponierte Kahlschläge, tote Stämme, Äste von Laubholz, selten Nadelholz
Besonderheit: Weißfäule-Erreger
Verwechslung: aufgrund der Farbe nicht verwechselbar

Mediterrane Wabentramete

Apoxona nitida (Dur. & Mont.) Donk

Am glatten, gezonten, tabak- bis rotbraunen Hut und den ähnlich gefärbten, wabenförmigen Poren ist dieser ungewöhnliche Pilz leicht zu erkennen. Seine Heimat sind die Steineichenwälder Südeuropas und Nordafrikas. Nördlich der Alpen ist die streng thermophile (wärmeliebende) Art bisher unbekannt. Da jedoch im Zuge der Klimaerwärmung immer mehr mediterrane Arten den Sprung über die Alpen schaffen, lässt es sich nicht ausschließen, dass eines Tages auch die Mediterrane Wabentramete in Mitteleuropa auftaucht. Ihr Vorkommen sollte Pilzberatungsstellen oder Botanischen Instituten gemeldet werden.

Fruchtkörper: 5–12 x 1–4 cm, flach gewölbt, halbkreis- bis nierenförmig, Mitte gebuckelt
Oberfläche: tabak- bis rotbraun, eng gezont, glänzend, Rand zimtbraun, glänzend, umgebogen
Poren, Röhren: Poren 2–3 pro mm, dunkel- bis tabakbraun, mehreckig, wabenförmig, grauweiß gerandet; Röhren 1–3 cm lang, hell graubraun, herablaufend
Trama, Geruch: 2–5 mm dick, braun, weich-korkig, Geruch süßlich
Geschmack: mild
Sporenpulver: weiß
Häufigkeit: nördlich der Alpen fehlend, im Mittelmeerraum selten
Vorkommen: einjährig, an toten oder absterbenden Eichen, v. a. an Steineichen, wärmeliebend
Besonderheit: Weißfäule-Erreger
Verwechslung: Rötende Tramete (s. S. 204): Poren viel kleiner, frisch auf Druck dunkelrosa fleckend, in Auwäldern, sehr häufig

Ober- und Unterseite der Mediterranen Wabentramete. Die Bestimmung wird durch die Farbe und die außergewöhnlich weiten Poren erleichtert.

Die Reihige Braunfäuletramete kommt sowohl in Nadelwäldern als auch an bearbeitetem Nadelholz wie Balken, Bachverbauungen etc. vor.

Reihige Braunfäuletramete

Antrodia serialis (Fr.) Donk

Im Gegensatz zu den echten Trameten, die zunächst vor allem das Lignin abbauen (Weißfäulepilze), beschränken sich Braunfäuletrameten auf den Abbau des Zelluloseanteils im Holz. Die Reihige Braunfäuletramete wächst meist an Fichtenholz und bildet dort lange Beläge mit kleinen braunfilzigen Hütchen. Wenn diese Hutbildung unterbleibt, wird die Unterscheidung von anderen weißen, rein krustenförmigen (resupinaten) Porlingen schwierig und ist manchmal nur mikroskopisch möglich.

Fruchtkörper: 5–15 x 0,5 cm, unregelmäßig, resupinat, knotig bis konsolenförmig, oft dachziegelig, leicht vom Substrat ablösbar
Oberfläche: weißlich bis gelbbraun, Rand weiß, wellig verbogen
Poren, Röhren: 2–4 pro mm, weißlich, rund bis eckig, Röhren bis 5 mm lang
Trama, Geruch: weiß, zäh, korkig, Geruch unauffällig
Sporenpulver: weiß
Häufigkeit: häufig
Vorkommen: ganzjährig; an Stümpfen und toten Stämmen von Nadelholz, v. a. Fichten, auch an verbautem Holz, z. B. Zäunen
Besonderheit: Braunfäule-Erreger
Verwechslung: Wurzelschwamm (s. S. 206): Oberseite braunrot, Hüte breiter, an Wurzelholz

Wurzelschwamm

Heterobasidion annosum (Fr.) Bref.

Kein Pilz ist bei Förstern und Waldbesitzern so gefürchtet wie der Wurzelschwamm. Insbesondere jüngere Fichten-Aufforstungen auf zuvor landwirtschaftlich genutztem Boden werden bisweilen flächendeckend befallen. Die mehrjährigen Fruchtkörper erscheinen meistens in der Wurzelregion, der Pilz schädigt aber den Kern des gesamten Stammes und kann an abgestorbenen Bäumen noch lange weiterwachsen. Auch Laubbäume sind gegen die Attacken des aggressiven Parasiten nicht gefeit.

Fruchtkörper: 5–15 cm, unregelmäßig, krusten- bis konsolenförmig
Oberfläche: braunrot bis hellbraun, alt schokoladenbraun, unregelmäßig gefurcht, zoniert, kahl, höckerig, frische Zuwachskante cremeweiß, wellig verbogen
Poren, Röhren: 2–4 pro mm, weißlich bis aprikosengelb, rundlich, herablaufend, Röhren mehrschichtig
Trama, Geruch: 0,5–3 cm dick, hell holzfarben, holzig, hart, Geruch süßlich
Sporenpulver: weiß
Häufigkeit: häufig
Vorkommen: mehrjährig; an Stümpfen, Stämmen und Wurzeln von Nadelholz, v. a. Fichte, seltener Laubholz
Besonderheit: Wurzel- und Stammfäule-Erreger, v. a. in gepflanzten Beständen, gefährlicher Forstschädling
Verwechslung: Reihige Braunfäuletramete (s. S. 205): leicht vom Substrat (totes Fichtenholz, Bauholz) ablösbar, Hüte schmaler, kleiner

Fast symmetrisch präsentiert sich ein Wurzelschwamm auf beiden Seiten einer Fichtenwurzel.

Ein Zaunblättling in der Stammwunde einer Fichte. Vorkommen an lebendem Holz sind bei diesem Pilz eher die Ausnahme.

Zaunblättling

Gloeophyllum sepiarium (Wulf.: Fr.) P. Karst.

Es gibt einige Porlinge, deren Vorkommen sich voraussagen lässt: Den Zaunblättling wird man in jedem nicht zu feuchten Nadelwald finden, mit noch größerer Sicherheit aber an Holzplätzen, auf denen trockenes Fichten-, Kiefern- oder Tannenholz lagert. Er ist an bearbeitetem Nadelholz wie Balken, Eisenbahnschwellen oder Brettern mindestens genauso häufig wie an Stämmen und Stümpfen im Wald und kommt auch in Gärten vor. Vorsicht ist geboten, wenn der aggressive Braunfäuleerreger an tragenden Holzkonstruktionen wie Brückengeländern, Balkonbrüstungen oder Treppenstufen auftaucht.

Fruchtkörper: 2–15 cm, hutbildend, kreisel-, fächer- bis nierenförmig, oft in Rosetten oder dachziegelig
Oberfläche: tabak- bis rotbraun, konzentrisch wellig gefurcht und gezont, striegelig-filzig, alt oft kahl, frische Zuwachszone orangegelb
Poren, Röhren: orange- bis graubraun, labyrinthisch bis lamellig, anastomosierend
Trama, Geruch: dunkelbraun, dünn, zäh-lederig, geruchlos
Geschmack: mild bis bitter
Sporenpulver: weiß
Häufigkeit: sehr häufig
Vorkommen: ein- bis mehrjährig; an Stümpfen und toten Stämmen von Nadelholz, v. a. Fichten, auch an verbautem Holz, z. B. Zäunen, Telegrafenmasten; trockene Standorte
Besonderheit: Braunfäule-Erreger
Verwechslung: Tannenblättling *(G. abietinum)*: graubraun, reihig mit schmaler Hutkante, Lamellen breit, an Nadelholz. – Balkenblättling *(G. trabeum)*: mittelbraun, Lamellen engstehend, anastomosierend, an Laub- und Nadelholz

Fenchelporling

Gloeophyllum odoratum (Wulf.: Fr.) Imazeki

Der Duft frischer Fenchelporlinge wurde nicht nur mit Fenchel, sondern auch schon mit dem von Vanille, Anis oder feinem Gebäck verglichen. Da er meist in Bodennähe auf alten bis sehr alten Fichtenstümpfen wächst, lohnt es sich, vor ihm auf die Knie zu gehen und an ihm zu schnuppern. Auch optisch gibt der Fenchelporling einiges her: Seine wulstigen Zuwachskanten sind frisch leuchtend orange – ein Farbtupfer im ansonsten eher düsteren Nadelwald.

Fruchtkörper: 5–20 x 1–4 cm, knollen-, polster- bis konsolenförmig
Oberfläche: gelb- bis zimtbraun, höckerig, buckelig, filzig, alt kahl, Zuwachszone orangegelb; alte überwinterte Fruchtkörper dunkelbraun bis schwarz, Rand wulstig
Poren, Röhren: Poren gelb bis zimtbraun, 1–2 pro mm, rundlich, Röhren 5–10 mm lang, geschichtet
Trama, Geruch: rostbraun, dick, korkartig, Geruch intensiv nach Fenchel, Vanille oder Anis
Geschmack: mild bis bitterlich
Sporenpulver: weiß
Häufigkeit: sehr häufig
Vorkommen: mehrjährig; in Fichtenwäldern, an alten Stümpfen und Stämmen von Fichten, seltener auch Tannen
Besonderheit: Braunfäule-Erreger
Verwechslung: am Geruch und Standort leicht zu erkennen

Die orangefarbenen Zuwachskanten zeigen, mit welcher Vitalität der mehrjährige Fenchelporling in die neue Vegetationsperiode geht.

Stielporlinge *(Polyporus)*, einjährige Porlinge aus verschiedenen Gattungen, Leberreischling *(Fistulina)*

Die ca. fünfzehn mitteleuropäischen Stielporlinge (*Polyporus*) sind einjährige, zentral oder seitlich gestielte Arten, die sich in Größe und Form, Erscheinungszeit und ökologischen Ansprüchen deutlich voneinander unterscheiden und – von wenigen Ausnahmen abgesehen – auch ohne Mikroskop gut bestimmbar sind.

Die folgenden Gattungen, von denen die meisten mit jeweils nur einer oder zwei Arten in Mitteleuropa vertreten sind, lassen sich wie folgt charakterisieren:

Große, leuchtend gelbe oder schuppige Porlinge, ab Mai an Laubbäumen:
- leuchtend gelb, vor allem an Weide, Eiche, Obstbäumen: Schwefelporling (s. S. 208)
- auf ockerfarbenem Grund schwarzschuppig: Schuppiger Porling (s. S. 209)

Sklerotien-Stielporling
(Polyporus tuberaster)

Große, dunkel blutrote oder rostbaune, saftige Fruchtkörper, an Eiche oder anderen Laubbäumen:
- fast ausschließlich an Eiche: Leberreischling (s. S. 212)
- an Esche, Ahorn, Obstbäumen, Oberfläche filzig-zottig: Zottiger Schillerporling (s. S. 196)

Hutoberfläche hellbraun, glatt, Poren weiß, nur an Birke:
- Birkenporling (s. S. 209)

Große bis sehr große Arten mit vielen kleinen Einzelhüten, die einem gemeinsamen Strunk entspringen:
- Stiele zentral, meist scheinbar auf Erdboden (über vergrabenem Holz): Eichhase (s. S. 209)
- Stiele seitenständig, meist am Grunde alter Eichen: Klapperschwamm (s. S. 209)

Mittelgroße bis sehr große Arten; kreiselförmig oder mit wenigen halbkreis- bis fächerförmigen Einzelhüten:
- an Laubholz, Poren winzig, schwärzend; Geschmack mild: Riesenporling (s. S. 210)
- an Tanne, Poren größer, nicht schwärzend; Geschmack bitterlich: Bergporling (s. S. 210)
- an Laub- und Nadelholz oder scheinbar auf dem Erdboden an vergrabenem Holz; kreiselförmig, Poren rötend: Rötender Saftwirrling (s. S. 210)
- [wenn kreiselförmig, aber nicht rötend: Braunporling, s. u.]

meist an Nadelholz, junge Fruchtkörper gelb:
- erst knollig, dann zungenförmig, jung gelb, später weiß: Nördlicher Schwammporling (s. S. 211)
- kreisel- oder halbkreisförmig, „gelbe Phase" nur sehr kurz, bald braun, alt schwarz: Braunporling (s. S. 210)

Mittelgroße, weiße, halbkreis- bis zungenförmige Porlinge an Stammwunden von Laubbäumen:
- Apfelbaum-Saftporling und Laubholz-Schwammporling (s. S. 212)

Kleinere, braune oder bläuliche Arten
- braun, mit Kalilauge violett: Zimtfarbener Weichporling (s. S. 211)
- bläulich: Blauer Saftporling (s. S. 212)

Unter den wenigen Frischpilzen im Winterhalbjahr ist der zentral gestielte, graubraune Winterporling einer der häufigsten.

Winterporling, Winter-Stielporling

Polyporus brumalis Pers.: Fr.

Nur zwischen Oktober und März kommt der Winterporling vor. Er wächst an abgefallenen Ästen, an Stämmen und Stümpfen von Laubhölzern und wird im April-Mai abgelöst vom Maiporling, der sich durch winzige, mit bloßem Auge kaum noch erkennbare Poren unterscheidet. Sehr viel seltener ist der Weitlöcherige Porling *(P. arcularius)* mit rhombisch in die Länge gezogenen Poren, der zu den wärmeliebenden Arten gehört.

Hut: 2–8 cm breit, kreisförmig, flach ausgebreitet, Mitte alt leicht trichterig
Oberfläche: dunkelbraun bis schwarz, kahl bis feinfilzig, schuppig; Rand oft haarig
Poren, Röhren: Poren weiß bis cremefarben, eckig, 2–3 pro mm, groß, Röhren herablaufend, bis 1 mm lang
Stiel: 3–6 x 0,5 cm, hell- bis graubraun, fast kahl, zentral bis exzentrisch
Trama, Geruch: weißlich, zäh, dünn, Geruch säuerlich
Geschmack: mild
Sporenpulver: weißlich
Häufigkeit: häufig
Vorkommen: Spätherbst bis Frühjahr; Laubwald, auf Reisig und Stümpfen
Verwechslung: Maiporling *(P. ciliatus)*: filzig bis zottig behaart, Stiel braun genattert, Poren winzig, rundlich, Frühjahr bis Frühsommer. – Wabenporling *(P. mori)*: gelb, Poren groß, wabenartig

Kastanienbrauner Stielporling

Polyporus badius (Pers.: S. F. Gray) Schw.

Der kleinporige Kastanienbraune Stielporling und der sehr weitporige Wabenporling haben nördlich der Alpen eine Vorliebe für wärmebegünstigte Standorte. Auf Frühlingswanderungen in süddeutschen Auenwäldern kann man sie oft gemeinsam finden, wobei allerdings *P. badius* Weiden- und der Wabenporling Eschenholz bevorzugt. Beide Arten kommen aber auch an anderen Laubbäumen wie beispielsweise der Buche vor.

Kastanienbraune Stielporlinge bilden fächerförmige, oberseits braune Hüte und haben sehr kleine, weiße Poren.

Hut: 10–20 cm breit, kreiselförmig, flach ausgebreitet bis trichterförmig
Oberfläche: rotbraun bis schwarz, kahl, glänzend, Rand heller, wellig, uneben
Poren, Röhren: Poren weiß bis cremefarben, rundlich bis eckig, 6–8 pro mm, Röhren herablaufend, 0,5–2 mm lang
Stiel: 1–5 x 0,5–2 cm, schwarz bis dunkelbraun, samtig, zur Basis spitz zulaufend, zentral bis exzentrisch
Trama, Geruch: weißlich, zäh, korkig, dünn, Geruch unauffällig
Geschmack: mild
Sporenpulver: weißlich
Häufigkeit: selten
Vorkommen: ab April, Mai; Au- und Schluchtwälder, an totem Holz v. a. von Weide, Pappel, auch Buche
Besonderheit: Weißfäule-Erreger
Verwechslung: Wabenporling *(P. mori)*: Hut orangegelb, schuppig, Poren groß, wabenartig, Stiel weißlich

Die Braunfäule des Schwefelporlings befällt das Kernholz – hier an einem liegenden Eichenstamm im Stuttgarter Rosensteinpark.

Schwefelporling

Laetiporus sulfureus (Bull.: Fr.) Murr.

„Ja, es gibt auch Baumschwämme, die essbar sind“, schreibt der österreichische Mykologe Heinz Forstinger. „Der Schwefelporling ist einer der wenigen (...). Allerdings nur dann, wenn man die Pilze ganz jung erntet, in einem Zustand also, der an ganz weichen Gouda-Käse erinnert. Kommt man zu spät, dann werden die Fruchtkörper faserig und dadurch ungenießbar.“ Zu spät kommt meist auch jede Hilfe für den Baum, der vom Schwefelporling befallen ist.

Hut: 10–50 x 2–5 cm, konsolen- und fächerförmig, dachziegelig übereinander; sterile Fruchtkörper knollig
Oberfläche: jung orange bis gelb, später verblassend, feinsamtig, Rand schwefelgelb, wellig
Stiel: Poren 3–5 pro mm, rundlich, leuchtend gelb mit gelben Guttationstropfen, Röhren bis 5 mm lang
Trama, Geruch: gelb, dickfleischig, saftig, weich, später brüchig, kreidig; Geruch etwas säuerlich
Geschmack: wie Putenschnitzel, später nach altem Käse
Sporenpulver: weiß
Häufigkeit: häufig
Vorkommen: ab Mai; an lebenden oder toten Stämmen von Eichen, Weiden, Obstbäumen, im Gebirge auch an Nadelholz
Besonderheit: Braunfäule-Erreger
Verwechslung: frisch nicht zu verwechseln

Eichhase

Polyporus umbellatus Pers.: Fr.

Der Fund eines Eichhasen ist für den Naturfreund ein Ereignis wie die Sichtung eines seltenen Brutvogels. In Gestalt und Größe mit der Krausen Glucke (s. S. 191) vergleichbar, besteht er aus einem Strunk mit zahllosen gegabelten Ästen, deren Enden sich zu trichterig vertieften, unterseits mit weißen Poren versehenen Hütchen erweitern. Der ähnliche Klapperschwamm hat größere, seitlich gestielte Hüte und wächst meist direkt am Stammgrund alter Eichen.

Fruchtkörper: verzweigt mit zahlreichen 1–6 cm breiten, flach bis trichterig vertieften, zentral gestielten, runden Hütchen
Oberfläche: ocker- bis graubraun, kahl, flach bis radialfaserig
Poren, Röhren: weiß, eckig, gezähnt, herablaufend
Strunk: 5–10 x 1–3 cm, weiß, dick, reich verzweigt, brüchig mit schwarzbraunem, 5–10 cm breitem, unterirdischem Sklerotium
Trama, Geruch: weiß, Geruch angenehm würzig
Sporenpulver: weiß
Häufigkeit: selten
Vorkommen: Sommer bis Herbst; vergrabene Stümpfe von Laubholz, v. a. Eichen, Buchen; manchmal im Nadelwald über Laubholzresten
Verwechslung: Klapperschwamm *(Grifola frondosa)*: büschelig, Hüte größer und lateral gestielt

Nahaufnahme aus dem „Innenleben" eines älteren Eichhasen: Der gesamte Pilz war 60 cm breit und 50 cm hoch.

Dieser junge Eichhase wuchs in einem Nadelwald. Dies ist möglich, solange noch Reste früherer Laubholzbestände im Boden liegen.

Birkenporling

Piptoporus betulinus (Bull.: Fr.) P. Karst.

Der „Mann aus dem Eis", der seine letzte Ruhestätte im Bozener Museum fand, hatte zwei Pilze in seinem Wandergepäck dabei – den Zunderschwamm (s. S. 200) und den Birkenporling, der in der Naturheilkunde unserer Vorfahren als blutstillendes Mittel Verwendung fand. Bestimmungsprobleme bereitet dieser Pilz keine: Er wächst ausschließlich an Birken und ist in Form und Farbe unverwechselbar. Manchmal wächst er am gleichen Stamm wie der Glatte Feuerschwamm *(Phellinus laevigatus)*.

Ein großer Birkenporling an einer alten Birke. Die Größe richtet sich nach der Substratmenge und den aktuellen Klimaverhältnissen.

Fruchtkörper: 2–5 x 5–30 cm, nierenförmig, mit verdickter Ansatzstelle
Oberfläche: grau- bis milchkaffeebraun, kahl, glatt, lederig, Rand wulstig, eingebogen
Poren, Röhren: 3–4 pro mm, rund bis eckig, weiß bis cremefarben, Röhren leicht von Trama trennbar
Trama: weiß, weich, korkartig-schwammig
Geschmack: bitterlich, adstringierend
Sporenpulver: weiß
Häufigkeit: häufig
Vorkommen: Sommer bis Herbst; Mischwälder, Parks, ausschließlich an geschwächten oder toten Birken, einjährig
Besonderheit: Braunfäule-Erreger; in der Naturheilkunde als blutstillendes Mittel verwendet
Verwechslung: kaum möglich

Schuppiger Porling

Polyporus squamosus Huds.: Fr.

Der Schuppige Porling mit seinen raschwüchsigen, am Ende bis über einen halben Meter breiten Fruchtkörpern ist ein typischer Wund- oder Schwächeparasit, der sich in Astlöchern und/oder anderen verletzten Stellen von Laubbäumen ansiedelt – mit regional unterschiedlichen Präferenzen für Buche, Ahorn, Esche, Rosskastanie oder Walnuss. Der Sklerotien-Stielporling (s. S. 207) sieht aus wie ein zu klein geratener Schuppiger Porling. Er wächst aus einem rundlichen, unterirdischen Sklerotium hervor. Als „Pilzstein" wurde die Art in Südeuropa früher gezüchtet.

Schuppige Porlinge in der Stammwunde einer alten Buche. Der Pilz verursacht eine aggressive Weißfäule.

Hut: 10–50 cm breit, nieren- bis fächerförmig, ausgebreitet, Mitte alt trichterig
Oberfläche: blass ockergelb, mit gelb- bis dunkelbraunen, breiten, konzentrisch angeordneten Schuppen, glatt, schwach klebrig, Rand umgebogen
Poren, Röhren: Poren weiß bis cremefarben, eckig, 1–2 pro mm, groß, Röhren herablaufend, nicht vom Hut ablösbar, bis 1 mm dick
Stiel: 3–10 x 2–5 cm, oben weiß, unten schwarzfilzig; dick, kurz, zentral bis exzentrisch
Trama, Geruch: weißlich, weich, später zäh, Geruch mehlig bis säuerlich
Geschmack: mild
Sporenpulver: weißlich
Häufigkeit: häufig

Vorkommen: Frühling bis Sommer; Parks, Alleen, an lebendem oder totem Laubholz
Besonderheit: Wundparasit, Weißfäule-Erreger
Verwechslung: Sklerotien-Stielporling (s. S. 207): Hut 3–10 cm, faserschuppig; bildet bis zu kopfgroße, im Boden vergrabene Sklerotien

Riesenporling

Meripilus giganteus Pers.: Fr.

Die oft rosettenförmig am Stammgrund alter Laubbäume oder um deren Stümpfe herum angeordneten Hüte mit den auf Druck schwärzenden Poren des Riesenporlings können bis zu einem Meter Durchmesser erreichen. Wenn Riesenporlinge an öffentlichen Plätzen auftreten, sollte der befallene Baum beizeiten auf seine Sicherheit überprüft werden. Auf den ersten Blick ähnlich ist der Bergporling, der aber an alten Tannen wächst, bitterlich schmeckt und dessen Poren nicht schwärzen.

Die fächerförmigen Hüte des Riesenporlings sind nicht zu übersehen, besonders, wenn sie an Park- und Alleebäumen wachsen.

Fruchtkörper: Gesamtpilz 20–100 cm breit (Einzelfruchtkörper 10–30 x 1–3 cm), konsolen- bis fächerförmig, dachziegelig übereinander, einer knolligen Basis entspringend
Oberfläche: gelb- bis ockerbraun, gezont, kahl, Randzone weißlich, wellig, oft eingeschnitten
Stiel: Poren 3–5 pro mm, weißlich, auf Druck braunschwarz verfärbend, Röhren bis 10 mm lang
Trama, Geruch: weiß, weich, Geruch pilzartig
Geschmack: mild
Sporenpulver: weiß
Häufigkeit: häufig
Vorkommen: Sommer bis Herbst; an Stümpfen oder in Bodennähe an lebenden oder abgestorbenen Stämmen v. a. von Buchen
Besonderheit: Schwächeparasit, aggressiver Weißfäule-Erreger
Verwechslung: Klapperschwamm *(Grifola frondosa)*: Hüte gestielt, Poren weiß, nicht schwärzend, selten, RL 3. – Bergporling *(Bondarzewia mesenterica)*: Geschmack bitter, an Tanne, im Gebirge, selten

Braunporling

Phaeolus spadiceus (Pers.: Fr.) Rauschert

Der Braunporling ist ein Verwandlungskünstler: Wenn er direkt an den befallenen Stämmen wächst, tritt er in der typischen halbkreis- oder konsolenförmigen „Porlingsform" auf. An Stümpfen und auf dem Erdboden über altem Wurzelholz bildet er aber auch große, kreisel- oder rosettenförmige Fruchtkörper aus. Er kommt vor allem an Nadelbäumen, manchmal aber auch an Laubholz vor. Jung ist er mit einem lebhaft goldgelben Flaum überzogen, doch hält diese Phase nicht lange an.

Fruchtkörper: 10–30 cm, kreisel-, halbkreis- bis rosettenförmig, manchmal dachziegelig, gestielt oder ungestielt
Oberfläche: jung lebhaft gelb, später rostbraun, grob filzig, höckerig-grubig, Rand grüngelb
Poren, Röhren: 1–4 pro mm, eckig, oft unregelmäßig bis labyrinthisch, oliv bis grüngelb, auf Druck dunkelbraun
Trama, Geruch: gelb, später rostfarben, weich, wässrig; trocken sehr brüchig, geruchlos
Sporenpulver: strohgelblich
Häufigkeit: weit verbreitet, ziemlich häufig
Vorkommen: Frühsommer bis Herbst; Mischwälder, Parks, am Stammgrund von alten, lebenden Kiefern, Lärchen, seltener an Laubholz
Besonderheit: Braunfäule-Erreger
Verwechslung: junge, gelbe Fruchtkörper sind mit dem Schwefelporling (s. S. 208) verwechselbar

Ein teilweise noch mit goldgelbem Jugendflaum überzogener Braunporling in ca. 2 m Höhe an einer abgestorbenen Kiefer.

Ein junger Rötender Saftwirrling in einer Stuttgarter Grünanlage. Die Grashalme werden vom Pilz nicht verdrängt, sondern umwachsen.

Rötender Saftwirrling

Abortiporus biennis (Bull.: Fr.) Sing.

Der Rötende Saftwirrling wird oft in bebautem Gelände gefunden, in Grünanlagen und Parks, Gärten, am Rande von Sportplätzen usw., wo er sehr große, zähe, trichter- oder rosettenförmige Fruchtkörper bilden kann, die nicht selten miteinander verwachsen sind. Er ist Holzbewohner, obwohl man es nicht immer sofort sieht, weil das Substrat im Boden vergraben sein kann. Ein gutes Kennzeichen des vielgestaltigen Pilzes sind die länglichen, zerschlitzten bis labyrinthischen Poren, die im frischen Zustand auf Druck röten.

Fruchtkörper: sehr variabel, trichterförmig, ausgebreitet, spatelig, rosettenförmig, kompakt
Oberfläche: rötlich bis schmutzigbraun, rau behaart, scheidet beim Wachsen rötliche Tropfen aus
Poren, Röhren: 1–3 pro mm, unregelmäßig-labyrinthisch, graurosa bis bräunlich, auf Druck rötend
Stiel: 1–7 x 1–3 cm, zentral oder seitenständig, manchmal fehlend
Trama, Geruch: zweischichtig: oben schwammig, dunkel; unten zäh, weiß, Geruch unangenehm
Sporenpulver: weiß
Häufigkeit: weit verbreitet, ortshäufig
Vorkommen: Sommer bis Herbst; Laubwald, Auwälder, Parks, Wegränder, an Laubholzresten im Boden, selten an Nadelholz, einjährig
Verwechslung: Gestielter Filzporling (s. S. 197): Poren nicht rötend, im Fichtenwald

Links: Der Zimtfarbene Weichporling unterscheidet sich von ähnlichen Arten durch die kahle Oberfläche und die zimtbraune Farbe.

Unten: Bisweilen hilft die Chemie bei der Bestimmung: Mit Kalilauge (KOH) verfärbt sich der Zimtfarbene Weichporling lebhaft violett.

Zimtfarbener Weichporling

Hapalopilus rutilans (Pers.: Fr.) P. Karst.

Es ist zwar unwahrscheinlich, dass einen der Appetit auf holzige, zähe Holzpilze überkommt, doch wären solche Gelüste in den meisten Fällen nur für die Zähne gefährlich. Beim Zimtfarbenen Weichporling käme eine handfeste Vergiftung hinzu. Der unscheinbare, einheitlich zimtbraune Pilz wächst zerstreut an Laubholz aller Art (gerne an Eiche, Buche, Hasel und Birke) sowie in Bergwäldern auch an Nadelholz, insbesondere Tanne.

Fruchtkörper: 6–12 x 1–3 cm, halbkreis- bis polsterförmig, Rand scharf
Oberfläche: zimt- bis gelbbraun, nicht gezont, kahl, grubig
Poren, Röhren: Poren 2–4 pro mm, rund bis eckig, zimt- bis graubraun, Röhren 4–10 mm lang
Trama, Geruch: zimtfarben, korkig, weich, mit Lauge sofort purpurviolett verfärbend, geruchlos
Geschmack: mild
Sporenpulver: weiß
Häufigkeit: weit verbreitet
Vorkommen: Sommer bis Herbst; Laubwald, Parks, an toten Laub- und Nadelholzstämmen, Buche, Birke, Hasel, auch an Tanne
Besonderheit: Weißfäule-Erreger, färbt Wolle intensiv violett
Verwechslung: Schwefelporling (s. S. 208): viel größer, intensiv gelb, käsig ausblassend, mit Lauge nicht verfärbend

Nördlicher Schwammporling

Climacocystis borealis (Fr.) Pat.

Der Nördliche Schwammporling erscheint im Spätsommer als gelbe Knolle mit filzig-zottiger Oberfläche an totem Fichten- oder Tannenholz. Da er oft in großer Stückzahl auftritt, ist er im düsteren Nadelwald oft schon von weitem zu erkennen. Binnen weniger Wochen entwickeln sich die Knollen zu handtellergroßen, zungenförmigen weißen Hüten. Getrocknete Exemplare verfärben ockergelb und werden glashart und spröde.

Fruchtkörper: 5–15 x 1–3 cm, erst knollig, dann fächerförmig
Oberfläche: jung gelb, später weißlich bis cremegelb, schuppig-filzig, gefurcht, Rand dünn, gelb
Poren, Röhren: Poren 1–3 pro mm, eckig, weiß bis ockerlich, Röhren 2–6 mm
Trama, Geruch: weißlich, dünn, weich, wässrig; trocken, sehr hart, Geruch angenehm
Geschmack: bitter oder säuerlich
Sporenpulver: weiß
Häufigkeit: in Bergnadelwäldern häufig
Vorkommen: Sommer bis Herbst; an Stümpfen und toten Stämmen von Tannen, Fichten
Besonderheit: Weißfäule-Erreger
Verwechslung: Bitterer Saftporling *(Oligoporus stipticus)*: weiß, kein gelber Rand, Geschmack extrem bitter

Oben: Junge, noch fast kugelige, gelbe Fruchtkörper des Nördlichen Schwammporlings an einem Fichtenstumpf.

Links: Bei fast ausgewachsenen Fruchtkörpern ist nur noch der Randbereich gelb.

Apfelbaum-Saftporling

Tyromyces fissilis (Berk. & Curtis) Donk

Typischer Standort für den Apfelbaum-Saftporling sind Stammhöhlungen alter Apfelbäume in Streuobstwiesen, Gärten und an Straßenrändern. Die Fruchtkörper reichen oft tief in das Astloch hinein. Funde an anderen Substraten und in Auwäldern müssen überprüft werden, da der Laubholz-Schwammporling, ein seltener Doppelgänger, auf den ersten Blick nur schwer zu unterscheiden ist.

Fruchtkörper: 10–20 cm, kissen- bis hufförmig
Oberfläche: weiß bis graubraun, nicht gezont, feinsamtig, Rand wulstig, weiß
Poren, Röhren: Poren 1–2 pro mm, rund bis eckig, weißlich, Röhren 4–30 mm lang
Trama, Geruch: weiß, schwach gezont, schwammig, saftig, beim Trocknen rosa verfärbend, harzig, Geruch säuerlich
Geschmack: mild bis bitterlich
Sporenpulver: weiß
Häufigkeit: zerstreut bis selten, RL 3
Vorkommen: Sommer bis Herbst; Streuobstwiesen, Alleen, in Astlöchern von Laubbäumen, v. a. Apfelbäumen
Besonderheit: Weißfäule-Erreger
Verwechslung: Laubholz-Schwammporling *(Spongipellis spumeus)*: Hut weiß, grob-striegelig, Trama zweischichtig, weiß bleibend, sehr selten

Ein schon etwas betagtes Exemplar des Apfelbaum-Saftporlings in der Stammwunde eines Apfelbaums.

Der Blauende Saftporling, einer der häufigsten Nadelholz-Porlinge. Typisch ist die blaue Hutkante.

Blauender Saftporling

Oligoporus caesius (Schrad.: Fr.) Gilb. & Ryv.

Zu den Saftporlingen gehört eine ganze Anzahl kleiner bis mittelgroßer, z. T. nicht leicht voneinander trennbarer Arten. Den Blauenden Saftporling erkennt man leicht an seinem blauenden Fleisch und dem Vorkommen an Nadelholzstümpfen oder verbautem Nadelholz (Brettern, Verschalungen etc.). An Laubholz kommt eine Parallelart vor *(O. subcaesius)*.

Fruchtkörper: 2–6 x 0,5–1 cm, halbkreis- und konsolenförmig
Oberfläche: blassgrau bis graublau, alt fast schwarz, fein behaart, netzartig, höckerig, Rand weiß
Stiel: Poren 4–5 pro mm, eckig, weißlich, auf Druck blauend, Röhren bis 5 mm lang
Trama, Geruch: weiß bis bläulich, dick, weich, Geruch aromatisch
Geschmack: säuerlich
Sporenpulver: graublau
Häufigkeit: häufig
Vorkommen: Sommer bis Herbst; an totem Nadelholz
Besonderheit: Braunfäule-Erreger
Verwechslung: Fastblauer Saftporling *(O. subcaesius)*: schwächer blauend, auf Laubholz

Leberreischling, Ochsenzunge

Fistulina hepatica (Schaeff.: Fr.) Fr.

An alten Eichen und Edelkastanien erscheint im Sommer bisweilen ein merkwürdiger Pilz, der zwar wie ein großer Porling geformt, tatsächlich aber mit den Porlingen nur entfernt verwandt ist. Man sieht in ihm neuerdings einen „Sammelfruchtkörper", eine Kolonie aus separaten Röhrchen unter einem gemeinsamen Dach. Der Leberreischling ist bis auf die hellere Unterseite blutrot und oft mit roten Tröpfchen besetzt. Die weiche Trama erinnert tatsächlich an das Fleisch einer frischen Ochsenzunge.

Junger, „blutender" Leberreischling an einem Eichenstumpf in einer Hamburger Parkanlage.

Fruchtkörper: 10–30 x 2–6 cm, zungen- bis halbkreisförmig, gewölbt, kurz gestielt
Oberfläche: blutrot bis rotbraun, gelatinös, feinkörnig, Huthaut abziehbar, Rand weißlich
Poren, Röhren: Poren 2–3 pro mm, rund, cremerosa, Röhren blassgelb bis rötlich, 10–15 mm lang, einzeln, nicht verwachsen
Trama, Geruch: rot geadert, faserig, saftig, dick, Geruch angenehm
Geschmack: mild, säuerlich
Sporenpulver: weiß
Häufigkeit: ziemlich selten
Vorkommen: Spätsommer bis Herbst; an Stümpfen und lebenden Stämmen von Eichen, Edelkastanien
Besonderheit: Braunfäule-Erreger
Verwechslung: nicht verwechselbar

Schichtpilze und Rindenpilze *(Stereales, Hymenochaetales)* und andere, Erdwarzenpilze *(Thelephorales)*

Bei den hier vorgestellten Schicht- und Rindenpilzen handelt es sich um ausgewählte Beispiele für Pilze ohne Poren oder Röhren, die in großer Formenfülle lebendes oder totes Holz besiedeln. Einige bilden zum Teil meterlange, voll resupinate (krustenförmige) Beläge auf dem Substrat, andere haben mehr oder weniger deutlich ausgeprägte Hüte. Manche Arten, wie der Violette Schichtpilz *(Chondrostereum purpureum)*, sind als Erreger von Pflanzenkrankheiten bekannt. Anderen, wie dem Mosaikschichtpilz *(Xylobolus frustulatus)*, kommt Bedeutung als Bioindikatoren zu.

Die Schichtpilze (*Stereum*, *Chondrostereum*, *Xylobolus* und einige andere Gattungen) umfassen in Mitteleuropa an die 25 Arten, darunter einige der häufigsten holzbewohnenden Pilze unserer Wälder. Die zähen bis holzig-harten Fruchtkörper sehen, soweit sie Hüte bilden, von oben manchen Porlingen zum Verwechseln ähnlich und sind wie diese bisweilen mit Algen bewachsen. Die Oberfläche (bzw. Hutunterseite) trägt jedoch niemals Poren, sondern ist glatt bis runzelig-höckerig. Die bekannteste und verbreitetste Art, der Zottige Schichtpilz *(Stereum hirsutum)*, ist zusammen mit dem Blattartigen Zitterling *(Tremella foliacea)* im Kapitel über die Gallertpilze (s. S. 226 ff.) abgebildet. Äußerlich und von der Tramakonsistenz her den Schichtpilzen ähnlich sind auch der Rosa Rindenpilz *(Corticium roseum)* und der Blaugraue Fichten-Rindenpilz *(Columnocystis abietina)*.

Andere Gattungen – wie die Fadenstachelpilze *(Mycoacia)* – zeichnet ein stacheliges Hymenophor aus. Bei den Fältlingen und Kammpilzen *(Phlebia)* sowie den Adernzählingen *(Plicatura)* ist es faltig-gewunden, beim Spaltblättling *(Schizophyllum)* fast lamellig. Der Tannen-Fingerhut *(Cyphella digitalis)* bildet glockenförmige Fruchtkörper mit glatter, fertiler Innenseite.

Die Borstenscheiben *(Hymenochaete)* mit ihren bereits unter einer guten Lupe erkennbaren dunkelbraunen Borsten (Setae) gehören zur gleichen Familie wie die Porlingsgattungen *Phellinus*, *Inonotus* und *Onnia* (s. S. 192 ff.), haben aber keine Poren, sondern eine runzelig-unebene Oberfläche.

Der Dünnhäutige Warzenschwamm *(Coniophora arida)* gehört nach neueren Erkenntnissen in die Röhrlingsverwandtschaft (s. S. 38 ff.).

Das Kapitel schließt mit zwei Erdwarzenpilzen und einer Lederkoralle *(Thelephora)*, die sehr unterschiedlich geformt sind. Gemeinsam sind ihnen lederig-zähe, weißliche, graue bis dunkelbraune Fruchtkörper mit warzigen bis stacheligen braunen Sporen.

Violetter Schichtpilz

Chondrostereum purpureum (Pers.: Fr.) Pouzar

Wenn am Rande eines Auwalds gefällte Pappelstämme längere Zeit liegen bleiben, lassen sich zwei Pilzarten fast voraussagen: Es erscheinen der Pappelschüppling (s. S. 145) und der Violette Schichtpilz, der knorpelige purpurviolette Beläge mit weißen bis grauen Rändern und schmalen, wellig-verbogenen, oberseits filzigen Hüten bildet. Der Violette Schichtpilz ist aber nicht nur Totholzbesiedler, sondern auch als Erreger der „Silberblattkrankheit" an Obstbäumen bekannt. Zur Vermeidung von Infektionen sollten frische Stammwunden baldmöglichst versiegelt werden.

Der Violette Schichtpilz hat sich auf der Schnittfläche eines gefällten Pappelstamms ausgebreitet.

Fruchtkörper: rundliche bis flächige Krusten; an senkrechtem Substrat mit kleinen wellig, verbogenen Hütchen
Oberfläche: violett bis purpurbraun, alt schokoladenbraun, glatt, wachsartig, Rand weiß, Hütchen weißlich bis grau, gezont, zottig-filzig
Fleisch, Geruch: zäh, geruchlos
Sporenpulver: weiß
Häufigkeit: sehr häufig
Vorkommen: Herbst bis Frühjahr; lebendes und totes Laub-, seltener auch Nadelholz
Besonderheit: Weißfäule-Erreger; verursacht an Pflaume und Kirsche die „Silberblatt-Krankheit"
Verwechslung: Gezonter Ohrlappenpilz *(Auricularia mesenterica)*: stets mit Hutbildung, gummiartig, zäh, Unterseite dunkelbraun (ähnlich dem Judasohr, s. S. 227)

Mosaikschichtpilz

Xylobolus frustulatus (Pers.: Fr.) Boidin

Verbreitungskarten, auf denen die Fundorte des Mosaikschichtpilzes eingetragen sind, geben in Deutschland die Verbreitung von Naturwaldreservaten mit alten Eichen wieder. Dieser Pilz wächst nämlich nur auf dem Kernholz alter Eichenstämme, die schon seit Jahrzehnten im Wald liegen – entsprechende „Totholzinseln" sind aber fast nur noch in Naturschutzgebieten zu finden. Ökologen haben deshalb den Mosaikschichtpilz zur „Indikatorart" erklärt, deren Vorkommen in einem Gebiet dessen Schutzwürdigkeit erhöht.

Fruchtkörper: 0,5–1,5 cm breit, flach kissenförmig, mosaikartig zu einem Gesamtfruchtkörper zusammengesetzt („Pflastersteinhabitus"), ohne Hutkanten, kahl, krustenförmig
Seiten: jung braunfilzig, später braunschwarz
Fleisch: grauweiß, bis zu 20 Jahresschichten
Sporenpulver: weiß
Häufigkeit: sehr selten, nur noch in Naturwaldreservaten, RL 2
Vorkommen: mehrjährig, auf altem Eichenholz
Besonderheit: Weißfäule-Erreger (Lochfäule)
Verwechslung: in der typischen Form kaum möglich

Mosaikschichtpilz im unverkennbaren „Pflastersteinhabitus". Die Art kann viele Jahre alt werden.

Der Fichten-Rindenpilz erobert sich die Schnittfläche eines gefällten Fichtenstamms. Die braunen Stellen, an denen der reifartige Oberflächenbelag abgerieben wurde, erleichtern die Bestimmung.

Blaugrauer Fichten-Rindenpilz

Columnocystis abietina (Pers.: Fr.) Pouzar

Dieser Schichtpilz ist eine Art der Gebirgsfichtenwälder, in denen er an Stümpfen und toten Stämmen ein unscheinbares Dasein fristet. Er bildet schmale, oberseits braunfilzige Hutkanten aus. Vom ähnlichen Amyloid-Schichtpilz, der an vergleichbaren Standorten vorkommt, unterscheiden ihn seine wie bereift erscheinende Oberfläche, die an Druckstellen bräunt, sowie mikroskopische Merkmale.

Fruchtkörper: 5–15 x 0,1–0,2 cm, resupinat bis wulstig hervorgehoben, stellenweise mit Hutkantenbildung, oft mehrere Fruchtkörper zusammengewachsen, graublau bis dunkelbraun, später schwarz, bereift, höckerig-wellig, Rand umgebogen, mit brauner, feinsamtiger bis filziger Oberfläche
Fleisch: graublau, lederig, geschichtet
Sporenpulver: weißlich
Häufigkeit: ortshäufig
Vorkommen: mehrjährig, auf totem Nadelholz, v. a. Fichten, auch an Zäunen und Wildgattern
Verwechslung: Amyloidschichtpilz *(Amylostereum areolatum)*: ohne bereifte Oberfläche

Rosa Rindenpilz

Corticium roseum Pers.: Fr.

Auch der Rosa Rindenpilz hat sein spezielles „Milieu“, das ihm mehr als jedes andere Ambiente zusagt: Er ist eine Art des Auwalds und der Bruchwälder und wurde bisher fast ausschließlich an Auen-Weichhölzern beobachtet, allen voran an Weide. Seinem Hauptwirt folgt er aber auch in trockenere Biotope wie Feldgebüsche und Ruderalstellen. Die rosa Farbe alleine genügt zur Bestimmung nicht, da es mehrere ähnlich gefärbte Rindenpilze an anderen Substraten gibt.

Fruchtkörper: flächig, ohne Hutkanten das Substrat überziehend
Oberfläche: rosa, bei Verletzung rot verfärbend, wellig, höckerig, matt, Rand ± deutlich aufgebogen, ausgefranst
Fleisch: wachsartig bis korkig-zäh, sehr dünn
Sporenpulver: weißlich
Häufigkeit: weit verbreitet, aber nicht häufig
Vorkommen: ganzjährig; an toten Ästen und Stämmen von Weiden, Pappeln, Eschen und Birken, gern in Auwäldern
Verwechslung: Dornige Wachskruste (s. S. 230): Oberfläche stachelig-höckerig. – Andere ähnlich gefärbte Rindenpilze können nur mikroskopisch bestimmt werden

Der Fruchtkörper des Rosa Rindenpilzes passt sich den Unregelmäßigkeiten der befallenen Holzfläche an.

Gelber Fadenstachelpilz

Mycoacia uda Pers.: Fr.

Ähnlich wie bei den Hutpilzen ist auch bei den Rindenpilzen die Zahl der Arten mit stacheligem Hymenophor überschaubar. Eine der auffälligsten Arten, der Gelbe Fadenstachelpilz, bildet ausgedehnte Beläge auf der Unterseite abgefallener Laubholzäste. Mit seinen lebhaft gelben, dicht an dicht stehenden Stacheln ist er kaum zu verwechseln. Endgültige Bestimmungssicherheit gibt ein Tropfen verdünnte Kalilauge (KOH), der die Stacheln sofort purpurrot verfärbt.

Fruchtkörper: resupinat, fest mit dem Substrat verwachsen
Oberfläche: gelbe, kurze (1–2 mm), spitze Stacheln, frisch wachsartig, mit KOH purpurrot
Sporenpulver: weiß
Häufigkeit: verbreitet
Vorkommen: ganzjährig, an der Unterseite von totem Laubholz
Verwechslung: andere stachelige Rindenpilze sind zäh, nicht wachsartig

Der Gelbe Fadenstachelpilz wuchs an einem Buchenast, der in der Uferzone eines Sees im nassen Falllaub lag.

Tannen-Fingerhut

Cyphella digitalis (Alb. & Schw.) Fr.

Wer in den Mittelgebirgen, in den Alpen oder im Alpenvorland im Spätherbst und in milden Wintern tote Tannenäste inspiziert, wird mit einiger Wahrscheinlichkeit der Blutroten Borstenscheibe (s. S. 217) und mit etwas Finderglück dem Tannen-Fingerhut begegnen. Der Pilz wird oft für einen Becherling aus der Klasse der Ascomyceten (s. S. 233 ff.) gehalten. Doch während Becherlinge ihre Sporen aktiv nach oben abschleudern, ist der Tannen-Fingerhut zur Sporenverbreitung auf die Schwerkraft angewiesen. Die bis 1 cm breiten Kelche hängen daher wie kleine Glocken an ihrem Substrat, sodass die Sporen nach unten ausfallen können.

Tannen-Fingerhüte an den Ästen einer vom Sturm gefällten Tanne. Die Art gilt als vom Aussterben bedroht.

Fruchtkörper: 0,5–2 cm, fingerhutförmig, kurz gestielt, glockig, hängend
Oberfläche: ocker- bis dunkel schwarzbraun, fein haarig-zottig, Rand weißlich, fein bewimpert, gekerbt; Innenseite weißlich bis graulich, glatt
Fleisch: weißlich, dünn, häutig, zäh
Sporenpulver: weißlich
Häufigkeit: sehr selten, RL 1
Vorkommen: Spätherbst bis Winter; an der Rinde von toten Tannenästen und -stämmen
Verwechslung: bei Berücksichtigung der Ökologie kaum möglich

Spaltblättling

Schizophyllum commune (Fr.) Fr.

Der weltweit verbreitete Spaltblättling meidet zu feuchte Standorte. Auf lichten, sonnenexponierten Standorten (Kahlschlägen, Bahndämmen, Südhängen) wächst er – oft zusammen mit der Striegeligen Tramete (s. S. 203) – an Baumstümpfen, Stämmen und trockenem Reisig. Gänzlich harmlos ist er nicht: Aus der Landwirtschaft ist bekannt, dass er in zunehmendem Maße in Plastikfolie eingeschweißte Siloballen befällt, und in seltenen Fällen siedelt er sich auch im menschlichen Körper an: Sein Myzel konnte z. B. in den Atemwegen von Personen mit geschwächtem Immunsystem nachgewiesen werden.

Fruchtkörper: 1–5 cm breit, fächer- bis muschelförmig, kurz gestielt
Oberfläche: weißgrau bis blassbeige, zottig-filzig, Rand oft faltig, eingerissen
„Lamellen": graulich bis blass rötlichbraun, längsgespalten, bei Trockenheit eingerollt
Fleisch: weißlich, lederig-zäh
Sporenpulver: weiß bis rosa
Häufigkeit: weltweit verbreitet, sehr häufig
Vorkommen: ganzjährig; an Wundstellen und totem Laub-, seltener Nadelholz, Silageballen, trockene Standorte
Besonderheit: Weißfäule-Erreger, manchmal humanpathogen
Verwechslung: Stummelfüßchen *(Crepidotus spec.)*: Sporen braun, Lamellen ungespalten, Fleisch weicher; feuchtere Standorte

Zusammen mit einer Flechte wächst der Spaltblättling auf einem trockenen Laubholzast. Die „Lamellen" sind in charakteristischer Weise längsgespalten.

Krauser Adernzähling

Plicatura crispa (Pers.: Fr.) Rea

In großen Scharen besiedelt der Krause Adernzähling dünne, abgefallene oder noch ansitzende Zweige verschiedener Laubgehölze, insbesondere von Buchen, Haseln, Erlen und Birken. Die Unterseite der Hütchen, die von oben an einen kleinen Porling oder einen Schichtpilz erinnern können, ist mit gekräuselten, untereinander verbundenen Falten bedeckt. Der wärmeliebende, in Süddeutschland weit verbreitete und stellenweise sogar ausgesprochen häufige Pilz, wird nördlich des Mains rasch seltener und ist im Norden eine Rarität.

Fruchtkörper: 0,5–2 cm breit, muschel- bis fächerförmig, kurz gestielt, dachziegelig
Oberfläche: ocker- bis rotbraun, schwach gezont, feinfilzig, Rand wellig
Unterseite: lamellig, weißlich, gegabelt, faltig-aderig
Fleisch, Geruch: weiß, weich, zäh, geruchlos
Geschmack: mild
Sporenpulver: weiß
Häufigkeit: in Süddeutschland häufig, im Norden und Nordosten seltener
Vorkommen: Herbst bis Frühjahr; Buchenwälder, Auwälder, auf toten Ästen von Laubholz, v. a. Buche, Hasel
Verwechslung: Stummelfüßchen *(Crepidotus spec.)*: Sporen braun, echte Lamellen

Den Krausen Adernzähling findet man kaum je einzeln. Meist wachsen viele Hüte dachziegelig übereinander an dünnen Zweigen oder toten Stämmen.

Orangeroter Fältling

Phlebia merismoides Fr.: Fr.

Man könnte diesen Pilz, der auch unter dem Namen „Orangeroter Kammpilz" bekannt ist, beim ersten Anblick für eine Flechte halten: Aus centgroßen Initialfruchtkörpern entwickeln sich großflächige, lappige Gebilde mit runzelig-warziger Oberfläche und einem leuchtend orangeroten Rand. Der auf den verschiedensten Holzarten auftretende Pilz ist verwandt mit dem gefürchteten Echten Hausschwamm *(Serpula lacrymans)*, der in schlecht belüfteten, feuchten Dachstühlen und Holzhäusern große Schäden verursachen kann.

Fruchtkörper: großflächig, resupinat, wachsartig, sehr variabel
Oberfläche: orange bis violettgrau, radialrunzelig, furchig, wellig-höckerig, Rand heller orangerot, kammartig bis fransig
Fleisch: fleischig, gelatinös, weich, trocken hornartig, zäh
Sporenpulver: weiß
Häufigkeit: häufig
Vorkommen: Spätsommer bis Winter; auf totem Laubholz, seltener an Tanne oder Fichte
Besonderheit: Weißfäule-Erreger
Verwechslung: Gallertfleischiger Fältling (s. S. 217): trüber orangerosa, Hymenophor fast porig

Entlang noch vorhandener Rindenteile breitet sich der Orangerote Fältling auf einem lagernden Eichenstamm aus.

Gallertfleischige Fältlinge wachsen meist an feuchten Laubholzstümpfen und dort oft in Bodennähe an mulmreichen, stark vermorschten, zum Teil schon von Gras überwucherten Stellen.

Gallertfleischiger Fältling

Phlebia tremellosa (Schrad.) Burds. & Nakasone

Der recht vielgestaltige Gallertfleischige Fältling bildet entweder gekröseartige, mehrfach gewundene oder gefaltete Fruchtkörper ohne Hutkante aus, kommt aber auch in Formen mit regelmäßigen, halbkreisförmigen, oft fransig berandeten Hüten vor. Charakteristisch sind die trüb rosaorange oder blass rosabräunliche Farbe sowie das „merulioide“, d. h. faltig-aderige, teilweise netzartig bis fast porig verbundene Hymenophor auf der Unterseite der Hüte bzw. der Oberfläche krustenförmiger Exemplare.

Fruchtkörper: 2–4 cm dick, resupinat bis knollig, gekröseartig, dachziegelig
Oberfläche: grauweiß bis rosaorange, filzig, haarig, Rand wellig, fransig
Unterseite: gelblich bis orangebraun, trocken violettbraun, faltig, netzaderig
Fleisch: gallertig, knorpelig
Sporenpulver: weiß
Häufigkeit: ziemlich häufig
Vorkommen: Sommer bis Herbst; an morschem Laub- und Nadelholz
Verwechslung: kaum möglich

Blutrote Borstenscheibe

Hymenochaete cruenta (Pers.: Fr.) Donk

Wer noch nie eine Blutrote Borstenscheibe gesehen hat, kann sie im ersten Moment für einen roten Farbanstrich halten. Der Pilz ist streng an die Tanne gebunden und wächst vor allem in den oberen Regionen des Baumes an noch ansitzenden toten Ästen kränkelnder Bäume, weshalb erfahrene Sammler mit dem Fernglas nach roten Flecken im Kronenbereich suchen. Seltener sind Vorkommen an dünnen, abgestorbenen Stämmen. Wie alle Borstenscheiben ist die Oberfläche mit dunkelbraunen, spitzen Borsten (Setae) durchsetzt, denen möglicherweise eine Schutzfunktion zukommt.

Die Tabakbraune Borstenscheibe *(H. tabacina)* zeigt eine ähnliche flächige Ausdehnung, kann jedoch an den Rändern vom Substrat abstehen und schmale, dünne Hutkanten bilden. Die mattbraunen Fruchtkörper wachsen vor allem in Weiden- und Haselgebüschen an abgestorbenen Ästen.

Fruchtkörper: fleckenförmig, resupinat, krustig
Oberfläche: hellrot bis braunrot, mit spitzen Borsten, runzelig-uneben, Rand aufgebogen, wellig, gekerbt
Unterseite: braun
Fleisch: lederig, zäh
Sporenpulver: weißlich
Häufigkeit: zerstreut
Vorkommen: ganzjährig an absterbendem oder totem Tannenholz
Verwechslung: bei Beachtung der Ökologie nicht zu verwechseln

Die Blutrote Borstenscheibe hat von einem Tannenast Besitz ergriffen. Das gleiche Substrat wird auch vom Tannen-Fingerhut (s. S. 215) besiedelt.

Hier überzieht die Tabakbraune Borstenscheibe die Unterseite eines Weidenastes. Der Pilz wächst gerne in Feuchtgebieten, z. B. in Mooren und Erlenbrüchen.

Dünnhäutiger Warzenschwamm

Coniophora arida (Fr.) P. Karst.

Der Dünnhäutige Warzenschwamm bildet im Freien millimeterdünne Beläge auf totem Nadel- und Laubholz, kann aber auch bearbeitetes oder sogar bereits verbautes Holz befallen, in welchem er eine Braunfäule hervorruft. Obwohl er wie ein „normaler Rindenpilz“ aussieht, gehört er zu den *Boletales*, also in die Verwandtschaft der Röhrlinge (s. S. 8 ff.).

Fruchtkörper: sehr dünn (bis 0,3 mm), resupinat, fest mit Substrat verwachsen
Oberfläche: ocker- bis olivbraun, glatt, Rand heller
Fleisch: dünn, faserig, weich
Sporenpulver: hellbraun
Häufigkeit: verbreitet, aber oft übersehen
Vorkommen: Herbst bis Frühjahr; totes Laub- und Nadelholz, v. a. Fichte
Verwechslung: Echter Hausschwamm *(Serpula lacrymans)*: dicker, fleischiger, braungelb, mit Guttationstropfen, in Häusern

Ähnlich wie der Hausschwamm breitet sich der Dünnhäutige Warzenschwamm über seinem Substrat aus. Auffällig heben sich die hellen Zuwachszonen vom dunkleren Rest des Fruchtkörpers ab.

STINKENDE LEDERKORALLE

Thelephora palmata Scop.: Fr.

Die korallenartig verzweigten Fruchtkörper der Stinkenden Lederkoralle werden von Anfängern leicht für Verwandte der echten Korallenpilzen (s. S. 186 ff.) gehalten. Sie unterscheiden sich von diesen jedoch durch die lederig-zähe, ziemlich dauerhafte Beschaffenheit des Fleisches, den penetrant unangenehmen Geruch nach faulendem Kohl und völlig andere mikroskopische Merkmale. Die Stinkende Lederkoralle ist in Nadelwäldern ziemlich häufig und siedelt sich gerne in kleinen Trupps entlang der Waldwege an.

Fruchtkörper: 5–8 cm hoch, korallenförmig, jung weißlich, später dunkelbraun bis schwarzbraun
Fleisch, Geruch: braun, dünn, lederig-zäh, faserig, Geruch nach faulem Kohl
Sporenpulver: dunkelbraun
Häufigkeit: häufig
Vorkommen: Sommer bis Herbst; Nadelwälder, Heiden, auf dem Erdboden und in der Streu
Verwechslung: Blumenartige Lederkoralle *(Th. anthocephala)*: geruchlos, Laub- und Nadelwälder, seltener. – Korallen (s. S. 186 ff.): Trama brüchig, oft mit lebhaften Farben

Der weniger häufige Trichterförmige Erdwarzenpilz *(Th. caryophyllea)* hat eine Vorliebe für sandige Böden, der ebenfalls seltene Stachelige Erdwarzenpilz *(Th. penicillata)* wächst an Moosen.

Eine Stinkende Lederkoralle in der Streu eines Fichtenwalds. Das Hauptkennzeichen ist der üble Geruch.

Stachelige Erdwarzenpilze wachsen zwischen Moosen hervor. Die unscheinbaren Pilzchen werden leicht übersehen.

Auf Schwemmsand im Uferbereich eines Voralpenflusses hat der Trichterförmige Erdwarzenpilz seinen Platz gefunden. Die roten Punkte sind kleine Becherlinge (Parascutellinia arctespora).

STÄUBLINGE *(Lycoperdon)*, BOVISTE *(Bovista)* UND VERWANDTE ARTEN, TEUERLINGE *(Cyathus)*, RUTENPILZE *(Phallus)* UND VERWANDTE, KAROTTENTRÜFFEL *(Stephanospora)*

Unter Bauchpilzen im herkömmlichen Sinn versteht man Pilze, bei denen die Sporenproduktion im Innern des oft kugel- oder birnenförmigen Fruchtkörpers stattfindet. Die bekanntesten sind dem Pilzsammler als Boviste oder Stäublinge vertraut. Alte Fruchtkörper sind mit Sporenpulver gefüllt und „stauben“ auf Druck. Einschließlich der Kartoffelboviste *(Scleroderma)* sind ungefähr 50–60 Boviste in Mitteleuropa bekannt.

Bei den Erdsternen *(Geastrum)* ist die sporentragende Endoperidie zunächst von einer Außenhülle (Exoperidie) umschlossen, die später sternförmig aufreißt, nach unten umschlägt und die Innenkugel emporschiebt. Zusammen mit Wetterstern *(Astraeus)* und Sieb-Erdstern *(Myriostoma)* sind ca. 25 mitteleuropäische Erdsternarten bekannt.

Andere Bauchpilze entwickeln z. T. sehr ungewöhnliche Strategien zur Sporenverbreitung. Bei den Teuerlingen *(Cyathus, Crucibulum)* werden die kleinen linsenförmigen Sporenkapseln (Peridiolen) durch aufprallende Regentropfen herausgeschleudert.

Viele Bauchpilze, darunter die hier dargestellte Karottentrüffel *(Stephanospora caroticolor)*, wachsen unterirdisch (hypogäisch), teilen also ihren Lebensraum mit den bekannten Echten Trüffeln *(Tuberales)*, die zur Klasse der Schlauchpilze (s. S. 233 ff.) gehören. Die Sporenverbreitung erfolgt bei diesen Arten durch die Zersetzung des Fruchtkörpers und durch Tiere, die die Pilze fressen.

Die in den Tropen und Subtropen ungemein vielfältig und artenreich vertretenen Blumen- und Rutenpilze *(Phallales)* sind in Mitteleuropa nur recht spärlich vertreten. Bei weitem die häufigste Art ist die Stinkmorchel *(Phallus impudicus)*, gefolgt von der kleineren Hundsrute *(Mutinus caninus)* und dem aus Australien eingeschleppten Tintenfischpilz *(Clathrus archeri)*. Bei diesen Arten entwickelt sich aus einem rundlichen „Hexenei“ ein weißes oder gefärbtes, einfaches oder mehrarmiges, sehr leichtes und poröses Receptaculum mit einer schleimigen Sporenmasse. Diese lockt mit ihrem – nur für das menschliche Empfinden üblen – Geruch Insekten an, die die Sporen verbreiten.

Bunte Schleimtrüffel (Melanogaster broomeianus)

Riesenboviste sind essbar, solange das Fleisch weiß ist. Bei diesem von unten herauf bräunenden Exemplar hat die Sporenreife bereits begonnen.

Riesenbovist, Riesenstäubling

Calvatia gigantea (Batsch: Pers.) Lloyd

Immer wieder gibt es Pilze, die durch rasantes Wachstum, seltsame Standorte und imposante Größe und Schwere auffallen. Das klassische Beispiel ist der essbare Riesenbovist . Jedes Jahr berichten die Zeitungen über Funde besonders üppiger Exemplare – so wurde z. B. im Juni 2004 bei Traunstein (Oberbayern) ein 12,5 kg schwerer Fruchtkörper gefunden. Gedüngte Wiesen, Weideland, überwachsene Müllkippen und Brennnesselfluren sind die Orte, an denen man diesem weltweit verbreiteten, aber nirgends häufigen Koloss begegnen kann.

Fruchtkörper: 20–60 cm, mehrere kg schwer, rund bis eiförmig, weiße Myzelstränge
Oberfläche: weiß bis beigebraun oder grau, glatt bis feinfilzig, im Alter abblätternd, ohne Mündung zerfallend
Gleba, Geruch: weiß bis gelblich, später olivbraun, Geruch unauffällig
Geschmack: mild
Sporenpulver: olivbraun
Häufigkeit: weit verbreitet, aber nicht häufig
Vorkommen: Sommer bis Herbst; Wiesen, Weiden, Gärten, gedüngte Böden
Verwechslung: kaum möglich, beachtet man die Größe

Hasenstäubling, Hasenbovist

Handkea utriformis (Bull.: Pers.) Kreisel

Große Hasenstäublinge können die Ausmaße kleiner Riesenboviste erreichen. Der Fruchtkörper sind nicht kugelrund, sondern wirken etwas breitgedrückt und haben eine birnenartig verschmälerte Basis. Alte, gebräunte Exemplare ohne den zerfallenen Kopfteil bleiben manchmal bis zum nächsten Frühjahr erhalten. Der Pilz wächst vor allem auf Magerrasen, aber auch mitten im Dünensand, auf Moor- und Gebirgswiesen und vereinzelt sogar in Wäldern, ist aber trotz dieser breiten ökologischen Amplitude vielerorts selten geworden.

Die Oberfläche des Hasenstäublings ist vor der Reife felderig-zerklüftet und wird bald aufreißen. Beim linken Exemplar hat die Verfärbung der Fruchtmasse (Gleba) schon eingesetzt.

Fruchtkörper: 5–20 x 5–15 cm, rundlich bis breit birnenförmig; schmale, faltige Basis, weiße Myzelstränge
Oberfläche: weiß, dann grau bis graubraun, warzig, zur Basis hin mehlig, im Alter felderig aufspringend und zerfallend; braune, sterile becherförmige Reste bleiben bis zum Frühjahr erhalten
Gleba, Geruch: weiß bis olivgelblich, später olivbraun, Geruch unauffällig
Geschmack: mild
Sporenpulver: olivbraun
Häufigkeit: zerstreut, ortshäufig, RL 3
Vorkommen: Frühjahr bis Herbst; Sandflächen, Küstendünen, Weideland, Moore, seltener auch in Wäldern
Verwechslung: Riesenstäubling (s. o.): viel größer, glatt

Schwärzender Bovist

Bovista nigrescens Pers.: Pers.

Der Schwärzende Bovist macht im Laufe seiner kurzen Existenz einen auffallenden farblichen Wandel durch: Die anfangs schneeweiße Außenhülle (Exoperidie) blättert während der Reife ab und gibt den Blick auf die schwarzbraune innere Hülle (Endoperidie) frei. Diese reißt schließlich am Scheitel auf, worauf schon die Energie eines Regentropfens ausreicht, um eine kleine Sporenpulverwolke in die Luft zu schleudern. Auch Tritte vorbeilaufender Tiere oder Menschen tragen zur Sporenverbreitung bei.

Wie Golfbälle leuchten die weißen Kugeln des Schwärzenden Bovists aus dem Wiesengrün. Sie können sogar auf Golfplätzen vorkommen.

Fruchtkörper: 3–9 cm, rundlich, kugelig bis eiförmig
Oberfläche: weiß, glatt, reif schollig aufbrechend und abblätternd
Endoperidie: rotbraun bis schwarzbraun, glatt, glänzend, Öffnung 1,5–4 cm breit
Gleba: weiß, später dunkel rotbraun
Geschmack: mild
Sporenpulver: braun
Häufigkeit: zerstreut
Vorkommen: Sommer bis Herbst; auf Trockenrasen, Dünen, Weiden, Äckern, seltener im Laubwald
Verwechslung: Bleigrauer Bovist *(B. plumbea)*: Endoperidie silbrig, später blaugrau bis schwarz. – Wiesenstäubling *(Vascellum pratense)*: kurz gestielt, Exoperidie feinstachelig

Flaschen-stäubling

Lycoperdon perlatum Pers.

Der Flaschenstäubling ist einer der häufigsten waldbewohnenden Bauchpilze. Solange sein Fleisch noch rein weiß ist, kann er in Mischpilzgerichten Verwendung finden. Vorsicht ist dennoch angebracht, weil ganz junge Knollenblätterpilze (s. S. 62) von einer weißen Hülle umschlossen sind und leicht für einen jungen Stäubling gehalten werden können – ein Irrtum, der unter Umständen tödlich sein kann. – Der ähnliche Birnenstäubling wächst in Scharen auf alten Stümpfen und Stämmen; die Oberfläche ist nur mit kleinen, kleiigen Körnchen besetzt.

Fruchtkörper: 2–9 x 2–5 cm, birnenförmig, keulig, gestielt
Oberfläche: weiß bis beigebraun, mit vergänglichen, 2–3 mm langen, zugespitzten Stacheln; im Alter Netzzeichnung auf der warzigen Haut, kleine, rundliche, lappige Öffnung am Scheitel
Stiel: 2–4 x 2–3 cm, weiß bis graubeige, dickfleischig, kräftig, weiße Myzelstränge
Gleba, Geruch: weiß bis olivgelblich, fest bis wattig, später olivbraun, weich, Geruch unauffällig
Geschmack: mild
Sporenpulver: olivbraun
Häufigkeit: häufig
Vorkommen: Sommer bis Herbst; Laub- und Nadelwälder, auf dem Erdboden, nur selten auf morschem Holz
Verwechslung: Birnenstäubling *(L. piriforme)*: auf Totholz, büschelig

Flaschenstäublinge im Nadelwald. In diesem Zustand ist der Pilz kaum noch genießbar, da die Bräunung bereits begonnen hat.

Birnenstäublinge wachsen immer an totem oder geschädigtem Holz – hier am Grunde eines Fichtenstamms.

Igelstäubling

Lycoperdon echinatum Pers.: Pers.

Das kugelige, stachelige Gebilde mit dem Tiernamen fasziniert vor allem Kinder, wenn man es ihnen auf Pilzwanderungen vorführt. Die mehrere Millimeter langen, gebogenen Stacheln unterscheiden den Igelstäubling von ähnlichen Arten wie dem Stinkenden Stäubling und dem Weichen Stäubling. Im Alter fallen die Stacheln ab und hinterlassen eine braune Netzzeichnung auf der papierdünnen Außenhülle (Exoperidie).

Fruchtkörper: 2–6 x 2–5 cm, kugelig bis verkehrt eiförmig, kurz gestielt
Oberfläche: weißlich bis hellbraun, mit 4–6 mm langen, harten, kantigen, gelb- bis dunkelbraunen, an der Spitze helleren, gekrümmten Stacheln, im Alter mit großer Öffnung am Scheitel. Basis mit stark verzweigten weißen Myzelsträngen
Gleba, Geruch: jung weiß bis ockergelblich, im Alter schokoladenbraun, Geruch streng, unangenehm
Sporenpulver: dunkelbraun
Häufigkeit: weit verbreitet
Vorkommen: Sommer bis Herbst; Laub- und Nadelwälder, v. a. bei Buchen auf Kalk, meidet saure Böden
Verwechslung: Stinkender Stäubling *(L. nigrescens)*: kürzere, an der Spitze zusammengeneigte schwärzende Stacheln, Geruch unangenehm nach Leuchtgas, Sporen olivbraun, saure Böden

Im trockenen Buchenlaub ist der Igelstäubling gut getarnt. Er kommt allerdings nur in Buchenwäldern auf Kalkböden vor.

Gewimperter Erdstern

Geastrum fimbriatum Fr.

Viele Erdsternarten sind äußerst selten und haben Standortsansprüchen, die in Deutschland nur an wenigen Stellen erfüllt werden (z. B. in den mitteldeutschen Trockengebieten und in der Oberrheinebene). Häufig ist lediglich der Gewimperte Erdstern in Laub- und Nadelwäldern über Kalk. Oft findet man ihn in der Streuschicht der Fichtenwälder, entlang von Waldwegen oder -straßen. Dort kann er manchmal recht zahlreich erscheinen und sehr standorttreu sein. Der Kleine Nest-Erdstern wächst nicht selten an den gleichen Standorten. Er ist kleiner, hat nur vier Lappen, die auf einer becherförmigen Schale stehen.

Fruchtkörper: 2–6 cm breit, zwiebelförmig, 5–10-lappig, sternförmig aufreißend, ungestielt
Oberfläche: gelb-, ocker- oder rosabraun, nach unten eingerollt, Rand der Öffnung (Peristom) flach bis kegelig, gewimpert, ohne Hof
Gleba: blass graubraun
Sporenpulver: dunkelbraun
Häufigkeit: häufig
Vorkommen: Sommer bis Herbst; Laub- und Nadelwälder, Gebüsche, Wegränder, kalkliebend
Verwechslung: Halskrausen-Erdstern *(G. triplex)*: größer, flache „Halskrause" um die Mündung. – Rötender Erdstern *(G. rufescens)*: größer, bei Verletzung rötend. – Kleiner Nest-Erdstern *(G. quadrifidum)*: 4-lappig, kurz gestielte Endoperidie

Beim Halskrausen-Erdstern ist die Innenkugel von einer schalenförmig von der Lappeninnenseite abgespaltenen „Halskrause" umgeben; die Mündung der Kugel ist deutlich abgegrenzt.

Zwei frische Gewimperte Erdsterne auf der Nadelstreu eines Fichtenwalds. Die äußere Hülle ist sternförmig aufgeplatzt und hat sich nach unten umgebogen.

Winter-Stielbovist

Tulostoma brumale Pers.: Pers.

Die Erscheinungsweise des Winter-Stielbovists ist in gewisser Weise paradox: Einerseits zieht er Standorte mit hoher, möglichst ganztägiger Sonneneinstrahlung vor, andererseits wachsen seine Fruchtkörper nur in der kalten Jahreszeit zwischen Oktober und Februar. Er gilt als schutzwürdig, hat sich jedoch in jüngster Zeit an südexponierten Straßenböschungen eine ökologische Nische geschaffen. Dort wächst er, fernab von Baum und Strauch, oft zu hunderten. Auch am Fuße südexponierter Weinberge, Burg- und Kirchenmauern ist er zu finden.

Kopf: 0,5 x 1 cm, kugelig bis leicht abgeflacht
Oberfläche: weißlichgrau bis gelbockerlich, dunkelbraun um röhrig hervortretende Öffnung (Peristom)
Stiel: 2–6 x 0,2 cm, weißlich bis gelbocker, flockig bis glatt, hart, Basis leicht gebogen, verdickt
Sporenpulver: braun
Häufigkeit: ortshäufig, RL 3
Vorkommen: Spätherbst, milde Winter, zeitiges Frühjahr; südexponierte Straßenböschungen, Trockenrasen, Dünen, Kalksteinmauern
Verwechslung: Gewimperter Stielbovist *(T. fimbriatum)*: felderig-fransige Öffnung, Trockenrasen, RL 3. – Andere Stielboviste sind nördlich der Alpen sehr selten und müssen mikroskopisch bestimmt werden

Auf dem schmalen Streifen zwischen einer Asphaltstraße und einer Schafweide haben sich diese Winter-Stielboviste angesiedelt. Am leichtesten findet man die Pilze nach der Schneeschmelze.

Sieb-Erdstern

Myriostoma coliforme (With.: Pers.) Corda

Zwei Merkmale unterscheiden den Sieb-Erdstern von allen seinen Verwandten: Erstens setzt er seine Sporen nicht durch eine zentrale Mündung am Scheitel der Innenkugel frei, sondern durch mehrere kleine Öffnungen, die wie die Löcher eines Salzstreuers angeordnet sind, und zweitens ruht die Innenkugel auf mehreren, ± kreisförmig gruppierten kleinen Stielen. Jeder Fund dieses wärmeliebenden Pilzes nördlich der Alpen ist ein Besonderheit. Man findet ihn am ehesten unter Robinien, Weißdorn und/oder Flieder in sehr trockenen Lagen.

In Weinbaugebieten lohnt sich die Suche nach wärmeliebenden Pilzarten: Diese Sieb-Erdsterne wurden in der Wachau (Niederösterreich) entdeckt.

Fruchtkörper: 6–11 cm breit, 5–11 spitze Lappen
Endoperidie: kugelig, 2–5 cm breit, mehrfach gestielt
Oberfläche: hellbraun, lederig
Gleba: blass graubraun
Sporenpulver: braun
Häufigkeit: nördlich der Alpen sehr selten
Vorkommen: Sommer bis Herbst; Laubwälder, Gebüsche, Weinberge, nur in sehr warmen Lagen
Verwechslung: kaum möglich

Wetterstern

Astraeus hygrometricus (Pers.) Morgan

Bei Trockenheit schließen sich die sternförmigen Lappen des Wettersterns über der Innenkugel (Endoperidie), bei Feuchtigkeit öffnen sie sich wieder. Diese Eigenschaft, die man als „Hygroskopie" bezeichnet, lässt sich sogar bei Exemplaren beobachten, die zuvor jahrelang getrocknet in einem Herbarium lagen. Obwohl er wie ein Erdstern aussieht, gehört der Wetterstern nach neueren molekularbiologischen Untersuchungen in die Verwandtschaft der Röhrlinge (s. S. 38 ff.).

Fruchtkörper: geschlossen 3–4 cm breit, kugelig; offen 4–8 cm breit
Oberfläche: hellbraun, runzelig, hart, bei der Reife sternförmig in 5–12 dreieckige, graubraune, felderig-rissige Lappen aufreißend
Endoperidie: rotbraun, pergamentartig, Öffnung am Scheitel
Gleba, Geruch: farblos, dick, geruchlos
Sporenpulver: dunkelbraun
Häufigkeit: ziemlich selten, in Kalkgebieten fehlend, RL 3
Besonderheit: bei Trockenheit schließt sich der Lappen über der Endoperidie, bei Feuchtigkeit öffnet er sich wieder (Hygroskopie)
Vorkommen: ganzjährig, trockene Wälder, Weinberge, Parks, gern unter Kiefern
Verwechslung: Erdsterne *(Geastrum spec.)*: nicht hygroskopisch, Lappen nicht felderig-rissig

Der Wetterstern ist ein Pilz, der Eines nicht mag, und das ist Kalk im Boden. Auf sauren Böden ist er stellenweise recht verbreitet. Die Aufnahme stammt aus dem Bayerischen Wald.

Ein noch verhältnismäßig junger Dickschaliger Kartoffelbovist in einem trockenen Mischwald in der südlichen Normandie.

Dickschaliger Kartoffelbovist

Scleroderma citrinum Pers.

Kartoffelboviste sind ausgewiesene Giftpilze. Dass sie manchmal fälschlich als „Trüffeln" angeboten werden, zeugt von erheblicher krimineller Energie. Unter den ca. acht mitteleuropäischen Arten ist der Dickschalige die häufigste. Er wächst scharenweise in Laub- und Nadelwäldern auf sauren Böden, besonders in Mooren unter Birken und Kiefern, sogar an alten Stümpfen und alten Torfstichen. Hin und wieder findet man Exemplare, die vom Parasitischen Filzröhrling (s. S. 48) befallen sind. Andere Kartoffelboviste sind anders gefärbt, haben eine dünnere Schale oder sind gestielt.

Fruchtkörper: 5–15 cm breit, rundlich, knollig, ohne Stiel, Basis mit gelben Myzelsträngen
Oberfläche: strohgelb bis hell ockerbraun, Peridie 2–4 mm dick, lederig, grob braunschuppig oder warzig, rissig
Gleba, Geruch: hellgraulich, später purpurschwarz, weißlich marmoriert, alt pulverig, Geruch unangenehm säuerlich, gummi- oder gasartig
Sporenpulver: dunkelbraun
Häufigkeit: sehr häufig
Vorkommen: Sommer bis Spätherbst; Nadel- und Laubwäldern, saure, sandige oder moorige Böden, nackter Torf, kalkmeidend
Verwechslung: Rotbräunlicher Kartoffelbovist *(S. bovista)*: Peridie glatt, dünn, rotbraun. – Dünnschaliger Kartoffelbovist *(S. areolatum)*: kleiner, feinschuppig, bei Verletzung weinrot verfärbend

Im Querschnitt zeigt der Erbsenstreuling sein charakteristisches gekammertes Innenleben. Die Aufnahme stammt aus Australien, wo der Pilz sehr häufig ist.

Erbsenstreuling

Pisolithus arhizos (Scop.: Pers.) Rauschert

Ein ungewöhnlicher und unverwechselbarer Pilz aus der Verwandtschaft der Kartoffelboviste ist der Erbsenstreuling. Im Schnitt erweist sich die Fruchtmasse (Gleba) als Mosaik aus zahlreichen linsenförmigen kleinen Kammern (Pseudoperidiolen). Wie der Dickschalige Kartoffelbovist (s. S. 223) meidet der Erbsenstreuling Kalkböden. Der weltweit verbreitete Pilz wächst sowohl in bodensauren Wäldern als auch auf überwachsenen Abraumhalden und an Straßen- und Wegböschungen.

Fruchtkörper: 5–15 x 4–10 cm, rundlich- bis birnenförmig
Oberfläche: blass, später rot- bis schwarzbraun, am Scheitel unregelmäßig auseinanderfallend
Stiel: dick, stämmig, tief verwurzelt, gelbliche Myzelstränge
Gleba: mosaikartig gegliedert mit erbsenförmigen, erst weißen, später gelb- bis fuchsigbraunen Sporenbehältern, die bei der Reife zerfallen
Sporenpulver: braun
Häufigkeit: selten, ortshäufig an geeigneten Standorten, RL 3
Vorkommen: Sommer bis Herbst; Kiefernwälder, Schlacke- und Schieferhalden, Straßen und Wegböschungen, saure Böden, kalkmeidend
Verwechslung: Kartoffelboviste (s. S. 223): keine mosaikartige Glebastruktur

Karotten-trüffel

Stephanospora caroticolor (Berk.) Pat.

Karottentrüffeln haben genau die gleiche Farbe wie frische Mohrrüben. Wenn die knapp unter der Erdoberfläche wachsenden Pilze durch Wildtiere aus dem Boden gewühlt oder an einer Wegböschung von einem Gewitterregen freigelegt werden, kann man sie daher leicht für weggeworfene Karottenstücke halten. In der Hand fällt einem ihr geringes spezifisches Gewicht und die styroporartige Beschaffenheit auf. Wie bei vielen anderen unterirdisch wachsenden Pilzen lässt sich über die Verbreitung der Karottentrüffel wenig aussagen, da die meisten Nachweise auf Zufallsfunden beruhen.

Fruchtkörper: 5 x 4–5 cm, kugelig bis knollig, ohne Myzelstrang, sehr leicht
Oberfläche: hellorange bis karottenfarben, alt ziegelrot
Fleisch, Geruch: gelb bis orangerot, eng gekammert, nicht milchend, Geruch obstartig
Geschmack: unauffällig
Sporenpulver: gelblich
Häufigkeit: selten
Vorkommen: Sommer bis Spätherbst; Laubwald, jung unterirdisch wachsend, reif hervorbrechend
Verwechslung: nicht zu verwechseln, außer mit Ziegelabfällen oder Karottenstücken

Karottentrüffeln wachsen in Wäldern auf lehmigtonigen Böden sowie auf Auenlehm entlang der Flüsse.

Oben: Entwicklungsstadien des Striegeligen Teuerlings: junge, rundum filzige Fruchtkörper (Mitte); ein Exemplar (rechts) mit geschlossener und eines (links) mit aufreißender Membran; die übrigen Fruchtkörper sind geöffnet, die Peridiolen sichtbar.

Rechts: An Gras- und Holzresten auf einer gedüngten Wiese hat sich eine Schar Topfteuerlinge breit gemacht.

Striegeliger Teuerling

Cyathus striatus (Huds.: Pers.) Willd.

Teuerlinge bilden napfförmige Fruchtkörper, die sich bei der Reife öffnen und kleine Sporenkapseln (Peridiolen) freilegen. Diese werden durch aufprallende Regentropfen herausgeschleudert und wickeln sich mithilfe eines klebrigen Fädchens, einer Art kleinem Wurfanker, der Funikulus genannt wird, um Halme und Zweige in der Umgebung. Der Striegelige Teuerling ist durch die braunfilzige Außen- und die senkrecht gefurchte Innenseite gekennzeichnet. Der graue Topfteuerling *(C. olla)* ist dagegen innen glatt und nur außen feinfilzig.

Fruchtkörper: 1–1,5 x 0,5–1 cm, eiförmig, dann zylindrisch gewölbt, fertiler Fruchtkörper napfförmig mit weißlicher Membran verschlossen
Oberfläche: dunkel graubraun, striegelig filzig, innen senkrecht gefurcht, silbrig glänzend
Sporen: 10–15 grauliche, ei- bis linsenförmige, 1–2 mm breite, mit kleinen Fädchen am Becherchen angeheftete Peridiolen, Sporen farblos
Häufigkeit: häufig
Vorkommen: Sommer bis Herbst; Laub- und Nadelwälder, an Holzresten, selten auf dem Erdboden
Verwechslung: Topfteuerling *(C. olla)*: außen seidig-faserig, innen ungekerbt, blass

Stinkmorchel

Phallus impudicus L.: Pers.

Zweifellos gehört die Stinkmorchel zu den bizarrsten Schöpfungen im Reich der Pilze. Was sich da in Phallusform aus einem kugeligen Hexenei nach oben schiebt und mit aasartig stinkendem, grünlichem oder schwarzem Schleim Fliegen und andere Insekten zum Verzehr – und damit zur Verbreitung – seiner Sporen einlädt, ist in weiten Teilen Europas eine häufige Erscheinung, womit der Erfolg der ungewöhnlichen Vermehrungsstrategie bewiesen wäre. Mit den begehrten echten Morcheln (s. S. 235) hat dieser Pilz nichts zu tun.

Junger Fruchtkörper (Hexenei): 5–6 cm groß, eiförmig, weiß, gelatinöse Schleimschicht (Gleba), darunter eine papierartige Außenhülle, die die weiße feste Stielanlage und die graugrüne, schwammige Hutanlage umgibt, Basis mit weißem Myzelstrang
Fleisch, Geruch: weiß, fest, Geruch nach Kohlrabi oder Rettich
Geschmack: nussig
Fertiler Fruchtkörper mit Receptaculum: 15–20 x 2–3 cm, weiß, porös, hohl, zylindrisch
Hut, Kappe: fingerhutförmig, wabenartig gekammert, von gelatinösem, grünlichem bis schwarzem Sporenschleim (Gleba) überzogen
Geruch: intensiver Aasgeruch
Sporenpulver: olivbraun
Häufigkeit: sehr häufig
Vorkommen: Sommer bis Herbst; bodensaure Laub- und Nadelwälder, Parkanlagen
Verwechslung: Hexenei: mit Bovisten (s. S. 220 ff.) und jungen Knollenblätterpilzen (s. S. 62): viel leichter, keine gallertige Schicht unter der Hülle. – Dünen-Stinkmorchel (*P. hadriani*): in Sanddünen (an der Küste oder im Binnenland), Geruch weniger aggressiv, „Hexenei" lilabraun

Eine ausgewachsene Stinkmorchel wartet auf die ersten Fliegen. Unten umschließt das „Hexenei" den porösen Stiel.

Hundsrute

Mutinus caninus (Huds.: Pers.) Fr.

Die Hundsrute ist gewissermaßen die kleine Schwester der Stinkmorchel. In Aufbau und Entwicklung ähnlich, ist sie jedoch viel kleiner und dünner und hat keinen Hut. Der nicht ganz so aggressiv stinkende Sporenschleim sitzt direkt der Stielspitze auf. Die Hundsrute tritt sowohl einzeln als auch nesterweise auf.

Junger Fruchtkörper (Hexenei): 1–2 cm groß, eiförmig, weiß, Schleimschicht (Gleba) gelatinös, darüber eine papierartige Außenhülle, die die weiße Stielanlage umgibt, Basis mit weißem Myzelstrang

Alter Fruchtkörper mit Receptaculum: 10–12 x 0,5–1 cm, weißlich bis ocker, porös, hohl, rutenförmig, Spitze orangerot mit olivschwarzem Sporenschleim (Gleba)
Geruch: Aasgeruch
Sporenpulver: olivbraun
Häufigkeit: weit verbreitet, aber nicht so häufig wie die Stinkmorchel
Vorkommen: Sommer bis Herbst; Laub- und Nadelwälder, Parkanlagen, alte Stümpfe, Laubstreu
Verwechslung: Himbeerrote Hundsrute (*M. ravenelii*): Spitze karmin- bis himbeerrot, selten, meist in Gärten

Bei dieser Hundsrute ist der Sporenschleim schon abgefressen, sodass die zinnoberrote Stielspitze zur Geltung kommt.

Tintenfischpilz

Clathrus archeri (Berk.) Dring

Der bekannteste „Neophyt" der mitteleuropäischen Pilzflora, d. h. ein Exot, der sich hierzulande eingebürgert hat, ist der Tintenfischpilz. Er wurde während des Ersten Weltkriegs vermutlich durch australische Soldaten in den Vogesen eingeschleppt und hat sich seither europaweit verbreitet. Wie die verwandte Stinkmorchel lockt er mit Duftstoffen Insekten an, die sich den Sporenschleim auf seinen roten „Armen" einverleiben und andernorts wieder ausscheiden.

Junger Fruchtkörper (Hexenei): 2–5 cm groß, kugelig bis birnenförmig, weißlichgrau bis bräunlich, Schleimschicht (Gleba) gelatinös, darunter eine papierartige Außenhülle, die die 4–8 weißen Armanlagen umgibt, Basis mit violettem Myzelstrang
Alter Fruchtkörper mit Receptaculum: 5–10 cm lang, blassrot, bananenförmig, kurz gestielt, mit 4–8 fleischrötlichen, sternförmig ausgebreiteten Armen. Innenseite mit dunkeloliv bis schwärzlichem Sporenschleim (Gleba)
Fleisch, Geruch: intensiver Aasgeruch
Sporen: farblos
Häufigkeit: zerstreut
Vorkommen: Sommer bis Herbst; Laub- und Nadelwälder, Wiesen
Verwechslung: das weiße Hexenei der Stinkmorchel (s. o.) ist größer und schwerer, im Schnitt ist die weiße Stielanlage sichtbar; alte Fruchtkörper sind nicht verwechselbar

Ein Tintenfischpilz auf einer Bergwiese. Auf der Alm gefällt es dem Ex-Australier offenbar besonders gut – kein Wunder, er kommt auch in seinem Heimatland in höheren Regionen vor.

Gallertpilze und Nacktbasidien *(Heterobasidiomycetes)*

Die Pilze, die im Deutschen unter der Bezeichnung „Gallertpilze" geführt werde, verteilen sich systematisch auf mehrere Ordnungen. Im Folgenden werden einige auffällige und zumeist häufige Arten aus verschiedenen Gattungen und Familien vorgestellt, die dem Anfänger einen kleinen Einblick in diese wenig beachtete Gruppe vermitteln. Allen hier dargestellten Arten mit Ausnahme der Nacktbasidien *(Exobasidium)* sind die im mikroskopischen Bild mehrfach längs- oder quergeteilten Basidien (Sporenständer) gemeinsam.

Weiße oder braune, muschelförmige Fruchtkörper mit weichen Stacheln auf der Unterseite:
- Gallertstacheling (s. S. 231)

Auffallend rote, trichterförmige Fruchtkörper an totem Holz oder auf dem Erdboden:
- Roter Gallerttrichter (s. S. 227)

Ohrförmige, dunkelbraune, oberseits kahle oder filzige, gummiartig-zähe Pilze an totem Laubholz:
- Judasohr (s. S. 227)

Korallenartig verzweigte oder pfriemförmige, gummiartig-zähe, lebhaft orangegelbe Arten an totem Laub- oder Nadelholz:
- Hörnlinge (s. S. 229)

Gallert- oder geleeartige Pilze an totem Laub- und Nadelholz:
- Zitterlinge (s. S. 228) und Drüslinge (s. S. 229 f.)

Pilze ohne eigentliche Fruchtkörper auf verformten Blättern von Alpenrosen:
- Alpenrosen-Nacktbasidie (s. S. 231)

Klebriger Hörnling
(Calocera viscosa)

Gallertstacheling
(Pseudohydnum gelatinosum)

Judasohr

Auricularia auricula-judae (L.: Fr.) Schröt.

Das Judasohr, das man im Winterhalbjahr in Laubwäldern und Gärten findet, ist eng verwandt mit den sogenannten „chinesischen Morcheln", die in jedem asiatischen Restaurant zu Reisgerichten serviert werden – und mit den echten Morcheln nichts zu tun haben. Es wächst vor allem an alten Holundersträuchern, besiedelt aber auch viele andere Laubholzarten und ausnahmsweise mal einen Nadelholzast. Frische Exemplare können zusammen mit Reis oder Gemüse gegart werden – z. B. im Wok.

Fruchtkörper: 5–12 cm breit, umgekehrt schüssel-, muschel- bzw. ohrförmig
Oberfläche: braun bis violettgraulich, samtig, geadert, innen graubraun, glänzend, kahl, runzelig-faltig, quellfähig
Stiel: sehr kurz, zäh
Fleisch, Geruch: gallertig, zäh, geruchlos
Geschmack: mild
Sporenpulver: weiß
Häufigkeit: sehr häufig
Vorkommen: ganzjährig; an toten oder absterbenden Ästen von Holunder, Buche u. a. Laubhölzern
Verwechslung: Gezonter Ohrlappenpilz *(A. mesenterica)*: Oberseite zottig behaart, gezont, sehr zäh, wärmeliebend

Judasohren an einem Buchenast. Manchmal wachsen die Pilze auch „in der Luft" an abgestorbenen, aber noch nicht abgefallenen Ästen.

Roter Gallerttrichter

Tremiscus helvelloides (DC: Pers.) Donk

Der Rote Gallerttrichter ist einer der auffälligsten und spektakulärsten Gallertpilze – und einer der wenigen, die sogar gegessen werden können (am besten roh als Salatdekoration). Man findet ihn vor allem in feuchten Nadelwäldern an Wegrändern und Stümpfen, manchmal auch in Gebüschen und an grasigen Standorten. Während der Pilz in den Alpen und den Mittelgebirgen weit verbreitet ist, sind Funde im Flachland äußerst selten.

Fruchtkörper: 3–10 x 2–7 cm, ohr- bis spatelförmig, später trompetenförmig, lappig, Rand umgebogen oder eingerollt
Oberfläche: rosabraun bis rotbraun, innen rau, außen runzelig, weiß bereift
Stiel: kurz, seitenständig, ausgehöhlt, Basis mit weißen Myzelsträngen
Fleisch, Geruch: weiß, gallertig, zäh, Geruch unauffällig
Geschmack: mild
Sporenpulver: weiß
Häufigkeit: zerstreut
Vorkommen: Bergnadelwälder, auf morschem Nadelholz oder Erdboden, auf Kalk
Verwechslung: Orangebecherling (s. S. 242): Fruchtkörper orange, Trama wachsartig, brüchig

Rote Gallerttrichter an einer Böschung im Nadelwald. Es sieht aus, als habe jemand den Wegrand mit roten Blüten bestreut.

Pilzgesellschaft an einem Buchenstamm: Die Schnittfläche links hält der Zottige Schichtpilz (Stereum hirsutum) *besetzt, rechts unten hat sich der Blattartige Zitterling angesiedelt.*

Blattartiger Zitterling

Tremella foliacea (Pers.) Fr.

Auf feucht liegenden, alten Laubholzstämmen kann der Blattartige Zitterling kopfgroße, gekröseartige Fruchtkörper bilden. Er wächst dort oft in Gemeinschaft mit anderen holzabbauenden Pilzen wie Porlingen oder Schichtpilzen. Seine Haupterscheinungszeit fällt in den Herbst, doch kann er auch in kühlen Sommermonaten und milden Wintern gefunden werden, vorausgesetzt, das Wetter ist nicht zu trocken.

Fruchtkörper: 2–15 cm breit, polsterförmig bis blattartig-gelappt, büschelig
Oberfläche: gelb- bis rotbraun, glatt; trocken schwarzbraun, knorpelig
Fleisch: gallertig-zäh
Sporenpulver: weiß
Häufigkeit: nicht selten
Vorkommen: ganzjährig, auf totem Laubholz (Stämme, größere Äste)
Verwechslung: Schlauchzitterling (s. S. 246): kompakter, weniger gelappt; Sporen in Schläuchen

Goldgelber Zitterling

Tremella mesenterica Retz.: Fr.

Wie die meisten Gallertpilze ist auch der Goldgelbe Zitterling ein Pilz kühler und feuchter Witterungsperioden. Die leuchtend goldgelben Fruchtkörper, die sowohl auf abgefallenen als auch auf toten, noch ansitzenden Ästen zu finden sind, ernähren sich nicht direkt vom Totholz, sondern parasitieren auf Rindenpilzen aus der Gattung *Peniophora*. Eine andere Art, der Alabaster-Kernling *(T. encephala)*, befällt den Blutenden Nadelholz-Schichtpilz *(Stereum sanguinolentum)*.

Fruchtkörper: 2–8 cm breit, posterförmig bis faltig-gelappt
Oberfläche: gelb bis orange, gallertig-zäh, hirnartig gewunden, trocken orangerot, knorpelig, können wieder aufquellen
Fleisch: gallertig, wässerig, weich
Sporenpulver: weiß
Häufigkeit: ziemlich häufig
Vorkommen: ganzjährig, auf toten oder sterbenden Zweigen von Laubbäumen; auf dem Myzel anderer Pilze parasitierend
Verwechslung: Gallerttränen *(Dacrymyces spec.)*: kleiner, pustelförmig. – Blattartiger Zitterling *(T. foliacea)*: rotbraun, größer

Flechten, Moose, eine Gehäuseschnecke und ein Goldgelber Zitterling haben auf einem toten Ast zusammengefunden. Der Wirt des Zitterlings, ein Rindenpilz, ist auf dem Bild nicht zu sehen.

Klebriger Hörnling

Calocera viscosa (Pers.: Fr.) Fr.

Auf jeder Pilzwanderung wiederholt sich das gleiche Spiel: Jemand findet auf einem Baumstumpf einen Klebrigen Hörnling und hält ihn für einen Korallenpilz, einen „Ziegenbart" (s. S. 186). Der Irrtum ist verständlich, denn auf den ersten Blick sehen sich die Arten wirklich sehr ähnlich. Sobald man den Klebrigen Hörnling jedoch in die Hand nimmt, ist alles klar: Die goldgelben Äste sind gummiartig-zäh, weshalb es praktisch unmöglich ist, sie abzubrechen! Die echten Korallenpilze sind viel zerbrechlicher und fühlen sich anders an.

Fruchtkörper: 5–10 x 0,1 cm, aufrecht, mehrfach gabelig verzweigt, oft büschelig
Oberfläche: orange bis dunkelgelb, Basis weißlich, schmierig, bei Trockenheit hart, brüchig
Fleisch, Geruch: orange, gallertig-zäh, gummiartig, geruchlos
Geschmack: geschmacklos
Sporenpulver: weiß
Häufigkeit: sehr häufig
Vorkommen: Sommer bis Herbst auf morschem Nadelholz
Verwechslung: Gegabelter Hörnling *(C. furcata)*: kleiner, Spitze gegabelt, an Nadelholz. – Pfriemlicher Hörnling *(C. cornea)*: aufrecht, unverzweigt, fingerförmig, zugespitzt, auf totem Laubholz. – Gelbe Korallen (s. S. 186 ff.): Fleisch meist weich, brüchig, nicht gummiartig; nicht an Nadelholz

Der Klebrige Hörnling wächst auf Nadelholzstümpfen und -wurzeln. Nicht immer ist er so stark verzweigt wie das abgebildete Exemplar.

Der Gegabelte Hörnling kommt wie der Klebrige Hörnling auf Nadelholz vor, erreicht aber niemals dessen Ausmaße.

Der Pfriemliche Hörnling ist auf Laubholz spezialisiert und meist unverzweigt.

Warziger Drüsling

Exidia plana (Wigg.: Schleicher) Donk

Die schwarz glänzenden, gallertigen Fruchtkörper des Warzigen Drüslings, die meterlang liegende Stämme und abgefallene Äste überziehen können, erregten schon die Fantasie unserer Vorfahren: Sie nannten den Pilz „Hexenbutter". Bei Trockenheit schrumpfen die Beläge zu einer unscheinbaren Kruste ein, bei Feuchtigkeit quellen sie wieder auf. Der ähnliche Stoppelige Drüsling bildet kleinere Einzelfruchtkörper mit stoppelig-warziger Außenseite.

Fruchtkörper: bis 1,5 cm dick, 1–5 cm breit, kissenförmig, zusammenfließend
Oberfläche: schwarz bis braunschwarz, glänzend, dicht feinwarzig, wellig gefaltet, trocken krustig, runzelig, quellfähig
Fleisch: gallertig, weich
Sporenpulver: weiß
Häufigkeit: sehr häufig
Vorkommen: ganzjährig, auf totem, feuchten Laubholz
Besonderheit: Weißfäule-Erreger
Verwechslung: Stoppeliger Drüsling *(E. truncata)*: einzeln, kreisel- bis tellerförmig, Außenseite stumpf-stachelig, an Laubholz. – Teerflecken-Drüsling *(E. pithya)*: flacher (wie Teerflecken), an Nadelholz

Die Beläge des Warzigen Drüslings sind nach Regenfällen aufgequollen.

Weisslicher Drüsling

Exidia thuretiana (Lév.) Fr.

Der Weißliche Drüsling sieht aus wie ein Negativabzug des Warzigen Drüslings (s. S. 229). Er bedeckt allerdings nicht so große Flächen wie dieser und ist auch erheblich seltener. Sein Hauptwirt ist die Buche, doch kommt er auch an vielen anderen Laubholzarten vor.

Der Kandisbraune Drüsling *(E. saccharina)* ist demgegenüber ein Nadelholzspezialist, der – wie die meisten Gallertpilze – vor allem in den Wintermonaten zu finden ist.

Fruchtkörper: 1–5 mm hoch, knopfförmig, zu 5–15 cm breiten, wulstigen Krusten zusammenfließend
Oberfläche: weiß bis bläulichweiß, höckerig-wellig
Fleisch: gallertig-zäh
Sporenpulver: weiß
Häufigkeit: selten
Vorkommen: ganzjährig, auf abgestorbenen Stämmen und Ästen von Laubholz, v. a. an Buchen
Verwechslung: Alabaster-Kernling *(Tremella encephala)*: kleiner, an Kiefernästen

Oben: Der Weißliche Drüsling auf einem Buchenast in einem kalkhaltigen Buchen-Tannenwald des Voralpenlands.
Rechts: Der Kandisbraune Drüsling dagegen ist ein Nadelholzspezialist.

Dornige Wachskruste

Eichleriella deglubens (Berk. & Br.) Reid

So wie der Klebrige Hörnling (s. S. 229) einen Korallenpilz vortäuscht, imitiert die Dornige Wachskruste einen Rindenpilz – und zwar derart überzeugend, dass selbst erfahrene Mykologen oft nicht auf Anhieb erkennen, dass sie es mit einem Gallertpilz zu tun haben. Da der Pilz vor allem an toten, aber noch am Baum ansitzenden Ästen wächst, findet man ihn am ehesten, wenn diese nach Stürmen auf dem Boden liegen.

Fruchtkörper: 1–8 x 0,5 cm, resupinat
Oberfläche: blassrosa bis graurot, auf Druck weinrot verfärbend, warzig, stachelig, Rand weißlich
Fleisch: dünn, lederig
Sporenpulver: weiß
Häufigkeit: selten, RL 2
Vorkommen: ganzjährig, Auwälder, auf abgestorbenen Laubholzstämmen und -ästen, v. a. Pappeln, Eschen
Verwechslung: mit resupinaten Rinden- bzw. Stachelpilzen

Die Dornige Wachskruste besiedelt vor allem abgestorbene Äste von Pappeln und Eschen. In den Flussniederungen des Inn-/Donauraums ist sie weit verbreitet.

Zitterzahn, Gallertstacheling

Pseudohydnum gelatinosum

In den gleichen Bergnadelwäldern, in denen man dem Roten Gallerttrichter (s. S. 227) begegnet, wächst an alten Nadelholzstümpfen manchmal der Zitterzahn, der aber auch in tieferen Lagen nicht selten ist. Außer der rein weißen Form gibt es noch Varianten mit grauer oder brauner Oberseite. Die Unterseite mit den weißgrauen, weichen Stacheln oder Stoppeln ist bei allen Formen gleich und schließt Verwechslungen mit anderen Pilzen aus.

Fruchtkörper: 2–6 cm breit, spatel- bis halbkreisförmig, oft dachziegelig
Oberfläche: weiß bis dunkelbraun, samtig bis warzig, Unterseite mit weißlichen, weichen, 2–4 mm langen Stacheln
Stiel: graulich bis graubläulich, kurz, seitenständig
Fleisch, Geruch: gallertig, fest, 0,5–1 cm dick, Geruch unauffällig
Geschmack: unauffällig
Sporenpulver: weiß
Häufigkeit: zerstreut
Vorkommen: Herbst; auf morschem Nadelholz, selten an Laubholz
Verwechslung: kaum möglich

Trotz seiner Stacheln auf der Hutunterseite ist der Zitterzahn mit den echten Stachel- und Stoppelpilzen nicht verwandt.

Alpenrosen-Nacktbasidie

Exobasidium rhododendri (Fuckel) Cram.

Befallene Triebe: 1–3 cm große, fleischige, apfelartige Gallen
Oberfläche: gelbgrünlich oder rot
Sporenpulver: weiß
Häufigkeit: im Alpenraum verbreitet
Vorkommen: in den Alpen, Gärten, auf der Blattunterseite von Alpenrosen
Verwechslung: verschiedene Nacktbasidienarten wachsen parasitisch auf anderen Heidekrautgewächsen *(Ericaceae)*

Nacktbasidien sind Pilze, die man mit dem bloßen Auge nicht sieht. Aber man erkennt, was sie anrichten: Sie befallen die Blätter ihrer Wirtspflanzen und sorgen dafür, dass diese sich zu rundlichen oder unregelmäßig geschwulstartigen Gebilden umformen. Erst der Blick durchs Mikroskop zeigt die das Blattgewebe durchziehenden Pilzhyphen sowie in einer hauchdünnen Schicht auf der Oberfläche die großen Sporenständer (Basidien) mit den leicht gekrümmten Sporen.

In freier Natur kommt die Alpenrosen-Nacktbasidie nur in den Hochlagen der Alpen vor. Sie ist aber auch in Rhododendron-Kulturen in tieferen Lagen verbreitet.

SCHLAUCHPILZE

Ascomycetes

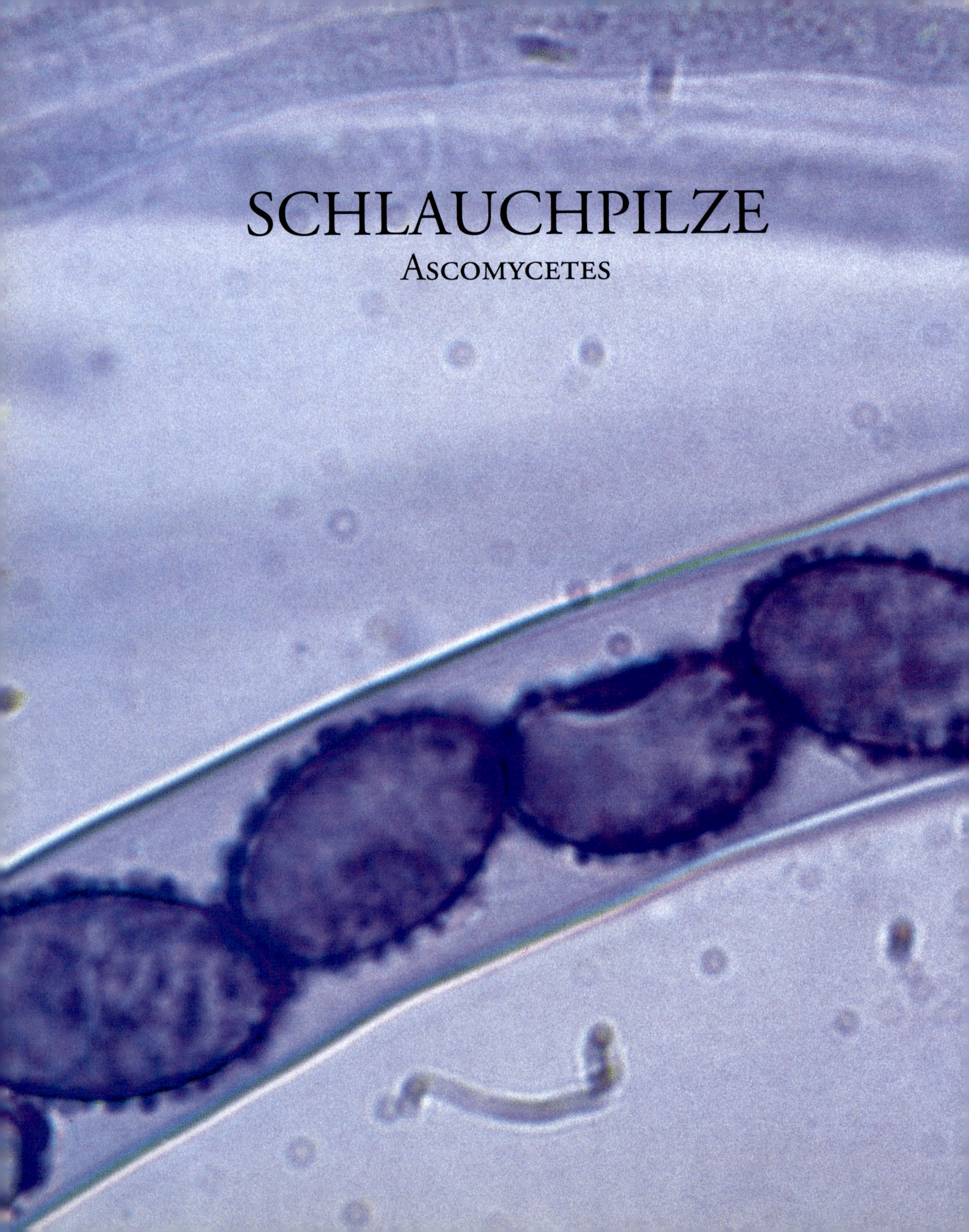

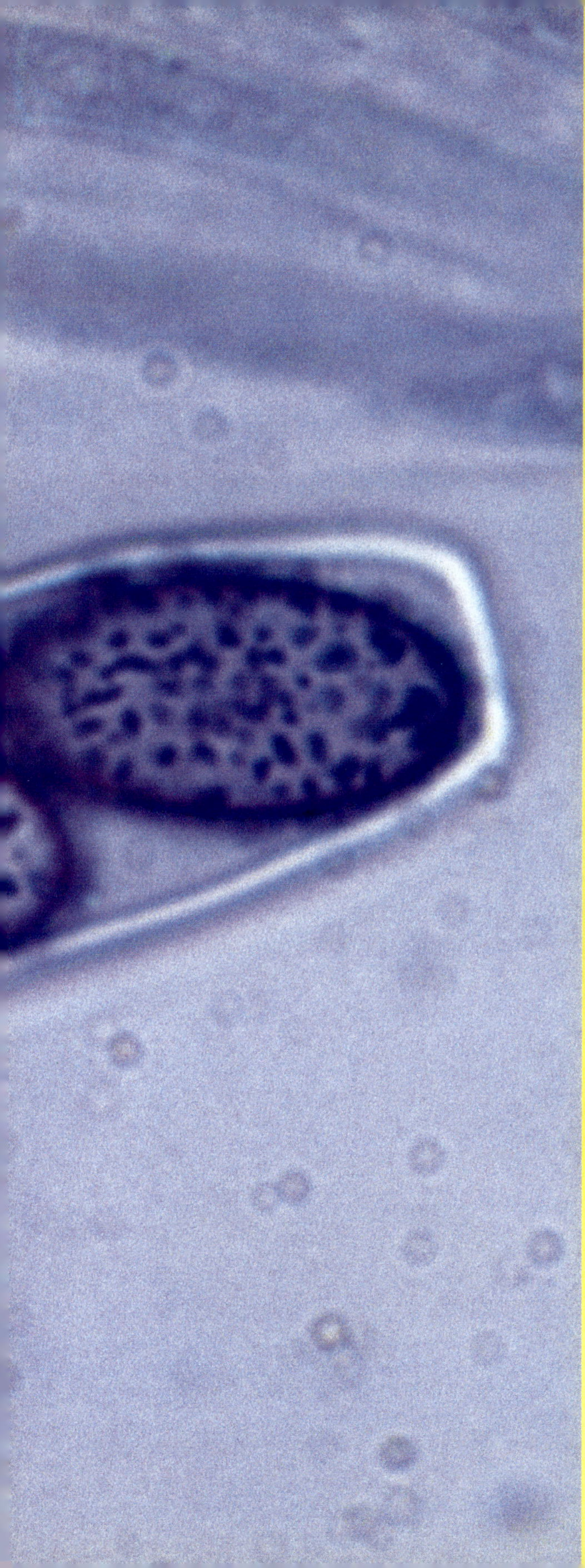

Die zweite Großgruppe (Klasse) im Reich der Pilze sind die Schlauchpilze. Bei ihnen werden die Sporen in sogenannten Schläuchen (Asci) gebildet, meist zu acht, seltener zu viert oder in diversen Zweierpotenzen bis hin zu mehreren Hundert.

Zu den Schlauchpilzen gehören die dem Speisepilzfreund vertrauten Morcheln *(Morchella)* und die begehrten Echten Trüffeln *(Tuber).*

Bei den Morcheln und ihren nächsten Verwandten, den Lorcheln und Becherlingen, öffnet sich bei der Reife am Scheitel der Schläuche ein kleiner Deckel, das Operculum. Die Sporen entweichen durch den Innendruck explosionsartig in einer Sporenstaubwolke.

Die Trüffeln sind als unterirdische Pilze (Hypogäen) nicht auf eine aktive Sporenfreisetzung angewiesen, stehen aber entwicklungsgeschichtlich den operculaten Becherlingen nahe.

Viele kleine und kleinste Becherlinge, die z. T. hochgradig spezialisiert auf Totholz, an Stängeln, Kätzchen, Zapfen usw. wachsen, haben inoperculate Schläuche. Bei ihnen entweichen die Sporen durch einen Porus an der Ascusspitze.

Kernpilze im weiteren Sinn (*Pyrenomycetes* s. l.) sind Ascomyceten, die ihre Schläuche in sogenannten Perithezien bilden. Dies sind ± hohlkugelartige Gebilde, die in ein steriles, festes Stroma eingebettet sind, das rundlich, flächig oder gestielt sein kann. Viele Arten leben saprob, andere (wie der Rotpustelpilz *Nectria cinnabarina*) sind Pflanzen- oder (wie die meisten Arten der Gattung *Cordyceps*) Insektenparasiten.

Oberer Schlauchteil eines Gelbmilchenden Becherlings (Peziza succosa). *Die Ornamente der Sporenoberfläche wurden mit Baumwollblau in Milchsäure angefärbt. Bei den meisten Schlauchpilzen befinden sich jeweils acht Sporen im Ascus.*

Morcheln *(Morchella)* und Verwandte, ausgewählte Arten der operculaten Becherlinge *(Peziza, Sarcoscypha* und andere), Sommertrüffel *(Tuber aestivum)*

Die Morcheln *(Morchella)* sind schon seit dem Mittelalter als Speisepilze begehrt. Doch so leicht ein Pilz als Morchel zu erkennen ist, so schwer fällt es Fachleuten und interessierten Laien, aus der Fülle der beschriebenen Formen herauszufiltern, was nun wirklich eine eigene Art darstellt und was nicht. Die Variabilität der Morcheln ist geradezu legendär, die Diskussion darüber füllt Bände. In diesem Buch werden die drei Haupttypen (Speise-, Käppchen- und Hohe Morchel) sowie zwei Varietäten vorgestellt.

Die beiden mitteleuropäischen Verpeln *(Verpa)* stehen den Morcheln sehr nahe und wachsen oft an den gleichen Standorten. Was für die Variabilität der Morcheln gesagt wurde, gilt auch für die Fingerhutverpel *(V. conica)*, während die Böhmische Verpel klar abgegrenzt ist.

Der deutsche Begriff „Lorcheln" bezieht sich auf zwei verschiedene Gattungen, *Gyromitra* und *Helvella*. In beiden Gattungen gibt es neben deutlich gestielten Arten mit unregelmäßig gewundenem Hut auch solche mit becherförmigen, nur rudimentär gestielten Fruchtkörpern. Bekannteste der ca. zehn *Gyromitra*-Arten sind die roh oder ungenügend gekocht lebensgefährlich giftige Frühjahrslorchel *(G. esculenta)* und die Bischofsmütze *(G. infula)*; bei den ca. doppelt so vielen *Helvella*-Arten sind es die Herbst- und die Grubenlorchel *(H. crispa, H. lacunosa)*.

Zu den operculaten Becherlingen gehören hunderte von Arten – vom großen Kronenbecherling *(Sarcosphaera)* bis zu winzigen Moosbegleitern aus der in diesem Buch nicht vertretenen Gattung *Octospora*. Bei *Peziza* (Becherlinge im engeren Sinn) und *Sarcosphaera* verfärben die Schläuche sich – zumindest an der Spitze – mit Jodreagenzien tiefblau; die Reaktion ist meist schon mit einer guten Lupe sichtbar. Arten mit Karotinoidfarbstoffen ohne eine solche Reaktion sind oft rot oder orange gefärbt (z. B. *Aleuria*- und *Scutellinia*-Arten).

Das Kapitel schließt mit der Sommertrüffel *(Tuber aestivum)*, einem Beispiel für hypogäisch (unterirdisch) wachsende Schlauchpilze.

Scharlachroter Kelchbecherling (Sarcoscypha austriaca)

Speisemorchel, Rundmorchel

Morchella esculenta (L.: Fr.) Pers.

Unter den drei Hauptarten der Morcheln sind die Speisemorcheln die begehrtesten. Ihre rundlichen oder birnenförmigen Hüte haben keine markanten Parallelrippen zwischen den bienenwabenartigen Kammern. Die Farbe wechselt zwischen ockergelb, graugelb und hellgrau. Die Speisemorchel erscheint meist ab Mitte April bis Mitte Mai in Auwäldern, Gärten und Parks, vor allem unter Eschen, aber auch unter anderen Laubbäumen. Sie ist ein seit alters her geschätzter Speisepilz. Es gibt viele Pilzsammler, die für ein Morchelgericht lange Wege gehen.

Hut: 5–10 cm, rundlich bis birnen- oder eiförmig (in var. *rigida* zylindrisch), unregelmäßig wabenförmig gekammert, innen hohl
Oberfläche: bräunlichgrau bis gelb, Gruben rundlich bis vieleckig, Rippen weißlich bis ockergelb, wellig
Stiel: 3–5 x 1–2 cm, weiß bis ocker, grubig, zylindrisch, hohl
Fleisch, Geruch: weißlich, wachsartig, Geruch angenehm
Geschmack: angenehm mild
Sporenpulver: ockergelb
Häufigkeit: ziemlich häufig
Vorkommen: April–Mai; Auwälder, Parks, Gärten, unter Eschen, Ulmen, Apfelbäumen und anderen Laubgehölzen
Verwechslung: Hohe Morchel (s. u.): Hut pyramidenförmig, dunkelbraun. – Böhmische Verpel (s. S. 236): Hut runzelig, nicht gerippt

Speisemorcheln im hohen Gras am Fuße einer alten Esche. Das „Suchbild" zeigt, wie gut die begehrten Frühjahrspilze oft getarnt sind.

Graue Speisemorcheln werden als M. esculenta *var.* vulgaris *bezeichnet.*

Rechts: Eine weitere Varietät der Speisemorchel ist M. esculenta *var.* rigida. *Sie hat die ockergelbe Farbe der Normalform, aber die schlanke, konische Form der Hohen Morchel.*

Hohe Morchel

Morchella elata Fr.

Der zweite Morchel-Haupttyp hat dunkelbraune, konische Hüte mit annähernd parallelen Längsrippen. Zwischen großen, im Extremfall bis 30 cm hohen Exemplaren mit aufwärts verbreitertem Stiel, der ungefähr die Hälfte der Gesamthöhe ausmacht, und kleineren, kurzstieligen Stücken gibt es sämtliche Zwischenformen, weshalb heute meist nicht mehr zwischen Spitzmorchel *(M. conica)* und Hoher Morchel unterschieden wird. Die in neuerer Zeit immer wieder berichteten Morchel-Massenvorkommen auf Rindenmulch gehören ebenfalls in diesen Formenkreis und können als var. *costata* bezeichnet werden.

Diese Hohe Morchel wuchs unter einem Walnussbaum in einem Garten. Häufiger ist sie – zumindest in Süddeutschland – unter Eschen und in Nadelwäldern.

Hut: 3–10 x 2–4 cm, langkegelig bis pyramidenförmig, innen hohl, Rand am Stiel angewachsen
Oberfläche: dunkelbraun, Rippen dunkelbraun, parallel bis geschlängelt mit niedrigeren Querrippen
Stiel: 3–15 x 1–4 cm, weißlich bis blassocker, körnigkleiig, hohl
Fleisch, Geruch: weißlich, elastisch, geruchlos
Geschmack: angenehm mild
Sporenpulver: blassgelb
Häufigkeit: weit verbreitet, selten
Vorkommen: ab März, oft vor der Speisemorchel; Nadelwälder, Auwälder, Gärten; eine nahestehende Form oft massenhaft auf Rindenmulch
Verwechslung: Käppchenmorchel (s. S. 236): Hut im Verhältnis zum Stiel viel kleiner, Hutrand frei, Auwälder, Gärten, Gebüsche

Käppchenmorcheln treten oft gesellig auf. Die Aufnahme stammt aus einer Pappelpflanzung in einem oberbayerischen Auwald, wo an einem 1. Mai über 2000 Exemplare gezählt werden konnten.

Junge Käppchenmorchel aus der Nähe: Der kleine Hut ist am unteren Rand nicht mit dem Stiel verwachsen.

Käppchen-morchel

Morchella gigas (Batsch: Fr.) Pers.

Die Käppchenmorchel ist vielerorts die häufigste der drei wichtigsten Morchelarten. Sie wächst nicht nur in Auwäldern, sondern auch an trockeneren Standorten unter Eschen und Pappeln, in Parkanlagen und Heckenlandschaften unter Weißdorn, in Gärten, manchmal unmittelbar am Straßenrand. Ihr Hut ist im Verhältnis zu den oft langen, alt wie aufgeblasen wirkenden Stielen, ziemlich klein und im Längsschnitt ± dreieckig.

Hut: 2–4 cm breit, glockig bis konisch, Rand und Stiel nicht verwachsen
Oberfläche: oliv-dunkelbraun, bienenwabenartig gekammert, Längsrippen schwarz
Stiel: 2–12 x 1–3 cm, weißlich bis ockergelb, zylindrisch
Fleisch: weißlich, wachsartig

Geschmack: mild
Sporenpulver: gelblich
Häufigkeit: weit verbreitet
Vorkommen: Frühjahr; Auwälder, Gärten, unter Eschen, Pappeln, Weißdorn etc.
Verwechslung: Fingerhutverpel (s. u.): Hut frei, ungekammert, nur an der Spitze angewachsen, selten

Zwei Böhmische Verpeln in einem Auwald in der letzten Aprilwoche. Der gerunzelte Hut unterscheidet sie von hellen Formen der Fingerhutverpel.

Böhmische Verpel, Runzelverpel

Verpa bohemica (Krombh.) Schroet.

Verpeln sind die seltenen Schwestern der Morcheln. Der Hut der Böhmische Verpel ist längs gerunzelt, was ihn klar vom gekammerten Hut der habituell ähnlichen Käppchenmorchel unterscheidet. Dagegen hat die Fingerhutverpel *(V. conica)* eine ± glatte Oberfläche. Bei beiden Arten sind Hut und Stiel nur an der Stielspitze miteinander verbunden. Während die Böhmische Verpel mit ihren großen Sporen, die nur zu zweit im Schlauch liegen, noch ein besonderes mikroskopisches Merkmal besitzt, ist die Fingerhutverpel farblich und morphologisch äußerst variabel.

Hut: 2–5 x 2–3 cm, glockig, frei
Oberfläche: hell- bis dunkelbraun, grob gehirnförmig gerunzelt oder wellig gerippt, Unterseite weißlich
Stiel: 5–15 x 1–3 cm, weißlich, hohl
Fleisch: weißlich, brüchig

Geschmack: mild
Sporen: farblos
Häufigkeit: selten, gelegentliche Massenvorkommen in Auwäldern, RL 3
Vorkommen: Frühjahr, Auwälder, Haine, Hecken, v. a. bei Pappeln, Linden, Weißdorn, Hasel
Verwechslung: Fingerhutverpel *(V. conica)*: Hut fingerhutförmig, honig- bis rotbraun, glatt oder fein gerunzelt, RL 3

Eine Fingerhutverpel mit auffällig dunklem Hut; es gibt auch hell ockerbraune Formen. Die Aufnahme stammt aus einem Moorwald in Schleswig-Holstein.

Aderiger Morchelbecherling, Chlorbecherling

Disciotis venosa (Pers.: Fr.) Boud.

Passionierten Morchelsammlern ist der Aderige Morchelbecherling meist gut bekannt, denn er kann zur gleichen Zeit und nicht selten in unmittelbarer Nachbarschaft von Speisemorcheln (s. S. 235) vorkommen. In Auwäldern mit kalkhaltigen Schwemmsandböden tritt er manchmal sogar in großen Mengen auf. Nicht allen Sammlern ist vertraut, dass sie diesen Pilz ohne weiteres dem Morchelgericht beigeben können, da sich der frisch ziemlich penetrante Chlorgeruch beim Kochen verflüchtigt.

Fruchtkörper: 5–18 cm breit, becher- bis scheibenförmig, Stiel kurz oder fehlend
Oberfläche: hell- bis dunkelbraun, stark gerunzelt, manchmal fast netzig; Unterseite weiß, mehlig-kleiig, Rand hell, wellig verbogen
Fleisch, Geruch: weißlich, dick, sehr brüchig, Geruch intensiv nach Chlor („Hallenbad")
Geschmack: mild
Sporen: farblos
Häufigkeit: zerstreut, RL 3
Vorkommen: Frühjahr; Auwälder, Bachschluchten, Hecken, Gärten, oft gemeinsam mit Morcheln und/oder Verpeln
Verwechslung: Scheibenlorchel (s. S. 238): an alten Nadelholzstümpfen, ohne Chlorgeruch

Die stark geaderte Becherinnenseite und der Chlorgeruch sind typische Merkmale des Aderigen Morchelbecherlings.

Frühjahrslorchel

Gyromitra esculenta (Pers.: Fr.) Fr.

Viel ist geschrieben worden über diesen Pilz mit dem Artnamen *esculenta* („essbar"), der schon viele tödliche Vergiftungen hervorgerufen hat. Der scheinbare Widerspruch ist leicht aufzuklären: Das starke Gift der Frühjahrslorchel wird durch Erhitzen und beim Trocknen zerstört, sodass der Pilz nach entsprechender Vorbehandlung (mindestens 20 Minuten Kochen, Kochwasser wegschütten) oder auch getrocknet ungiftig ist. Die Frühjahrslorchel kommt in Kiefernwäldern auf sandigen Böden sowie auf Holzlagerplätzen vor; in Süd- und Westeuropa wird sie oder eine nahestehende Art auch unter Laubbäumen gefunden.

Fruchtkörper: 5–15 cm, rundlich, Rand oft eingerollt und am Stiel angewachsen
Oberfläche: rot- bis schwarzbraun, gehirnartig gewunden
Stiel: 1–4 cm, weiß, hohl, gekammert, stark gefurcht
Fleisch, Geruch: weißlich, brüchig, geruchlos
Geschmack: unbedeutend
Sporen: farblos
Häufigkeit: ortshäufig in Gebieten mit Sandböden
Vorkommen: Frühjahr bis Frühsommer; Kiefernwälder und Parks, auf sauren Böden; Holzlagerplätze
Verwechslung: Riesenlorchel *(G. gigas)*: größer, Windungen gröber, an alten Stümpfen, selten

Die giftige Frühjahrslorchel meidet Kalkböden. Hier wuchs sie auf dem Holzlagerplatz eines Sägewerks in Schleswig-Holstein.

Den gehirnartig gewundenen Hut hat die Riesenlorchel (G. gigas) mit der Frühjahrslorchel gemeinsam; sie ist jedoch heller, hat andere Sporen und wächst auf alten Baumstümpfen oder in deren Nähe.

Bischofsmütze

Gyromitra infula (Schaeff.: Fr.) Quél.

Wie die Herbstlorchel (s. S. 239) erscheinen Bischofsmützen meist erst im Spätherbst. Auf besonders geeignetem Substrat wie durchfeuchteten Sägemehlhaufen können sich bis zu 20 cm hohe Luxusformen entwickeln; im Normalfall bleibt der Pilz jedoch deutlich kleiner. Am ehesten findet man ihn in älteren Nadelholzforsten mit hohem Totholzanteil. Die ähnliche, sehr seltene Gipfellorchel *(G. fastigiata)* wächst früher im Jahr (April–Juni) in Laubwäldern über Kalk.

Bischofsmützen auf einem grasüberwucherten Holzlagerplatz. Die Aufnahme entstand in Nordamerika (Minnesota).

Fruchtkörper: 2–15 cm, mitra- bis sattelförmig mit 3–5 gewundenen Lappen
Oberfläche: gelb- bis rostbraun, glatt, innen weißlich, hohl
Stiel: 2–10(–15) x 1– 3 cm, weißlich bis rotbraun, zylindrisch, hohl, längsgefurcht
Fleisch, Geruch: weißlich, brüchig, dünn, Geruch unauffällig
Geschmack: mild
Sporen: farblos
Häufigkeit: selten, in süddeutschen Nadelwäldern stellenweise etwas häufiger
Vorkommen: Sommer bis Spätherbst; Laub- und Nadelwälder, auf modrigem Holz oder dem Erdboden
Verwechslung: Frühjahrslorchel (s. S. 237): Hut hirnartig gewunden

Scheibenlorchel

Gyromitra ancilis (Pers.) Fr.

Die Scheibenlorchel erscheint von März bis Mai auf stark vermorschtem, oft zumindest teilweise überwachsenem Nadelholz, insbesondere an Fichtenstümpfen, und braucht wegen der um diese Jahreszeit noch ziemlich niedrigen Temperaturen ziemlich lange, bis sie zur Reife kommt. Sie könnte mit dem auf dem Erdboden wachsenden Morchelbecherling (s. S. 237) verwechselt werden, hat aber nicht dessen Chlorgeruch. Funde auf Laubholz sollten unbedingt mikroskopisch geprüft werden, da es noch einige ähnliche, sehr seltene Arten gibt.

Fruchtkörper: 3–15 cm breit, becher- bis scheibenförmig, Rand wellig
Oberfläche: hell- bis dunkel rotbraun, Unterseite weißlich, deutlich geadert oder gerippt
Stiel: 1–3 cm, knorpelig, steif
Fleisch, Geruch: weißlich, geruchlos
Geschmack: mild
Sporen: farblos
Häufigkeit: verbreitet, nicht häufig
Vorkommen: Frühjahr; Nadelwälder, an oder in der Nähe von morschem Holz, v. a. an alten Fichtenstümpfen
Verwechslung: Morchelbecherling (s. S. 237): intensiver Geruch nach Chlor, essbar

Scheibenlorcheln auf stark vermorschtem Nadelholzreisig. Die Aufnahme entstand am Puy-de-Dôme bei Clérmont-Ferrand in Frankreich.

Hochgerippte Becherlorchel

Helvella acetabulum (L.: Fr.) Quél.

Wie die Morcheln sind auch die Becherlorcheln Kinder des Frühjahrs. Die Hochgerippte wächst meist in Laubwäldern und Gebüschen, z. B. unter alten Haselsträuchern in städtischen Grünanlagen und Gärten. Oft wird sie verwechselt mit der grauen, etwas später im Jahr erscheinenden Aderigen Becherlorchel, deren rundliche, krampfaderartige Rippen nur etwa bis zur Bechermitte reichen.

Recht groß werden die Kelche der Hochgerippten Becherlorchel. Die braune Farbe und die eckigen Rippen sind gute Kennzeichen.

Fruchtkörper: 2–10 cm breit, pokal- bis schalenförmig
Oberfläche: hell- bis dunkelbraun, glatt, außen flaumig behaart
Stiel: 1–6 cm, hellbraun, gefurcht, gekammert, scharfkantig gerippt; Rippen setzen sich bis zum Becherrand fort
Fleisch: weißlich
Sporen: farblos
Häufigkeit: verbreitet
Vorkommen: Frühjahr bis Frühsommer; Laub- und Nadelwälder, Wegränder
Verwechslung: Aderige Becherlorchel *(H. costifera)*: grau, Rippen rundlich, nicht bis zum Becherrand reichend, zerstreut bis selten. – Schwarzweiße Becherlorchel *(H. leucomelaena)*: innen grau bis schwarzgrau, außen heller; nur an der Basis gerippt, im Gras unter Nadelbäumen

HERBSTLORCHEL

Helvella crispa (Scop.: Fr.) Fr.

So wie das Pilzjahr nach der Schneeschmelze mit dem Scharlachroten Kelchbecherling (s. S. 243) beginnt, so endet es, wenn im November die letzten Herbstlorcheln verschwinden – jedenfalls in Gebieten, in denen irgendwann Schnee und Frost das Regiment übernehmen. Herbstlorcheln sind außerordentlich vielgestaltig und haben eine Vorliebe für Weg- und Waldstraßenränder, wachsen aber auch in Laub- und Nadelwäldern und in Gärten, z. B. in Haselgebüschen. Karamellbraune Formen werden als var. *pithyophila* bezeichnet.

Fruchtkörper: 2–8 cm breit, sattelförmig mit 2–3 gewellten, runzeligen Lappen
Oberfläche: weiß bis cremeocker, Unterseite gelbbraun, fein flaumig behaart, Rand frei
Stiel: 4–15 x 2–4 cm, weißlich, glatt, tief längsfurchig, gekammert
Fleisch: weiß, dünn, brüchig
Geschmack: unbedeutend
Sporen: farblos
Häufigkeit: ziemlich häufig
Vorkommen: Herbst bis Spätherbst; feuchte Laubwälder, Wegränder, Gärten
Verwechslung: Grubenlorchel (s. Bild links): dunkelgrau bis schwarz, Rand am Stiel angewachsen, Frühsommer bis Herbst, Laub- und Nadelwälder. – Elastische Lorchel (s. Bild links): kleiner, Hut hellgrau bis braun, Stiel weißlich, ungerippt, rundlich, hohl

Oben: Wie trauernde Klageweiber aus der griechischen Mythologie stehen diese Herbstlorcheln am Wegesrand und nehmen Abschied von dem zu Ende gehenden Jahr.

Die Elastische Lorchel (H. elastica) *ist hell wie die Herbstlorchel, wächst aber oft schon früher im Jahr und unterscheidet sich immer durch den ungerippten, rundlichen Stiel.*

Grubenlorcheln (H. lacunosa) *sind die dunkelgrauen Pendants zu den meist weißen Herbstlorcheln und können bereits im Juni erscheinen.*

WURZELLORCHEL

Rhizina undulata Fr.: Fr.

Die Gattung *Rhizina* besteht aus einer einzigen Art, der seltsamen Wurzellorchel. Während die meisten anderen operculaten Becherlinge reif becher- oder schalenförmig sind, bildet sie stets konvexe, unregelmäßig polsterförmige Fruchtkörper. Die Unterseite ist dicht besetzt mit weißlichen, sehr brüchigen „Würzelchen“ (Rhizoiden). Kein anderer Pilz ist mit der Wurzellorchel verwechselbar. Sie wächst meistens auf Brandstellen, kann aber auch als Parasit die Wurzeln junger Nadelbäume befallen.

Fruchtkörper: 5–15 cm breit, abgeflacht halbkugelig, unregelmäßig gewunden, buckelig, ungestielt
Oberfläche: mittel- bis dunkelbraun, glatt, matt, Rand jung weißlich; Unterseite weiß bis hellgelb mit zahlreichen, wurzelartigen Myzelrhizoiden
Fleisch: hellbraun, brüchig, alt zäh
Sporen: farblos
Häufigkeit: weit verbreitet
Vorkommen: Sommer bis Herbst; Nadelwälder, auf Brandstellen, auch als Parasit auf den Wurzeln junger Nadelbäume
Verwechslung: kaum möglich

Junge, noch weiß berandete Wurzellorcheln auf einer alten Brandstelle im Nadelwald.

Diese beiden Eselsohren, die ihrem Namen alle Ehre machen, wuchsen in einem trockenen Eichen-/Buchenwald auf saurem Boden unweit von Mainz.

ESELSOHR

Otidea onotica (Pers.: Fr.) Bon.

Weil Christiaan Hendrik Persoon (1761–1836), den in Südafrika gebürtigen Erstbeschreiber vieler Pilzarten, bestimmte Becherlinge an Tierohren erinnerten, nannte er sie *Otidea* („Ohrähnliche"). Im Deutschen wurden daraus später die „Öhrlinge". Das Eselsohr ist gleichsam der Prototyp; daneben gibt es auch noch das kleinere Hasenohr und mehrere andere Arten, die schneckenartig eingerollt und/oder einseitig gespalten, aber nicht so deutlich einseitig in die Länge gezogen sind.

Fruchtkörper: 3–10 cm hoch, wie ein Hasen- bzw. Eselsohr geformt, kurz gestielt, oft bis zur Basis gespalten, eingerollt
Oberfläche: blassgelb, alt mit Rosaton; außen ockergelb bis hellbraun, feinfilzig
Fleisch: gelblich
Sporen: farblos
Häufigkeit: zerstreut, RL 3
Vorkommen: Sommer bis Herbst; Laub-, seltener Nadelwälder, auf Kalk, oft büschelig
Verwechslung: Hasenohr *(O. leporina)*: ähnlich geformt, gelbbraun, meist im Nadelwald. – Ledergelber Öhrling *(O. alutacea)*: gedrungener, nicht einseitig ausgezogen, ocker- bis lederbraun, meist im Laubwald

KRONEN-BECHERLING

Sarcosphaera coronaria (Jacqu.) Schroet.

Wenn Mitte bis Ende Mai die Morchel- und Mairitterlingszeit zu Ende geht und das bei vielen Pilzsammlern gefürchtete „Sommerloch" beginnt, hat auf kalkreichen Böden in den Alpen und den Mittelgebirgen der giftige Kronenbecherling Saison. In günstigen Jahren brechen hunderte von Fruchtkörpern an Wegrändern und Böschungen, aber auch mitten in Laub- und Nadelwäldern aus dem Erdreich hervor. Frische Kronenbecherlinge können intensiv violett gefärbt sein, alte und feuchte Exemplare sind blass grauviolett; vereinzelt findet man auch rein weiße Exemplare.

Fruchtkörper: 5–20 cm, jung geschlossene Hohlkugel, halb unterirdisch, später unregelmäßig sternförmig aufreißend
Oberfläche: innen violett, grauviolett bis hellbraun ausblassend, glatt, außen weißlich
Fleisch: weiß, brüchig
Sporenpulver: farblos
Häufigkeit: ortshäufig, RL 3
Vorkommen: Frühling bis Frühsommer; Laub- und Nadelwälder, Parks, auf Kalk
Verwechslung: kaum verwechselbar

Junge Kronenbecherlinge sind geschlossene Hohlkugeln, die sich bei der Reife am Scheitel öffnen und sternförmig aufreißen.

Oben: Der Buchenwald-Becherling wuchs hier auf einem Holzlagerplatz, auf dem im Vorjahr Buchenholz geschlagen und aufgeschichtet worden war.

BUCHENWALD-BECHERLING

Peziza arvernensis Boud.

Der Buchenwald-Becherling wächst meist an Stellen, wo Buchenholz im Wald verarbeitet wurde, über vergrabenen Holzresten, kommt aber auch direkt an alten Stümpfen, Scheiten oder Wurzeln vor. Äußerlich ist er kaum von dem sehr variablen Wachsbecherling *(P. cerea)* und anderen nahestehenden Arten zu unterscheiden. Im Zweifelsfall hilft ein Blick durchs Mikroskop: Die Sporen des Buchenwald-Becherlings sind punktiert, die des Wachsbecherlings glatt.

Fruchtkörper: 3–10 cm, blasen- bis becherförmig, unregelmäßig wellig verbogen, meist ungestielt
Oberfläche: innen hell- bis kastanienbraun, glatt, außen heller, kleiig
Fleisch: dünn, brüchig
Sporen: farblos, punktiert
Häufigkeit: häufig
Vorkommen: Frühjahr bis Sommer; Laubwälder, Holzreste, v. a. von Buchen
Verwechslung: Wachsbecherling (s. Bild links): blassgelb bis gelbbraun, auf feuchtem Mauerwerk, Holzresten etc., Sporen glatt

Wenn der Wachsbecherling in feuchten Kellern auftaucht, wird er gern als „Kellerbecherling" bezeichnet. Gut zu erkennen ist das weißliche Myzel, das sich auf dem Boden ausbreitet.

Blasenbecherling

Peziza vesiculosa Bull.: Fr.

Landwirte und Gärtner werden dem Blasenbecherling eher begegnen als andere Berufsgruppen: Er wächst vom Frühjahr an auf Misthaufen und mit Dung durchsetztem Stroh und kommt auch in Treibhäusern und Champignonkulturen vor. Die jungen, anfangs noch geschlossenen Fruchtkörper quellen tatsächlich wie dicke weißliche bis blassockerfarbene Blasen aus ihrem Substrat hervor. Nur selten findet man sie einzeln – im Normalfall wachsen sie nesterweise und dicht gedrängt, wobei sich die Fruchtkörper durch gegenseitigen Druck verformen.

Fruchtkörper: 6–10 cm, blasenförmig mit kleiner Öffnung, später becherförmig, Rand eingebogen, unregelmäßig eingerissen; meist büschelig verwachsen
Oberfläche: innen: weißlich bis gelbbraun, glatt, außen: blassbraun, flockig-kleiig
Fleisch: weißlich, brüchig
Sporenpulver: farblos
Häufigkeit: ziemlich häufig
Vorkommen: ganzjährig; Misthaufen, Frühbeete, Champignonkulturen
Verwechslung: Wachsbecherling (s. S. 240): dünnfleischiger, nicht auf Dung

Blasenbecherlinge in einem Mistbeet. Die Pilze sind harmlos, wenn auch in gewisser Weise Nahrungskonkurrenten der Salatpflanzen.

Gelbmilchender Becherling

Peziza succosa Berk.

Einige Arten der großen Gattung *Peziza* (Becherlinge im engeren Sinn) enthalten einen farblosen oder farbigen Saft, der an verletzten Stellen aus dem Fleisch hervorquillt. Die bekannteste und häufigste von ihnen ist der Gelbmilchende Becherling, der in Wäldern auf kalkhaltigen Lehm- und Sandböden zu finden ist. Die Gilbung erfolgt nicht sofort, sondern erst einige Minuten nach der Verletzung. Verwechselt werden könnte er mit dem Gelbfleischigen Becherling, der jedoch eine violett getönte Innenseite und von Anfang an gelbes Fleisch hat.

Oben: Der Gelbmilchende Becherling ist ein häufiger Pilz in Laub- und Nadelwäldern auf besseren, kalkhaltigen Böden.

Unten: Der Blaumilchende Becherling (P. saniosa) *ist unscheinbar und schwer zu finden. Umso auffälliger ist die blaue Milch, die an verletzten Stellen hervorquillt.*

Fruchtkörper: 0,5–6 cm breit, becher bis schüsselförmig, ungestielt
Oberfläche: innen gelb bis olivbraun, Mitte runzelig; außen graubraun, glatt
Fleisch: fest, Saft an der Luft nach wenigen Minuten gilbend
Sporen: farblos
Häufigkeit: häufig
Vorkommen: Sommer bis Herbst; Laub- und Nadelwälder, auf lehmigen, neutralen bis kalkhaltigen Böden
Verwechslung: Gelbfleischiger Becherling *(P. michelii)*: Fleisch gelb, Becherseite violett. – Blaumilchender Becherling (s. Bild links): dunkler, sondert tiefblaue bis violette Milch ab, selten, RL 3

Schlamm-becherling

Peziza limnaea Maas-Geest.

Der bekannteste braune Becherling ist der Kastanienbraune, der vor allem in Nadelwäldern auf sauren Sandböden verbreitet ist. Auf Kalkböden wird er von anderen Arten vertreten, die man mithilfe des Mikroskops bestimmen muss. Findet man dagegen an sehr feuchten bis nassen Standorten in Bruchwäldern und Mooren einen dunkelbraunen Becherling, so handelt es sich mit großer Wahrscheinlichkeit um den Schlammbecherling.

Fruchtkörper: 0,5–5 cm breit, flach becherförmig bis scheibenförmig am Erdboden aufliegend, oft gedrängt wachsend und durch gegenseitigen Druck verformt
Oberfläche: innen dunkel- bis olivbraun, außen rotbraun, dunkel punktiert
Fleisch: im Schnitt olivgelb, sehr brüchig
Sporen: farblos
Häufigkeit: zerstreut bis selten, oft nicht erkannt
Vorkommen: Sommer, Bruchwälder, Moore, schlammige, torfige Böden
Verwechslung: Kastanienbrauner Becherling *(P. badia)*: dunkel olivbraun, Fleisch rötlichbraun

Der Schlammbecherling ist einer der wenigen Becherlinge, die auf reinen Torfböden vorkommen. Hier wuchs er unter Birken in einem Hochmoor.

ORANGE-BECHERLING

Aleuria aurantia (Pers.) Fuckel

Ein Begleiter des Waldwanderers ist der Orangebecherling. Manchmal wächst er mitten auf dem Weg, öfter noch an Wegböschungen und frisch aufgeschütteten Forststraßenbanketten. Die Vorliebe für frische, lehmige, vegetationsarme Böden teilt er mit vielen anderen Becherlingen, die z. B. nach Überschwemmungen auf neu aufgespültem Schwemmsand zu den Erstbesiedlern gehören. Der Orangebecherling meidet allerdings kalkhaltige Böden. Verwechslungen sind mit Kurzhaarborstlingen *(Melastiza)* möglich, die aber schwarze, stumpfe Randhaare besitzen.

Am Entstehungsort dieses Bildes begleiteten Orangebecherlinge eine frisch geschotterte Forststraße im Schwarzwald mit tausenden von Exemplaren.

Fruchtkörper: 1–12 cm breit, schalenförmig bis ausgebreitet, ungestielt, Rand erst eingerollt, später wellig bis lappig, oft gedrängt wachsend
Oberfläche: innen orangerot bis -gelb, außen blasser, feinflaumig
Fleisch: orangerot, dünn, brüchig
Geschmack: mild, unauffällig
Sporen: farblos
Häufigkeit: häufig
Vorkommen: Spätsommer bis Spätherbst; feuchte Wegränder, Wälder, Böschungen, auf dem Erdboden
Verwechslung: Mennigroter Borstling *(Melastiza chateri)*: kleiner, Becherrand schwarzpunktiert (Lupe!)

KOHLEN-KELCHPILZ

Geopyxis carbonaria (Alb. & Schw.: Fr.) Sacc.

Viele Becherlinge gehören zu den Wiederbesiedlern verbrannter Erde. Auf Waldbrandflächen kommt es manchmal zu Vorkommen mit Millionen von Einzelfruchtkörpern. Auch dort, wo Holzfäller Äste und Reisig verbrannt haben, können bereits einige Wochen nach dem Brand erste „carbophile" (kohleliebende) Becherlinge auftreten. Der Kohlen-Kelchpilz gehört zu den häufigsten Arten in dieser ökologischen Nische.

Oben: Kohlen-Kelchpilze auf einer Waldbrandfläche in Schweden. Die Ränder der kleinen Kelche sind weißflockig gesäumt.

Unten: Ein weiterer Besiedler alter Feuerplätze ist der Brandstellen-Borstling (Trichophaea hemisphaerioides). *Seinen Becherrand schmückt ein Kranz aus dichtstehenden braunen Haaren.*

Fruchtkörper: 1–2 cm breit, erst kugelig, dann becher- bis schüsselförmig
Oberfläche: innen ockerbraun bis orangerot, außen hellbraun, kleiig, Rand blassgelb, weißflockig, gekerbt
Stiel: bis 1,5 cm lang, dünn, weiß bis gelblich
Fleisch: fleischig
Sporenpulver: farblos
Häufigkeit: ziemlich häufig
Vorkommen: Frühjahr bis Herbst; auf alten Brandstellen
Verwechslung: Brandstellen-Borstling (s. Bild rechts): becherförmig, grauweiß, Rand bewimpert, braun behaart, ohne Stiel

Der Warzigsporige Schildborstling wächst vor allem in Nadelwäldern auf dem Erdboden.

WARZIGSPORIGER SCHILDBORSTLING

Scutellinia cejpii (Vel.) Svrček

Schildborstlinge sind rote Becherlinge mit einem Randsaum aus schwarzen Borsten. Die Pilze werden nur wenige Millimeter bis ca. anderthalb Zentimeter breit. Es gibt an die 30 verschiedene Arten in Mitteleuropa, die sich vor allem in der Form und Ornamentierung ihrer Sporen unterscheiden; andere Merkmale sind die Breite und Länge der Haare sowie bei manchen Arten spezielle Standortansprüche. Für den Warzigsporigen Schildborstling typisch sind die kurzen, sehr dichtstehenden Haare und die länglichen Sporen.

Fruchtkörper: 0,5–2 cm breit, erst kugelig, später schüssel- bis scheibenförmig, Rand aufgebogen
Oberfläche: innen blutrot, glatt, außen braun-borstig behaart, vor allem am Rand
Sporen: farblos, länglich
Häufigkeit: selten
Vorkommen: Sommer; v. a. in Nadelwäldern, auf dem Erdboden oder zwischen Moosen
Verwechslung: Gemeiner Schildborstling *(S. scutellata)*: auf Holzresten, Haare länger

Scharlachroter Kelchbecherling

Sarcoscypha austriaca (Beck ex Sacc.) Boud.

Das „Schneeglöckchen der Mykologen" wurde der Scharlachrote Kelchbecherling genannt, weil er zur gleichen Zeit wie die ersten Blütenpflanzen des Frühjahrs wächst. Junge Exemplare erscheinen manchmal schon Ende November, verschwinden monatelang unter der Schneedecke und wachsen nach der Schneeschmelze weiter. Der Scharlachrote Kelchbecherling benötigt alte, feuchtliegende Laubholzäste und das richtige „Milieu" – Auwälder, schattige Hang- und Schluchtwälder, die Uferzonen von Gebirgsbächen. In den Kalkalpen und den Auen der Voralpenflüsse ist er stellenweise sehr häufig.

Fruchtkörper: 1–8 cm breit, rund bis oval, erst pokal-, dann schalenförmig gestielt, Rand eingebogen
Oberfläche: leuchtend zinnoberrot, außen ocker bis orangerot, flockig-körnig
Fleisch: hellrot, brüchig
Sporen: farblos
Häufigkeit: ortshäufig, RL 3
Vorkommen: Winter bis Frühjahr; Auwälder, Bachtäler, auf morschen, feucht liegenden, bemoosten Laubholzästen
Verwechslung: die nahestehenden Kelchbecherlingsarten *(S. coccinea* und *S. jurana)* sind nur mikroskopisch unterscheidbar; *S. jurana* wächst an Lindenholz

Quer über einem Bach liegt ein bemooster Ast mit Scharlachroten Kelchbecherlingen. Die Aufnahme entstand im Voralpenland gleich nach der Schneeschmelze.

Rotrandiger Schwarzborstling

Plectania melastoma (Sow.: Fr.) Fuckel

Schwarzborstlinge sind in der Regel pechschwarz und wachsen im Frühjahr. Der Glänzende Schwarzborstling *(P. nigrella)* gedeiht in der Regel in der Nadelstreu von Kiefern- und Fichtenwäldern, der Tannen-Schwarzborstling *(P. melaena)* auf Tannenholz und der Moor-Schwarzborstling *(P. sphagnophila)* an Torfmoosen im Moor. Lediglich der Rotrandige Schwarzborstling, der auf Laubholzästen in wärmeren Lagen vorkommt, setzt farblich durch die mit rostroten Körnchen gesprenkelte Becherrandzone einen anderen Akzent und wird sowohl im Frühjahr als auch während der herbstlichen Pilzsaison gefunden.

Die rostrote Granulierung am Rand des Bechers ist das wichtigste Merkmal des Rotrandigen Schwarzborstlings.

Fruchtkörper: bis 2 cm breit, kugelig, später pokalförmig, meist ungestielt
Oberfläche: schwarz, feinfilzig, Rand fein rostrot körnig, gekerbt
Fleisch: gummiartig, zäh
Sporen: farblos
Häufigkeit: in Deutschland sehr selten, häufiger in West- und Südeuropa
Vorkommen: Frühjahr bis Sommer; in Mooren, auf abgefallenen Holzresten, u. a. von Heidekraut *(Calluna vulgaris)*
Verwechslung: andere Schwarzborstlinge haben keinen rötlich granulierten Rand

Sommertrüffel

Tuber aestivum Vitt.

Trüffel sind häufiger, als man ahnt – man muss sie nur zu finden wissen. Natürlich hat es keinen Sinn, nördlich der Alpen nach der berühmten Périgord-Trüffel *(T. melanosporum)* zu suchen, doch wer sich eingehend mit den Lebensbedingungen dieser unterirdisch wachsenden Pilze beschäftigt, kann auch hierzulande und ohne trainiertes Schwein Erfolg haben. So ist gerade die Sommertrüffel schon mehrfach in Deutschland gefunden worden, sogar in privaten Gärten. Die meisten Trüffelvorkommen werden freilich durch Zufall entdeckt, z. B. wenn Wild die Knollen aus der Erde gewühlt hat.

Fruchtkörper: 3–15 cm breit, rundlich bis unregelmäßig knollig
Oberfläche: außen schwarzbraun bis grauschwarz, höckerig-rau
Gleba, Geruch: gelblich, bräunlich verfärbend, weißlich marmoriert, fest, Geruch aromatisch
Geschmack: aromatisch
Sporen: gelblich
Häufigkeit: selten, RL 1
Vorkommen: Sommer bis Herbst; unterirdisch, in humosen Laubwäldern, auf Kalk
Verwechslung: andere Trüffelarten *(T. spec.)*: sind nur mikroskopisch unterscheidbar

Diese Sommertrüffel stammt aus Ungarn, wo der Pilz sogar auf Wochenmärkten angeboten wird.

Gallertköpfchen *(Leotia)*, Erdzungen *(Geoglossum)* und Verwandte, Sklerotienbecherlinge *(Dumontinia)* und Verwandte, ausgewählte Pyrenomyceten, Runzelschorf *(Rhytisma)*

Ähnlich wie bei den Ascomyceten mit operculaten Schläuchen (s. S. 234 ff.) gibt es auch unter jenen mit inoperculaten einige, bei denen der Fruchtkörper in einen ± rundlichen bis zylindrischen Hut und einen Stiel gegliedert ist. Dazu zählen vor allem die Gallertköpfchen *(Leotia)*, die Kreislinge *(Cudonia)* und die Haubenpilze *(Mitrula)*. Gallertiges Fleisch zeichnet auch den ungestielten Schlauchzitterling *(Ascotremella faginea)*, den Schmutzbecherling *(Bulgaria inquinans)* und die Gallertbecher *(Ascocoryne)* aus. Bei den Erdzungen (*Geoglossum* und verwandte Gattungen) dominiert die Keulenform; die Abgrenzung zu ähnlich gestalteten Keulenpilzen (s. S. 186 ff.) ist im Allgemeinen aufgrund der Farbe möglich: Erdzungen sind meist schwarz oder grün, Keulen gelb, weiß oder rötlich).

Aus der schier unübersehbaren Fülle kleiner und kleinster inoperculater Becherpilze konnten nur wenige Beispiele aufgenommen werden, die allesamt zu den häufigeren und – zumindest relativ – auffallenden Vertretern der Gruppe gehören wie das Zitronengelbe Reisigbecherchen *(Bisporella citrina)*, der Fichtenzapfenbecherling *(Ciboria bulgarioides)* und der Anemonenbecherling *(Dumontinia tuberosa)*.

Auch die Beispiele für die Pyrenomyceten können nur einen kleinen Einblick in die Formenvielfalt dieser Gruppe gewähren. Allein die schwarzsporige Gattung *Hypoxylon* umfasst ca. 20 mitteleuropäische Arten. Verwandt sind die – hier nicht dargestellten – Holzkeulen *(Xylaria)*, die keulen- bis geweihförmige Fruchtkörpern, an Totholz und toten Früchten bilden. Parasiten und Saprobionten auf anderen Pilzen sind die Arten der Gattung *Hypomyces*. Auf Insekten parasitieren die Kernkeulen *(Cordyceps)*, auf Gräsern der Orangefarbene Manschettenpilz *(Epichloë typhina)*. Das Kapitel endet mit dem Rosmarinheiden-Runzelschorf *(Rhytisma andromedae)*.

Edelkastanien-Stromabecherling (Rutstroemia echinophila) – *hier an einer Zerreiche* (Quercus cerris).

Grüngelbes Gallertköpfchen

Leotia lubrica (Scop.: Fr.) Pers.

Das giftige Grüngelbe Gallertköpfchen ist ein weit verbreiteter Pilz, der in feuchten Wäldern vorkommt. Oft wächst er in der Nähe von Gewässern. Die Farbe des Hütchens kann ebenso variieren wie die Größe. Verwechselbar wäre allenfalls der gelbe Sumpf-Haubenpilz, der bereits im Mai/Juni in kalkarmen Gebieten herdenweise an nassen Stellen – im typischen Fall sogar mit dem Fuß im Wasser – wächst und sich von verfaulenden Pflanzenresten ernährt.

Fruchtkörper: 1–2 cm breit, Köpfchen rundlich, buckelig oder genabelt, Rand stark eingerollt
Oberfläche: grüngelb bis olivbraun, gallertig, schmierig
Stiel: 4–8 x 0,5 cm, hellgelb, gelbgrün punktiert, zylindrisch, oft längsgefurcht
Fleisch: gelblich, elastisch
Sporen: farblos
Häufigkeit: häufig
Vorkommen: Sommer bis Herbst; Laub- und Nadelwälder, gern unter Buchen im Falllaub
Verwechslung: Sumpf-Haubenpilz *(Mitrula paludosa)*: gelb, Mai/Juni, oft im Wasser auf faulenden Pflanzenresten, kalkmeidend. – Hellstieliger Kreisling (s. u.): blass zimtbraun, nicht gallertig, sehr selten

Grüngelbe Gallertköpfchen in einem Laubwald. Das Fleisch ist gallertig und die Oberfläche so schlüpfrig, dass einem die Pilze beim Abpflücken manchmal durch die Finger flutschen.

Hellstieliger Kreisling

Cudonia confusa Bres.

Es gehört einiges Glück dazu, um in Bergnadelwäldern dem Hellstieligen Kreisling oder dem sehr nahestehenden Dunkelstieligen Kreisling zu begegnen. Beide Arten sind in Mitteleuropa ziemlich selten, werden aber in Skandinavien häufiger gefunden. Charakteristisch für *C. confusa* ist der dem Hut annähernd gleichfarbene Stiel.

Fruchtkörper: 1–2 cm breit, Köpfchen rundlich, abgeflacht, genabelt, Rand stark eingerollt
Oberfläche: blass zimtbraun bis fleischbraun
Stiel: 4–8 x 0,5 cm, zimtbraun, zur Basis graubraun, schlank
Fleisch: gelblich, knorpelig, trocken
Sporen: farblos
Häufigkeit: sehr selten
Vorkommen: Sommer bis Herbst; Nadelwälder, in der Streu
Verwechslung: Dunkelstieliger Kreisling *(C. circinans)*: cremefarben, Stiel dunkel grauviolett, kräftig

Büschelig in der Nadelstreu eines schwedischen Fichtenwalds wuchsen diese Hellstieligen Kreislinge.

Feinschuppige Erdzunge

Geoglossum fallax Durand

Erdzungen führen ein verstecktes Leben in Magerrasen, Feuchtwiesen und Mooren. Die meisten von ihnen sind schwarz, aber es gibt auch einige seltene grüne und rötliche Arten. Während die meisten Arten nur mikroskopisch bestimmbar sind, erkennt man die Feinschuppige Erdzunge mit einiger Erfahrung bereits an der flockig-schuppigen Zone unter dem deutlich abgegrenzten fertilen Kopfteil. Ebenso wie die Saftlinge (s. S. 78 ff.), die oft an ähnlichen Standorten vorkommen, sind die Erdzungen vielerorts durch die Intensivierung der Landwirtschaft bedroht.

Fruchtkörper: 5–8 x 0,5–1 cm, schlankstielig mit keuligem bis spateligem Köpfchen
Oberfläche: schwarzbraun, Stiel oben flockig-feinschuppig

Das Artkennzeichen der Feinschuppigen Erdzunge ist die feinflockig-schuppige Zone an der Stielspitze.

Sporen: farblos
Häufigkeit: selten
Vorkommen: Sommer bis Herbst; auf Trockenrasen, feuchten Magerwiesen
Verwechslung: andere Erdzungenarten *(Geoglossum spec.)*: Stielspitze nicht feinschuppig, sonst nur mikroskopisch unterscheidbar. – Zungen-Kernkeule *(Cordyceps ophioglossoides)*: Oberfläche warzig durch Perithezienmündungen, auf unterirdischen Hirschtrüffeln

Stillleben mit Feinschuppiger Erdzunge und Walderdbeere. Die Aufnahme entstand auf einem Magerrasen in Småland (Schweden).

Der Schlauchzitterling wächst meist einzeln an abgefallenen Buchenästen und ist im Falllaub der Wälder leicht zu übersehen.

Schlauch-zitterling

Ascotremella faginea (Peck) Seaver

Äußerlich würde der Schlauchzitterling mit seiner gallertig-gelatinösen Fleischbeschaffenheit problemlos zu den Gallertpilzen aus der Gattung *Tremella* passen. Umso erstaunlicher ist es, wenn man mithilfe des Mikroskops erkennt, dass er kein Basidiomycet, sondern ein Ascomycet ist und seine Sporen jeweils zu acht in kleinen, langgestreckten Schläuchen angeordnet sind.

Fruchtkörper: 2–4 x 1–2 cm, gehirnartig, gewunden, lappig, kurz gestielt
Oberfläche: rot- bis violettbraun, matt bis feucht glänzend
Fleisch: gallertig-gelatinös
Sporen: farblos
Häufigkeit: selten
Vorkommen: Sommer bis Herbst; Laubwälder, tote Äste von Buche und Erle
Verwechslung: Echte Zitterlinge (s. S. 228) und andere Gallertpilze (S. 226 ff.): keine Schlauch-, sondern Ständerpilze

Großsporiger Gallertbecher

Ascocoryne cylichnium (Tul.) Korf

Der Großsporige Gallertbecher wächst auf Stümpfen und Stämmen von Laubbäumen, insbesondere Buchen und Weichhölzern wie Pappel und Weide. Die becherförmigen, alt auch etwas gekröseartig gewundenen Fruchtkörper sind lebhaft violett gefärbt. Der nahestehende Fleischrote Gallertbecher *(A. sarcoides)* kann nur mikroskopisch unterschieden werden.

Fruchtkörper: 0,5–2 cm breit, jung kugelig, später abgeflacht schalen- bis kreiselförmig, oft kissenförmig, Mitte häufig vertieft, ungestielt, in Büscheln

Oberfläche: violett bis blass braunrot, runzelig bis glatt, außen kleiig
Fleisch: gallertig
Sporen: farblos
Häufigkeit: häufig
Vorkommen: Herbst und milde Winter; auf morschem Laub- und Nadelholz
Verwechslung: Fleischroter Gallertbecher *(Ascocoryne sarcoides)*: Sporen kleiner, ansonsten sehr ähnlich

Großsporiger Gallertbecher auf Pappelholz am Rande eines Auwalds. Violette Schichtpilze (s. S. 214) und Pappelschüpplinge (s. S. 145) wuchsen am gleichen Substrat.

Schmutzbecherlinge auf der Rinde eines lagernden Eichenstamms: Die Becherinnenseite ist glatt und schwarz, die Außenseite runzelig.

Schmutz-becherling

Bulgaria inquinans (Pers.) Fr.

Schmutzbecherlinge haben einen absolut charakteristischen Standort: Sie wachsen auf der Rinde von Eichenstämmen, die, von Sturm oder Menschenhand gefällt, ein paar Monate im Gelände oder abholbereit am Straßenrand liegen. Manchmal sprenkeln die schwarzen, dickfleischigen Pilzfruchtkörper die Stämme auf ganzer Länge. Wer sie pflückt, bekommt vom dunklen Sporenstaub des Becherlings schwarze Finger – daher der Name „Schmutzbecherling".

Fruchtkörper: 1–3 cm, erst becherförmig, dann flach schüsselförmig, meist ohne Stiel
Oberfläche: schwarz glänzend, Außenseite dunkelbraun, rau, warzig-runzelig
Fleisch: ockerbraun, gallertig, zäh
Sporenpulver: dunkelbraun
Häufigkeit: ziemlich häufig
Vorkommen: Sommer bis Herbst; auf der Rinde von frisch gefällten Eichenstämmen, seltener an anderem Laubholz
Verwechslung: andere schwarze, becherförmige Pilze „beschmutzen" die Umgebung nicht

Zitronengelbes Reisigbecherchen

Bisporella citrina (Batsch: Fr.) Korf & Carpenter

Als Beispiel für eine Vielzahl kleiner und kleinster Becherlinge auf morschem Holz und anderen Substraten stellen wir hier das Zitronengelbe Reisigbecherchen vor, ist es doch eine der wenigen Arten, die jedem aufmerksamen Naturbeobachter in Buchenwäldern über kurz oder lang auffallen wird. Die Menge macht's: Die alten Äste, die von diesem Pilz besiedelt werden, wirken aus der Ferne wie mit gelber Farbe angestrichen.

Fruchtkörper: 1–3 mm breit, schüsselförmig, Rand leicht aufgebogen, kurz gestielt oder ungestielt
Oberfläche: leuchtend zitronengelb, glatt, Rand dunkler gelb
Sporen: farblos
Häufigkeit: sehr häufig
Vorkommen: Sommer bis Herbst; auf feuchtem, abgestorbenem Laubholz, v. a. Buchen, rasig wachsend
Verwechslung: andere kleine gelbe Becherlinge mit anderer Ökologie

Im Herbst sind abgefallene Buchenäste manchmal mit tausenden von Zitronengelben Reisigbecherchen überzogen.

Anemonenbecherling

Dumontinia tuberosa (Bull. ex Mér.) Kohn

Pilzforscher sind merkwürdige Menschen. Wenn sich Wälder und Auen im Frühjahr in einen bunten Blumenteppich verwandeln und alle Welt sich an der Blütenpracht des Weißen und des Gelben Buschwindröschens *(Anemone nemorosa, A. ranunculoides)* erfreut, halten sie Ausschau nach einem kleinen braunen Becherpilz, der auf den Wurzelstöcken der beiden Frühlingsboten schmarotzt und deren Bestände sichtbar schwächt.

Der Anemonenbecherling bildet unterirdisch an den Rhizomen der Wirtspflanze kleine schwarze Knöllchen (Sklerotien), die für das Foto freigelegt wurden.

Fruchtkörper: 1–3 cm breit, erst kugelig, später pokal- bis becherförmig, einem schwarzen, rundlichen Sklerotium entspringend, das an den Wurzeln des Buschwindröschens parasitiert
Oberfläche: braun, glatt
Stiel: 4–10 cm lang, hell- bis dunkelbraun, oft gebogen, manchmal büschelig
Sporen: farblos
Häufigkeit: weit verbreitet, ortshäufig
Vorkommen: Frühjahr; lichte Wälder, Wegränder, Parks
Verwechslung: andere Sklerotienbecherlinge wachsen an anderen Wirtspflanzen

Fichtenzapfenbecherling

Ciboria bulgarioides (Rabenh.) Baral

Die dunkelbraunen, im Alter fast schwarzen Becherchen des Fichtenzapfenbecherlings wachsen gleich nach der Schneeschmelze im Bergnadelwald gesellig an noch relativ frischen Zapfen, die an feuchten Stellen liegen. Man kann zur geeigneten Zeit stundenlang durch einen Fichtenforst laufen, ohne einen einzigen Fichtenzapfenbecherling zu finden – und entdeckt dann plötzlich in einem angrenzenden Waldstück tausende. Zur gleichen Zeit wachsen auch zwei kleine Lamellenpilze an abgefallenen Zapfen – der Fichtenzapfenrübling (s. S. 111) und der Fichtenzapfenhelmling (s. S. 99).

Schon Anfang März waren diese Fichtenzapfenbecherlinge z. T. überreif und flach ausgebreitet.

Fruchtkörper: 0,3–1 cm breit, becher- bis schüsselförmig, mit kurzem Stiel, gesellig
Oberfläche: dunkel oliv- bis schwarzbraun, matt, glatt bis runzelig; Rand dunkler, glatt
Sporen: farblos
Häufigkeit: in Bergnadelwäldern verbreitet, sonst seltener
Vorkommen: Frühjahr; auf feucht liegenden Fichtenzapfen, nach der Schneeschmelze
Verwechslung: Herbst-Fichtenzapfenbecherling *(Cyathicula strobilina)*: kleiner, ohne Olivtöne, Spätherbst, ortshäufig

Zäher Stromabecherling

Rutstroemia firma (Pers.) P. Karst.

Die dunkelbraunen Kelche des Zähen Stromabecherlings findet man im Herbst und Spätherbst an abgefallenen Laubholzästen, insbesondere von Eichen. Ein sehr ähnlicher Pilz, der Edelkastanien-Stromabecherling (s. S. 244), ist überall dort verbreitet, wo die Ess- oder Edelkastanie *(Castanea sativa)* wächst, in Deutschland z. B. im Pfälzer Wald und am Oberrhein. In Süd- und Südosteuropa findet man ihn darüber hinaus auch an alten Fruchtschalen der Zerreiche *(Quercus cerris)*.

Fruchtkörper: 0,5–1 cm breit, schüssel- bis kreiselförmig, alt trichterförmig bis wellig nabelig, kurz gestielt, gesellig
Oberfläche: oliv bis dunkel rotbraun, beim Eintrocknen schwarzbraun; Rand dunkler
Fleisch: gelbbraun, zäh
Sporen: farblos
Häufigkeit: häufig
Vorkommen: meist erst im Herbst; auf toten Ästen von Eichen, seltener von Erlen und Hasel
Verwechslung: Gelber Stromabecherling *(R. bolaris)*: kleiner, gold- bis olivgelb, auf Hainbuche. – Edelkastanien-Stromabecherling *(R. echinophila)*: kastanienbraun, an den Fruchtschalen von Esskastanien und Zerreichen

Zähe Stromabecherlinge sind im Herbst und Spätherbst ziemlich häufig, bleiben aber wegen ihrer Kleinheit und Unscheinbarkeit meist unbeachtet.

Frische Kohlenbeeren auf einem Buchenstamm. Im Alter färben sich die Stromata schwarz.

Buchen-Kohlenbeere

Hypoxylon fragiforme (Scop.: Fr.) Kickx

Zu den häufigsten Pilzen an toten Buchenästen gehört die Buchen-Kohlenbeere. Die kugeligen rotbraunen, von den Perithezienmündungen warzigen Fruchtkörper sitzen der Rinde auf und wachsen fast immer sehr gesellig. Oft findet man sie in Gesellschaft von Porlingen wie der Schmetterlingstramete (s. S. 202) oder der Striegeligen Tramete (s. S. 203), die ebenfalls zu den Erstbesiedlern toten Buchenholzes zählen. An alten Haselsträuchern wird sie durch die Hasel-Kohlenbeere *(H. fuscum)* ersetzt, deren Fruchtkörper eher konisch als rundlich sind.

Fruchtkörper: bis 1 cm breit, kugelig
Oberfläche: jung ziegelrot, später rot- bis schwarzbraun, hart, durch die zahlreichen Perithezienmündungen rauwarzig
Fleisch: braun, hart, kohleartig
Sporen: dunkelbraun
Häufigkeit: sehr häufig
Vorkommen: ganzjährig, Laubwäldern an toten Ästen, v. a. Buche
Verwechslung: Rotbraune Kohlenbeere *(H. fuscum)*: kleiner, halbkugelig auf Ästen von Erlen und Hasel. – Eschen-Kohlenbeere *(H. fraxinophilum)*: klein, kugelig, leicht ablösbar, an Eschenästen, zerstreut

Kaninchendung-Kernpilz

Poronia erici Lohmeyer & Benkert

Unscheinbare Pilze mit ungewöhnlichem Lebensraum gelten meist als selten, doch sind genaue Aussagen über ihre Verbreitung kaum möglich, da nur wenige Pilzsammler auf solche Arten achten. *Poronia erici* hat sich in Europa auf die Losung von Kaninchen spezialisiert. Am häufigsten scheint sie in den Küstendünen von Nord- und Ostsee zu sein. Ein etwas größerer Verwandter, der Rossapfel-Kernpilz, zieht Pferde- und Rinderdung vor, hat kleinere Sporen und gilt in Deutschland als ausgestorben.

Im Dünensand der Nordseeinsel Helgoland entstand dieses Bild des Kaninchendung-Kernpilzes.

Fruchtkörper: 2–6 mm, schalen- bis kreiselförmig
Oberfläche: schwarz- bis graubraun, durch die Perithezienmündungen schwarz punktiert
Stiel: kurz, im Substrat steckend
Sporen: schwarz
Häufigkeit: sehr selten
Vorkommen: ganzjährig, in Dünen, auf Kaninchendung
Verwechslung: Rossapfel-Kernpilz *(P. punctata)*: größer, auf Pferdemist, Sporen kleiner

Würzigriechender Kugelpilz

Camarops microspora (P. Karst.) Shear

In Bach- und Flussauen beobachtet man an absterbenden oder bereits toten, aber noch stehenden Erlenstämmen bisweilen eine schwarze, höckerig aufgewölbte Kruste (Stroma), die in frischem Zustand auffallend nach Maggiwürze riecht. Die Mündungen der Perithezien glänzen bei jungen Exemplaren. An alten Buchen sowie Erlenstämmen, die zuvor vom Erlen-Schillerporling (s. S. 195) befallen waren, wächst der Kissenförmige Kugelpilz *(C. polysperma)*. Er bildet ausgedehnte, schwarze, kissenförmig aufgewölbte Krusten ohne besonderen Geruch.

Fruchtkörper: 2–6 mm, pustel-, kegelig bis scheibenförmig, krustenbildend, gesellig
Oberfläche: schwarzbraun, glänzend, runzelig, gerippt, zahlreiche flaschen- bis eiförmige Perithezien
Fleisch: dunkelbraun, gallertig, sehr quellfähig, trocken hart, Geruch nach Maggi
Sporen: olivbraun, färben beim Ausschleudern die Umgebung asphaltgrau
Häufigkeit: selten
Vorkommen: Sommer bis Spätherbst; an Erlenstämmen, durch die Rinde brechend
Verwechslung: Kissenförmiger Kugelpilz *(C. polysperma)*: schwarz, kissenförmig, krustig, geruchlos

Würzigriechende Kugelpilze an einer Grauerle im Auwald des deutsch-österreichischen Grenzflusses Salzach.

Hummer-Pustelpilz

Hypomyces lactifluorum (P. Karst.) Shear

Viele Arten der Schlauchpilzgattung *Hypomyces* haben sich auf Besiedlung anderer Pilzfruchtkörper spezialisiert. Der Sprödblättler-Pustelpilz befällt weiße Milchlinge *(Lactarius)* und Täublinge *(Russula)*, deren Lamellen er mit seinem leuchtend orangeroten Stroma überzieht und bis zur Unkenntlichkeit verformt. In Nordamerika werden die befallenen Pilze als „lobster fungi" („Hummerpilze") gesammelt und gegessen. In Europa wird die Art durch *H. lateritius* ersetzt, der vor allem auf Reizkern (s. S. 175) und verwandten Arten wächst.

Ein Pilz auf einem Pilz: Der Hummer-Pustelpilz hat einen Milchling befallen. Aufgenommen in der kanadischen Atlantikprovinz Nova Scotia.

Fruchtkörper: kugelig
Oberfläche: orangerot, fein pustelig
Sporen: farblos
Häufigkeit: selten
Vorkommen: Sommer bis Herbst; parasitisch auf Täublingen (s. S. 158 ff.) und weißen Milchlingen (s. S. 167 ff.); Nordamerika
Besonderheit: gilt in Nordamerika als gesuchter Speisepilz
Verwechslung: *(H. lateritius)* auf rotmilchenden Milchlingen (Reizker, s. S. 175), blass ziegelrot, essbar. – Goldgelber Schmarotzer-Pustelpilz *(H. aurantius)*: orangegelb, auf alten Porlingen, selten

Wespen-Kernkeule

Cordyceps sphecocephala (Klotzsch) Berk. & Curt.

Zu den parasitischen Kernkeulen *(Cordyceps)* gehören weltweit hunderte von Arten, von denen sich einige wenige wie die auch in Mitteleuropa vorkommende Kopfige Kernkeule *(C. capitata)* und die Zungen-Kernkeule *(C. ophioglossoides)* auf unterirdisch wachsende Hirschtrüffeln *(Elaphomyces)* spezialisiert haben. Die Mehrzahl wächst jedoch auf verschiedenen Entwicklungsstadien von Insekten, so auf Raupen, Puppen oder auch, wie die Wespen-Kernkeule, auf dem voll entwickelten Tier (Imago).

Die Wespen-Kernkeule auf ihrem Substrat, einer toten Wespe. In das kleine Köpfchen am Ende des Stiels sind die Perithezien eingebettet. Die Aufnahme entstand bei Rosenheim in Oberbayern.

Hut: 2–4 x 1–2 mm, oval
Oberfläche: gelblich, durch Perithezienmündungen dunkel punktiert
Stiel: 2–5 cm lang, orangegelb, zur Basis dunkler, sehr dünn; direkt aus dem Insekt herauswachsend
Sporen: farblos
Häufigkeit: selten
Vorkommen: Frühling bis Herbst; auf toten, im Boden vergrabenen Wespen
Verwechslung: Raupen-Kernkeule *(C. gracilis)*: größer, orangebraun, auf Schmetterlingsraupen. – Laufkäfer-Kernkeule *(C. entomorrhiza)*: Köpfchen kugelig, grau, auf Laufkäferlarven, selten

Orangefarbener Manschettenpilz

Epichloë typhina (Pers.: Fr.) Tul. & C. Tul.

Im späten Frühjahr und Sommer beobachtet man manchmal Gräser wie das Knäuelgras, deren Halme mit einer Art Manschette umgeben sind. Mithilfe der Lupe erkennt man einen gold- bis orangegelben Belag mit höckerig-punktierter Oberfläche. Der Orangefarbene Manschettenpilz ist weit verbreitet, aber doch wohl nicht so häufig, dass er messbaren Schaden an Futtergräsern anrichten könnte. Parasit, der er ist, wird er auch selbst parasitiert: Die Fliege *Phorbia phrenione* ernährt sich von der dem goldgelben Stadium vorausgehenden weißen Konidienform und legt dort auch ihre Eier ab.

Leuchtend gold- bis orangegelbe Segmente an Grashalmen verraten den Orangefarbenen Manschettenpilz.

Fruchtkörper: 2–8 cm
Oberfläche: erst weiß, später goldgelb bis orange, glatt, durch Perithezienmündungen punktiert
Sporen: farblos
Häufigkeit: häufig
Vorkommen: Frühsommer; Waldränder, Wiesen Wegränder, v. a. an Halmen von Knäuelgras *(Dactylis glomerata)* und Hain-Rispengras *(Poa nemoralis)*
Verwechslung: kaum zu verwechseln, wenn man das Substrat beachtet

Rosmarinheiden-Runzelschorf

Rhytisma andromedae (Pers.) Fr.

Der Pilz entwickelt sein Stroma im Frühjahr auf der Oberseite lebender Blätter der Rosmarinheide, die von ihm geschwärzt und deformiert werden. Die Schlauch- und Sporenform erscheint erst später im Jahr auf bereits abgestorbenen Blättern. Der Rosmarinheiden-Runzelschorf ist in süddeutschen Hochmooren weit verbreitet. Die bekannteste Art der Gattung ist der Ahorn-Runzelschorf *(Rh. acerinum)*, der auf Ahornblättern teerfleckenartige schwarze Stromata bildet.

Fruchtkörper: bis 1 cm breit, eingelagert in ein schwarz glänzendes, das Blatt verformendes Stroma
Sporen: farblos
Häufigkeit: ortshäufig
Vorkommen: Moore, an lebenden Blättern der Rosmarinheide *(Andromeda polifolia)*
Verwechslung: nicht zu verwechseln, wenn man das Substrat beachtet

Rechts die Blüte der Rosmarinheide, links ein vom Runzelschorf befallenes und verformtes Blatt.

ANHANG

Weiterführende Literatur

Pilzkundliche Bibliotheken können Säle füllen und veritable Kunstschätze enthalten – zum Beispiel das vierbändige Tafelwerk „Icones Mycologicae" des französischen Mykologen Émile Boudier aus den Jahren 1900–1905, das in der bildlichen Darstellung vieler größerer und kleinerer Schlauchpilze bis heute unübertroffen ist. Wie viele Eigenheime nicht gebaut wurden, weil der potenzielle Bauherr der hemmungslosen Pilzbuch-Sammelleidenschaft verfiel, steht auf einem anderen Blatt.

Für den Pilz-Amateur, dem die kleinen Pilzbücher der untersten Preisklasse nichts Neues mehr bieten und dessen Neugier von den vielen unbestimmbaren Pilzen, die ihm auf seinen Streifzügen begegnen, angestachelt wurde, empfiehlt sich der überlegte Zukauf weiterer Werke, die das Spektrum der ihm vertrauten Arten erheblich erweitern können.

Die folgenden einbändigen, überwiegend hervorragend bebilderten Bücher enthalten Abbildungen und Beschreibungen von jeweils über 1000 Arten:

Bon, Marcel (2005) – Kosmos Naturführer: Pareys Buch der Pilze. Aus dem Französischen übersetzt und bearbeitet von Till R. Lohmeyer. Stuttgart

Dähncke, R. M. (1993) – 1200 Pilze in Farbfotos. Aarau.

Gerhardt, E. (2001) – Der große BLV Pilzführer für unterwegs. München, Wien, Zürich.

Laux, H. E. (2001) – Der große Kosmos-Pilzführer. Stuttgart.

Ryman, S. & Holmåsen, S. (1992) – Pilze. Aus dem Schwedischen übersetzt und bearbeitet von Till R. Lohmeyer und H.-G. Unger. Braunschweig

Die beiden folgenden, umfassenden und reichhaltig bebilderten Werke enthalten Beschreibungen und Bestimmungsschlüssel für die bisher in Baden-Württemberg bzw. in der Schweiz nachgewiesenen Basidiomyceten und sind weit über die selbst gesetzten geografischen Grenzen hinaus verwendbar. Im Gegensatz zu „Die Großpilze Baden-Württembergs" behandelt „Pilze der Schweiz" auch die Schlauchpilze und liegt auch in französischer und englischer Übersetzung vor.

Breitenbach, J. & Kränzlin, F. (1981–2000) – Pilze der Schweiz. Bisher 5 Bände. Luzern.

Krieglsteiner, G. J., unter Mitarbeit von A. Kaiser & A. Gminder (2000–2003) – Die Großpilze Baden-Württembergs. Bisher 4 Bände. Stuttgart.

Ein großangelegtes Tafelwerk mit prachtvollen Pilz-Aquarellen, von dem leider nur ein Band mit ausgewählten Lamellenpilzgattungen erschienen ist:

Ludwig, E. (2000, 2001) – Pilzkompendium, Band 1. Tafeln (2000), Beschreibungen (2001). Eching.

Bei der Arbeit an dem vorliegenden Buch haben die Autorin und der Autor z. T. auf die bereits genannten Werke zurückgegriffen, z. T. aber auch einige monografische Arbeiten und Fachartikel berücksichtigt, die sich ausführlich mit einzelnen Gruppen, Gattungen oder Arten befassen. Aufgenommen wurden auch einige Titel, die interessante Anregungen zum Pilzesammeln enthalten oder sich literarisch mit dem Thema Pilze beschäftigen:

Agerer, R. (2002) – Die besonderen Beziehungen von Gomphidius roseus und seiner Verwandten, oder wie intim können Mykorrhizapilze sein? Der Tintling 7(1): 12–20.

Antonín, V. & Noordeloos, M. E. (1993, 1997) – A Monograph of Marasmius, Collybia and related genera in Europa. Part 1 & 2. Libri Botanici 8 & 17. Eching.

Basso, M. T. (1999) – Lactarius Pers. Fungi Europaei 7. Alassio.

Bernicca, A. (1990) – Polyporaceae s. l. in Italia. Bologna.

Boertmann, D. (1995) – The genus Hygrocybe. Fungi of Northern Europe, Bd. 1.

Brandrud, T.-E., Lindström, H., Marklund, H. & Melot, J. (1989–1998) – Cortinarius, Flora Photographica, Lieferung 1–4. Matfors.

Bresinsky, A. & Besl, H. (1985) – Giftpilze. Ein Handbuch für Apotheker, Ärzte und Biologen. Stuttgart.

Candusso, M. (1997) – Hygrophorus s. l. Fungi Europaei 6. Alassio.

Candusso, M. & Lanzoni, G. (1990) – Lepiota s. l. Fungi Europaei 4. Saronno.

Doveri, F. (2004) – Fungi Fimicoli Italici. A. M. B., Trento, a cura de Fondazione Centro Studi Micologici. Vicenza.

Forstinger, H. (1999) – Pilzparasiten an Obstbäumen – unter besonderer Berücksichtigung des Apfelbaumes (Malus). Öko•L. - Zschr. Für Ökologie, Natur- und Umweltschutz, Linz: 21(4): 3–9.

Hahn, C. & Agerer, R. (1999) – Studien zum Paxillus involutus Formenkreis. Nova Hedwigia 69(1–2): 241–310.

Hausknecht, A. & Krisai, I. (1988) – Clitocybe truncicola – neu für Europa. Z. Mykol. 54(1): 37–40.

Heilmann-Clausen, J., Verbeken, A. & Vesterholt, J. (1998) – The genus Lactarius. Fungi of Northern Europe, Bd. 2.

Holec, J. (2001) – The genus Pholiota in central and western Europe. Libri Botanici 20. Eching.

Jahn, H. (1949) – Pilze rundum. Hamburg.

Jahn, H. (1963) – Mitteleuropäische Porlinge (Polyporaceae s. lato) und ihr Vorkommen in Westfalen. Westf. Pilzbr. 4: 1–163.

Jahn, H. (1990) – Pilze an Bäumen. Berlin, Hannover.

Kegel, B. (1993) – Wenzels Pilz. Roman. München.

Kits van Waveren, E. (1985) – The Dutch, French and British species of Psathyrella. Persoonia (Supplement Vol. 2.).

Labhardt, F. & Lohmeyer, T. R. (2001) – Faszination Pilze. München.

Ladurner, H. & Simonini, G. (2003) – Xerocomus s. l. Fungi Europaei 8. Alassio.

Moreau, P.-A. (2003) – Mycena plumipes, un nom oublié pour une espèce bien connue. Bull. mycol. bot. Dauphiné-Savoie 171: 5–11.

Moreau, P.-A., Roux, P., Mascarell, G. (1999) – Une étude du genre Lentinellus P. Karst. en Europe. Bull. Soc. mycol. Fr. 115(3): 229–373.

Pätzold, W. & H. E. Laux (2004) – 1 mal 1 des Pilzesammelns. Kosmos Naturführer. Stuttgart.

Robich, G. (2004) – Mycena d'Europa. A. M. B., Trento, a cura de Fondazione Centro Studi Micologici. Vicenza.

Schaeffer, J. (1952) – Russula-Monographie. Bad Heilbrunn. Die Pilze Mitteleuropas, Bd. 3.

Suter, M. (2001) – Die dunkle Seite des Mondes. Roman. Zürich.

Bildnachweis

Alle Abbildungen: **Künkele, Lohmeyer**, außer:

Bauer: Agaricus arvensis, Agaricus augustus, Boletus calopus, Boletus calopus, Cystoderma terrei, Hygrophorus erubescens, Hygrophorus marzuolus, Kuehneromyces mutabilis, Leccinum quercinum, Macrotyphula fistulosa, Melanoleuca verrucipes, Rhodocollybia maculata, Tricholoma sulfureum, Xerocomus rubellus; **Beenken:** Agaricus sylvicola, Calvatia gigantea, Clitocybe gibba, Coltricia perennis, Cortinarius humicola, Cortinarius largus, Gomphus clavatus, Gymnopus peronatus, Inonotus dryadeus, Lactarius porninsis, Lyophyllum connatum, Lyophyllum decastes, Mycena pura, Russula aurea, Russula cavipes, Russula delica, Russula fellea, Russula pulchella, Russula torulosa, Stephanospora caroticolor, Stropharia caerulea; **Bernhardt:** Cordyceps specocephala, Creolophus cirrhatus, Phyllotopsis nidulans; **Brandmayer:** Panaeolus semiovatus; **Christan:** Camarops microspora, Ramaria flava, Ramaria largentii, Ramaria largentii, Ramaria stricta; **ditter.projektagentur gmbh/Stempell:** Hasenläufchen, Wildrahmsuppe; **Forstinger:** Antrodia serialis, Macrotyphula fistulosa, Melanoleuca cognata, Phellinus igniarius, Trametes hirsuta, Trametes versicolor, Tyromyces fissilis; **Glück:** Cortinarius nanceiensis; **Grimbs:** Amanita citrina, Amanita muscaria, Amanita rubescens, Astraeus hygrometricus, Bolbitius titubans, Boletus erythropus, Calocera cornea, Calocera viscosa, Cantharellus aurora, Cantharellus cinereus, Climacocystis borealis, Crepidotus mollis, Galerina marginata, Ganoderma resinaceum, Ganoderma resinaceum, Ganoderma resinaceum, Ganoderma resinaceum, Hydnellum ferrugineum, Hygrophoropsis aurantiaca, Leccinum aurantiacum, Lycoperdon piriforme, Macrocystidia cucumis, Melanogaster broomeianus, Mycena acicula, Mycena rosella, Phaeocollybia jennyae, Polyporus umbellatus, Telephora palmata; **Karasch:** Agaricus campestris, Amanita phalloides, Crepidotus versutus, Entoloma clypeatum, Geastrum triplex, Hydnum repandum, Hygrocybe coccinea, Hygrophorus eburneus, Lactarius piperatus, Lactarius trivialis, Onnia tomentosa, Polyporus brumalis, Polyporus mori, Russula cyanoxantha, Russula virescens, Strobilurus esculentus; **Koblinger:** Lycoperdon perlatum, Morchella gigas; **Meindl/Gruber:** Agaricus silvaticus, Agrocybe dura, Calocybe gambosa, Cantharellus tubaeformis, Gomphidius roseus, Hygrophorus discoideus, Hygrophorus hypothejus, Lactarius aurantiacus, Lactarius lignyotus, Lactarius pubescens, Lactarius scrobiculatus, Pleurotus dryinus, Russula vesca, Tapinella atromentosa, Xerocomus badius; **Röger:** Cortinarius praestans, Cortinarius varius Cortinarius violaceus, Entoloma sinuatum, Gomphidius glutinosus, Hebeloma radicosum Pluteus cervinus, Russula nigricans, Russula rosea, Trametes versicolor, Xerocomus chrysenteron, Xerocomus pruinatus; **Schmidt-Stohn:** Agrocybe spec., Peziza succosa; **Wendland:** Verpa bohemica; **Zechmann:** Tricholoma equestre

Bildautoren:
Günther Bauer
Ludwig Beenken
Dieter Bernhardt
Josef Christan
Heinz Forstinger
Hermann Glück
Gotthard Grimbs
Peter Karasch
Wolfgang Koblinger
Ute Künkele
Till R. Lohmeyer
Franz Meindl/Otto Gruber
Frank Röger
Geert Schmidt-Stohn
Ilse Wendland
Alois Zechmann

Zeichnungen:
Julia Adlberger; Kim Caspary

Register lateinisch

kursiv: alle in Bild und Text vorgestellten Arten
nicht kursiv: Arten, die nur im Text erwähnt werden

Register deutsch

kursiv: alle in Bild und Text vorgestellten Arten
nicht kursiv: Arten, die nur im Text erwähnt werden